Schwierigkeiten der russischen Sprache

RUSSISCH ALS FREMDSPRACHE

Materialien zum Russischunterricht

Band 10

Valeria M. Nechaeva

Schwierigkeiten der russischen Sprache

BUSKE

Frau Professor Dr. **Valeria M. Nechaeva** war nach der Absolvierung ihres Studiums an der philologischen Fakultät der Moskauer Staatlichen Lomonossov-Universität viele Jahre am Lehrstuhl »Russisch für Ausländer« tätig. Sie promovierte auf dem Gebiet »Russisch als Fremdsprache« und befasste sich in ihrer Habilitationsschrift mit linguodidaktischen Problemen des Übersetzens. Sie ist Autorin mehrerer Russischlehrbücher und zahlreicher wissenschaftlicher Publikationen im In- und Ausland. Im Rahmen eines Partnerabkommens mit der Lomonossov-Universität unterrichtet Frau Nechaeva zurzeit an der Eberhard Karls-Universität Tübingen.

Bibliografische Information der Deutschen Nationalbibliothek

Die Deutsche Nationalbibliothek verzeichnet diese Publikation in der Deutschen Nationalbibliografie; detaillierte bibliografische Daten sind im Internet über ‹http://dnb.d-nb.de› abrufbar.
ISBN 978-3-87548-633-9

Bis zur 7. Auflage erschien das Werk beim Verlag Russkij Jazyk, Moskau.

8., vollständig überarbeitete und erweiterte Auflage

 Gedruckt auf alterungsbeständigem Papier, hergestellt aus 100% chlorfrei gebleichtem Zellstoff. Umschlaggestaltung: QART – Büro für Gestaltung, Hamburg. Druck und Bindung: freiburger graphische betriebe GmbH & Co KG.
www.buske.de

■ INHALTSVERZEICHNIS

Моей дорогой Alma Mater – Московскому государственному университету
Имени М. В. Ломоносова с глубокой благодарностью посвящаю эту книгу.

Ich widme dieses Lehrbuch in tiefer Dankbarkeit meiner lieben Alma Mater – der Moskauer Staatlichen Lomonossov-Universität.

■ VORWORT

Dieses Lehrbuch ist für deutschsprachige Erwachsene bestimmt, die bereits über Grundkenntnisse der russischen Sprache verfügen und ihr Russisch selbständig oder unter Anleitung eines Lehrers vervollkommnen möchten. Es handelt sich um ein durch grammatische Kommentare ergänztes Übungsbuch, das Ähnlichkeiten und Unterschiede in der Grammatik der beiden Sprachen berücksichtigt. Die Aufmerksamkeit gilt dabei vor allem denjenigen Themen der Laut-, Formen- und Satzlehre, die Lernenden besondere Schwierigkeiten bereiten.

Den Schwerpunkt bilden daher Übungen für den Gebrauch der Fälle mit und ohne Präposition sowie für den Gebrauch von Verbalaspekten, Verben der Bewegung und einigen Pronomen.

Besondere Aufmerksamkeit wird in der vorliegenden Auflage der Art und Weise geschenkt, in welcher im Russischen verschiedene Sinnzusammenhänge ausgedrückt werden. Entsprechende Übungen dazu sind Aufgaben mit kommunikativem Charakter, die anhand von verschiedenen sprachlichen Mitteln gelöst werden sollen.

Die Übungen sind nach dem Prinzip steigender Schwierigkeit angeordnet. Am Ende jedes Themas wird zur Kontrolle eine Übersetzung aus dem Deutschen ins Russische vorgeschlagen.

Das Buch enthält Übersichtstabellen sowie einen Schlüssel zu den Übungen. In den Tabellen, die den Gebrauch der Fälle mit und ohne Präposition zusammenfassen, wird auf den häufigsten Gebrauch der betreffenden Fälle und Präpositionen hingewiesen. In den Tabellen ebenfalls enthalten sind Möglichkeiten des Ausdrucks funktionaler Sinnzusammenhänge in den beiden Sprachen (Angabe des Ortes, der Zeit, des Ziels, des Grundes sowie Ausdrücke der attributiven und Subjekt-Prädikat-Beziehung).

Zudem sind Verzeichnisse der gebräuchlichsten Verben und Aspekte gegeben, die unbedingt einen bestimmten Fall fordern und deshalb Lernenden immer wieder gewisse Schwierigkeiten bereiten.

In der 8. Auflage wurden das Übungsmaterial und die Erläuterungen unter Berücksichtigung neuester Erfahrungen im Russischunterricht für Ausländer überarbeitet. Insbesondere wird hier auf das lexikalische Material (bestimmte semantische Gruppen) hingewiesen, aus dem einzelne Syntaxkonstruktionen bestehen.

Der erste Teil wurde durch Hinweise auf Hilfslaute und auf den Übergang von leichteren zu schwierigen phonetischen Positionen bei der Aussprache eines Lautes ergänzt.

Bedeutend erweitert wurde auch das Material, das die Verben der Fortbewegung und die Verbalaspekte behandelt. Die Kapitel über Partizipial- und Adverbialpartizipialkonstruktionen sind gründlich ergänzt. Dementsprechend wurden mehrere Vergleichstabellen eingeführt.

Um die Lernenden zum richtigen Gebrauch des grammatischen Materials zu befähigen, wurden viele Übungen sprachpraktisch gestaltet, ihre Aufgaben präzisiert und mit grammatischen Kommentaren versorgt. Manche Texte sind ersetzt.

Ich sage allen Lesern, die ihre Vorschläge und Bemerkungen zu den bereits erschienenen Auflagen des Buches eingesandt haben, herzlichen Dank; zum größten Teil sind diese Hinweise berücksichtigt worden.

Zu großem Dank verpflichtet bin ich auch Herrn Michael Hechinger, dem Geschäftsführer des Helmut Buske Verlags, für seine ständige moralische Unterstützung sowie Frau Maureen Grönke, Lektorin dieses Verlags, für ihre professionelle Hilfe.

Herzlichen Dank auch an Frau Runhild Böhm, Germanistin und Romanistin, für die Überprüfung der deutschen Kommentare sowie an die Herren Adolf Cwejn, Diplom-Physiker und JG-Spezialist, und Anton Thorwart, Computeradministrator der Universität Tübingen, für ihre sehr kompetente Hilfe bei der technischen Gestaltung des Manuskriptes.

Tübingen, März 2012 — Valeria M. Nechaeva

■ ZUR AUSSPRACHE

§ 1 Die Reduktion der unbetonten Vokale *a, o, e*

Bezeichnend für die russische Aussprache ist die Reduktion der Vokale *a, o, e*[1] in unbetonter Stellung. Im Deutschen wird nur das unbetonte **e** der Endsilben und der Präfixe reduziert (z.B. *beleben*).

Die folgende Tabelle gibt die Laute an, die, je nach ihrer Stellung hinsichtlich der betonten Silbe, an Stelle des unbetonten **o** bzw. **a** gesprochen werden.

Schriftbild	Im Wortauslaut	2. u. 3. Silbe vor der betonten Silbe	1. Silbe vor der betonten Silbe	Betonte Silbe	Silben nach der betonten Silbe	Im Wortauslaut
o	a	ъ[2]	a	o	ъ	ъ
a	a	ъ	a	a	ъ	ъ

Beispiele: окно́ [акно́], во́лос [во́лъс], пло́хо [пло́хъ], трамва́й [трамва́й], рабо́та [рабо́тъ].

Nach den harten Zischlauten **ж** und **ш** in der 1. Silbe vor der betonten Silbe klingt an Stelle von [э] (in der Schrift: **е**) ein reduzierter, zwischen **ы** und **э** stehender Laut [$ы_э$]: жена́ [ж$ы_э$на́], жела́ть [ж$ы_э$ла́т'], шелка́ [ш$ы_э$лка́]; in den Silben nach der betonten Silbe ist dieser Laut noch kürzer und undeutlicher: хоро́шей [харо́шъй], све́жей [св'э́жъй].

Die unbetonten Endungen **-ого**, **-его** des Genitivs Singular der männlichen und sächlichen Adjektive werden wie [ъвъ] ausgesprochen: но́вого [но́въвъ]; die unbetonte Endung **-ой** des Genitivs, Dativs, Instrumentals und Präpositivs Singular der weiblichen Adjektive wird wie [ъй] ausgesprochen: но́вой [но́въй][3].

ÜBUNGEN

1 *Lesen Sie laut, achten Sie auf die Aussprache des* **а** *in den verschiedenen Positionen. Sprechen Sie die der betonten Silbe vorausgehenden und nachfolgenden Vokale richtig aus.*

аванга́рд, капита́л, катастро́фа, програ́мма, карава́н, фо́рма, пана́ма, рассказа́ла

[1] Die Vokale **и**, **у**, **ы** werden in unbetonter Stellung etwas abgeschwächt, ändern jedoch ihren Lautwert nicht.

[2] Durch das Zeichen **ъ** wird ein zwischen **а** und ы stehender reduzierter Laut wiedergegeben.

[3] Diese Regel gilt auch für die Endungen der Partizipien und Possessiv-, Demonstrativ- und anderen Pronomen, die wie Adjektive dekliniert werden. Merken Sie sich die Aussprache der Personalpronomen: его́ (ји$_э$во́), у него́ (уни$_э$во́).

2 *Lesen Sie laut. Achten Sie auf die Aussprache des unbetonten **o**.*

a) она́, оно́, они́, окно́, Ока́, очки́, отве́т, орга́н, объём, обзо́р, обва́л, охо́та, опла́та;

b) войти́, пройти́, прода́ть, оде́ть, откры́ть, обли́ть, останови́ть, подобра́ть

3 *Lesen Sie laut, achten Sie auf die Aussprache der unbetonten Vokale.*

я́сный вопро́с — я́сного вопро́са, но́вый стол — но́вого стола́, моско́вский вокза́л — моско́вского вокза́ла, высо́кое окно́ — высо́кого окна́, холо́дное молоко́ — холо́дного молока́, осе́нняя пого́да — осе́нней пого́ды, у́мный отве́т — у́много отве́та

4 *Lesen Sie laut, achten Sie auf die Aussprache des unbetonten **o**.*

обо мне́, под Москво́й, о нас, на Дону́, по объёму, под окно́м, о Рома́не, от вас, от столо́вой

5 *Lesen Sie laut, unterscheiden Sie das betonte und das unbetonte **o**. Achten Sie auf die Verlagerung der Betonung im Plural.*

a) до́ски — доска́, но́ги — нога́, го́ры — гора́, ко́льца— кольцо́, ко́зы — коза́, во́ды — вода́, гро́зы — гроза́, то́лпы — толпа́, со́сны — сосна́, стро́ки — строка́;

b) носы́ — нос, полы́ — пол, столы́ — стол, слова́ — сло́во, сторожа́ — сто́рож, дома́ — дом, острова́ — о́стров, тома́ — том, стволы́ — ствол, холода́ — хо́лод

6 *Lesen Sie laut. Schreiben Sie die Wörter heraus, die im Deutschen den gleichen Stamm haben. Lesen Sie die entstandenen Wortpaare laut und achten Sie auf die unterschiedliche Aussprache des Lautes **o** in den deutschen und in den russischen Wörtern.*

a) Росси́я, дорого́й, Москва́, молодо́й, посо́л, конта́кт, побе́да, пробле́ма, полови́на, шокола́д, огуре́ц, проду́кт, костю́м, объе́кт, э́хо, до́ктор, тра́ктор, проце́сс, контра́кт, рома́н, шофёр, коло́нна;

b) организова́ть, монти́ровать, конструи́ровать, огорчи́ть, отобра́ть, осмотре́ть, описа́ть, полирова́ть, во дворе́, в обме́н, по города́м, по дома́м

7 *Lesen Sie laut. Vergleichen Sie die Schreibweise und die Aussprache der unbetonten **o** und **a**.*

1. вода́, ваго́н; 2. холо́дный, хала́тный; 3. отве́т, атле́т; 4. гроза́, глаза́; 5. сова́, сама́; 6. стою́, встаю́; 7. быва́ло, быва́ла; 8. пора́, пара́д; 9. молва́, мала́; 10. дома́, дала́; 11. стопа́, страна́; 12. слова́, скала́; 13. голова́, карава́н; 14. не́бо, не́ба (Gen.); 15. у́хо, у́ха (Gen.)

8 *Schreiben Sie Antonyme zu den nachstehenden Wörtern auf. Lesen Sie die entstandenen Wortpaare. Achten Sie auf die Aussprache des unbetonten **o** im Wortauslaut.*

Muster: мно́го — ма́ло

до́лго, бога́то, про́сто, си́льно, ту́по, я́рко, сла́бо, ма́ло, ко́ротко

9 *Lesen Sie laut. Achten Sie auf die Aussprache der Vokalverbindungen vor der betonten Silbe.*

наоборо́т, вообще́, коопера́тив, соотноше́ние, зооло́гия, зоопа́рк, до обе́да, про отца́, по обы́чаю, по образцу́, на отли́чно, за обе́дом, по оши́бке, коопера́ция, не от него́, не опа́здывай, не она́, необходи́мо, не отвеча́ет

10 *Bilden Sie die Kurzform sächlichen Geschlechts von folgenden Adjektiven. Lesen Sie die Wörter paarweise laut, achten Sie auf die Reduktion des **o** im Auslaut.*

Muster: я́ркий — я́рко

но́вый, си́льный, сла́бый, тупо́й, дли́нный, ти́хий, молодо́й, изве́стный, до́лгий, бы́стрый, холо́дный

11 *Verändern Sie die Wörter, damit die unbetonten **a** und **o** in betonte Silben kommen. Schreiben Sie die Wörter paarweise auf und lesen Sie sie laut.*

Muster: глава́ — гла́вы; дары́— дар

страна́, кулаки́, враги́; дава́ть, узнава́ть, вали́ть, сказа́ть; гроза́, слова́, гора́, вода́, волна́

12 *Lesen Sie laut. Achten Sie auf die Aussprache der unbetonten **o** und **a** vor und nach der betonten Silbe.*

1. парово́зы, парохо́ды, таба́к, стари́к, водопа́ды, гастроно́м, обма́н; 2. рабо́та, до́чка, рабо́тница, поли́тика, ви́лка; 3. написа́ть, наброса́ть, застава́ть, зарабо́тать, заходи́ть

13 *Lesen Sie laut. Beachten Sie die Aussprache der reduzierten **o** und **a**.*

1. Э́то дома́. 2. Она́ до́ма. 3. Они́ под Москво́й. 4. Охо́та на Оке́. 5. Рома́н о Москве́. 6. Золоты́е слова́. 7. Молодёжь в аванга́рде. 8. А́нна на Дону́. 9. Вот отве́т от Воло́ди.

§ 2 Die Stimmassimilation bei stimmhaften und stimmlosen Konsonanten

Die stimmhaften russischen Konsonanten **б**, **в**, **г**, **д**, **ж**, **з** werden im Wortauslaut und vor stimmlosen Konsonanten wie die ihnen entsprechenden stimmlosen Konsonanten **п**, **ф**, **к**, **т**, **ш**, **с** ausgesprochen: дру**г** [друк], са**д** [сат], ма**з**ь [мас'], **в**сё [фс'о], ло́**в**кий [ло́фк'ий]; vgl.: fragt [fra:kt].

Die Präposition **в** und der stimmhafte Konsonant im Auslaut der Präpositionen **из**, **под**, **над** u. a. werden ebenfalls stimmlos gesprochen, wenn im Anlaut des folgenden Wortes ein stimmloser Konsonant steht: **из** письма́ [исп'ис'ма́], **в** **ш**каф [фшкаф].

Zu vermerken ist, dass es im Russischen Wortpaare gibt, die auf die gleiche Weise ausgesprochen werden, jedoch verschiedene Bedeutung und Schreibweise haben, z. B. лу**г** [лук] *die Wiese*; aber: лу**к** [лук] *die Zwiebel.*

Hingegen werden stimmlose Konsonanten vor stimmhaften ebenfalls stimmhaft: **сб**ор [збор], **к д**ру́гу [гдру́гу], **сд**ал [здал]. Stimmlose Konsonanten bleiben stimmlos vor **в**, **н**, **м**, **л**, **р**: **св**ет [св'эт], **с н**а́ми [сна́м'и], **к н**ам [кнам].

Im Russischen fehlt im Vergleich zum Deutschen die progressive Assimilation nach der Stimmlosigkeit. Unter der Einwirkung eines stimmlosen Konsonanten wird im Deutschen nicht nur der vorangehende, sondern auch der nachfolgende stimmhafte Konsonant halbstimmhaft ausgesprochen. Dadurch entsteht in der russischen Aussprache der Deutschen ein deutscher Akzent. Vgl.: das Buch [dasbu:x], свет [св'эт].

ÜBUNGEN

1 *Lesen Sie laut, beachten Sie die Aussprache der stimmhaften* ***б, в, д*** *und der stimmlosen* ***п, ф, т****. Übersetzen Sie die Wörter ins Deutsche, vergleichen Sie ihre Bedeutung.*

бал – пал	ва́за — фа́за	дам — там
ба́лка — па́лка	вла́га — фла́га (Gen.)	дом — том
бой — пой	вон — фон	доска́ — тоска́
борт — порт	ве́ра — сфе́ра	де́ло — те́ло
бил — пил		плоды́ — плоты́
бар — пар		до́чка — то́чка

2 *Lesen Sie laut, achten Sie auf die Aussprache der Konsonanten* ***к*** *und* ***г****,* ***т*** *und* ***д****,* ***п*** *und* ***б****.*

оппоне́нт — абоне́нт, зако́н — заго́н, бето́н — бидо́н, у́точка — у́дочка, по́чка — бо́чка, па́лка — ба́лка, путь — будь, куст — густ, кора́ — гора́, ко́лос — го́лос, коси́ть — гаси́ть, толк—долг, тоска́—доска́, то́чка — до́чка, тушь — душ, бить — пить, год — код, дом — том, до́нна — то́нна, де́ло — те́ло, день — тень, до́ля — То́ля, кит — гид, кали́на — Гали́на, икра́ — игра́, класс — глаз, кро́мка — гро́мко, кот — год

3 *Lesen Sie laut, achten Sie auf die Stimmlosigkeit der Konsonanten im Auslaut.*

б — п: зуб, дуб, клуб, лоб, хлеб, герб
б'— п': Обь, глубь, го́лубь, про́рубь
в — ф: ров, нов, плов, зов, архи́в, зали́в, лев,рука́в
в' — ф': о́бувь, любо́вь, кровь
г — к: луг, круг, друг, вдруг, враг, шаг, бег, мог, юг, рог
д — т: год, род, рад, обе́д, вид, наро́д, докла́д, заво́д, труд, плод, сад
д' — т': будь, сядь, грудь, ло́шадь, пло́щадь
з — с: воз, груз, вниз, раз, лез, без, вёз, глаз, ана́лиз
з' — с': лезь, мазь, сквозь, связь
ж — ш: нож, чиж, муж, гара́ж, бага́ж, рубе́ж, ложь, режь, свеж

4 *Bilden Sie die Singularform von den folgenden Substantiven. Sprechen Sie die Wortpaare aus.*

Muster: го́ды — год

луга́, сады́, зу́бы, пруды́, глаза́, наро́ды, рукава́, лбы, рога́, обе́ды, моро́зы, гру́зы, го́луби, ло́шади, свя́зи, ножи́

5 *Drücken Sie eine Bitte bzw. eine Aufforderung aus. Bilden Sie die Imperativform der Verben. Sprechen Sie die Wortpaare aus.*

Muster: лезть — лезь!

быть, сесть, лечь, влезть, прибы́ть, пересе́сть, приле́чь, ма́зать, ре́зать

6 *Lesen Sie die folgenden Wortpaare laut, die zwar verschiedene Bedeutung und Schreibweise haben, aber auf die gleiche Weise ausgesprochen werden.*

луг — лук, плод — плот, стог — сток, рог — рок, род — рот, серб — серп, пруд — прут, лезть — лесть, съезд — съест, гриб — грипп, труд — трут, мог — мок, лез — лес, разъе́зд — разъе́ст

7 *Lesen Sie laut. Beachten Sie die Angleichung der stimmhaften an die stimmlosen Konsonanten.*

все, вслух, в срок, вспо́мнить, встать, встре́тить, вступи́ть, вся́кий, включи́ть, спра́вка, вкус, вход, вшить, вто́рник, впуска́ть, сла́дкий, ре́дкий, ло́дка, на́дпись, по́дпись, разве́дка, улы́бка, тру́бка, ро́бкий, ре́зкий, улёгся, за́втрак, ло́вкий, ска́зка, бли́зкий, у́зкий, слезть, кни́жки, ло́жки, авто́бус, но́жки, ры́бки, шу́бка, тра́вка, ги́бкий, гла́дкий, ла́вка, ско́бка, вста́вка

8 *Lesen Sie laut. Beachten Sie die Angleichung der stimmlosen an die stimmhaften Konsonanten: die stimmlosen Konsonanten vor* ***в, н, м, л, р*** *bleiben aber stimmlos.*

a) сбор, сбить, сбо́ку, сбо́рка, сбыть, сдать, сда́ча, сде́лка, сде́лать, сдо́ба, сдвиг, сгиб, сгла́дить, сгрузи́ть, сжать, сжечь, сза́ди, сжима́ть, о́тдых, про́сьба, футбо́л; с друзья́ми, к до́му, к жи́зни, к дру́гу;

b) с ни́ми, к ле́су, сме́лый, све́жий, с любо́вью, Крым, клуб, к мо́рю

9 *Lesen Sie laut. Achten Sie dabei auf die Stimmangleichung.*

1. Сего́дня я сдал после́дний экза́мен, а за́втра пое́ду отдыха́ть на Кавка́з. 2. Мой друг изуча́ет ру́сский язы́к. За после́днее вре́мя он сде́лал больши́е успе́хи. 3. До́ктор Ивано́ва заве́дует хирурги́ческим отделе́нием. 4. От бо́ли я вскри́кнул, непроизво́льно отдёрнув ру́ку. 5. Э́та стира́льная маши́на не то́лько стира́ет, но и отжима́ет бельё. 6. Брат сдержа́л своё сло́во и прие́хал проводи́ть меня́ на вокза́л. 7. Он встре́тил меня́ улы́бкой.

10 *Lesen Sie laut. Beachten Sie besonders das stimmlose **c** im Wortanlaut vor einem Vokal bzw. zwischen zwei Vokalen. Merken Sie sich, dass im Unterschied zum Deutschen, wo das **s** in solchen Stellungen stimmhaft gesprochen wird (Saal, Vase), das russische **c** stimmlos bleibt.*

са́бля, салю́т, сам, са́мый, са́ни, свой, связь, семь, сейф, сел, сед, свист, се́мя, серп, сесть, си́ла, сигна́л, сиро́п, сире́нь, соль, сын, сыт, сыр, сыро́к, са́хар, сырник, сон, усы́, сала́т, сад, ко́сы, свет, фасо́ль, о́сы

11 *Lesen Sie laut. Achten Sie auf die Aussprache des stimmlosen **c** und des stimmhaften **з** im Wortanlaut vor einem Vokal bzw. zwischen zwei Vokalen. Vergessen Sie nicht, dass eine falsche Aussprache dieser Laute die Bedeutung der Wörter verändert.*

суп — зуб, сыпь — зыбь, ро́сы — ро́зы, суд — зуд, зано́сы — зано́зы, сове́ты — заве́ты, коса́ — коза́, соли́ть — зали́ть, соверши́ть — заверши́ть, сольёт — зальёт, усы́ — у́зы, совьёт — завьёт, слой — злой

12 *Lesen Sie laut. Vergleichen Sie die Aussprache des anlautenden Konsonanten **c** bzw. **s** in den russischen und in den deutschen Wörtern.*

сала́т — Salat
се́мя — Samen
серебро́ — Silber
Сиби́рь — Sibirien
со́да — Soda
со́лнце — Sonne
соль — Salz
сорт — Sorte
сентя́брь — September
солда́т — Soldat
сок — Saft
са́бля — Säbel
су́мма — Summe
суп — Suppe
сарди́на — Sardine

13 *Lesen Sie laut. Achten Sie auf die Aussprache des stimmlosen **c** und des stimmhaften **з**.*

са́ша, сати́ра, саботáж, Серге́й, се́кция, сигна́л, симпати́чный, систе́ма, системати́ческий, сове́т, со́товый, сорт, солда́т, собра́т, социа́льный, социалисти́ческий, социали́зм, сиби́рский, суп, суббо́тник, су́мма; саза́н, заса́да, за́пад, забо́ты, суббо́та, собо́р, забо́р, сади́ться, зага́дка, запа́сы, забо́та, за́втра, зако́н

14 *Lesen Sie laut. Achten Sie auf die Aussprache des stimmlosen* **с** *und des stimmhaften* **з**.

газéта, в садý, у Зи́ны, на зéмлю, нóсит, сосéди, сюдá, Си́рия, зимá, с Си́мой, сéрия, сéкция, секýнда, фантáзия, началáсь, фи́зик, семéстр

15 *Lesen Sie das Gedicht von A. Barto laut, achten Sie auf die Aussprache des stimmhaften* **з**.

Рези́новую Зи́ну купи́ли в магази́не.
Рези́новую Зи́ну в корзи́не принесли́.
Онá былá рази́ней, рези́новая Зи́на:
Упáла из корзи́ны,
Измáзалась в грязи́.

16 *Lesen Sie laut. Vergessen Sie nicht, dass das* **с** *vor Vokalen und vor* ***в, н, м, л, р*** *stets stimmlos bleibt.*

1. В садý распусти́лась сирéнь. 2. В салóне вы́ставлены рабóты худóжника Кóрина. 3. Семинáр по истóрии ведёт стáрый профéссор. 4. Профсою́зный комитéт послáл меня́ в санатóрий. 5. Мне нýжно купи́ть соль и сыр. 6. Серебрó — дорóгой метáлл. 7. Возьми́ свои́ кни́ги. 8. Самолёт улетáет рóвно в семь утрá.

17 *Lesen Sie laut. Beachten Sie die Angleichung der stimmhaften an die stimmlosen Konsonanten und die Aussprache der unbetonten Vokale.*

вы́ставка, обхóд, подхóд, подчинéние, совпадéние, предприя́тие, облóжка, отпрáвка, дорóжка, головка, паровóз, теплохóд, морóз, повóзка, гóрод, сою́з, объéзд; всенарóдный, повтóрный, вторóй, всеми́рный, всеóбщий, сóбственный; вскочи́ть, вписáть, обсóхнуть, подпры́гнуть, подтверди́ть, подкрепи́ть, подписáть, подши́ть, повтори́ть, ползти́, готóвься, отрéжь, постáвь, приготóвь; похóж, дости́г, поги́б, здорóв, мóлод; всегдá, всегó, совсéм, вшестерóм, вчетверóм, впервы́е, немнóжко

18 *Lesen Sie laut. Beachten Sie die Angleichung der stimmlosen an die stimmhaften Konsonanten und die Aussprache der unbetonten Vokale.*

a) вокзáл, тáкже, экзáмен, сбежáть, сдáча, сдержáть, сгóвор, сгорéть, сгорячá, отби́ть, отбирáть, отбóй, отбóр, отбрóсить, óтблеск, отговори́ть, отголóсок, отдáть, отдáча, отдали́ть, отдéл, отдéлать, отдели́ть, отдéлка, отдёрнуть, отжáть;

b) с брáтом, с Зи́ной, к женé, от дождя́, от двух до пяти́, с журнáлом, с дрýгом;

c) с пáпкой — с бáбкой, с прáздником — с брáтом, из Пóльши — с бóльшим, с бýквы — с пéрцем, с бéрега, от прáктики — от брáта, сбéгать, сбли́зить, сглáдить

19 *Lesen Sie laut folgendes Gespräch, achten Sie dabei auf die Aussprache der stimmhaften und stimmlosen Konsonanten.*

— Да́йте, пожа́луйста, второ́й том «Войны́ и ми́ра» Толсто́го.
— Второ́й том вы́дан на́ дом. Други́е экземпля́ры мо́жно получи́ть в чита́льном за́ле.
— А «Ти́хий Дон» Шо́лохова есть? Мне на оди́н день.
— Како́й том? Како́й год изда́ния? Укажи́те, пожа́луйста.
— Лу́чше весь рома́н. Любо́го го́да изда́ния.
— Запо́лните формуля́р, пожа́луйста. Бо́льше у вас нет зака́зов? Тогда́ подожди́те, бу́дьте добры́!
— Ла́дно, спаси́бо.

20 *Lesen Sie laut. Beachten Sie die Aussprache der Konsonanten an der Wortgrenze und die Stimmlosigkeit.*

a) в Верхоя́нске, в Ва́рне, име́ть в виду́, в воде́, в ва́нне, в ваго́не, в ва́зе, вверху́, ввози́ть, вводи́ть, вво́лю; под до́мом, под Доне́цком, под дива́ном, под Та́ллинном, над До́ном, под то́мом, пе́ред тобо́й;

b) без пла́на, без мы́сли, из ко́мнаты, в па́рке, в темноте́, под поду́шкой, под сто́ло́м, пе́ред тобо́ю, вокру́г фа́брики, из-под стола́, в теа́тре, без това́рищей, без сестры́, в Со́чи, под Москво́й, че́рез Ки́ев, и́з дому, пе́ред съе́здом, вокру́г па́мятника, близ университе́та, близ пло́щади, в Красноя́рске, в Ло́ндоне, над вхо́дом, над столи́цей, из стекла́, из ко́жи, из де́рева

21 *Lesen Sie laut, achten Sie auf die Aussprache des stimmhaften* ***в*** *in den Lautverbindungen* ***вза-***, ***вдо-***, ***взгл-*** *und anderen Konsonantenverbindungen.*

съе́здить в го́род, отдыха́ть в дере́вне, поднима́ться в го́ры, уе́хать в дом о́тдыха, взгляну́ть в глаза́, взгляд в бу́дущее, внести́ взно́сы, внести́ вклад в о́бщее де́ло, внести́ в зал, внести́ в дневни́к, внести́ разде́л в догово́р, внести́ оце́нку в журна́л, врасти́ в зе́млю, взаи́мный интере́с, правди́вый взгляд

22 *Sagen Sie, wohin man fahren kann. Gebrauchen Sie dabei folgende Städte- und Ländernamen nach dem Muster.*

Muster: Мо́жно **пое́хать в Москву́**.

Волгогра́д, Но́вгород, Росто́в, Ро́сток, Новосиби́рск, Ри́га, Курск, Брест, Баку́, Жене́ва, Берли́н, Дре́зден, До́ртмунд, Ве́на, Минск, Ле́йпциг, За́льцбург, Гданьск; Болга́рия, Молда́вия

23 *Lesen Sie laut. Beachten Sie die Aussprache der Konsonanten.*

1. На за́втрак бу́дет вку́сный сала́т. 2. Я с Ди́мой е́ду в Со́чи. 3. Он отдыха́ет в Ки́еве. 4. На вокза́ле солда́ты. 5. Ты здоро́в? 6. В Но́вгороде вы́ставка. 7. Зо́я купи́ла конфе́ты из со́и. 8. Здесь отде́л сбы́та.

§ 3 Harte und weiche Konsonanten

Im Unterschied zum Deutschen kennt das Russische harte und weiche Konsonanten. Mit Ausnahme des **й** (kurzes **i**), das dem deutschen **j** nahesteht, der stets weichen **ч** und **щ** sowie der stets harten **ж**, **ш** und **ц**, können alle Konsonanten sowohl hart als auch weich sein:

б — б': был — бил
п — п': пыл — пил
в — в': выл — вил
ф — ф': фóрма — Фёдор
д — д': да — дя́дя
т — т': тот — тётя
з — з': за — зять
с — с': сын — си́ний
л — л': лук — люк
м — м': мал — мял
н — н': нос — нёс
р — р': рад — ряд
г — г': гусь — Гю́нтер
к — к': кот — Кёльн
х — х': хор — хи́на

Die Palatalisierung der Konsonanten wird durch die auf sie folgenden Buchstaben **е**, **ё**, **ю**, **я**, **и** sowie durch **ь** (das weiche Zeichen) kenntlich gemacht: л**ё**д, ве**рь**, с**и́**н**и**й, р**я**д, л**ю**к. Zu beachten ist, dass sich der Sinn eines Wortes ändern kann, je nachdem, ob ein Konsonant hart oder weich ist: ýгол *die Ecke*, ýго**ль** *die Kohle*.

Die weichen Konsonanten werden durch die zusätzliche Hebung des mittleren Teils des Zungenrückens an den harten Gaumen gebildet. Bei der Aussprache ist das Entstehen des [j] nach dem Konsonanten zu vermeiden. Die gespannte Artikulation des **и** beim maximalen Vorrücken der Zunge erleichtert die richtige Aussprache des weichen Konsonanten: и́ти — ти — ти́на — плоти́на — плáтина.

ÜBUNGEN

1 *Lesen Sie laut, beachten Sie die Aussprache der Konsonanten vor* ***и****.*

найти́, пусти́, зайти́, заплати́, найди́, войди́те, води́тель, диктáнт, Ди́на, Ти́хон, Зи́на, Ви́тя, фильм, ви́деть, позови́, вози́ть

2 *Sprechen Sie die Konsonanten* ***т, д, з, м, н, л, б, в*** *verbunden mit dem Vokal* ***и****. Die Zungenspitze bildet Kontakt mit den unteren Schneidezähnen.*

и́ти — ти — ти́на, и́ди — ди — Ди́ма, и́ни — ни — Ни́на, и́ли — ли — ли́ли, и́зи — зи — Зи́на, и́ви — ви — ви́на, и́би — би — би́ли, и́ми — ми — ми́ни

3 *Lesen Sie laut. Beachten Sie die Palatalisierung der Konsonanten vor* ***и*** *und* ***е****.*

a) и́те — те, и́де — де, и́не — не, и́ле — ле, и́зе — зе, и́ве — ве, и́фе — фе, и́ме — ме, и́бе — бе, и́пе — пе;

b) бинт, бить, пить, винт, фильм, фи́зик, диск, ди́вный; тип, ти́хий, моти́в, Зи́на, зимá, зи́мний; лить, лист, ли́бо; Ми́ла, ми́мо, Нил, ни́тка, рис, риск, гипс, лóгика, кит, ки́льки; хи́мик, духи́; чин, почи́нка; обéд, побéг, бéдный, тебé, велосипéд, пéсни; вес, век; Фéликс, конфéта, буфéт; дéти, тень, одéть, тёмный; зев, газéта; билéт, лéто, котлéта; имéть, мéтка, мéсто; нет, нёбо, конéц, Онéга; сéно, сев, посéв, сéльский; си́ний, Макси́м

4 *Lesen Sie laut. Achten Sie dabei auf die Aussprache der harten und weichen Konsonanten.*

мы — ми, мы́ло — ми́лый, ты — расти́, вол — вёл, воз — вёз, нос — нёс, том — Тёма, ва́зы — вя́зы, мать — мять, па́па — пять, зо́ркий — зо́рька, ре́дкий — ре́дька, ма́льчик — мя́чик, ту́чи — тюки́, то́мный — тёмный

5 *Lesen Sie laut. Achten Sie auf die Palatalisierung der Konsonanten im Wortauslaut.*

бить, пить, лить, дать, мать, зять, взять, весь, ведь, медь, медве́дь, мазь, лезь, топь, цепь, глубь, го́лубь, ткань, лень, ого́нь, конь, июнь, кремль, вдоль, семь, во́семь, на́земь, вновь, любо́вь, о́бувь

6 *Lesen Sie laut. Achten Sie auf die Aussprache der harten und weichen Endkonsonanten. Übersetzen Sie die Wörter ins Deutsche.*

брат — брать, отве́т — отве́ть, вес — весь, лез — лезь, взят — взять, лён — лень, ел — ель, кров — кровь

7 *Bilden Sie die Infinitivform der folgenden Verben. Lesen Sie die Wortpaare laut.*

Muster: реши́т — реши́ть

стоя́т, стро́ит, по́мнит, е́здит, вы́полнит, говори́т, отве́тит, прости́т, про́сит, бро́сит, ку́рит

8 *Lesen Sie laut. Beachten Sie die Veränderung des **а** nach den weichen Konsonanten in der betonten und unbetonten Silbe (je nach der Betonung).*

мя́со — мясни́к
пя́тка — пята́к
мяч — мячи́
девя́тый — девяти́
час — часы́
тя́нут — тяну́ть
отня́ть — отняла́
подня́ть — подняла́

9 *Bilden Sie von den folgenden Substantiven Adjektive mit dem Suffix **-н-**. Achten Sie auf die Artikulation des harten und des weichen **л**.*

Muster: си́ла — си́льный

си́ла, мы́ло, материа́л, криста́лл, глаго́л, сканда́л, де́ло; строи́тель, де́ятель, у́голь, роди́тель, даль, мора́ль

10 *Lesen Sie laut, beachten Sie die Aussprache der weichen Konsonanten.*

1. Весе́нний день. 2. Наде́нь си́ний костю́м! 3. Здесь семь книг. 4. Брось кури́ть! 5. На́до взять мя́со. 6. Они́ стоя́т. 7. Стоя́ть тру́дно — сядь! 8. Вдоль реки́ сад. 9. Он оде́т. 10. Ну́жно оде́ть ребёнка. 11. Будь здоро́в!

11 *Lesen Sie die folgenden Fremdwörter laut. Beachten Sie die Aussprache der weichen Konsonanten insbesondere der Hinterzungenlauten* ***г, к, х*** *vor* ***е***.

кекс, геогра́фия, схе́ма, бале́т, ле́ди, гегемо́ния, проспе́кт, спекта́кль, инспе́ктор, бето́н, мело́дия, коме́та, те́ма, те́хника, текст, дека́н, музе́й, пионе́р, эффе́кт, профе́ссор, те́рмин, декре́т, демокра́тия, деклара́ция, президе́нт, депута́т, се́ктор, резе́рвы, ре́ктор, темп, коммюнике́

12 *Lesen Sie laut. Beachten Sie die Aussprache des weichen Konsonanten in den Fremdwörtern.*

1. Ре́ктор в кабине́те. 2. В теа́тре но́вый бале́т. 3. Президе́нт подписа́л декре́т. 4. Профе́ссор прове́рил конспе́кт. 5. В газе́те есть текст коммюнике́. 6. Резе́рвы те́хники да́ли большо́й эффе́кт. 7. Те́ма докла́да — наро́дная демокра́тия. 8. Те́рмины в те́ксте знако́мы.

§ 4 Die Aussprache der Vokale *я* und *е*

Schrift-bild	2. u. 3. Silbe vor der betonten Silbe	1. Silbe vor der betonten Silbe	Betonte Silbe	Silben nach der betonten Silbe
я	ъ	**и**$_э$[1]	‘а	ъ
е	ъ	**и**$_э$	‘э	ъ

Beispiele: сн**е**га́ [сн'и$_э$га́], р**я**ды́ [р'и$_э$ды́], земл**я**но́й [з'ъмл'и$_э$но́й]

ÜBUNGEN

1 *Lesen Sie laut. Achten Sie darauf, dass die Partikel* ***не*** *und das nachfolgende Wort zusammenhängend gesprochen werden. Sprechen Sie das unbetonte* ***e*** *richtig aus.*

a) [н'и$_э$]

[н'и$_э$]		[н'ъ]	
не дам	не мог	не была́	не даю́
не ду́мал	не бу́ду	не ходи́л	не могла́

b) Она́ не хо́дит на като́к. Она́ не ходи́ла на като́к. Она́ не была́ на катке́.

2 *Lesen Sie laut. Achten Sie auf die Reduktion der unbetonten Vokale.*

a) меня́, тебя́, весна́, кефи́р, вяза́ть, нести́, о́чень, ве́чер, ча́ще, гу́ще, пло́щадь, части́ца, чертёж;

b) ведро́, весло́, сестра́, село́, нести́, мясно́й, зеркала́, земля́, пятно́, дела́, вечера́, ве́чером, река́, семена́, весёлый, века́, темно́, светло́, тепло́, далеко́

3 *Konjugieren Sie die Verben* ***везти́*** *und* ***нести́*** *im Präsens. Achten Sie auf die Aussprache des unbetonten Stammvokals.*

[1] Durch das Zeichen [**и**$_э$] wird ein zwischen **и** und **э** stehender Laut wiedergegeben. Derselbe Laut wird an Stelle der unbetonten **a** und **e** in der 1., 2. und 3. Silbe vor der betonten und in den Silben nach der betonten nach den weichen Konsonanten **ч** und **щ** ausgesprochen, z. B. часы́ [чи$_э$сы́].

Die Aussprache von *я* und *е* im Wortanlaut und nach Vokalen

Schrift-bild	Anfangs-silbe	2. Silbe vor der betonten Silbe	1. Silbe vor der betonten Silbe	Betonte Silbe	Silben nach der betonten Silbe
я	jи$_{э}$[2]	jъ[2]	jи$_{э}$	ja	jъ
е	jи$_{э}$	jъ	jи$_{э}$	jэ	jъ

Beispiele: **я**рово́й [jи$_{э}$раво́й], **Е**вро́па [jи$_{э}$вро́пъ], бо**е**во́й [бъjи$_{э}$во́й].

Übungen

4 *Lesen Sie laut. Achten Sie auf die Aussprache von* ***е, ё, ю, я*** *im Wortanlaut und nach einem Vokal. Vergessen Sie das Vorhandensein des [j] sowie die für die Aussprache der unbetonten* ***а*** *und* ***о*** *geltenden Regeln nicht.*

a) я́блоко, я́года, я́корь, я́хта, я́сли, я́ркий; ю́мор, ю́ный, ю́нга, ю́бка, ю́жный; ёжик, ёлка, ёрш, ёмкий, ель, есть, е́хать, е́здить, е́сли;

b) ноя́брь, влия́ние, поёт, впечатле́ние, смея́сь, заявле́ние, от неё, состоя́ние, змея́, проекти́ровать, мо́ю, се́ю, рису́ю, гре́ю, влия́ю, жале́ю, к музе́ю, ую́тный, бре́юсь, вое́нный, перее́хал, гуля́я, прое́кт, мой

5 *Lesen Sie laut. Achten Sie auf die Aussprache der unbetonten* ***е, я*** *und* ***ю****.*

явля́лся, яйцо́, язы́к, яку́т, Япо́ния, ячме́нь, ярово́й, янта́рь, якоря́; еда́, еди́ный, ерунда́, едва́, Еги́пет, Евро́па, ело́вый, ежего́дный, еди́нство; юмори́ст, юри́ст, южа́нин, юбиле́й, юбиля́р

6 *Lesen Sie laut. Achten Sie auf die Aussprache von* ***е, ё, ю, я*** *im Wortanlaut und nach Vokalen.*

1. Мы яви́лись к нача́лу собра́ния. 2. Яку́ты в про́шлом бы́ли коче́вниками. 3. Дека́н при́нял моё заявле́ние об о́тпуске. 4. Молоды́е архите́кторы создаю́т прое́кты городо́в и посёлков Сиби́ри. 5. Мы перее́хали в но́вый дом. 6. На ю́ге страны́ уже́ посе́яли ярову́ю пшени́цу.

[2] [**jи$_{э}$**] ist ein kurzer, zwischen **и** und **э** stehender Laut, [**jъ**] ist ein stark reduzierter, dem **и** sehr nahestehender Laut.

§ 5 Der Laut *ы* und die ihm vorangehenden Konsonanten

Das Deutsche kennt den Vokal **ы** nicht. Ihm ähnlich klingt das **i** im Wort *Tisch*. Schwierigkeiten bereitet die Aussprache des **ы** in Verbindungen mit den Zweilippenlauten **м, б, п** und den Zahnlippenlauten **в, ф.**

▶ **Merken Sie sich:**

1. **ы** steht nie im Wortanlaut.
2. Ein Konsonant ist vor **ы** stets hart.
3. Beginnt der Wortstamm mit einem **и**, so wird nach den auf harten Konsonanten auslautenden Präfixen an Stelle von **и** ein **ы** gesprochen und geschrieben (с**ы**гра́ть, раз**ы**гра́ть).
4. In zusammenhängend gesprochenen Wörtern wird nach den Präpositionen und den Wörtern mit einem harten Konsonanten im Auslaut an Stelle von **и** ein **ы** ausgesprochen: от **И́**ры [аты́ръ], дал **им** [да́лым].
5. Nach **ж** und **ш** wird **и** geschrieben, aber stets **ы** gesprochen.
6. Nach den Konsonanten **г, к, х** wird nie **ы** geschrieben. Die Lautverbindungen **гы, кы, хы** sind an der Wortgrenze und in Fremdwörtern möglich: **к и**нститу́ту [кынст'иту́тъ].

Übungen

1 *Sprechen Sie die folgenden Lautverbindungen aus.*

ти — ты, ди — ды, ни — ны, ли — лы, зи — зы, си — сы, ви — вы, фи — фы, би — бы, пи — пы, ми — мы

2 *Lesen Sie laut. Vergessen Sie nicht, dass ein Konsonant vor* **ы** *stets hart ist.*

дым, ды́ня, ды́рка, сады́, наро́ды; ты, ты́ква, буты́лка, плоты́, коты́, кусты́, цветы́; возы́, ло́зы, мимо́зы, колхо́зы; сын, сыр, весы́, посы́лка, косы́нка, сы́тный; ны́нче, ныть, ны́не, сте́ны, уны́лый; вы, выл, вы́ход, вы́зов, вы́лет, вы́воз, вы́стрел; фы́ркать; бы, был, бык, забы́л, бы́стро, обы́чный; пы́шка, попы́тка, пы́льный; мы, мыс, мыть, мы́ло, мысль

3 *Lesen Sie laut. Vergessen Sie nicht, dass die Konsonanten vor* **ы** *hart, vor* **и** *dagegen weich sind.*

зади́ра — ды́рка, посади́ть — сады́, Ди́на — ды́ня, Ди́ма — от ды́ма; тик — ты́ква, плати́ — плоты́, стиль — осты́л; нить — ныть, гра́ни — кра́ны, к Ни́не — ны́не; вози́— возы́; си́то — сы́ты, си́льный — посы́льный, коси́ть — косы́нка; ми́ло — мы́ло, Ми́тя — мы́тый, Ми́шка — мы́шка, мил — мыл; бил — был, бить — быть, заби́ть — забы́ть, приби́ть — прибы́ть, проби́ть — пробы́ть, обы́чный — оби́дный; пил — пыль, пита́ться — пыта́ться

4 *Lesen Sie die Sätze. Schreiben Sie die Wörter heraus, die sich voneinander durch die harte oder weiche Aussprache unterscheiden, und lesen Sie sie paarweise laut.*

1. Мы бы́ли в музе́е. — Часы́ би́ли по́лночь. 2. Он забы́л до́ма ру́чку. — Футболи́ст заби́л мяч в воро́та. 3. Ми́ша прибива́ет над столо́м карти́ну. — По́езд прибыва́ет ра́но у́тром. 4. Горни́ст, труби́ подъём! — Из печно́й трубы́ поднима́лся дым. 5. Мы пи́ли я́блочный сок. — В во́здухе мно́го пы́ли. 6. У меня́ есть брат Ди́ма. — Нет ды́ма без огня́. (Погово́рка). 7. Он мыл ру́ки с мы́лом. — Она́ ми́лая де́вушка. 8. В лесу́ вы́ли во́лки. — Пти́цы ви́ли гнёзда. 9. Не носи́ тя́жестей. — Носы́ у дете́й порозове́ли от хо́лода. 10. Сестру́ зову́т Ди́на. — У нас больша́я ды́ня.

5 *Lesen Sie das Gedicht laut. Achten Sie auf die Aussprache des Lautes* **ы**. *Vergessen Sie nicht, dass ein Konsonant vor* **ы** *stets hart ist.*

Быва́ет э́та бу́ква
В конце́ и середи́не:
В конце́ капу́сты, брю́квы
И в середи́не ды́ни.
Легко́ найдёте вы «еры́»[3]
В слова́х «костры́» и «топоры́»,
В «буты́лке» и в «коры́те».
Ещё три сло́ва на «еры́»
Вы са́ми подбери́те.
(С. Марша́к)

6 *Lesen Sie die Sätze laut und achten Sie auf die Aussprache des* **и** *im Wortanlaut. Vergessen Sie nicht, dass an Stelle von* **и** *ein* **ы** *gesprochen wird, wenn das vor einem auf* **и** *beginnenden Wort bzw. vor der Konjunktion* **и** *stehende Wort auf einen harten Konsonanten auslautet, z.B.* ***с Иро́й [сы́ръй], как и́скра [какы́скръ], Ива́н и я [ива́ныjа́]***.

1. Ива́н Ильи́н уе́хал в И́ндию. 2. От И́ры давно́ нет пи́сем. 3. От испу́га она́ побледне́ла. 4. Вади́м Ива́кин вы́ступил от и́мени студе́нтов. 5. Из и́скры возгори́тся пла́мя. (Одо́евский) 6. Оте́ц и сын отдыха́ют в И́стре. 7. На таре́лке лежа́т бутербро́ды с икро́й. 8. Мать дала́ до́чери ни́тки с иго́лкой. 9. Я роди́лся в Иркýтске. 10. В ию́ле мы с И́нной пое́дем в Иже́вск. 11. Сын Ильи́ Ивано́ва прие́хал из Ига́рки. 12. Он из Москвы́. 13. Тут и там видны́ огни́.

§ 6 Der Konsonant *л*

Im Unterschied zum Deutschen, in dem das mitteleuropäische **l** gesprochen wird, kennt das Russische das harte **л** und das weiche **л'**. Am nächsten steht dem deutschen **l** das weiche **л'** in der Verbindung **ли.** (Vergleichen Sie: *Lied* und **Лида**.)

Für die Aneignung der richtigen Aussprache des harten **л** statt des mitteleuropäischen **l** muss das Anheben der Hinterzunge an den weichen Gaumen und die Senkung des mittleren Zungenrückens erreicht werden. Als Hilfslaute dienen hierbei die Vokale **о, у** und die Hinterzungenlaute **г, к, х**.

Die Arbeit an der Artikulation des weichen **л'** sollte mit den Verbindungen **ли, ле** begonnen werden.

[3] «Еры́» ist der veraltete Name des Buchstabens **ы**.

ÜBUNGEN

1 *Lesen Sie die Wörter mit den Verbindungen* ***ле, ли, лё, ля, лю*** *laut.*

Ли́да, Ли́за, лиса́, ли́па, вдали́, бли́зко, ли́лия, вели́к, блин, клин; лев, Ле́на, лес, ле́то, котле́та, биле́т, сле́ва, ле́вый, пле́мя, лень, оле́нь; Лёля, Лёва, клён, лён, лётный, лётчик, полёт, слёт, слёзы, зелёный; Ля́ля, О́ля, Ва́ля, Ко́ля, Га́ля, поля́, земля́, кля́тва, маля́р, для нас, тополя́, теля́та; люк, Лю́ба, Лю́да, лю́ди, блю́до, клю́ч, ловлю́, лю́бит, валю́та, плю́с, шлю́зы

2 *Lesen Sie laut. Achten Sie auf die Aussprache des weichen* ***л'****.*

то́лько, культу́ра, ско́лько, нельзя́, си́льный, больни́ца, большо́й, печа́льный, да́льний, театра́льный, пра́вильный, О́льга, ма́льчик, пальто́, у́голь, соль, роль, боль, сталь, нуль, роя́ль, ию́ль, ель, даль, стиль, посте́ль, ме́бель, рубль, кисе́ль

3 *Lesen Sie laut. Achten Sie auf die Aussprache des harten* ***л****.*

a) клуб, класс, блу́зка, блокно́т, протоко́л, за́ла, кана́л, тала́нт, сала́т; бе́лка, стре́лка, ви́лка, таре́лка, по́лка, блок, гло́бус;

b) молоко́, молодо́й, хо́лодно, тепло́, светло́, де́ло, те́ло, хло́пок, я́блоко, столо́вая, сло́во, флот, боло́то, зо́лото, слой, злой; лук, луч, плуги́, глу́пый, усну́л, глубо́кий, слух, заслу́га, блу́за, лу́нный; лак, ла́мпа, план, ла́па, гла́вный, плане́та, тала́нт, ла́дно, класс, сла́бый, балала́йка; ба́лка, бу́лка, бе́лка, ви́лка, по́лка, пи́лка, волк, ёлка, посёлки, буты́лка; Во́лга, долг, до́лгий; болт; столы́, полы́, вокза́лы, балы́, орлы́, тёплый, ми́лый, глы́ба, плы́ли, улы́бка; стол, зол, пол, ко́локол, стул, гул, был, выл, мыл, плыл, тыл, обу́л, зал, дал, мал, бал, спал, узна́л, пропа́л, Ура́л, осты́л, накры́л, Байка́л; по́лный, волна́; алма́з; до́лжен; оде́лся, умы́лся, боро́лся, бра́лся, ви́делся, би́лся, ви́лся, учи́лся, наде́ялся, начина́лся, конча́лся, нра́вился

4 *Lesen Sie laut. Achten Sie auf die Aussprache des harten und des weichen* ***л****.*

был — быль, га́лка — га́лька, лы́сый — ли́сий, ел — ель, цел — цель, Алу́пка — шлю́пка, лук — люк, по́лка — по́лька, жал — жаль, дал — даль, у́гол — у́голь, мел — мель, пыл — пыль, при́был — при́быль, стал — сталь

5 *Lesen Sie laut. Achten Sie auf die Aussprache des harten und des weichen* ***л****.*

ми́лый Ва́ля; стально́й болт; зелёный лук; буты́лка молока́; плане́та Земля; бе́лая бу́лка; голубы́е глаза́; нача́льная шко́ла; ли́шний биле́т; туале́тное мы́ло; глубо́кий тыл; кило́ я́блок; паралле́льные ли́нии; глубо́кая мысль; ле́тние кани́кулы; лило́вые черни́ла; балери́на Гали́на Ула́нова

6 *Lesen Sie laut und achten Sie auf die Aussprache des harten und des weichen* ***л****. Schreiben Sie die Wörter heraus, die sich voneinander durch die Aussprache des* ***л*** *unterscheiden. Üben Sie die Aussprache dieser Wörter.*

1. Лёша дал мне свой слова́рь. 2. Я прочита́л поэ́му Твардо́вского «За да́лью — даль». 3. Це́лый час я разбира́л кни́ги на по́лке. 4. Я написа́л своей подру́ге-по́льке. 5. Мы заверну́ли за́ угол до́ма. 6. В маши́ну грузи́ли у́голь. 7. Учи́тель положи́л мел на стол. 8. Кора́бль сел на мель. 9. Жаль, что прогу́лка на лы́жах так бы́стро зако́нчилась. 10. На вокза́ле Лёва до́лго жал мне ру́ку. 11. Люблю́ зелёный лук. 12. Люк корабля́ был откры́т. 13. Над по́лем лета́ют га́лки. 14. На берегу́ мо́ря мно́го га́льки.

7 *Bilden Sie den Genitiv der folgenden Substantive. Lesen Sie die Wörter paarweise.*

Muster: у́голь — угля́

ру́бль, руль, жура́вль, кисе́ль, кора́бль, сте́бель, февра́ль

8 *Lesen Sie laut und achten Sie auf die Aussprache des harten und des weichen* ***л****.*

a) чита́л — чита́тель, писа́л — писа́тель, учи́л — учи́тель, стро́ил — строи́тель, води́л — води́тель, слу́шал — слу́шатель, руководи́л — руководи́тель, посети́л — посети́тель, иссле́довал — иссле́дователь, победи́л — победи́тель, мы́слил — мысли́тель, преподава́л — преподава́тель;

b) говори́л, смотре́л, понима́л, шёл, ходи́л, пел, пил, отвеча́л, ел, был, переводи́л;

c) учи́лся, умыва́лся, занима́лся, упражня́лся, смея́лся, познако́мился, купа́лся, увлека́лся, находи́лся, одева́лся, бри́лся, начина́лся, развива́лся, причёсывался;

d) ви́лка, ло́жка, колбаса́, моча́лка, чулки́, толпа́, больни́ца, прогу́лка, пальто́, фильм, вальс, балко́н, до́лго, ка́лька, холм, сли́ва, па́льма, стре́лка, уго́льник, ката́лся, созна́лся, се́льский, солёный, во́льный, жа́лко, иго́лка, за́лпом

9 *Lesen Sie den Dialog laut. Achten Sie auf die Aussprache des harten und des weichen* ***л****.*

— Кири́лл, ты ходи́л в кино́?
— Я ходи́л в клуб смотре́ть фильм.
— Ты был оди́н?
— Нет, с Лёней и Ле́ной.
— Како́й фильм ты смотре́л?
— «Оте́ц солда́та». Я уже́ ви́дел его́ не́сколько лет наза́д, и он мне понра́вился.
— Зал был по́лон?
— Да, зри́тели лю́бят исполни́теля гла́вной ро́ли.

10 *Lesen Sie die Gedichte laut. Achten Sie auf die Aussprache des harten und des weichen* **л**.

Руса́лка плыла́ по реке́ голубо́й,
Озаря́ема по́лной луно́й;
И стара́лась она́ доплесну́ть до луны́
Серебри́стую пе́ну волны́.
И шумя́, и крутя́сь, колеба́ла река́
Отражённые в ней облака́;
И пе́ла руса́лка — и звук её слов
Долета́л до круты́х берего́в.

(М. Ле́рмонтов)

Издалека́ до́лго
Течёт река́ Во́лга,
Течёт река́ Во́лга,
Конца́ и кра́я нет.

Среди́ хлебо́в зре́лых,
Среди́ снего́в бе́лых
Течёт моя Во́лга,
А мне семна́дцать лет.
(Л. Ошаиин)

§ 7 Die Konsonanten *ж, ш* und *ц*

Die Konsonanten **ж, ш** und **ц** sind im Russischen stets hart: жар [жар], жить [жыт'], шар [шар], уже́ [ужэ́], шить [шыт'], шесть [шэст'], цыга́н [цыга́н], цинк [цынк], цепь [цэп'][4].

Im Deutschen kommt ein dem **ж** ähnlicher Laut in Wörtern fremdsprachiger Herkunft vor, doch ist er im Vergleich zum russischen stimmhaften **ж** etwas weniger stimmhaft (*Journal*, *Loge*).

Der russische stimmlose Laut **ш** wird etwa wie deutsches [ʃ] in *Schar* ausgesprochen.

Um Fehler bei der Artikulation der harten Konsonanten **ж** und **ш** zu vermeiden, ist die Zungenspitze maximal nach oben zu heben, die Zunge dabei zurückzuziehen und die harten **ж** und **ш** auszusprechen. Um eine richtige Aussprache von **ж** und **ш** zu erreichen, sollte man mit den Lautverbindungen **гжо, ужу, ушк, ушу** anfangen und dann zu anderen Positionen übergehen. Die schwierigsten Positionen für die Aussprache von **ж** und **ш** sind die Positionen nach **и** und **е**, besonders im Wortauslaut vor **ь** (хо́дишь, ешь), vor **и, е** (лежи́т, желе́зо), nach den weichen Konsonanten (ме́ньше, большо́й), vor den weichen Konsonanten, besonders vor den Vorderzungenkonsonanten (жди, е́шьте). Die schwierigsten Positionen für die Aussprache des harten **ц** sind die Positionen vor den Buchstaben **и, е** (цинк, ста́нция, сце́на).

▸ **Merken Sie sich:**

1. Die Buchstabenverbindungen **сж** und **зж** werden wie das lange **ж̄** ausgesprochen: **сж**а́тый [ж̄а́тъj'], без**жи́**зненный [б'иэж̄ызн'ънъj].
2. Die Buchstabenverbindungen **сш** und **зш** werden wie das lange **ш̄** ausgesprochen: **сш**ить [ш̄ыт'], без **ш**ума [б'иэш̄у̀мъ].

[1] a) Beachten Sie, dass nach den stets harten **ж, ш** und **ц** immer **е** und nicht **э**, nach **ж** und **ш** immer **и** und nicht **ы** geschrieben wird; nach **ц** steht **и** nur in Wörtern fremdsprachiger Herkunft. b) Das weiche Zeichen (**ь**) nach **ж** und **ш** (тушь, режь, ешь) hat keine lautliche Funktion, sondern dient lediglich zur Kennzeichnung bestimmter grammatischer Formen.

3. Der Laut ш̅ wird an Stelle von **ч** in den Wörtern mit den Buchstabenverbindungen **чт**, **чн** ausgesprochen: **что** **[што]**, **чт**о́бы [што́бъ], ску́**чн**о [ску́шнъ], яи́**чн**ица [jи$_{э}$и́шницъ]. Aber: обы́**чн**о [абы́ч'нъ].

4. Die Buchstabenverbindungen **тся**, **ться**, **тц** und **дц** werden wie das lange **ц̅** ausgesprochen: мо́е**тся** [мо́jъц̅ъ], мы́**ться** [мы́ц̅ъ], о**тц**вести́ [ац̅в'и$_{э}$ст'и́], моло**дц**о́м [мълац̅о́м]; wie **ц** klingen auch die Buchstabenverbindungen **тс** und **дс**: сове́**тс**кий [сав`эцкъj], городско́й [гърацко́j].

Übungen

1 *Lesen Sie laut. Vergessen Sie nicht, dass **ж** hart und stimmhaft ist.*

ужу́, жгу, к жуку́, жу́тко, скажу́, положу́, хожу́, вожу́, ну́жно, мо́жно, сло́жно, слу́жба, дру́жба, ждать, жди, ва́жно, отва́жный, граждани́н, сапо́жник, рожде́ние, охлажде́ние; жа́рить, жа́лость, жа́лоба, жа́тва, жа́дный; уже́, то́же, та́кже, жест, же́нский, жена́; жи́вы, жить, лежи́т, бежи́т, ножи́, ужи́, лы́жи; Жо́ра; жёлудь, жёлтый, жёг, поджёг; желе́зо, у́жин, ну́жен, сжать, разже́чь, из жи́зни, мозжечо́к

2 *Lesen Sie die Gedichte laut und achten Sie auf die Aussprache von **ж**.*

Жди меня́, и я верну́сь.
То́лько о́чень жди.
Жди, когда́ наво́дят грусть
Жёлтые дожди́,

Жди, когда́ снега́ мету́т,
Жди, когда́ жара́,
Жди, когда́ други́х не ждут,
Позабы́в вчера́.
(К. Си́монов)

Живи́ для ми́ра и для све́та,
Живи́, наде́ясь и любя́,—
Как бу́дет за́втра жить плане́та,
Зави́сит э́то от тебя́.
Чтоб всю́ду ми́рным бы́ло не́бо,
Чтоб лю́ди жи́ли всё дружне́й,—
Ты не проси́, не жди, а тре́буй
Во и́мя всех гряду́щих дней!
(Л. Оша́нин)

3 *Lesen Sie laut. Vergessen Sie nicht, dass **ш** stets hart ist.*

ушк, у́шу, шум, шут, шко́ла, шу́тка, су́шка, Лу́ша, шу́ба, машу́, ношу́, пишу́, ко́шка, му́шка, стару́шка; шаг, ша́шки, шанс, душа́, хороша́, шар; шест, шесть, ва́ше, на́ше, реше́ние, утеше́ние, то́ньше, да́льше, бо́льше; шёл, шёлк, шёпот, ушёл, нашёл, пришёл; шип, ши́на, ши́шка, маши́на, камыши́, шалаши́, кало́ши, широ́кий; душ, ковш, ваш, наш, малы́ш; дашь, ешь, зна́ешь, пи́шешь, ма́шешь, тушь, глушь; расши́ть, без ша́пки; ску́чно, что, что́бы

4 *Lesen Sie laut. Achten Sie auf das stimmlose **ш** und das stimmhafte **ж**. Vergessen Sie nicht, dass **ш** und **ж** harte Laute sind.*

сужу́ — сушу́, жу́тко — шу́тка, са́жа — Са́ша, жар — шар, жест — шест, жить — шить, сжил — сшил, жёг — шок, жир — ширь, жа́лость — ша́лость, жа́рить — ша́рить, жаль — шаль

5 *Bilden Sie nach dem Muster die Form der 2. Person im Präsens Singular von den folgenden Verben. Lesen Sie die Wörter paarweise und vergessen Sie nicht, dass* ***ш*** *stets hart ist.*

Muster: проси́ть — про́сишь

писа́ть, говори́ть, шуме́ть, спеши́ть, слы́шать, ду́мать

6 *Bilden Sie von den Verben Partizipien mit dem Suffix* ***-вш-****. Lesen Sie diese Wörter paarweise, achten Sie auf das harte* ***ш****.*

Muster: рабо́тать — рабо́тавший

говори́ть, писа́ть, чита́ть, ви́деть, шуме́ть, спеши́ть, ду́мать, изуча́ть, нача́ть

7 *Lesen Sie laut. Achten Sie auf die Aussprache von* ***ж*** *und* ***ш*** *sowie von* ***чн, чт, зж, сж****.*

a) 1. Ши́ны маши́н шурша́т по шоссе́. 2. Шу́ра шьёт руба́шку. 3. Же́ня и Са́ша живу́т в хоро́шем но́вом до́ме на шесто́м этаже́. 4. Из шалаша́ слы́шен шёпот. 5. Серёжа, положи́ шарф и ша́пку па ме́сто! 6. Ножи́ лежа́т в шкафу́. 7. В осе́ннем па́рке бы́ло ску́чно. 8. Мы рожде́ны, чтоб ска́зку сде́лать бы́лью. *(В. Ле́бедев-Кума́ч)* 9. Жизнь прожи́ть — не по́ле перейти́. *(Посло́вица)* 10. Му́жество рожда́ется в борьбе́. *(Н. Остро́вский)*

b)
— Как ты пожива́ешь?
— Спаси́бо. Хорошо́.
— Почему́ ты пришёл по́зже, чем всегда́?
— Я зашёл по доро́ге к Жене́ Жи́жиной.
— Где она́ живёт?
— Же́ня живёт в большо́м жёлтом до́ме на у́лице Желя́бова.
— Я слы́шал, что она́ больна́.
— Да. Она́ лежи́т уже́ неде́лю в посте́ли. У неё си́льный жар.
— Как жаль, что я не знал ра́ньше её а́дреса. За́втра я навещу́ её. К тому́ же я нашёл для неё ну́жный но́мер журна́ла «Те́хника — молодёжи» и до́лжен отда́ть его́ ей.
— Отли́чно. Я скажу́ ей ве́чером об этом. Мы с Же́ней бу́дем ждать тебя́.

8 *Lesen Sie die Gedichte und den Text laut und achten Sie auf die harten Laute* ***ж*** *und* ***ш****.*

Э́та бу́ква широка́
И похо́жа па жука́.
Да при этом, то́чно жук,
Издаёт жужжа́щий звук:
ж-ж-ж-ж!

(С. Марша́к)

Го́рные верши́ны
Спят во тьме ночно́й;
Ти́хие доли́ны
По́лны све́жей мглой;

Не пыли́т доро́га,
Не дрожа́т листы́. …
Подожди́ немно́го,
Отдохнёшь и ты.

(М. Лермонтов)

Са́мое дорого́е у челове́ка — э́то жизнь. Она́ даётся ему́ оди́н раз, и прожи́ть её на́до так, что́бы не́ было мучи́тельно бо́льно за бесце́льно про́житые го́ды, что́бы не жёг позо́р за по́дленькое и ме́лочное про́шлое и что́бы, умира́я, смог сказа́ть: вся жизнь и все си́лы бы́ли о́тданы са́мому прекра́сному в ми́ре — борьбе́ за освобожде́ние челове́чества.

(Н. Остро́вский)

9 *Lesen Sie laut. Vergessen Sie nicht, dass* ***ц*** *stets hart ist. Achten Sie auf die Aussprache der Buchstabenverbindungen* ***-тся, -ться, дц, тс****.*

лицо́, кольцо́, отцо́м, молодцо́м; у́лицы, пти́цы, концы́, бойцы́; отцу́, концу́, свинцу́; ца́пля, столи́ца, мете́лица; цех, цепь, центр, це́нный, це́нзор, проце́нт, акце́нт, це́пкий; ци́фра, цита́та, цикл, цикло́н, цинк, медици́на; ста́нция, пози́ция, ле́кция, револю́ция, конфере́нция, проду́кция, демонстра́ция, реа́кция, Фра́нция, Ту́рция; с берли́нцем, с не́мцем, с переселе́нцем, с ло́ндонцем; бра́тство, де́тство, пира́тский, людско́й, городско́й, де́тский; занима́ться, начина́ться, нездоро́вится, стреми́ться, стреми́тся, ка́жется, хо́чется, придётся, Кислово́дск

10 *Lesen Sie laut. Achten Sie auf die Aussprache des harten* ***ц****.*

1. В пя́тницу в Центра́льном до́ме журнали́ста начина́ется цикл ле́кций профе́ссора Царёва. 2. Конфере́нция продолжа́лась три дня. 3. Доброво́льцы, кото́рые хотя́т порабо́тать на реставра́ции дворца́ в Цари́цыно, встреча́ются в суббо́ту на ста́нции метро́ Новокузне́цкая. 4. Мы идём в цирк с отцо́м. 5. Мой брат — офице́р. 6. Центра́льные у́лицы столи́цы бы́ли пра́здничнo укра́шены. 7. Цинк — мя́гкий мета́лл. 8. У Светла́ны Цветко́вой це́нная колле́кция ма́рок. 9. До 1917 го́да городско́е населе́ние Росси́и составля́ло то́лько 18 проце́нтов.

10. Кто, служа́ вели́ким це́лям века́,
Жизнь свою́ всеце́ло отдаёт
На борьбу́ за бра́та-челове́ка,
То́лько тот себя́ переживёт.

(Н. Некра́сов)

11 *Lesen Sie das Gedicht laut, achten Sie auf die Aussprache der Lautverbindungen* ***тс, дс****.*

Утека́ет де́тство, как вода́,
Утека́ет де́тство, но в насле́дство
Остаётся лю́дям пе́сня де́тства,
Па́мять остаётся навсегда́.
Утека́ет ю́ность, как вода́,
То, что утека́ет, не вернётся,
От неё лишь по́двиг остаётся,
Па́мять остаётся навсегда́.

(Р. Гамза́тов)

§ 8 Die Konsonanten *ч* und *щ*[5]

Dem russischen **ч** entspricht im Deutschen der harte Laut **tsch** [tʃ]. Aber im Unterschied zu [tʃ] ist das russische **ч** stets weich und kann im Wortanlaut stehen (**ч**ай, **ч**ин, **ч**ужóй), während im Deutschen nur wenige Wörter, vorwiegend tschechischer und ungarischer Herkunft, ein [tʃ] im Anlaut haben (*Tschako*, *Tscheche* usw.).

Für die richtige Artikulation des Konsonanten **ч** ist seine Stellung vor den Vokalen **и, е** günstig (лечи́, учéние). Ungünstig ist sie dagegen im Wortauslaut und auch vor und nach den harten Konsonanten (мяч, обы́чно, тóчный).

Die Buchstabenverbindungen **дч** und **тч** werden wie langes **ч** ausgesprochen: перевóдчик [п'ър'и$_3$вóчч'ък], отчегó [ачч'и$_3$вó], die Buchstabenverbindung **гч** wie **хч**: лéгче [л'э́хч'ъ], мя́гче [м'áхч'ъ].

Der Konsonant **щ** hat im Deutschen keine Entsprechung und kann als langes weiches **ш̅'** definiert werden: щýка [ш̅'ýкъ], щит [ш̅'ит], прощáть [праш̅'áт'].
Um eine richtige Artikulation des Konsonanten **щ** zu erreichen, benutzt man als Hilfslaut den Vokal **и** [ш̅'и].
Die folgenden Buchstabenverbindungen werden wie **щ** [ш̅'] ausgesprochen:

сч: счáстье [ш̅'áст'j'ъ]
зч: вóзчик [вóш̅'ък]
сщ: расщепи́ть [ръш̅'и$_3$п'и́т']
жч: мужчи́на [муш̅'и́нъ]

Übungen

1 *Lesen Sie laut. Achten Sie auf die Weichheit von* **ч**.

чин, учи́, чи́стый, чи́стка, чи́сла, учи́тель, почи́нка, получи́; чек, чей, óчень, чех, честь, четвéрг, человéк, учéние, чéтверо, прочéсть, вы́честь, ручéй; чай, час, чáсто, часть, чáшка, чáйка, чáйник, печáть, начáть, молчáть; учёт, зачёт, чётный, горячó, новичóк, учёный, печёт, чёрный; чугýн, чулóк, чужóй, получý, хочý, изучý, чуть-чýть, лечý; лётчик, лéгче, пулемётчик, обхóдчик; мяч, меч, врач, ключ, печь, ночь, могýч; тóчный, пóчта, почти́, тýчка, дóчка, обы́чно, кóнчено

2 *Lesen Sie laut. Achten Sie auf die Aussprache des weichen Konsonanten* **ч**.

Я чáсто рабóтаю в наýчном читáльном зáле библиотéки на ýлице Чéхова. Там всегдá мóжно получи́ть различную литератýру — не тóлько периоди́ческую, но и специáльную. Мне нýжно бы́ло прочитáть тóлько что вы́шедший из печáти учéбник. В учéбнике я нашёл то, что меня́ интересовáло: и о чугунé, и о дóменной пéчи, и о металлурги́ческом процéссе. Рабóтал я до четырёх часóв, так как пóсле четырёх часóв я обы́чно обéдаю. А вéчером ко мне зашёл мой стáрый товáрищ — чех. Он вчерá приéхал из Чéхии на встрéчу с учёными столи́цы. Четы́ре гóда назáд мы с ним окóнчили оди́н институ́т, учи́лись в однóй грýппе, вмéсте черти́ли, чáсто горячó спóрили о прочи́танных кни́гах, о жи́зни... Вспоминáя о прóшлом, мы не замéтили, как иаступи́ла ночь. Мы óба бы́ли óчень рáды нáшей встрéче.

[5] Merken Sie sich, dass nach **ч** und **щ** immer **и**, **у**, **а** und **nicht ы**, **ю**, **я** geschrieben werden (чин, чужóй, чáшка, лещи́, щýка, щади́ть).

3 *Lesen Sie laut und achten Sie auf den weichen Konsonanten* **щ**. *Vergessen Sie nicht, dass die Buchstabenverbindungen* **сч, зч, жч** *wie* **щ** *ausgesprochen werden.*

a) вообще́, учи́лище, ещё, ще́дрый, чи́ще, ча́ще, то́лще, про́ще, гу́ще, щи, щит, защи́та, ве́щи, ро́щи, тащи́ть, о́вощи, чита́ющий, говоря́щий, лежа́щий, бу́дущий, пи́шущий, пою́щий, я́щик, проща́й, поща́да, пи́ща, щётка, щёки, проще́ние, проща́ние, враще́ние, ще́пка, ощуща́ть, щёлк, щёлочь, щу́ка, тащу́, ращу́, прощу́, запрещу́, ищу́, това́рищ, вещь, плащ, по́мощь, лещ, борщ, свищ;

b) мужчи́ны, сча́стье, расчёт, гру́зчик, счита́ть, зака́зчик, мо́щный, перепи́счик, ре́зчик, расщепля́ть

4 *Lesen Sie laut. Vergleichen Sie die Aussprache des weichen Zischlautes* **щ** *und des harten stimmlosen* **ш**.

щит — шит, пло́щади — ло́шади, щёлк — шёлк, проще́ние — проше́ние, ще́пка —ша́пка, ча́ща — ча́ша, в пи́щу — пишу́, прощу́ — прошу́, защи́та — заши́та

5 *Bilden Sie Partizipien des Präsens Aktiv von den folgenden Verben. Lesen Sie laut, achten Sie auf die Aussprache des weichen* **щ**.

Muster: защища́ть — защища́ющий

слу́шать, посеща́ть, проща́ть, скуча́ть, стоя́ть, идти́, писа́ть, иска́ть, смотре́ть

6 *Lesen Sie laut. Unterscheiden Sie in den hervorgehobenen Wörtern zwischen dem weichen* **щ** *und dem harten stimmlosen* **ш**.

1. У кома́нды **«Шахтёр»** была́ хоро́шая **защи́та. — Ша́пка** ещё не **заши́та.** 2. На столе́ стои́т серéбряная **ча́ша. —** Лесна́я **ча́ща темне́ет** вдали́. 3. Я **прошу́** тебя́ помо́чь мне. — Э́того я тебе́ не **прощу́. —** Не рассчи́тывай на мою́ **по́мощь.** 4. **На пло́щади** возвыша́ется но́вый дом. — Пе́тя хорошо́ сиди́т на **ло́шади.**

7 *Lesen Sie laut. Achten Sie auf die Aussprache von* **ж, ш, ч, щ**.

a) молодо́й — моло́же, твёрдый — твёрже, туго́й — ту́же, стро́гий — стро́же;

b) сухо́й — су́ше, ти́хий — ти́ше, высо́кий — вы́ше, ма́ленький— ме́ньше, то́нкий — то́ньше, глухо́й — глу́ше;

c) я́ркий — я́рче, кре́пкий — кре́пче, коро́ткий — коро́че, жа́ркий — жа́рче, гро́мкий — гро́мче, зво́нкий — зво́нче, бога́тый — бога́че;

d) ча́стый — ча́ще, чи́стый — чи́ще, густо́й — гу́ще, просто́й — про́ще, то́лстый — то́лще

8 *Lesen Sie laut. Achten Sie auf die Aussprache von **ж, ш, щ**.*

1. Же́ня Ши́лова живёт на пло́щади Пу́шкина. 2. У Шу́ры Рыжо́вой широ́кий плащ. 3. Де́ти — на́ше бу́дущее. 4. В овощно́й магази́н привезли́ све́жие о́вощи. 5. Поищи́ щётку в я́щике шка́фа. 6. Мой това́рищ Ми́ша Щу́кин купи́л долгоигра́ющую пласти́нку. 7. Песча́ные пусты́ни превраща́ются в цвету́щие города́ и сёла.

9 *Lesen Sie die Dialoge laut. Achten Sie dabei auf die Aussprache von **ш, щ, ч**.*

a)
— Прошу́ сло́ва!
— Алексе́й Щу́кин, у вас есть ещё вопро́сы?
— Нет, я нашёл оши́бку в те́ксте реше́ния.
— Спаси́бо. Посмотри́те, пожа́луйста, нет ли ещё оши́бок, опеча́ток.
— Хорошо́, я поищу́.

b)
— Почему́ ты не пьёшь чай? Не хо́чешь?
— Хочу́, но он о́чень горя́чий.
— А, мо́жет быть, ты лю́бишь чай покре́пче?
— Нет, ты завари́ла чай замеча́тельно, че́стное сло́во!
— Как обы́чно. А моя́ дочь пьёт не то́лько горя́чий, но пря́мо чёрный. Москвичи́ ча́сто пьют о́чень кре́пкий чай.
— Да, я чита́ла у Толсто́го: чай до́лжен быть сла́док, кре́пок и горя́ч.
— Ещё ча́шечку?
— Нет, спаси́бо. А чай у тебя́ чуде́сный!

§ 9 Der Konsonant *р*

Im Unterschied zum deutschen Konsonanten **r** soll bei der Artikulation des harten **р** und des weichen **р'** die Zungenspitze vibrieren. Als Hilfslaute bei der Einübung einer richtigen Aussprache der Zitterlaute **р** und **р'** dienen die Konsonanten **п**, **б**, die Vorderzungenkonsonanten **т**, **д**, **с**, **з**, **н**, **ж** und der Vokal **и**. Das Vibrieren der Zungenspitze ist leichter in den Wörtern mit dem weichen **р'** (три, Ири́на, среди́) zu erreichen, besonders in der Verbindung mit dem vorausgehenden und nachfolgenden **и**. Schwieriger sind die Positionen, wo dem weichen **р'** die Vokale **а**, **о**, **у** vorausgehen oder nachfolgen (орёл, бу̀ря). Äußerst schwierig ist die Artikulation des weichen **р'** im Wortauslaut oder vor einem harten Konsonanten (Сиби́рь, зо́рька).

Die schwierigsten Fälle bei der Artikulation des harten **р** sind: die Stellung des harten **р** im Wortanlaut vor den Vokalen **а**, **о**, **у** (рука́, рабо́та), zwischen den Vokalen (карусе́ль) und im Wortauslaut (пар).

Übungen

1 *Lesen Sie laut, achten Sie auf das Vibrieren der Zungenspitze bei der Aussprache des weichen* **р'**, *insbesondere in der Position vor* **и** *und* **е**.

стари́к, зари́, сухари́, словари́, говори́, говори́т, ку́рит, кури́, бу́ри, варе́нье, в январе́, о сле́саре, Пари́ж, юри́ст, интури́ст, тракторúст, ава́рия, тео́рия, исто́рия, коридо́р, у ре́ктора, в Сиби́ри, при, три, приди́, среди́, Ири́на, ири́с, при́ма, смотри́, бери́, две́ри, зри́тели, ре́ки, вре́мя, куре́ние, переме́на, в декабре́, в сентябре́, в ноябре́, пре́мия, тре́ние, ряд, ря́дом, бу́ря, поря́док, заря́д, смотрю́, горю́, варю́, рю́мка, заря́, моря́, наря́д, орёл, фонарём, ноябрём, берём; Сиби́рь, дверь, зверь, буква́рь, я́корь, янва́рь, слова́рь, врата́рь, ле́карь, пе́карь, И́горь, фона́рь; борьба́, зо́рька, Бо́рька, го́рько

2 *Lesen Sie laut. Achten Sie auf die Aussprache des weichen* **р'**.

1. Ири́на, приходи́ в три часа́! 2. Не кури́ на переме́не! 3. Смотри́ пря́мо вперёд! 4. У Игоря пре́мия в декабре́. 5. Мы берём в ла́герь словари́. 6. Поговори́ с секретарём! 7. Мари́на стои́т ря́дом. 8. Среди́ зри́телей Ири́на.

3 *Lesen Sie laut. Achten Sie auf die Aussprache des harten* **р**. *Vergessen Sie nicht! Für die richtige Aussprache von dem harten* **р** *ist die Zungenspitzenkontaktstellung wie bei der Aussprache von* **д**, *d. h. die Zungenspitze ist an die oberen Vorderzähne zu pressen und leicht vibrieren zu lassen [д-д-д-р-р-р].*

тру́бка, тру́дно, труд, трус, трава́, тра́тить, утра́та, тропи́нка, тро́гать, друг, дру́жно, брат, круг, круго́м, тракт, тра́сса, траге́дия, тракта́т, транзи́т, матро́с, дра́ма, пра́ктика, про́ба, Фра́нция, антра́кт, гру́ппа, грамм

4 *Lesen Sie laut, achten Sie dabei auf die Aussprache von* **р** *und auf das Vibrieren Ihrer Zungenspitze.*

мини́стр, центр, теа́тр, Пётр

5 *Lesen Sie laut. Achten Sie auf das Vibrieren der Zungenspitze bei der Aussprache des harten* **р**.

трава́, тропа́, дрова́, пра́вда, брат, бро́ви, пра́вый, страна́, стра́нный, трус, сотру́, вы́тру, рука́, труд, тру́дный, ру́сский, рубль, ру́чка, друг, прут, пруд, фру́кты, ры́нок, ры́ба, зары́л, откры́т, овра́г, фра́за, ра́ма, ра́но, ра́на, ра́да, ра́дио, Ура́л, рог, рот, рост, роль, ро́за, уро́к, ро́дина, поро́да, нату́ра, наро́д, доро́га, моро́з, вопро́с, геро́й; бар, дар, пар, двор, теа́тр, литр, центр, метр, тигр, тра́ктор, мото́р, кома́р; па́ртия, па́рта

6 *Lesen Sie laut, beachten Sie die Aussprache von* **р'** *und* **р**.

дари́ — дары́, ряд — рад, отря́да — отра́да, рёв — ров, го́рько — го́рка, жарь — жар, приме́рь — приме́р

7 *Lesen Sie laut, achten Sie auf das Vibrieren der Zungenspitze bei der Aussprache von* ***р'*** *und* ***р****.*

1. Пора́, пора́, рога́ трубя́т. (А. Пу́шкин) 2. Семь раз отме́рь, оди́н раз отре́жь. (Погово́рка) 3. Я сла́влю Русь, как герои́ню, как зе́млю го́рдости людско́й. Люблю́ тебя́, моя́ Росси́я, за твой хара́ктер боево́й. (П. Васи́льев) 4. Простота́. Вот ка́чество, кото́рое я жела́ю приобрести́ бо́льше всех други́х. (Л. Толсто́й) 5. До́брому го́стю хозя́ин рад. (Посло́вица) 6. Неда́ром говори́тся, что де́ло ма́стера бои́тся. (Посло́вица)

8 *Lesen Sie den folgenden Auszug aus dem Gedicht von I. Resnik «Зо́лушка» („Aschenputtel"), achten Sie auf die Aussprache von* ***р'*** *und* ***р****.*

Хоть пове́рьте, хоть прове́рьте,
Но вчера́ присни́лось мне,
Бу́дто принц за мной примча́лся
На серéбряном коне́!
И встреча́ли нас танцо́ры,
Бараба́нщик и труба́ч,
Со́рок во́семь дирижёров
И оди́н седо́й скрипа́ч!

Хоть пове́рьте, хоть прове́рьте,
Это был чуде́сный бал!
И худо́жник на манже́те
Мой портре́т нарисова́л!
И сказа́л мудре́ц изве́стный,
Что меня́ миле́е нет!
Компози́тор пел мне пе́сни,
И стихи́ чи́тал поэ́т.

§ 10 Zur Aussprache einiger Konsonantenverbindungen

In den Buchstabenverbindungen **стн**, **здн** wird das **т** bzw. **д** nicht ausgesprochen: гру́стный [гру́снъj], по́здний [по́зн'ъj].

In den Buchstabenverbindungen **стл** und **стск** wird das **т** gewöhnlich nicht ausgesprochen: счастли́вый [ш̅'и$_э$сл'и́въj], тури́стский [тур'и́сск'ъj].

In **здра́вствуй** und **чу́вство** sowie in den von ihnen abgeleiteten Wörtern wird das erste **в** nicht ausgesprochen: [здра́ствуj], [ч'уствъ].

In dem Wort **со́лнце** wird das **л** und in den Wörtern **сейча́с** und **пожа́луйста** das **й** nicht ausgesprochen: [со́нцъ], [с'и$_э$ч'а́с], [пажа́лъстъ].

In dem Wort **сего́дня** wird **г** wie **в** ausgesprochen: [с'и$_э$во́дн'ъ].

In den Wörtern auf **-дцать** (оди́ннадцать, три́дцать usw.) wird an Stelle von **дц** ein langes **ц** ausgesprochen: три́дцать [тр'и́ццът'].

Im Russischen gibt es Wörter mit Doppelkonsonanten (А**нн**а). In einer Reihe von Fällen fallen die Schreibung und die Aussprache der Wörter mit Doppelkonsonanten zusammen. Das trifft dann zu:

a) wenn der betonte Vokal dem Doppelkonsonanten vorausgeht (А́**нн**а, ва́**нн**а);

b) wenn die Verdoppelung an der Grenze von Präfix und Stamm (ра**сс**ле́довать), von Stamm und Suffix (дли́**нн**ый) und an der Grenze von zwei Wörtern liegt (**в В**о́логде, по**д д**о́мом).

Zwei Konsonanten werden auch in den Suffixen **-енн-** (соло́менный), **-онн-** (революцио́нный), **-янн-** (стекля́нный), **-ованн-** (электрифици́рованный) ausgesprochen.

ÜBUNGEN

1 *Lesen Sie laut. Achten Sie darauf, dass die Schreibung der Doppelkonsonanten in den Wörtern der Aussprache dieser Konsonanten entspricht.*

су́мма, ва́нна, то́нна, ка́сса, А́нна, ма́сса, пре́сса, тра́сса, стекля́нный, революцио́нный, организо́ванный, соло́менный

2 *Lesen Sie laut. Achten Sie auf den Ausfall von Konsonanten.*

я́ростный, нена́стный, областно́й, ра́достный, пятна́дцать, ле́стница, окре́стности; по́здний, звёздный, пра́здник, бе́здна; счастли́вый, со́вестливый, зави́стливый, пропаганди́стский; чу́вство, здра́вствуй, со́лнце, пожа́луйста; гру́стный, преле́стный, че́стный, ненави́стный, изве́стный, ча́стный, вла́стный, стра́стный, ме́стный, пове́рхностный, сла́достный, ле́стный

3 *Lesen Sie laut. Achten Sie auf die Aussprache der Buchstabenverbindungen.*

заводско́й, новгоро́дский, буря́тский, бра́тский, городско́й, делега́тский, де́тский, солда́тский

4 *Lesen Sie laut. Beachten Sie die Aussprache der Verbindungen **тв, дв**.*

твой, тво́рог, тво́рческий, твёрдый, раство́р; два, двух, дво́е, двор, дворе́ц, подво́дный, удво́ить

5 *Lesen Sie laut. Achten Sie auf die Aussprache der hervorgehobenen Wörter.*

1. **Здра́вствуй,** пле́мя младо́е, незнако́мое! *(А. Пу́шкин)* 2. Да **здра́вствует** со́лнце, да скро́ется тьма! *(А. Пу́шкин)* 3. Пе́рвое ма́я — междунаро́дный **пра́здник** трудя́щихся. 4. **Уча́стники тури́стского** похо́да собрали́сь на ста́нции. 5. Электроста́нция успе́шно рабо́тает на **ме́стном** то́пливе. 6. В **заводско́м** клу́бе состоя́лась встре́ча рабо́чих с **изве́стным росси́йским** писа́телем Юрием Бо́ндаревым. 7. **С чу́вством** волне́ния и го́рдости следи́ли **ру́сские** люди за пе́рвыми полётами космона́втов. 8. **Счастли́вые** часо́в не наблюда́ют. *(А. Грибое́дов)* 9. Бра́ту испо́лнилось **шестна́дцать лет**.

Wiederholungsübungen

1 *Lesen Sie den Text laut.*

Челове́к в косми́ческом простра́нстве

12 апре́ля 1961 го́да произошло́ собы́тие, кото́рое взволнова́ло всё челове́чество. У́тром с террито́рии Сове́тского Сою́за подня́лся в ко́смос косми́ческий кора́бль-спу́тник «Восто́к» с челове́ком на борту́. Пило́том-космона́втом корабля́-спу́тника был лётчик Ю́рий Гага́рин. Он облете́л вокру́г на́шей плане́ты и благополу́чно спусти́лся на Зе́млю. Гага́рин роди́лся в семье́ колхо́зника в Смоле́нской о́бласти, око́нчил с отли́чием индустриа́льный те́хникум и авиацио́нную шко́лу. Пе́ред полётом ему́ испо́лнилось то́лько 27 лет. Ю́рий Гага́рин был хоро́шим спортсме́ном, поэ́тому его́ органи́зм успе́шно перенёс необы́чные усло́вия. Он ви́дел Зе́млю с большо́й высоты́ и убеди́лся в её шарообра́зной фо́рме. Просто́й ру́сский челове́к осуществи́л многовекову́ю мечту́ челове́чества.

2 *Lesen Sie die Gedichte laut.*

Ещё в поля́х беле́ет снег,
А во́ды уж весно́й шумя́т —
Бегу́т и бу́дят со́нный брег,
Бегу́т, и блещут, и глася́т...

(Ф. Тю́тчев)

Есть же́нщины в ру́сских селе́ньях
С споко́йною ва́жностью лиц,
С краси́вою си́лой в движе́ньях,
С похо́дкой, со взгля́дом цари́ц.
Их ра́зве слепо́й не заме́тит,
А зря́чий о них говори́т:
«Пройдёт — сло́вно со́лнце осве́тит,
Посмо́трит — рублём подари́т».

Краса́вица, ми́ру на ди́во.
Румя́на, стройна́, высока́,
Во вся́кой оде́жде краси́ва,
Во вся́кой работе ловка́.

По бу́дням не лю́бит безде́лья.
Зато́ вам её не узна́ть,
Как сго́нит улы́бка весе́лья
С лица́ трудову́ю печа́ть.

(Н. Некра́сов)

С до́брым у́тром!
Задрема́ли звёзды золоты́е,
Задрожа́ло зе́ркало зато́на,
Бре́зжит свет на за́води речны́е
И румя́нит се́тку небоскло́на.

Улыбну́лись со́нные берёзки,
Растрепа́ли шёлковые ко́сы.
Шелестя́т зелёные серёжки,
И горя́т серебряные ро́сы.

У плетня́ заро́сшая крапи́ва
Обряди́лась я́рким перламу́тром
И, кача́ясь, ше́пчет шаловли́во:
«С до́брым у́тром!»

(С. Есе́нин)

Че́сти зо́лото не ку́пит:
Че́сти че́стный не усту́пит.
Честь нужна́ ему́, как свет.
Рад прода́ть её бесче́стный.
Но, как вся́кому изве́стно,
У бесче́стных че́сти нет.

(С. Марша́к)

Росси́я
Нет без ле́са Росси́и,
Без снего́в и озёр,
Нет без су́мерек си́них
И без ро́зовых зорь.
Нет Росси́и без лу́га,
Где от ма́ков светло́,
Где рома́шковой вьюгой
Зе́млю всю замело́.
Нет без по́ля Росси́и,

Где высо́кая рожь,
Где — зайдёшь и не выйдешь,
Голосо́в не найдёшь.
Нет без пе́сен краси́вых,
Что пою́т соловьи́ …
А ещё нет Росси́и
Без сыно́вней любви́.

(А. Деме́нтьев)

Челове́ку быва́ет нужна́ тишина́,
Что́бы слы́шать,
Как ды́шит трава́,
Что́бы ве́рить,
Что ре́чка жива́,
Что́бы ду́мать о пе́сне в ночи́,
Что́бы слы́шать,
Что пу́шка мертва́
И что се́рдце люби́мой стучи́т.
Челове́ку нужна́ тишина́.

(В. Куле́мин)

Я люблю́ тебя́, жизнь,
Что само́ по себе́ и не но́во.
Я люблю́ тебя́, жизнь,
Я люблю́ тебя́ сно́ва и сно́ва.

Вот уж о́кна зажгли́сь.
Я шага́ю с рабо́ты устало,
Я люблю́ тебя́, жизнь,
И хочу́, что́бы лу́чше ты ста́ла.

(К. Ванше́нкин)

Полюби́л бога́тый – бе́дную,
Полюби́л учёный – глу́пую,
Полюби́л румя́ный – бле́дную,
Полюби́л хоро́ший – вре́дную:
Золото́й – полу́шку ме́дную.

Не люби́, бога́тый – бе́дную,
Не люби́, учёный – глу́пую,
Не люби́, румя́ный – бле́дную,
Не люби́, хоро́ший – вре́дную:
Золото́й – полу́шку ме́дную!

(М. Цвета́ева)

Кусо́к промы́тый янтаря́,
Прозра́чный, как заря́,
Вчера́шний вы́бросил прибо́й
В пода́рок нам с тобо́й.

Прозра́чный, как цвето́чный мёд,
Как ве́чный звёздный све́т,
Он к нам дошёл, к други́м дойдёт
Сквозь со́тни ты́сяч лет.

(М. Ду́дин)

В лоб целова́ть – забо́ту стере́ть.
В лоб целу́ю.
В глаза́ целова́ть – бессо́нницу снять.
В глаза́ целу́ю.
В гу́бы целова́ть – водо́й напои́ть.
В гу́бы целу́ю.
В лоб целова́ть – па́мять стере́ть.
В лоб целу́ю.

(М. Цвета́ева)

ZUM GEBRAUCH DER FÄLLE MIT UND OHNE PRÄPOSITION

§ 1 Gebrauch des Nominativs

1. als Subjekt	Мой *брат* у́чится в институ́те.	Mein Bruder studiert an einem Institut.
2. als Pradikativ	Мой брат — *студе́нт*.	Mein Bruder ist Student.
3. als Anrede	*Това́рищи*, займи́те свои места́!	Nehmt bitte Platz, Genossen!

Anmerkung zu Punkt 2:

Im Präsens des zusammengesetzten Prädikats wird die Kopula **быть** weggelassen:

Мой оте́ц — инжене́р.	Mein Vater ist Ingenieur.

Das Verb **есть** (3. Person Sg. Präsens von **быть**) steht als Kopula eines zusammengesetzten Prädikats in wissenschaftlichen Definitionen:

Что есть и́стина?	Was ist Wahrheit?
Квадра́т есть равносторо́нний прямоуго́льник.	Das Quadrat ist ein gleichseitiges Rechteck.

Das Verb **есть** wird zum Ausdruck des Vorhandenseins gebraucht (*es gibt, es ist vorhanden, es besteht*):

В библиоте́ке есть журна́лы.	In der Bibliothek gibt es Zeitschriften.
У меня́ есть брат.	Ich habe einen Bruder.

Sollen außer dem bloßen Vorhandensein Merkmale wie Qualität und Menge hervorgehoben werden, so kann das Verb **есть** ausgelassen werden:

В библиоте́ке мно́го но́вых журна́лов.	In der Bibliothek gibt es viele neue Zeitschriften.
У меня́ хоро́ший брат.	Ich habe einen guten Bruder.

Handelt es sich in einem Satz um einen Zustand des Menschen oder ein Ereignis, so wird **есть** nicht gebraucht:

У меня́ анги́на.	Ich habe Angina.
У меня́ но́вость!	Ich habe eine Neuigkeit!

Obligatorisch ist der Gebrauch von **есть** in folgenden Redewendungen: **так и есть** (*es ist nun einmal so*), **есть о чём говори́ть (поду́мать)** (*es gibt was zu besprechen*) (*zu überlegen*), **есть на что обижа́ться** (*es gibt hier etwas, was man einem übel nehmen kann*), **что есть си́лы (= изо всех сил)** (*aus Leibeskräften*).

Übungen

1 *Benutzen Sie die folgenden Substantive als Subjekte und bilden Sie mit anderen Substantiven, die Sie als Prädikative gebrauchen, Sätze nach dem Muster:* Москва́ — столи́ца Росси́и.

Берли́н, Во́лга, молодёжь, мир, водоро́д, зо́лото, Ура́л, университе́т

2 *Lesen Sie die folgenden Sätze. Beachten Sie das Weglassen von* ***есть*** *in Sätzen, in denen Eigenschaft, Menge oder andere Merkmale angegeben werden.*

1. В на́шей дере́вне есть клуб и больни́ца. В на́шей дере́вне но́вый клуб и превосхо́дная больни́ца. 2. В подмоско́вных леса́х есть разли́чные ви́ды дере́вьев: есть берёза, есть оси́на, есть ель и сосна́ и да́же есть ли́ственница. В подмоско́вных леса́х мно́го ви́дов дере́вьев. 3. В Евро́пе есть больши́е и ма́ленькие ре́ки. В Евро́пе мно́го больши́х и ма́леньких рек. 4. У мое́й сестры́ есть де́ти. У мое́й сестры́ прекра́сные де́ти. У неё хоро́ший хара́ктер.

3 *Beantworten Sie die folgenden Fragen zuerst bejahend, dann verneinend.*

Muster: — Есть ли теа́тр в э́том го́роде? — Да, в э́том го́роде есть теа́тр. (Нет, в э́том го́роде нет теа́тра.)

1. Есть ли моря́ в ва́шей стране́? 2. Есть ли в ва́шем го́роде высо́тные зда́ния? 3. Есть ли в ва́шем до́ме лифт? 4. Есть ли у вас де́ти? 5. Есть ли у вас фотоаппара́т?

4 *Fragen Sie, ob der erwähnte Gegenstand vorhanden ist.*

Muster: Мне нужна́ ручка. У тебя́..? — У тебя́ есть ручка?

1. Сестре́ ну́жен конве́рт. У тебя́ …? 2. Нам ну́жен но́вый а́дрес Ку́рта. У тебя́ …? 3. Мне нужна́ э́та статья́. У вас …? 4. Хе́льге нужна́ откры́тка. У тебя́ …? 5. Мне нужна́ ка́рточка для таксофо́на. У тебя́ …?

5 *Berichten Sie von einem Ereignis oder einer Tatsache. Gebrauchen Sie die Wörter* ***го́сти, грипп, хоро́шая но́вость, высо́кая температу́ра, экза́мены, но́вая кварти́ра****.* Muster: У меня́ анги́на.

6 *Übersetzen Sie ins Russische; lassen Sie, wo es möglich ist, die Kopula* ***есть*** *weg.*

a) 1. Seine Mutter ist eine bekannte Chemikerin. 2. Dies ist seine Diplomarbeit. Das Thema seiner Diplomarbeit ist „Die Bauernbewegung in Russland des 18. Jahrhunderts". 3. Alexander Puschkin ist ein großer russischer Dichter. 4. Der Diamant ist ein wertvolles Mineral. 5. Die Arbeit ist die Quelle der Reichtümer der Menschheit. 6. Das Künstlertheater ist der beste Interpret von Tschechows Dramen.

b) 1. Die Universität hat eine große Bibliothek. 2. In der Stadt gibt es viele Theater. 3. Ich habe einen Artikel über das Schaffen von Wassilij Schukschin. 4. Hast du ein Wörterbuch? 5. Er hat eine Karte für das Theater übrig. 6. Klaus hat eine hübsche Frau. 7. Petra hat einen neuen Rock.

§ 2 Gebrauch des Genitivs ohne Präposition

1. Zur Bezeichnung der **Zugehörigkeit**	Я люблю́ му́зыку *Чайко́вского.* (Чью му́зыку я люблю́?)	Ich liebe die Musik von Tschaikowski. (Wessen Musik liebe ich?)
2. Zur Bezeichnung des **Subjekts der Handlung**	Отве́т *студе́нта* был пра́вильным. (Чей отве́т был пра́вильным?)	Die Antwort des Studenten war richtig. (Wessen Antwort war richtig?)
3. Zur Bezeichnung des **Objekts der Handlung** (des Gegenstands oder der Person, auf die sich die Handlung erstreckt) nach einem Verbalsubstantiv	Лече́ние *больно́го* подхо́дит к концу́. (Лече́ние кого́ подхо́дит к концу́?)	Die Behandlung des Kranken wird bald abgeschlossen sein. (Wessen Behandlung wird bald abgeschlossen sein?)
4. Zur Bezeichnung einer **Eigenschaft des Gegenstandes**	Мы бы́ли на вы́ставке *карти́н Левита́на.* (На како́й вы́ставке мы бы́ли?)	Wir waren in einer Ausstellung der Gemälde von Lewitan. (In welcher Ausstellung waren wir?)
5. Zur Bezeichnung der **Beschaffenheit einer Person oder eines Gegenstandes**[1], ausgedrückt durch eine Verbindung von Adjektiv oder Zahlwort mit Substantiv[2]	Ко мне подошёл челове́к *высо́кого ро́ста.* (Како́й челове́к подошёл ко мне?)	Ein Mann von hoher Statur kam auf mich zu. (Was für ein Mann kam auf mich zu?)
	У неё был ребёнок *пяти́ лет.* (Како́й ребёнок был у неё?)	Sie hatte ein fünfjähriges Kind. (Welches/Was für ein Kind hatte sie?)
	Амети́ст — минера́л *фиоле́тового цве́та.* (Како́й минера́л?)	Der Amethyst ist ein Mineral violetter Farbe. (Was für ein Mineral?)
6. Zur Bezeichnung des **Trägers einer Eigenschaft**	Мы восхища́лись красото́й *де́вушки.* (Чьей красото́й мы восхища́лись?)	Wir bewunderten die Schönheit des Mädchens. (Wessen Schönheit bewunderten wir?)
7. Zur Bezeichnung des Objekts nach den Wörtern **по́лон, досто́ин, чужд** usw. unabhängig von dessen Geschlecht und Zahl	Зал *по́лон люде́й.*	Der Saal ist voller Menschen.
	Его́ рабо́та *досто́йна похвалы́.*	Seine Arbeit ist lobenswert (verdient ein Lob).
	Он *чужд сомне́ний.*	Zweifel sind ihm fremd.
8. Mit dem Komparativ von Adjektiven	Сестра́ *ста́рше бра́та.*	Die Schwester ist älter als der Bruder.

[1] Gewöhnlich zur Charakteristik eines Gegenstandes nach seinem Ausmaß, seiner Form, Farbe und Struktur.
[2] Ein nichtkongruierendes Attribut wird dem Bezugswort nachgestellt.

9. In Verbindung mit unbestimmten Mengenbegriffen **(мно́го, ма́ло, ско́лько, не́сколько, большинство́, меньшинство́)** wird stets der Genitiv Pl. gebraucht; eine Ausnahme bilden Substantive, die nur im Sg. gebraucht werden	Я прочита́л в э́том журна́ле *не́сколько стате́й.* У меня́ *мно́го забо́т.* В раство́ре *ма́ло ка́льция.*	Ich habe in dieser Zeitschrift einige Artikel gelesen. Ich habe viele Sorgen. Die Lösung enthält wenig Kalzium.
10. Mit Maßangaben[3] (Frage: *ско́лько?*)	Он вы́пил *стака́н воды́.*	Er trank ein Glas Wasser.
11. Mit Grundzahlwörtern im Nominativ bzw. im Akkusativ, der gleich Nominativ ist (nach den Zahlwörtern **два**, **две**, **о́ба**, **о́бе**, **три**, **четы́ре** sowie den zusammengesetzten Zahlwörtern mit **два**, **две**, **три**, **четы́ре** als letztem Glied steht der Genitiv Sg.: **34 дня**, nach den Zahlwörtern **пять**, **шесть** usw. und allen Sammelzahlwörtern **дво́е**, **пя́теро** usw. der Genitiv Pl.: **35 дней**)	*О́ба прия́теля* отпра́вились на като́к. В кни́ге 225 *страни́ц.* У неё дво́е *дете́й.*	Beide Freunde gingen auf die Schlittschuhbahn. Das Buch hat 225 Seiten. Sie hat zwei Kinder.
12. Zur Bezeichnung einer unbestimmten Menge nach transitiven Verben (Handlung erstreckt sich nur auf einen Teil des Gegenstands)	*Да́йте* мне *воды́*! В воскресе́нье я *накупи́л книг.*	Geben Sie mir etwas Wasser! Am Sonntag kaufte ich (viele) Bücher.
13. Mit einem Datum (Frage: *когда́?*)[4]	Я роди́лся *пя́того октября́ 1955 го́да.*	Ich bin am 5. Oktober 1955 geboren.
14. Zur Bezeichnung des Objekts nach verneinten transitiven Verben	Я *не чита́л э́той статьи́.* У меня́ *нет сестры́.*	Ich habe diesen Artikel nicht gelesen. Ich habe keine Schwester.
15. Zur Bezeichnung des Objekts in unpersönlichen Sätzen mit **нет, не́ было, не бу́дет, доста́точно**	*Меня́* вчера́ *не́ было* до́ма. *Его́* здесь *нет.*	Ich war gestern nicht zu Hause. Er ist nicht da.

[3] Die Substantive sind in diesem Fall gewöhnlich Stoffnamen.
[4] Beachten Sie die Wortfolge, das Wort **го́да** wird dem Datum nachgestellt.

Anmerkungen:

Zu 9: Gehören zum Subjekt Grundzahlwörter, unbestimmte Grundzahlwörter (**ма́ло**, **мно́го**, **сто́лько**, **ско́лько**, **не́сколько**) oder Sammelnamen mit Mengenbedeutung (**большинство́**, **меньшинство́**, **ряд**, **часть**, so steht das verbale Prädikat im Präsens oder im einfachen Futur im Singular, im Präteritum aber in der sächlichen Form:

Большинство́ дете́й **уезжа́ет** (**уе́хало**) ле́том в лагеря.	Die meisten Kinder fahren (fuhren) im Sommer ins Sommerlager.

Bezeichnet das abhängige Wort dieses Mengenbegriffs eine Person oder sollen die gezählten Gegenstände hervorgehoben werden, so steht das verbale Prädikat im Plural:

Не́сколько студе́нтов **сдаю́т** (**сда́ли**) экза́мен досро́чно.	Einige Studenten legen (legten) die Prüfung vorfristig ab.

Zu 11: Mit Grundzahlwörtern ist in diesem Fall sowohl der Singular als auch der Plural möglich:

На спорти́вных соревнованиях *тро́е боксёров* **получи́ло** (**получи́ли**) *призы́.*	Beim Sportwettbewerb erhielten drei Boxer Preise.

Ein durch ein Adjektiv, ein Demonstrativ-, ein Possessiv- oder ein anderes Pronomen ausgedrücktes Attribut im Nominativ bzw. im Akkusativ, der gleich Nominativ ist, steht mit allen Zahlwörtern im Genitiv Plural (**три но́вых до́ма**, **пять но́вых домо́в**; **два его́ бра́та**).

Nach den Zahlwörtern 2–4 im Nominativ bzw. im Akkusativ, der gleich Nominativ ist, steht das Substantiv **год** im Genitiv Singular (**два го́да**), nach den Zahlwörtern 5, 6 usw. sowie nach Mengenbezeichnungen steht die Form **лет** (**пять лет**). Im Genitiv wird mit allen Zahlwörtern außer **оди́н** (**одного́ го́да**) die Form **лет** gebraucht (**двух**, **пяти́**) **лет**. In anderen Fällen gebraucht man die entsprechenden Formen des Substantivs **год**. Nach den Zahlwörtern 2–4 als letztem Glied (22–24) wird die Form **челове́ка** gebraucht, nach den anderen Zahlwörtern und den Wörtern **ско́лько**, **не́сколько** die Form **челове́к**, sonst steht im Plural das Wort **лю́ди**.

Zu 12: Männliche Stoffnamen, die einen Teil des Ganzen bezeichnen, und der Sammelname **наро́д** können im Genitiv Singular die Endung **-у** (**-ю**) haben. Gibt es zu diesen Substantiven ein Attribut, so wird die Form auf **-а** (**-я**) gebraucht. Vergleichen Sie:

Возьми́ **сы́ру**!	Nimm dir (ein wenig vom) Käse!
Возьми́ *све́жего* **сы́ра**!	Nimm dir frischen Käse!
На пло́щади мно́го **наро́ду**.	Es gibt viele Menschen auf dem Platz.
На пло́щади мно́го *ра́зного* **наро́да**.	Es gibt viele verschiedene Menschen auf dem Platz.

Zu 14: In der Umgangssprache ist nach den verneinten transitiven Verben auch der Akkusativ möglich. In diesem Fall wird die Bestimmtheit des Objekts betont:

Уже́ мно́го дней я не ви́жу **э́ту де́вушку**.	Schon seit vielen Tagen sehe ich dieses Mädchen nicht.

ÜBUNGEN

1 *a) Stellen Sie Fragen zu den fettgedruckten Wörtern.*

1. Я навести́ла подру́гу **сестры́**. 2. Та́ня подари́ла мне портре́т **сы́на**. 3. Он прочита́л статью́ **профе́ссора**. 4. В журна́ле напеча́таны стихи́ **молоды́х поэ́тов**. 5. Я люблю́ му́зыку **Бетхо́вена**. 6. Мой друг чита́ет поэ́мы **Алекса́ндра Серге́евича Пу́шкина**.

b) Beantworten Sie schriftlich die folgenden Fragen; benutzen Sie dabei die eingeklammerten Wörter.

1. Чей это портфе́ль? (Воло́дя) 2. Чьё это пальто́? (моя́ сосе́дка) 3. Чьё это произведе́ние? (писа́тель Фаде́ев) 4. Чей докла́д вы слу́шали сего́дня? (изве́стный хиру́рг) 5. Чьи это поля́? (ближа́йшая дере́вня) 6. Чью о́перу ты слу́шал вчера́? (компози́тор Бороди́н)

2 *Übersetzen Sie die folgenden Wortverbindungen; bilden Sie Sätze damit.*

1. день рожде́ния, го́ды учёбы, дом о́тдыха, ме́сто изда́ния, остано́вка тролле́йбуса, луч со́лнца; 2. вопро́с исключи́тельной ва́жности, магази́н гото́вой оде́жды, ма́льчик семи́ лет, челове́к необыкнове́нных спосо́бностей.

3 *Charakterisieren Sie Menschen und Gegenstände. Ergänzen Sie die Sätze, setzen Sie dabei die eingeklammerten Wörter in den erforderlichen Fall.*

1. По доро́жке бежа́ла спортсме́нка (невысо́кнй рост). 2. Мне подари́ли сере́бряный брасле́т (стари́нная ручна́я рабо́та). 3. Я встре́тил де́вушку (ре́дкая красота́). 4. На Вы́ставке проду́кции наро́дного хозя́йства демонстри́руются станки́ (но́вая констру́кция). 5. Фа́брика выпуска́ет о́бувь (отли́чное ка́чество). 6. Мой брат — сле́сарь (высо́кая квалифика́ция).

4 *Charakterisieren Sie den Gegenstand nach Ausmaß, Form und Farbe, gebrauchen Sie dabei die gleichbedeutende Konstruktion.*

Muster: Малахи́т — **минера́л, кото́рый име́ет зелёный цвет**.
Малахи́т — **минера́л зелёного цве́та**.

1. Раство́р име́ет краснова́тый цвет. 2. Парк занима́ет пло́щадь, кото́рая име́ет прямоуго́льную фо́рму. 3. Для о́пыта испо́льзовали прибо́ры, кото́рые име́ли ра́зные разме́ры. 4. Облака́ име́ли необы́чно жёлтый цвет.

5 *Ergänzen Sie die Sätze, setzen Sie dabei die eingeklammerten Wörter in den erforderlichen Fall.*

1. Музе́й (Никола́й Остро́вский) нахо́дится на Тверско́й у́лице, в кварти́ре (писа́тель). 2. Многочи́сленные труды́ (Менделе́ев) получи́ли всеми́рное призна́ние. 3. Вчера́ я слу́шал конце́рт для фортепья́но с орке́стром (Рахма́нинов). 4. Строи́тели (металлурги́ческий заво́д) приобрели́ о́пыт (рабо́та) в усло́виях (Кра́йний Се́вер). 5. В музе́е (Никола́й Остро́вский) мы познако́мились с тво́рчеством а́втора рома́на «Как закаля́лась сталь». 6. Лучи́ (осе́ннее со́лнце) освеща́ли вла́жные кры́ши (дома́).

6 *Übersetzen Sie ins Russische, benutzen Sie dabei die Genitivkonstruktion ohne Präposition.*

1. An meinem Geburtstag schenkte man mir viele Blumen. 2. Warte auf mich an der Straßenbahnhaltestelle! 3. Mein Freund hat einen „Moskwitsch" von neuer Bauart. 4. Die Sonnenstrahlen beleuchteten schön die ganze Gegend. 5. Siegfried hat Schillers Gedichte gern. 6. Der Film wurde nach einer Erzählung von Tschingis Aitmatows „Der erste Lehrer" gedreht. 7. Im Maxim-Gorki-Museum waren viele Besucher. 8. Prokofjews Ballett „Romeo und Julia" gehört zu den besten Werken der russischen Musik.

7 *Unterstreichen Sie die Substantive im Genitiv und die Wörter, von denen sie abhängig sind. Beachten Sie, dass in einigen Fällen der Genitiv Singular, in anderen dagegen der Genitiv Plural steht.*

1. Два ученика́ опозда́ли на уро́к. 2. Большинство́ делега́тов съе́зда побыва́ет в моско́вских теа́трах. 3. Прошло́ не́сколько лет с тех пор, как он око́нчил институ́т. 4. Мно́го молодёжи собрало́сь на фестива́ле росси́йской и не́мецкой молодёжи в Берли́не. 5. Ско́лько вре́мени займёт э́та рабо́та?

8 *Schreiben Sie die Sätze ab, ergänzen Sie dabei die fehlenden Endungen des verbalen Prädikats und gebrauchen Sie die eingeklammerten Wörter in der erforderlichen Form.*

1. Мно́го (препя́тствие) стоя́л… на пути́ (ру́сский изобрета́тель Я́блочков). 2. Не́сколько (ста́рый знако́мый) собер…тся сего́дня у меня́ до́ма. 3. Большинство́ (но́вый дом) вы́росл… в на́шем райо́не за после́дние го́ды. 4. Ско́лько лет прошл…, как мы с тобо́й расста́лись! 5. Не́сколько (но́вая электроста́нция) уже́ дал… промы́шленный ток.

9 *Ergänzen Sie die Sätze, gebrauchen Sie die eingeklammerten Wörter in der erforderlichen Form. Beachten Sie die Kongruenz zwischen dem Prädikat und dem durch eine Verbindung von Grundzahlwort und Substantiv ausgedrückten Subjekt.*

1. В на́шем го́роде вы́росло семь (но́вый микрорайо́н). 2. В Москве́ три (железнодоро́жный вокза́л) нахо́дятся на одно́й пло́щади. 3. Оба́ (мой ста́рший брат) у́чатся в институ́те. 4. Не́сколько (трактори́ст) на́шей брига́ды занима́ются в вече́рней шко́ле. 5. В райо́нной поликли́нике рабо́тает 41 (о́пытный врач).

10 *Ergänzen Sie die Sätze. Setzen Sie* ***год*** *oder* ***лет*** *in der erforderlichen Form ein.*

Мой брат учи́лся в те́хникуме свы́ше четырёх …, а пото́м в институ́те пять …. По́сле оконча́ния институ́та он шесть … рабо́тал на Кра́йнем Се́вере инжене́ром. Сейча́с он прие́хал учи́ться в аспиранту́ру на три …. Ему́ уже́ три́дцать …. Че́рез три … он сно́ва вернётся в Заполярье. Мно́го … провёл он вдали́ от родно́го го́рода.

11 *Ergänzen Sie die Sätze. Gebrauchen Sie* ***челове́к*** *oder* ***лю́ди*** *in der erforderlichen Form.*

1. Там, где оди́н … ничего́ не мо́жет сде́лать, мно́го … добью́тся всего́. 2. На ми́тинг собрало́сь мно́го …. 3. В 1986 году́ в 22 города́х Росси́и населе́ние составля́ло бо́лее миллио́на …. 4. Росси́йские писа́тели со́здали мно́го произведе́ний о … Сиби́ри.

12 *Ergänzen Sie die Sätze und setzen Sie die eingeklammerten Wörter in den Genitiv.*

1. Она́ вы́пила стака́н (кефи́р). 2. Я купи́ла (хлеб). 3. Ми́ша пое́л (суп и ка́ша) и вы́пил (молоко́). 4. К шашлыку́ ну́жно купи́ть (пе́рец, лук и соль).

13 *Ergänzen Sie die Sätze und setzen Sie die eingeklammerten Wörter in den erforderlichen Fall.*

1. Весь росси́йский наро́д по́лон (го́рдость за геро́ев-космона́втов). 2. Откры́тие учёных-вирусо́логов удосто́ено (вы́сшие награ́ды). 3. Мой друг по́сле оконча́ния университе́та был по́лон (наде́жда). 4. Евге́ний всегда́ ра́довался успе́хам друзе́й и был чужд (за́висть).

14 *Merken Sie sich die folgenden Wortverbindungen. Bilden Sie Sätze damit.*

Не име́ть возмо́жности, не придава́ть значе́ния, не обраща́ть внима́ния, не игра́ть никако́й ро́ли, не находи́ть подде́ржки, не утра́тить актуа́льности, не производи́ть впечатле́ния.

15 *Lesen Sie die nachstehenden Sätze. Ersetzen Sie sie durch verneinte nach dem Muster:* ***Сего́дня у нас собра́ние. — Сего́дня у нас не бу́дет собра́ния****. Merken Sie sich, dass* ***нет, не́ было, не бу́дет*** *in unpersönlichen Sätzen mit dem Genitiv stehen. Der Konstruktion* ***У меня́ есть слова́рь*** *entspricht im Deutschen* (Ich habe ein Wörterbuch) *und der Konstruktion* ***У меня́ нет словаря́*** (Ich habe kein Wörterbuch).

1. За́втра в клу́бе бу́дет ве́чер пе́сни. 2. Вчера́ я весь день был до́ма. 3. В чита́льном за́ле есть свобо́дные места́. 4. У меня́ есть сейча́с свобо́дное вре́мя. 5. Вчера́ в Москве́ был дождь. 6. У меня́ ка́шель и на́сморк.

16 *Verneinen Sie schriftlich die nachstehenden Sätze. Beachten Sie, dass es neben der Konstruktion* ***Меня́ не́ было в музе́е*** *auch die Konstruktion* ***Я не был в музе́е*** *gibt. Die letztere ist nur dann möglich, wenn als Subjekt eine Person (ein Lebewesen) auftritt oder wenn auf das Fehlen einer Person an einem bestimmten Ort hingewiesen wird, an dem sie sich hätte befinden sollen bzw. sich befinden wird.*

1. У вас есть лы́жный костю́м и лы́жи? 2. Есть ли у вас вопро́сы к докла́дчику? 3. Ты был на ле́кции по эсте́тике? 4. У вас есть брат? 5. Есть ли у вас каки́е-либо замеча́ния и предложе́ния? 6. Э́тим ле́том в Москве́ бы́ли жа́ркие дни? 7. В э́том магази́не есть отде́л фру́ктов? 8. В суббо́ту ты бу́дешь до́ма? 9. Та́ня была́ вчера́ в шко́ле? 10. Она́ бу́дет на ди́спуте?

17 *Beantworten Sie die Fragen. Sagen Sie, warum Sie die genannte Handlung nicht ausführen konnten. Gebrauchen Sie in den Antworten folgende Wörter und Wortverbindungen:* ***тетра́дь, свобо́дное вре́мя, записна́я кни́жка, спорти́вный костю́м, биле́т.***

Muster: У меня́ **не́ было биле́та**.

1. Почему́ ты не пошёл в теа́тр? 2. Почему́ ты не уча́ствовал в трениро́вке? 3. Почему́ ты не сде́лал дома́шнюю рабо́ту? 4. Почему́ ты не записа́л но́мер его́ телефо́на? 5. Почему́ ты не́ был у нас вчера́ ве́чером?

18 *Übersetzen Sie ins Russische unter Benutzung der Genitivkonstruktion.*

a) 1. An der Leserkonferenz beteiligten sich viele[5] Arbeiter unseres Betriebs. 2. In unserer Straße sind drei neue Häuser gebaut worden. 3. Er hat vier Jahre in Armenien und sechs Jahre in Kasachstan verbracht. 4. Wie viele (Personen) fehlten gestern? 5. Der Kranke trank (ein wenig) Wasser. 6. Er schnitt Brot, Wurst und Käse. 7. Im Hohen Norden dauert der Winter neun lange Monate.

b) 1. Gold ist teuerer als Silber. 2. Walter ist jünger als ich. 3. Bittere Wahrheit ist besser als schöne Lüge. 4. Ein Wintertag ist kürzer als ein Sommertag. 5. Ich mag Orangen lieber als Mandarinen.

c) 1. Ich habe den Brief an sie noch nicht geschrieben. 2. Er hat das Gogol-Denkmal nicht gesehen. 3. Ich habe keine Familie. 4. Morgen werde ich keine freie Minute haben. 5. Gestern war keine Gewerkschaftsversammlung. 6. Ringsum war niemand zu sehen.

Die gebräuchlichsten Verben, die den Genitiv fordern

боя́ться	Ребёнок *бои́тся грозы́.*	Das Kind hat Angst vor dem Gewitter.
держа́ться	a) Мой брат *де́ржится* друго́го *мне́ния* по э́тому вопро́су.	Mein Bruder ist in dieser Frage anderer Meinung.
	b) Ло́дка *держа́лась* пра́вого *бе́рега.*	Das Boot hielt sich ans rechte Ufer.
добива́ться — доби́ться	Спортсме́н до́лго *добива́лся* жела́емого *результа́та.*	Der Sportler bemühte sich lange um das erwünschte Resultat.
	Он *доби́лся успе́ха.*	Er hat einen Erfolg erzielt.

[5] Das deutsche *viele* wird ins Russische je nach dem Bedeutungswert als **мно́го** oder **мно́гие** übersetzt. Soll das Zahlenmäßige hervorgehoben werden, so setzt man das Wort **мно́го** (In unserem Betrieb arbeiten viele junge Arbeiter. — На на́шем заво́де рабо́тает (ско́лько?) **мно́го** молоды́х рабо́чих.). Bedeutet aber *viele* den größeren Teil eines Ganzen, d.h. **мно́гие из** … (*viele* = *manche*), so nimmt man das Wort **мно́гие** (Viele Arbeiter treiben Sport. — **Мно́гие** (каки́е?) рабо́чие занима́ются спо́ртом.).

достига́ть — дости́гнуть, дости́чь	Он *дости́г успе́ха.*	Er hat den Erfolg erreicht.
	Ле́том температу́ра во́здуха в э́том райо́не *достига́ет тридцати́ гра́дусов* тепла́.	Im Sommer erreicht die Lufttemperatur in dieser Region bis dreißig Grad.
жа́ждать	Наро́ды *жа́ждут ми́ра.*	Die Völker ersehnen den Frieden.
ждать — подожда́ть	Я *жду отве́та.*	Ich warte auf eine Antwort.
	Я *подожду́ тебя́* у вхо́да.	Ich warte auf dich am Eingang.
жела́ть — пожела́ть	Друзья́ *пожела́ли* мне *счастли́вого пути́.*	Meine Freunde wünschten mir eine glückliche Reise.
	Я *жела́ю* вам *здоро́вья, сча́стья и успе́хов.*	Ich wünsche Ihnen (gute) Gesundheit, Glück und Erfolge.
заслу́живать — заслужить	Ира *заслу́живает доверия това́рищей.*	Ira verdient das Vertrauen der Freunde.
избега́ть — избежа́ть	Она́ *избега́ет встре́чи* со мной.	Sie weicht einer Begegnung mit mir aus.
	Де́ти чу́дом *избежа́ли опа́сности.*	Die Kinder sind der Gefahr wie durch ein Wunder entronnen.
иска́ть	Я *ищу́ подде́ржки.*	Ich suche Unterstützung.
каса́ться — косну́ться	a) Э́тот вопро́с *каса́ется* твое́й *сестры́.*	Diese Frage betrifft deine Schwester.
	b) Крива́я *каса́ется окру́жности.*	Die Kurve berührt die Kreislinie.
	c) Он *косну́лся* мое́й *руки́.*	Er berührte meinen Arm.
	d) В свое́й ле́кции профе́ссор *косну́лся вопро́са* о воспита́нии дете́й в семье́.	In seiner Vorlesung ging der Professor auf die Frage der Erziehung der Kinder in der Familie ein.
лиша́ть — лиши́ть	На собра́нии его́ *лиши́ли сло́ва.*	In der Versammlung wurde ihm das Wort entzogen.
лиша́ться — лиши́ться	Ма́льчик ра́но *лиши́лся роди́телей.*	Der Junge verlor früh seine Eltern.

опаса́ться	Врач *опаса́лся осложне́ний* по́сле боле́зни.	Der Arzt befürchtete Komplikationen nach der Krankheit.
остерега́ться	Вам сле́дует *остерега́ться просту́ды.*	Sie sollten sich vor einer Erkältung hüten.
приде́рживаться	Мой учи́тель *приде́рживается* друго́го *мне́ния.*	Mein Lehrer ist anderer Meinung.
проси́ть — попроси́ть	Сын *про́сит* (*попроси́л*) *сове́та* у ма́тери.	Der Sohn bittet (bat) die Mutter um einen Rat.
пуга́ться — испуга́ться	Ребёнок *испуга́лся (пуга́ется) темноты́.*	Das Kind scheute (scheut) die Dunkelheit.
стесня́ться — постесня́ться	Ребёнок *стесня́ется* незнако́мых *люде́й.*	Das Kind ist schüchtern fremden Leuten gegenüber.
стыди́ться	А́нна *стыди́тся своего́ посту́пка.*	Anna schämt sich ihres Vergehens.
сторони́ться	Стари́к *сторони́тся люде́й.*	Der Alte meidet die Menschen.
тре́бовать — потре́бовать	Мы *тре́буем (потре́буем) отве́та.*	Wir verlangen eine Antwort (werden eine Antwort verlangen).
удоста́иваться — удосто́иться	Он *удосто́ился награ́ды.*	Er wurde einer Auszeichnung für würdig befunden.
хоте́ть — захоте́ть	*Я хочу́ поко́я.*	Ich will Ruhe haben.
	Захо́чешь ча́ю — пей!	Solltest du Appetit auf Tee bekommen, so trink nur!

Anmerkungen:

1. Die Verben **добива́ться** und **достига́ть** können beide mit *erreichen* übersetzt werden. Im Gebrauch besteht jedoch ein Unterschied. **Добива́ться**, d. h. ein Ziel hartnäckig, unter Aufbietung aller Kräfte erstreben, verfolgen, steht immer in Verbindung mit objektivisch gebrauchten Abstrakta (добива́ться це́ли, результа́та, успе́ха, согла́сия, реше́ния, разреше́ния, встре́чи). Ähnlich wird auch das Verb **достига́ть** gebraucht. Besonders in gesellschaftspolitischen und sachlich gehaltenen Texten: достига́ть (дости́гнуть) взаимопонима́ния, соглаше́ния, це́ли. Mit konkreten Substantiven aber, die als Objekte auftreten, kann nur das Verb **достига́ть (дости́чь, дости́гнуть** benutzt werden:

На́ша гру́ппа *доби́лась (дости́гла) бо́льших успе́хов.*	Unsere Gruppe hat große Erfolge erreicht (erzielt).
Мы *дости́гли верши́ны* горы́.	Wir haben den Berggipfel erreicht.

2. Wenn das Objekt konkret ist, können Verben wie **иска́ть, ждать, проси́ть, тре́бовать, хоте́ть, жела́ть** auch den Akkusativ fordern:

Я жду сестру́.	Ich warte auf meine Schwester.
Я *ищу́* свой *каранда́ш.*	Ich suche meinen Bleistift.

Nach dem Verb **ждать** stehen die Substantive *письмо́, трамва́й, по́езд* u.ä. immer im Genitiv: *Я жду по́езда* (in Anlehnung an die Form **ждать прибы́тия по́езда**).

3. Das Verb **приде́рживаться** wird nur im übertragenen Sinne mit Abstrakta gebraucht, die als Objekte auftreten.

Übungen

19 *Lesen Sie die Sätze. Vergleichen Sie den Gebrauch von Genitiv und Akkusativ nach den Verben* ***ждать, иска́ть, тре́бовать, проси́ть****.*

1. Я жду твоего́ реше́ния.
2. В тру́дную мину́ту он иска́л сове́та у друзе́й.
3. Ряд глаго́лов тре́бует употребле́ния роди́тельного падежа́.
4. Ви́ктор попроси́л разреше́ния войти́.
5. Я жду здесь свою́ жену́.
6. Я до́лго иска́л э́ту кни́гу.
7. Пограни́чник потре́бовал у незнако́мца докуме́нты.
8. Сосе́д проси́л у меня́ ру́чку.

20 *Setzen Sie die eingeklammerten Wörter in den erforderlichen Fall.*

1. (Большо́е напряже́ние) и (вели́кая страсть) тре́бует нау́ка от челове́ка. (И. *Павлов)* 2. Франц стыди́лся (плохо́е произноше́ние) и ма́ло говори́л по-ру́сски. 3. Строи́тели дости́гли (высо́кий у́ровень производи́тельности труда́) . 4. Жела́ю вам в но́вом году́ (здоро́вье, больши́е успе́хи и сча́стье). 5. Во вре́мя антра́кта Серёжа иска́л (своя́ знако́мая). 6. Пётр ждал (письмо́).

21 *Ersetzen Sie die Wörter und Wortverbindungen durch gleichbedeutende. Gebrauchen Sie die Verben* ***добива́ться/доби́ться*** *und* ***достига́ть/дости́гнуть*** *in der erforderlichen Form.*

1. Воспита́тель **завоева́л дове́рие** ма́льчика. 2. Температу́ра во́здуха на со́лнце уже́ **равня́лась сорока́ гра́дусам**. 3. Хокке́йная кома́нда на́шего клу́ба **одержа́ла побе́ду** в тру́дном ма́тче. 4. Нам удало́сь **получи́ть** её **согла́сие** на проведе́ние о́пыта. 5. В конце́ концо́в он **получи́л отве́т** на свой вопро́с. 6. Представи́тели обе́их сторо́н стара́лись **договори́ться** по обсужда́вшимся вопро́сам. 7. Гео́логи **добрали́сь до бе́рега** реки́. 8. Брат **настоя́л на приёме** у изве́стного профе́ссора.

22 *Beantworten Sie die Fragen bejahend, gebrauchen Sie die Verben* ***добива́ться/доби́ться, достига́ть/дости́гнуть*** *in der erforderlichen Form.*

1. Тебе́ удало́сь получи́ть положи́тельные результа́ты экспериме́нта? 2. Добрали́сь ли альпини́сты до верши́ны горы́? 3. Мо́щность дви́гателя ста́ла ра́вной шести́десяти ты́сячам килова́тт? 4. Пришли́ ли догова́ривающиеся сто́роны к соглаше́нию? 5. Получи́ли ли равнопра́вие же́нщины в развива́ющихся стра́нах А́зии и А́фрики? 6. Завоева́ли ли побе́ду на́ши баскетболи́сты в э́том ма́тче? 7. Принесла́ ли кри́тика по́льзу? 8. Получи́л ли освети́тель ну́жный эффе́кт в э́той сце́не?

23 *Ergänzen Sie die Sätze durch das Wort / die Wortverbindungen* ***успе́х в рабо́те; ва́жный вопро́с; больша́я перестро́йка; своя́ цель; результа́т о́пыта; пре́жнее мне́ние; мать; бе́рег реки́.***

1. А́втор в свое́й рабо́те косну́лся …. 2. Друзья́ по́зже пожела́ли мне … . 3. Но́вый прое́кт тре́бует … . 4. Он доби́лся … .5. Гру́ппа тури́стов дости́гла … . 6. Мы приде́рживаемся …. 7. Ты ждёшь … ? 8. В лаборато́рии ждут …

24 *Übersetzen Sie ins Russische.*

1. Der Betriebsdirektor ging in seinem Vortrag auf eine Frage von außerordentlicher Wichtigkeit ein. 2. Ich erwarte meine Freundin. 3. Ich habe von meinem Entschluss meinen Verwandten geschrieben und warte nun auf eine Antwort. 4. Im 100-Meter-Lauf hat er das beste Resultat erreicht. 5. Ich konnte dieses unangenehme Gespräch auf keine Weise vermeiden. 6. Er schämt sich seiner früheren Fehler.

§ 3 Gebrauch des Genitivs mit Präposition

Ortsangabe (Frage: wo?)

близ — nahe; in der Nähe von	*близ до́ма* нахо́дится бу́лочная.	Nahe an dem Haus befindet sich eine Bäckerei.
вдоль — entlang, längs	*Вдоль у́лицы* расту́т ли́пы.	Längs der Straße wachsen Linden.
вне — von etw. fort, außerhalb	Он мно́го вре́мени находи́лся *вне до́ма*.	Er war lange Zeit von zu Hause fort.
во́зле — bei, nahe, neben	Я живу́ *во́зле па́рка*.	Ich wohne nahe bei einem Park.
вокру́г — um	*Вокру́г фа́брики* расту́т дере́вья.	Rings um die Fabrik wachsen Bäume.
впереди́ — vor (D.)	*Впереди́ коло́нны* стои́т знамено́сец.	Vor der Kolonne steht der Fahnenträger.
ме́жду[6] — zwischen	Что-то беле́ло *ме́жду дере́вьев*.	Etwas schimmerte weiß zwischen den Bäumen.
ми́мо — vorbei an (D.)	*Ми́мо нас* промча́лась маши́на.	Ein Auto sauste an uns vorbei.
о́коло — bei, in der Nähe (G.), neben	Доро́га проходила *о́коло ле́са*.	Die Straße verlief in der Nähe eines Waldes.
посреди́, среди́ — mitten auf (in) (D.)	*Посреди́ пло́щади* стои́т па́мятник.	Mitten auf dem Platz steht ein Denkmal.
про́тив, напро́тив[7] — gegenüber, gegen	*Про́тив институ́та* есть стоя́нка автомаши́н.	Dem Institut gegenüber liegt ein Parkplatz.
среди́ — unter (D.)	*Среди́ жильцо́в* на́шего до́ма ча́сто прово́дятся бесе́ды на разли́чные те́мы.	Unter den Bewohnern unseres Hauses werden oft verschiedene Aussprachen geführt.
у — bei, an, neben (D.)	Ребёнок стои́т *у стола́*.	Das Kind steht neben dem Tisch.

[6] Die Präposition **ме́жду** wird häufiger mit dem Instrumental gebraucht.
[7] Im Unterschied zum deutschen *gegenüber*, das dem Substantiv meistens nachgestellt ist, wird die Präposition **против** dem Substantiv grundsätzlich vorangestellt.

Übungen

1 *Geben Sie den Ort der Handlung an. Beantworten Sie die Fragen, gebrauchen Sie die Präpositionen* ***ми́мо, вдоль, посреди́, о́коло, во́зле, напро́тив, вокру́г, вне****. Verwenden Sie die rechts angegebenen Wortgruppen.*

1. Где гуля́ют де́ти?	бе́рег реки́
2. Где мы проезжа́ли?	прекра́сные па́мятники архитекту́ры
3. Где располо́жены промы́шленные предприя́тия?	го́род
4. Где нахо́дится конце́ртный зал?	ста́нция метро́
5. Где нахо́дится кинотеа́тр?	конце́ртный зал
6. Где устано́влен па́мятник Макси́му Го́рькому в Москве́?	пло́щадь Белору́сского вокза́ла
7. Где разби́т парк?	зда́ние музе́я

2 *Übersetzen Sie ins Russische.*

Die Moskauer Universität befindet sich an der Moskwa. Neben dem Hauptgebäude der Universität ist der Botanische Garten gelegen. Rings um das Gebäude ist ein großer Park angelegt. Mitten auf einem Platz erhebt sich ein Lomonossow-Denkmal. Im Hauptgebäude sind Hörsäle, Laboratorien und ein schöner Sportsaal mit einem Schwimmbassin sowie Mensen und Studentenzimmer untergebracht. Autobusse, die Studenten und Dozenten herbringen, halten am Haupteingang. Dem Hauptgebäude gegenüber befindet sich das Gebäude der Biologischen Fakultät. In der Nähe davon wurden neue Gebäuden geisteswissenschaftlicher Fakultäten errichtet. Hier studieren junge Leute vieler Nationalitäten. Unter den Studenten sind viele begabt.

Richtungsangabe (Fragen: wohin? woher?)

до — bis; bis zu; bis an	Мы дое́хали *до конца́ у́лицы.*	Wir fuhren bis ans Ende der Straße.
из — aus	За́втра в Москву́ приезжа́ют журнали́сты *из ра́зных стран.*	Morgen treffen in Moskau Journalisten aus verschiedenen Ländern ein.
из-за — hinter (D.) … hervor; von	1. Кто́-то выглянул *из-за две́ри.*	Jemand schaute hinter der Tür hervor.
	2. Мы вста́ли *из-за стола́.*	Wir standen vom Tisch auf.
из-под — unter (D.) … hervor	1. Оте́ц доста́л дома́шние ту́фли *из-под крова́ти.*	Der Vater holte seine Hausschuhe unter dem Bett hervor.
	2. Пётр прие́хал *из-под Ту́лы.*	Pjotr ist aus der Umgebung von Tula gekommen.

от — von	*От Москвы́* до Петербу́рга 650 (шестьсо́т пятьдеся́т) киломе́тров.	Von Moskau nach Petersburg sind es 650 Kilometer.
с — von	*С горы́* был хорошо́ ви́ден го́род.	Vom Berg war die Stadt gut zu sehen.

Tabelle der Entsprechungen von Präpositionen zur Bezeichnung der Richtung (hin und zurück)

Woher?	Wohin?
из го́рода (Gen.) aus der Stadt (Dat.)	**в** го́род (Akk.) in die Stadt (Akk.), nach der Stadt (Dat.)
с ле́кции (Gen.) von (aus) der Vorlesung	**на** ле́кцию (Akk.) zur Vorlesung (Dat.)
от подъе́зда (Gen.) vom Eingang (her)	**к** подъе́зду (Dat.) zum Eingang (Dat.)
из-за две́ри (Gen.) hinter der Tür hervor	**за** дверь (Akk.) hinter die Tür (Akk.)
из-под стола́ (Gen.) unter dem Tisch hervor	**под** стол (Akk.) unter den Tisch (Akk.)

Anmerkung:

Werden die Adverbialbestimmungen des Ortes durch Substantive mit Präpositionen ausgedrückt, so sind Entsprechungen zwischen den Präpositionen und den Verbalpräfixen festzustellen. So steht:

— die Präposition **до** oft nach den Verben mit dem Präfix **до-** (**дое́хать до ста́нции**);

— die Präposition **из** (Bewegung von innen her) nach den Verben mit dem Präfix **вы-** (**вы́ехать из го́рода**);

— die Präposition **от** nach den Verben mit dem Präfix **от-** (**отбежа́ть от до́ма**) und mit dem Präfix **у-** (mit Verben der Fortbewegung, die das Entfernen von einer Person ausdrücken: **уе́хать от сы́на**);

— die Präposition **с** nach den Verben mit dem Präfix **с-** (**со-**) (**сойти́ с** лестницы, **стере́ть с** доски́, **списа́ть с** доски́);

— die Präposition **ми́мо** nach den Verben mit dem Präfix **про-** (**прое́хать ми́мо** ста́нции).

3 *Verändern Sie die Wortverbindungen so, dass die Adverbialbestimmungen des Ortes auf die Frage* ***отку́да?*** *antworten.*

Muster: Поста́вить под стол. — Взять из-под стола́.

войти́ в зал, зае́хать за́ угол, вы́везти за грани́цу, пое́хать в Украи́ну, уе́хать на куро́рт, отпра́виться на о́стров, пойти́ на стадио́н, прийти́ в университе́т, отвезти́ ребёнка на да́чу

4 *Beantworten Sie die Fragen, verwenden Sie die in Klammern stehenden Wörter. (Siehe Tabelle auf der Seite 152.)*

1.Отку́да вы верну́лись? (куро́рт, дере́вня, Да́льний Восто́к) 2. Отку́да у вас э́тот сувени́р? (Фра́нция, Кавка́з, о́стров Рю́ген, Ура́л) 3. Отку́да привезли́ груз? (стро́йка, заво́д, цех) 4. Отку́да пришла́ А́нна? (больни́ца, больна́я подру́га) 5. Отку́да появи́лось со́лнце? (облака́, лес) 6. Отку́да оле́ни достаю́т зимо́й мох? (снег) 7. Отку́да отхо́дит по́езд? (Белору́сский вокза́л, платфо́рма, перро́н) 8. Отку́да вы́шли тури́сты? (ла́герь, го́род, ба́за) 9. Отку́да прие́хал Андре́й? (Подмоско́вье, Байка́л, Карпа́ты, о́тпуск) 10.Отку́да он ?(ле́кция,университе́т,командиро́вка,заво́д,предприя́тие,друг).

5 *Ergänzen Sie die folgenden Sätze durch die passenden Verben* ***дойти́, выходи́ть, проходи́ть (проезжа́ть), отста́ть, снять****.*

1. Де́ти … из шко́лы шу́мной толпо́й. 2. Они́ … до перекрёстка вме́сте. 3. Я ежедне́вно … ми́мо Ку́рского вокза́ла. 4. Мать проси́ла … карти́ну со стены́. 5. Пассажи́р … от по́езда.

6 *Übersetzen Sie ins Russische.*

1. An dieser Station fährt der Zug, ohne zu halten, vorbei. 2. Schon seit vielen Jahren leben wir hier. Das ist ganz nah bei Petersburg. 3. Hinter dem Haus fuhr plötzlich ein Auto hervor. 4. Die Passagiere stiegen aus dem O-Bus an der Endstation. 5. Bis zum Theater fuhr ich mit einer Straßenbahn. 6. Unter der Schneedecke hervor zeigten sich die ersten Blumen. 7. Der Zug fuhr langsam vom Bahnhof ab. 8. Eilig lief er die Treppe hinunter.

Bezeichnung der Zeit (Fragen: wann? seit wann? bis wann?)

без — vor (A.)	Сейча́с *без десяти́ мину́т* два. (Frage: *кото́рый* час?)	Es ist (jetzt) zehn Minuten vor zwei.
	Я приду́ к вам *без пяти́ два*. (Frage: *когда́?*)	Ich komme zu Ihnen fünf Minuten vor zwei.
до — bis (bis zu …); vor (D.)	1. Рабо́чий день продолжа́ется *до четырёх часо́в* дня.	Der Arbeitstag dauert bis vier Uhr nachmittags.

	2. *До отъе́зда* я ещё уви́жу вас. (**до** + Gen. = **пе́ред** + Instrum.: *пе́ред отъе́здом*)	Ich werde Sie vor der Abreise noch sehen.
накану́не — am Tag vor, kurz zuvor	Роди́тели прие́хали *накану́не Но́вого го́да.*	Die Eltern kamen am Tag vor Neujahr.
о́коло — gegen	Я приду́ домо́й *о́коло пяти́ часо́в* ве́чера.	Ich werde gegen 5 Uhr abends nach Hause kommen.
от — von	1. До́ктор принима́ет *от*[8] *двух до четырёх* часо́в дня.	Der Arzt hat Sprechstunde von 2 bis 4 Uhr nachmittags.
	2. Э́то письмо́ *от*[9] *пя́того октября́*. (Frage: *От како́го числа́* э́то письмо́?)	Dieser Brief ist vom 5. Oktober.
по́сле — nach	*По́сле рабо́ты* мы идём в теа́тр.	Nach der Arbeit gehen wir ins Theater.
с — von; von … an; ab; seit	1. Заня́тия начина́ются[10] *с восьми́* утра́.	Der Unterricht beginnt um 8 Uhr morgens.
	2. Мы знако́мы *с де́тства.*	Wir kennen uns von Kindheit an.
среди́ — mitten in (D.)	Звоно́к разбуди́л меня́ *среди́ но́чи.*	Der Anruf weckte mich mitten in der Nacht.

Anmerkungen:

1. Wird im Satz auf die Dauer eines Vorgangs hingewiesen, so gebraucht man die Präposition **по́сле** in der Bedeutung von **че́рез**, **по истече́нии**; enthält der Satz keinen Hinweis auf den Vorgang, so muss die Präposition **че́рез** stehen.

Vgl: **по́сле пяти́ часо́в** (*чего́?*) **заня́тий**, **по́сле двух неде́ль** *(чего́?)* **боле́зни** usw., aber: **че́рез пять часо́в**, **че́рез две неде́ли**.

Dies ist besonders zu berücksichtigen, da im Deutschen die Präposition *nach* in beiden Fällen gebraucht werden kann: *nach (in) 5 Stunden; nach 5 Stunden Unterricht.*

2. Ausdrücke wie **по́сле двух (часо́в) дня**, **по́сле трёх (часо́в) но́чи** bezeichnen genauso wie im Deutschen eine unbestimmte Zeit (eine beliebige Zeit nach zwei Uhr nachmittags oder drei Uhr nachts).

[8] Hier ist die Präposition **от** = **с** und bezeichnet den Ausgangspunkt der Uhrzeit (с **двух до четырёх** часов дня). Merken Sie sich auch die Wendungen **от восхо́да до зака́та**, **от зари́ до зари́**, **от нача́ла до конца́**, **от о́сени до весны́**, aber: **с са́мого нача́ла**, **с ра́нней о́сени**.

[9] Die Präposition **от** kommt in der Amtssprache bei Berufung auf das Datum eines Dokuments oder einer Akte vor.

[10] Die Verben **начина́ть(ся)** — **нача́ть(ся)** regieren ein Genitivobjekt mit der Präposition **с**: Он *нача́л* свою́ речь *с приве́тствия.*

7 *Ergänzen Sie die Sätze, verwenden Sie die Präpositionen* ***от, с (со)*** *oder* ***до****.*

1. В моско́вских музе́ях посети́тели быва́ют … утра́ … ве́чера. 2. Чита́льный зал рабо́тает … десяти́ часо́в утра́. 3. Он занима́ется ру́сским языко́м … сентября́. 4. У меня́ цела́ газе́та … седьмо́го ноября́. 5. … нача́ла … конца́ кани́кул он был в гора́х. 6. … са́мого нача́ла самостоя́тельной рабо́ты Ви́ктор прояви́л себя́ хоро́шим специали́стом.

8 *Ergänzen Sie die Sätze, verwenden Sie entsprechende Präpositionen und die in Klammern stehenden Wörter.*

1. … (Октя́брь 1917 го́да) в Росси́и на 10 ты́сяч жи́телей приходи́лся оди́н врач. 2. … (отхо́д) по́езда остава́лось три мину́ты. 3. … (час) … (два) мно́гие продово́льственные магази́ны закры́ты на обе́д. 4. На́ша пра́ктика на заво́де начина́ется … (15 апре́ля). 5. Мы успе́ем осмотре́ть вы́ставку … (шесть часо́в) ве́чера.

9 *Übersetzen Sie ins Russische.*

1. Nach dem Tod seines Vaters begann Viktor zu arbeiten. 2. Von Kindheit an träumte er vom Fliegerberuf. 3. Vor den Feiertagen veranstalteten wir ein großes Konzert der Laienkunstgruppe. 4. Er kommt gewöhnlich gegen 9 Uhr morgens zur Arbeit. 5. Ich warte seit etwa drei Minuten auf den Bus. 6. Mitten im Unterricht erinnerte er sich daran, dass er sein Heft zu Hause gelassen hatte. 7. Vor dem Flug hat er mir alles über seinen tragischen Unfall erzählt. 8. Er war von 8 bis 10 Uhr abends im Kino.

Wiedergabe des Kausalverhältnisses (Fragen: warum? weswegen? aus welchem Grund?)

из-за — wegen; infolge; -halber; -wegen	*Из-за бра́та* у меня́ непри́ятности.	Wegen meines Bruders habe ich Unannehmlichkeiten.
от — vor	Он побледне́л *от бо́ли.*	Er erblasste vor Schmerz.
с — vor	*С го́ря* он совсе́м заболе́л.	Vor Kummer wurde er ganz krank.
из — aus	Он продолжа́л спор *из при́нципа.*	Er setzte den Streit aus Prinzip fort.

Anmerkungen:

Zur Wiedergabe des Kausalverhältnisses werden die Substantive in Verbindung mit folgenden Präpositionen gebraucht:

a) mit **из-за** zur Angabe eines äußeren (seltener eines inneren) objektiven Grundes, der die Vollziehung der Handlung verhindert:

Из-за плохо́й пого́ды прогу́лка не состоя́лась	Wegen schlechten Wetters fiel der Spaziergang aus.
Из-за близору́кости он всегда́ сади́лся бли́зко к экра́ну.	Infolge seiner Kurzsichtigkeit setzte er sich immer nahe an den Bildschirm.

b) mit **из**, wenn eine Gemütsbewegung (Neugier, Angst, Liebe, Achtung usw.) der Grund einer bewussten Handlung ist:

Он ничего́ не сказа́л о себе́ *из скро́мности.*	Aus Bescheidenheit sagte er nichts über sich selbst.
Он соверши́л по́двиг *из любви́* к Ро́дине.	Er vollbrachte die Heldentat aus Liebe zur Heimat.

c) mit **от**, wenn eine Gemütsbewegung oder eine Naturerscheinung der Grund für eine unbewusste Handlung oder einen physischen Zustand ist, beides durch Verben oder Qualitätsadjektive ausgedrückt, die eine Veränderung der Farbe, des Zustands oder der äußeren Erscheinung bezeichnen:

Кры́ши серебри́лись *от и́нея.*	Die Dächer glänzten silbern vor Reif.
Асфа́льт был горя́чий *от со́лнца.*	Der Asphalt war heiß vor Hitze.
Он покрасне́л *от стыда́.*	Er errötete vor Scham.

d) mit der Präposition **с**, die in diesem Fall gleich **от** ist. Ein Substantiv wird mit der Präposition **с** nur zur Angabe eines Grundes gebraucht, mit dem der psychische oder physische Zustand eines Lebewesens zusammenhängt (**с го́ря**, **со стыда́**, **со стра́ху**, **с тоски́**, **с го́лода**, **с непривы́чки**, **со зло́сти** — *vor Kummer, vor Scham, vor Angst, vor Gram, vor Hunger, weil jemand es nicht gewohnt ist, vor Wut*):

С непривы́чки ему́ тру́дно бы́ло рабо́тать.	Weil er es nicht gewohnt war, fiel ihm die Arbeit schwer.

ÜBUNGEN

10 *Lesen Sie die Sätze. Achten Sie auf den Gebrauch der Präpositionen **из-за**, **из**, **от**, **с** zur Wiedergabe des Kausalverhältnisses.*

1. Он не сказа́л ей об э́том из жа́лости. 2. От жа́лости к отцу́ у меня́ си́льно сжа́лось се́рдце. 3. Она́ не отве́тила на его́ письмо́ из го́рдости. 4. От го́рдости за сы́на мать расцвела́. 5. Я взя́лся за э́то де́ло то́лько из любви́ к тебе́. 6. Ви́ктор пропусти́л два заня́тия из-за боле́зни. 7. Он едва́ не у́мер от стра́ха. 8. Из стра́ха пе́ред наказа́нием ребёнок молча́л. 9. Трава́ была́ мо́крой от росы́. 10. Со зло́сти я наговори́л мно́го глу́постей.

11 *Beantworten Sie die Fragen, nennen Sie den Grund, verwenden Sie die rechts angegebenen Substantive und die Präpositionen* ***из-за, от, из****.*

— Почему́ вы не пое́хали на экску́рсию?	гроза́
— Почему́ ты продолжа́л э́тот ску́чный разгово́р?	ве́жливость
— Почему́ ты не мо́жешь засну́ть?	шум
— Почему́ у тебя́ боли́т голова́?	шум
— Почему́ он никогда́ не расска́зывал об э́том?	скро́мность
— Почему́ трава́ так пожелте́ла?	жара́
— Почему́ опозда́л самолёт?	нелётная пого́да
— Почему́ он пришёл сюда́?	любопы́тство
— Почему́ потре́скалась земля́?	за́суха

12 *Geben Sie den Grund der Handlung an. Ersetzen Sie die zusammengesetzten Sätze durch einfache unter Benutzung der Präpositionen* ***из, из-за, от, с****.*

Muster: Же́нщина поседе́ла, **так как у неё случи́лось го́ре**. — **От го́ря** же́нщина поседе́ла.

1. Так как стоя́ла си́льная жара́, я совсе́м потеря́л аппети́т. 2. Он сде́лал мно́го оши́бок, так как был невнима́телен. 3. Ребёнок на́чал дрожа́ть, так как бы́ло о́чень хо́лодно. 4. Так как студе́нт волнова́лся, он не мог сра́зу отве́тить на мой вопро́с. 5. Так как шёл проливно́й дождь, мы оста́лись до́ма. 6. Так как начала́сь пурга́, самолёт не смог вы́лететь к зимо́вщикам. 7. Он продолжа́л наста́ивать на своём, так как был упря́м. 8. Так как в за́ле бы́ло шу́мно, он не слы́шал ни сло́ва. 9. Зи́на похуде́ла, так как тоску́ет по до́му.

13 *Geben Sie den Grund der Handlung an. Ergänzen Sie die folgenden Sätze. Gebrauchen Sie die folgenden Wörter mit passenden Präpositionen:* ***делика́тность, волне́ние, боль, оби́льные дожди́, ты, зной, страх, боле́знь****.*

1. Она́ вскри́кнула … . 2. … мы опозда́ли в теа́тр. 3. … он забы́л текст стихотворе́ния. 4… у́ровень воды́ в реке́ значи́тельно подня́лся. 5. Во́здух был раскалён … . 6. Он не хоте́л прису́тствовать при на́шем разгово́ре …. 7. Я не́ был на репети́ции … . 8. Малы́ш запла́кал … .

14 *Übersetzen Sie ins Russische.*

1. Der Arzt hat sich aus Menschenliebe und aus dem Wunsch heraus aufgeopfert, die Menschen vor der schrecklichen Krankheit zu retten. 2. Vor Freude konnte er nicht sprechen. 3. Er hat es aus Bosheit getan. 4. Krankheitshalber konnte er nicht zu mir kommen. 5. Der Unfall ereignete sich infolge der Nachlässigkeit dieses Mitarbeiters.

Präpositionen mit dem Genitiv in weiteren Bedeutungen

от — von, gegen, vor		
1. Bezeichnung der Person oder des Gegenstandes, von denen die Handlung ausgeht:	Он получи́л телегра́мму *от бра́та.*	Er erhielt ein Telegramm von seinem Bruder.
	Свет *от ла́мпы* меша́ет ему́ спать.	Das Licht (von) der Lampe stört ihn beim Schlafen.
2. In der Bedeutung: Mittel oder Schutz gegen jmdn. (etwas)	Он при́нял табле́тку *от головно́й бо́ли.*	Er nahm eine Tablette gegen Kopfschmerzen.
	Мы нашли́ защи́ту *от дождя́.*	Wir fanden Schutz vor dem Regen.
3. Nach den Adverbien: **далеко́**, **недалеко́**, **спра́ва**, **сле́ва**, **бли́зко** (räumlich)	Спра́ва *от ста́нции* нахо́дится кни́жный kио́ск.	Rechts von der Station befindet sich ein Bücherstand.
4. Nach den Verben[11]: a) **возде́рживаться, уде́рживать(ся), уклоня́ться, скрыва́ть(ся)**	Я воздержа́лся *от пое́здки* на юг.	Ich habe von der Reise in den Süden Abstand genommen.
b) **избавля́ть(ся), освобожда́ть(ся)**	Наконе́ц я освободи́лась *от* э́той утоми́тельной *рабо́ты.*	Endlich bin ich diese mühevolle Arbeit losgeworden.
c) **отка́зываться, отстраня́ть, страда́ть, отстава́ть**	Не отка́зывайся *от по́мощи* дру́га!	Lehne die Hilfe eines Freundes nicht ab!
	Отста́нь *от меня́* (оста́вь меня́ в поко́е)!	Lass mich in Ruhe!
	Мы отста́ли *от по́езда.*	Unser Zug ist uns davongefahren.
	Его́ отстрани́ли *от рабо́ты.*	Er wurde seines Postens enthoben.
	На э́тот раз он удержа́лся *от выступле́ния.*	Diesmal hat er sich des Wortes enthalten.
	Он уклони́лся *от отве́та.*	Er wich der Frage aus (gab eine ausweichende Antwort).
	Я о́чень страда́ю *от* головно́й *бо́ли.*	Ich leide sehr an Kopfschmerzen.

[11] Angeführt werden Verben, deren Rektion in beiden Sprachen unterschiedlich ist. Die Verben sind in die Gruppen a), b), c) nach dem semantischen Merkmal vereinigt.

из — aus, von		
Bezeichnung der Menge, aus der einzelne Glieder hervorgehoben werden	*Мно́гие из рабо́чих* перевы́полнили план.	Viele Arbeiter (viele von den Arbeitern) überboten den Plan.
	Оди́н из ма́льчиков за́дал интере́сный вопро́с.	Einer der (von den) Jungen stellte eine interessante Frage.

кро́ме — außer, ausgenommen		
Bezeichnung einer Person oder eines Gegenstands, die aus der Handlung ausgeschlossen sind	*Кро́ме тебя́,* все пришли́ во́время.	Außer dir sind alle rechtzeitig gekommen.

для — für, zugunsten		
1. Bezeichnung: a) einer zugunsten einer Person oder einer Sache ausgerichteten Handlung	Он купи́л *для сы́на* велосипе́д.	Er kaufte seinem Sohn ein Fahrrad.
b) der Bestimmung des Gegenstands	Э́та тетра́дь *для* дома́шних *рабо́т.*	Dieses Heft ist für Hausarbeiten (bestimmt).
	У меня́ есть буты́лка *для*[12] *молока́.*	Ich habe eine Milchflasche.
c) des Zwecks (Fragen: *zu welchem Zweck? wozu? weswegen?*)	Он прие́хал на заво́д *для обме́на* о́пытом.	Er kam in den Betrieb zwecks Erfahrungsaustausches.
2. Bei einigen Substantiven (**основа́ние для**, **по́вод для**)	Его́ выступле́ние послужи́ло по́водом *для* большо́й *статьи́.*	Sein Diskussionsbeitrag gab Anlass zu einem großen Artikel.
	У него́ нет никаки́х основа́ний *для* подо́бных *вы́водов.*	Er hat absolut keinen Grund, um solche Schlussfolgerungen zu machen.

ра́ди — für; um … willen; -halber		
Bezeichnung des Zwecks in der Bedeutung: um einer Sache willen. (Fragen: *weswegen? zu welchem Zweck? wozu?*)	Он сде́лал э́то *ра́ди меня́.*	Er hat das meinetwegen getan.

[12] Die Präposition **для** ist hier gleichbedeutend mit der Präposition **под** + Akk., z. B.: буты́лка **для молока́** = буты́лка **под молоко́**.

у — bei		
1. Angabe der Zugehörigkeit bei den Verben **есть, был, будет** und auch ohne sie sowie Gebrauch in verneinten unpersönlichen Wendungen mit den Wörtern **нет, не́ было, не бу́дет**, die im Deutschen den persönlichen Konstruktionen mit dem Verb *haben* entsprechen (mit oder ohne Verneinung *kein*)	У моего́ *дру́га* есть (име́ется) э́тот уче́бник. У *нас* вчера́ был ново-го́дний бал. У *меня́* нет тетра́ди. Сего́дня *у нас* не бу́дет госте́й.	Mein Freund hat dieses Lehrbuch. Wir hatten gestern einen Neujahrsball. Ich habe kein Heft. Heute werden wir keinen Besuch haben.
2. Bei einigen Verben, die die Herkunft angeben (mit Ausnahme der Verben **вы́игрывать, отбира́ть** und **лечи́ться**), stimmt die deutsche und russische Rektion überein[13]	Росси́йские футболи́сты *вы́играли у* англи́йской *кома́нды.* *У ребёнка отобра́ли* нож. Това́рищ ле́чится *у* о́пытного *врача́.*	Die russischen Fußballspieler gewannen gegen die englische Mannschaft. Man hat dem Kind das Messer weggenommen. Mein Freund lässt sich von einem erfahrenen Arzt behandeln.

про́тив — gegen		
Bezeichnung einer gegen eine Person oder einen Gegenstand gerichteten Handlung; ferner als Ergänzung bei den Verben **боро́ться, восстава́ть** usw.	Все бы́ли *про́тив* э́того *реше́ния.* Мы бо́ремся *про́тив распростране́ния* я́дерного ору́жия.	Alle waren gegen diesen Beschluss. Wir kämpfen gegen die Weiterverbreitung der Kernwaffen.

среди́ — unter		
Bezeichnung des Vorhandenseins einer Person oder eines Gegenstands unter anderen Personen oder Gegenständen	*Среди́* мои́х *друзе́й* мно́го журнали́стов.	Unter meinen Freunden sind viele Journalisten.

[13] Bei den Verben **проси́ть, тре́бовать, отнима́ть, узнава́ть, отбира́ть, брать** wird die Präposition **у** zum Ausdruck einer aktiveren, die Präposition **от** zum Ausdruck einer passiveren Handlung gebraucht, z.B.: 1. Я узна́л *от сестры́* о прие́зде роди́телей. = Сестра́ сообщи́ла мне о прие́зде роди́телей. *Meine Schwester hat mich über die Ankunft der Eltern benachrichtigt.* 2. Я узна́л *у сестры́,* когда́ роди́тели прибыва́ют в Москву́. = Я спроси́л у сестры́, когда́ роди́тели прибыва́ют в Москву́. *Ich fragte meine Schwester, wann die Eltern in Moskau ankommen.*

15 *Lesen Sie den Text. Beachten Sie den Gebrauch der Substantive im Genitiv. Was bezeichnen sie?*

Одна́жды пе́ред Междунаро́дным днём защи́ты дете́й журнали́сты попроси́ли моско́вских шко́льников тре́тьих кла́ссов отве́тить на вопро́с: «От чего́ меня́ на́до защища́ть?»

От дво́ек, — написа́л оди́н из них.

От куса́чих соба́к, от боле́зней, от войны́,— написа́л друго́й.

От тех, кто наруша́ет пра́вила у́личного движе́ния, потому́ что са́мые стра́шные слу́чаи — на доро́гах, — написа́ла де́вочка Мари́на.

От негра́мотности,— написа́л Са́ша.

Прости́м э́тим де́тям наи́вность формулиро́вок: мы зна́ем, что, к сожале́нию, пока́ существу́ют на Земле́ ве́щи бо́лее стра́шные, чем доро́жные происше́ствия. Но в при́нципе всё ве́рно. И круг на́ших обя́занностей пе́ред бу́дущим они́ определи́ли чётко и то́чно.

И всё-таки Са́шу от негра́мотности мы уже́ защити́ли. Лю́ди, кото́рым за го́ды ну́жно бы́ло осуществи́ть дела́ не́скольких столе́тий, вписа́ли в слова́рь эпо́хи, на́чатый в октябре́ 1917 го́да, но́вое сло́во — **ликбе́з**. Прави́тельство Сове́тской России, окружённой кольцо́м фронто́в гражда́нской войны́, в 1919 году́ объяви́ло важне́йшей госуда́рственной зада́чей ликвида́цию безгра́мотности — сокращённо **ликбе́з**. «Всё населе́ние Респу́блики в во́зрасте от 8 до 50 лет, не уме́ющее чита́ть и писа́ть, обя́зано обучи́ться гра́моте на родно́м и́ли ру́сском языке́ по жела́нию…»,— говори́лось в реше́нии.

Негра́мотность была́ на́звана враго́м револю́ции. Наро́д воевал, боро́лся про́тив вне́шних и вну́тренних враго́в,но боро́лся и про́тив негра́мотности во и́мя бу́дущего. А на́до сказа́ть, что в Росси́и гра́мотное населе́ние накану́не XX ве́ка составля́ло то́лько 21 проце́нт. В Сиби́ри э́та ци́фра была́ ещё ни́же — о́коло 12 проце́нтов, а в Сре́дней Азии — 5 … На Кра́йнем Се́вере бы́ло так ма́ло гра́мотных люде́й, что их ну́жно бы́ло иска́ть среди́ населе́ния огро́мных террито́рий. Кро́ме того́, не ну́жно забыва́ть, что, в отли́чие от други́х европе́йских стран, в ца́рской Росси́и счита́лись гра́мотными да́же те, кто чита́л, а писа́ть не мог…

Како́го труда́ и сил тре́бовало от разорённой страны́ реше́ние э́той истори́ческой зада́чи! Одна́ко уже́ 14 а́вгуста 1923 го́да на́ше прави́тельство могло́ приня́ть постановле́ние о по́лной ликвида́ции негра́мотности в Респу́блике к деся́той годовщи́не револю́ции. А в 70-е — 80-е го́ды на́ше населе́ние счита́лось са́мым чита́ющим в ми́ре. Сейча́с в Росси́и бо́лее 150 ты́сяч библиоте́к, где нахо́дятся кни́ги на всех языка́х наро́дов ми́ра.

Большинство́ из нас, живу́щих в Росси́и, да́же никогда́ не ви́дели челове́ка, кото́рый не уме́ет чита́ть и писа́ть. Так что Са́ша надёжно защищён от негра́мотности. То́лько учи́сь!

16 *Ersetzen Sie die Sätze durch sinnverwandte, verwenden Sie folgende Verben:* ***воздержа́ться***, ***зави́сеть***, ***уклоня́ться***, ***отстава́ть***, ***отказа́ться***, ***удержа́ться***. *Beachten Sie die Rektion dieser Verben und formen Sie, wenn nötig, die Sätze um.*

1. Чёткую рабо́ту заво́да обеспе́чивает хоро́шая организа́ция труда́. 2. Врач сове́тует Па́влу не принима́ть уча́стия в спорти́вных соревнова́ниях. 3. Велосипеди́ст е́дет ря́дом со свои́м сопе́рником. 4. Кора́бль измени́л курс, что́бы оказа́ть по́мощь то́нущим рыбака́м. 5. Он с трудо́м овладе́л собо́й, что́бы не сказа́ть ре́зкость. 6. Писа́тели Че́хов и Короле́нко верну́ли дипло́мы акаде́миков в знак проте́ста про́тив произво́ла власте́й.

17 *Ergänzen Sie die Sätze durch die Präpositionen* ***от*** *oder* ***у****. Verwenden Sie die in Klammern stehenden Wörter im entsprechenden Fall.*

1. Большо́й трампли́н для лы́жников нахо́дится … (ста́нция) метро́ «Воробьёвы го́ры». 2. Недале́ко … (университе́т) нахо́дится Ботани́ческий сад. 3. Мы попроси́ли … (космона́вт) авто́граф. 4. Ну́жно отня́ть … (сто) шестьдеся́т. 5. Воло́дя взял … (сестра́) игру́шку. 6. Мы узна́ли … (ста́роста) гру́ппы о предстоя́щем собра́нии. 7. Па́вел узна́л … (мать о ско́ром прие́зде отца́. 8. Же́нская кома́нда на́шего институ́та вы́играла … (сбо́рная го́рода). 9. Серге́й ча́сто быва́ет … (свои́ шко́льные друзья́).

18 *Ersetzen Sie den hervorgehobenen Teil der Sätze durch einen synonymischen.*

Muster: 1) **В Моско́вском университе́те** обши́рная библиоте́ка. — **У Моско́вского университе́та обши́рная библиоте́ка**.
2) Кла́ус прие́хал в Москву́, **что́бы изучи́ть ру́сский язы́к**. — **Кла́ус** прие́хал в Москву́ **для изуче́ния ру́сского языка́**.

a) 1. **Замеча́тельные ру́сские учёные Тимиря́зев**, **Се́ченов**, **Жуко́вский**, **Па́влов име́ют** больши́е заслу́ги пе́ред челове́чеством. 2. Санато́рий металлу́ргов в Со́чи нахо́дится **на берегу́ мо́ря**. 3. **Моско́вские шко́льники име́ют** прекра́сный дворе́ц на Воробьёвых гора́х.

b) 1. Делега́ты прие́хали в Москву́, что́бы уча́ствовать **в конфере́нции**. 2. Росси́йские учёные сде́лали всё, **что́бы обеспе́чить успе́шный полёт космона́втов**. 3. Эту аудито́рию вы́делили **под чита́льный зал**. 4. Мне потре́буется ве́чер, **что́бы просмотре́ть ва́шу рабо́ту**. 5. Захвати́ с собо́й ба́нку **под варе́нье**!

19 *Beantworten Sie die Fragen, verwenden Sie dabei die rechts angegebenen Wörter.*

1. Чего́ вы жела́ете свои́м друзья́м на Но́вый год?	здоро́вье, сча́стье, успе́хи
2. Чего́ хотя́т миролюби́вые лю́ди на́шей плане́ты?	мир
3. Чего́ добива́ется тре́нер при подгото́вке спортсме́нов?	высо́кие показа́тели
4. Чего́ удосто́ился победи́тель соревнова́ний?	золота́я меда́ль
5. Чего́ стыди́тся Эрнст?	свои́ оши́бки

20 *Vergleichen Sie die folgenden Satzpaare. (S. Tabelle auf den Seiten 58–60)*

1. Я получи́л от сестры́ посы́лку. Я получи́л у сестры́ посы́лку. 2. Больно́й получи́л у врача́ реце́пт. Больно́й получи́л от врача́ реце́пт. 3. Студе́нт узна́л у библиоте́каря о поступле́нии но́вой кни́ги. Студе́нт узна́л от библиоте́каря о поступле́нии но́вой кни́ги.

21 *Ergänzen Sie die Antwortsätze, verwenden Sie die Verben* ***взять, получи́ть, отня́ть, узна́ть****. Achten Sie auf den richtigen Gebrauch der Präposition.*

1. — У тебя́ есть магнитофо́н? — Нет, но я могу́ … . 2. — Где ты доста́л биле́ты в Большо́й теа́тр? — Я был в декана́те и … . 3. — Отку́да у тебя́ э́тот журна́л? — Я заходи́л к Ку́рту и … . 4. — Мо́жно ребёнку игра́ть со спи́чками? — Нет, ну́жно … . 5. — Отку́да ты зна́ешь о прие́зде делега́ции? — Я встре́тил Ве́рнера и … . 6. — Ты не мо́жешь позвони́ть Ва́льтеру и узна́ть, когда́ отхо́дит его́ по́езд? — Хорошо́, я … . 7. — Ты не мо́жешь посове́товаться об э́том с Фра́нком? — Я уже́ … .

22 *Beantworten Sie die folgenden Sätze verneinend. Verwenden Sie die Verben* ***зави́сеть, отста́ть, отказа́ться, уклони́ться, отстрани́ть****.*

1. Он смог догна́ть вас во вре́мя лы́жной прогу́лки? 2. Захоте́л ли он взять биле́ты на ве́чер? 3. Самостоя́телен ли он в свои́х реше́ниях? 4. Хо́чет ли Курт продолжа́ть исполня́ть свои обя́занности? 5. Дал ли он прямо́й отве́т на твой вопро́с?

23 *Ergänzen Sie die Sätze durch Präpositionen, die den Genitiv verlangen.*

1. Мно́гие … жи́телей на́шего го́рода прово́дят воскресе́нье … мо́ря. 2. Весь мир узна́л … газе́т о полётах космона́втов. 3. Нам пришло́сь вы́слушать его́ … ве́жливости. 4. Он собира́ет материа́л … дипло́мной рабо́ты. 5. … о́пыта ну́жно взять соля́ную кислоту́. 6. Результа́т о́пыта послужи́л по́водом … диску́ссии. 7. Но́вые иде́и распространи́лись … передово́й интеллиге́нции Росси́и в конце́ XIX ве́ка. 8. … студе́нтов на́шего институ́та есть мно́го отли́чных лы́жников. 9. … но́чи мы услы́шали стук в дверь. 10. В конце́ 30-х годо́в … тайги́ возни́к го́род мо́лодости — Комсомо́льск-на-Аму́ре.

24 *Bilden Sie Sätze mit den folgenden Wörtern.*

восстава́ть про́тив …, боро́ться про́тив …, по́вод для …, основа́ние для …, вы́играть у …, научи́ться у …, тре́бовать у …, тре́бовать от …, узна́ть от …, изба́виться от …, отказа́ться от …

25 *Übersetzen Sie ins Russische.*

1. Zum Schutz vor der Sonne spannten wir eine Plane aus weißem Stoff. 2. Seit vorigem Jahr ist in der Stadt ein neues Theater in Betrieb. 3. Wolodja hat viele Freunde unter ausländischen Studenten. 4. Ein Aspirant hat viel Zeit für selbständige wissenschaftliche Arbeit. 5. Unser Volk kämpft gegen den Atomkrieg. 6. Mein Bruder lässt sich wegen seines Rheumas von einem bekannten Professor behandeln. 7. Wegen starker Inanspruchnahme (da ich sehr beschäftigt war) war ich genötigt, auf die interessante Reise zu verzichten. 8. Es regnete in Strömen von frühmorgens bis spätabends. 9. Das ist ein Auszug aus der 7. Symphonie von Schostakowitsch. 10. Seine Frau ist von mittlerer Größe, sie hat schöne blaue Augen.

§ 4 Gebrauch des Dativs ohne Präposition

1. Als Objekt bei einigen Adjektiven (Lang- und Kurzform)	Он был *благода́рен мне* за по́мощь.	Er war mir dankbar für die Hilfe.
	Захва́тнические пла́ны *вражде́бны на́шим взгля́дам.*	Aggressive Pläne sind unseren Ansichten fremd.
a) ве́рный, благода́рный[14], вражде́бный, подо́бный, поко́рный, сво́йственный, знако́мый, ра́вный, изве́стный, перпендикуля́рный, паралле́льный	Это чу́вство *знако́мо мне.*	Dieses Gefühl ist mir bekannt.
	Ле́кцию о поэ́зии Пу́шкина прочита́л *изве́стный всем нам* профе́ссор Петро́в.	Die Vorlesung über die Poesie Puschkins hielt der uns allen bekannte Professor Petrow.
	Я *рад весне́.*	Ich freue mich über den Frühling.
b) рад, прия́тен, до́рог, проти́вен (nur in der Kurzform)	Э́та вещь дорога́ *мне* как па́мять об отце́.	Dieser Gegenstand ist mir als Andenken an meinen Vater teuer.
2. Bei Altersangaben	*Сы́ну де́вять лет.*	Der Sohn ist neun Jahre alt.
3. In unpersönlichen Sätzen zur Bezeichnung des logischen Subjekts in Verbindung: a) mit den prädikativen Adverbien auf **-о**, die einen Zustand des Menschen bezeichnen, z. B.: **ве́село, ску́чно, хо́лодно** usw.[15]	*Мне бы́ло ве́село* в кругу́ друзе́й.	Im Freundeskreis war mir lustig zumute.
	Когда́ ***он*** пришёл, *мне ста́ло ещё ра́достнее.*	Als er kam, wurde mir noch fröhlicher zumute.
b) mit den Wörtern **жаль, пора́, лень**	*Мне жаль* э́того челове́ка.	Dieser Mensch tut mir leid.
	Мне пора́.	Ich muss jetzt gehen.
c) mit den prädikativen Adverbien: **на́до, ну́жно, необходи́мо, мо́жно, нельзя́** usw., nach denen das Verb im Infinitiv steht	*Mite на́до купи́ть* газе́ту.	Ich muss eine Zeitung kaufen.
	Бра́ту нельзя́ кури́ть.	Der Bruder darf nicht rauchen.

[14] Verwechseln Sie nicht die Rektion des Adjektivs: **благода́рен** *(кому́?)* und des Verbs **благодари́ть** *(кого́?).*

[15] Im Russischen stehen solche Adverbien als Teil eines zusammengesetzten Prädikats meist unmittelbar nach der im Präteritum bzw. im Futurum gebrauchten Kopula.

d) mit unpersönlichen Verben auf **-ся** (**каза́ться, хоте́ться** usw.)	*Ребёнку не сиди́тся* на ме́сте.	Das Kind kann nicht still sitzen.
	Мне не спи́тся.	Ich kann nicht schlafen.
	Мне хо́чется поговори́ть с ва́ми.	Ich möchte mit Ihnen sprechen.
e) in unpersönlichen Infinitivsätzen	*Посторо́нним не входи́ть.*	Unbefugten Eintritt verboten.
	Вам е́хать в командиро́вку.	Sie müssen auf Dienstreise gehen.
f) in Verbindung mit den negierenden Adverbien und Pronomen: **не́где, не́зачем, не́когда, не́кого, не́чего** usw.	*Мне не́где рабо́тать.*	Ich habe nirgends Platz zum Arbeiten.
	Мне не́кого ждать.	Ich habe niemanden, auf den ich warten könnte (zu warten brauche).

Anmerkungen zu Punkt 3:

Die unpersönlichen Sätze mit unpersönlichen Verben auf **-ся** können im Deutschen den persönlichen Sätzen mit *können + Infinitiv* entsprechen:

Мне не спи́тся.	Ich kann nicht schlafen.
Мне сего́дня *не рабо́тается.*	Ich kann heute nicht arbeiten.
Aber: *Мне нра́вится* в Москве́.	Es gefällt mir in Moskau.

Die Verbindungen mit den prädikativen Adverbien entsprechen im Deutschen den Konstruktionen mit den Modalverben *müssen, sollen, dürfen, können:*

Мне ну́жно купи́ть уче́бник.	Ich muss ein Lehrbuch kaufen.

Übungen

1 *Lesen Sie die Sätze. Beachten Sie den Gebrauch des Dativs ohne Präposition bei Altersangaben.*

1. Компози́тору Рахма́нинову испо́лнилось 18 лет, когда́ он око́нчил консервато́рию. 2. Никола́ю Васи́льевичу Го́голю бы́ло всего́ 26 лет, когда́ он написа́л свою́ знамени́тую коме́дию «Ревизо́р». 3. Алекса́ндру Серге́евичу Пу́шкину не́ было и восьми́ лет, когда́ он на́чал писа́ть стихи́. 4. Моему́ сы́ну де́сять лет. 5. Писа́тель Гайда́р кома́ндовал полко́м, когда́ ему́ бы́ло 16 лет. 6. Основа́тель Моско́вского университе́та Ломоно́сов на́чал учи́ться, когда́ ему́ бы́ло 19 лет. 7. Когда́ Ломоно́сову бы́ло 30 лет, он стал адъю́нктом Акаде́мии нау́к. 8. Менделе́ев созда́л периоди́ческую систе́му хими́ческих элеме́нтов, когда́ ему́ бы́ло 35 лет.

2 *Beantworten Sie die folgenden Fragen in Sätzen.*

1. Ско́лько вам лет? 2. Ско́лько вам бы́ло лет, когда́ вы на́чали учи́ться в шко́ле? 3. Ско́лько лет ва́шим роди́телям? 4. Ско́лько вам бы́ло лет, когда́ вы научи́лись чита́ть? 5. Ско́лько лет сейча́с Моско́вскому госуда́рственному университе́ту, е́сли он осно́ван в 1755 году́?

3 *Lesen Sie die folgenden Sätze. Merken Sie sich die verschiedenen Ausdrucksweisen für Altersangaben.*

a) С четырёх лет Мо́царт уже́ игра́л на клавеси́не, с пяти́ лет сочиня́л му́зыку, в во́семь лет со́здал пе́рвые сона́ты и симфо́нии, в оди́ннадцать лет — о́перу. Когда́ Мо́царту бы́ло ше́сть лет, он уже́ по́льзовался мирово́й сла́вой. Четырнадцатиле́тний Мо́царт был и́збран чле́ном Филармони́ческой акаде́мии в Боло́нье.

b) 1. В Росси́йской Федера́ции де́ти семи́ лет начина́ют учи́ться в шко́ле. 2. В ко́мнату вошёл ма́льчик лет семи́ (d. h. von etwa sieben Jahren).

4 *Bilden Sie Sätze mit den folgenden Konstruktionen:*

в шестна́дцать лет; с шестна́дцати лет; восемна́дцати лет; когда́ ему́ бы́ло два́дцать три го́да; когда́ ему́ пошёл двадцать пя́тый год

5 *Lesen Sie die Sätze. Beachten Sie den Gebrauch des Dativs ohne Präposition.*

1. Мне ну́жен э́тот спра́вочник по матема́тике. 2. Нам необходи́мы но́вые препара́ты для о́пытов. 3. Андре́й присла́л мне поздрави́тельную телегра́мму ко дню рожде́ния. 4. Мо́жно мне навести́ть вас? 5. Тебе́ пора́ идти́ на заня́тия. 6. Его́ филосо́фские взгля́ды вражде́бны нам. 7. Ни́на ра́да прие́зду бра́та.

6 *Ersetzen Sie das Wort до́лжен durch die Wörter* ***на́до*** *oder* ***ну́жно****. Merken Sie sich:* ***до́лжен****,* ***-жна́****,* ***-жно́****,* ***-жны́*** *wird gebraucht, wenn die handelnde Person verpflichtet ist, die Handlung auszuführen, und* ***ну́жно****,* ***на́до****, wenn die handelnde Person selbst an der Ausführung der Handlung interessiert ist. Übersetzen Sie die Sätze ins Deutsche.*

1. Я должна́ прове́рить тетра́ди. 2. Оле́г до́лжен сде́лать перево́д. 3. Курт до́лжен сдать экза́мены. 4. Дирк до́лжен занима́ться спо́ртом. 5. Он до́лжен сро́чно уе́хать.

7 *Formen Sie die Sätze nach dem Muster um. Drücken Sie die Notwendigkeit der Ausführung der Handlung aus.*

Muster: **Хорст хо́чет получи́ть** биле́т в теа́тр,— **Хо́рсту ну́жен** биле́т в теа́тр.

1. Я хочу́ купи́ть бума́гу для пи́сем. 2. Ва́льтер хо́чет приобрести́ катало́г карти́н Третьяко́вской галере́и. 3. Мо́ника хо́чет взять журна́л в библиоте́ке. 4. Наро́ды хотя́т ми́ра. 5. Он хо́чет на́шей подде́ржки в э́том вопро́се.

8 *Ergänzen Sie die Sätze, verwenden Sie die in Klammern stehenden Wörter im entsprechenden Fall.*

1. (Лётчик-космона́вт) нужна́ хоро́шая физи́ческая и нау́чная подгото́вка. 2. (Ро́дственники) мо́жно посети́ть больно́го в суббо́ту. 3. (Вы) ещё нельзя́ выходи́ть и́з дому. 4. (Я) лень бы́ло встава́ть так ра́но. 5. Подня́лся ве́тер, и в пала́тке (мы) ста́ло хо́лодно. 6. (Я) о́чень прия́тно быть в ва́шем о́бществе. 7. В доро́ге (больно́й) ста́ло ху́же. 8. Он крепи́лся, но чу́вствовалось, что (он) о́чень бо́льно.

9 *Lesen Sie die Sätze. Vergleichen Sie die persönlichen und die unpersönlichen Konstruktionen. Merken Sie sich, dass die unpersönlichen Verben auf* **-ся**, *im Unterschied zu den entsprechenden persönlichen Verben physischen bzw. psychischen Zustand ausdrücken. Solche unpersönlichen Verben sind immer unvollendet.*

1. Ве́чером я обы́чно не рабо́таю. Ве́чером мне обы́чно не рабо́тается. 2. Он не сиди́т в кабине́те. Ему́ не сиди́тся в кабине́те. 3. Я сего́дня не пишу́. Мне сего́дня не пи́шется. 4. Я не мог спать на но́вом ме́сте. Мне не спало́сь на но́вом ме́сте. 5. Я ду́маю, что на́до прове́рить на́ши расчёты. Мне ду́мается, что на́до прове́рить на́ши расчёты. 6. Я хочу́ пить. Мне хо́чется пить.

10 *Ersetzen Sie die persönlichen Konstruktionen durch gleichwertige unpersönliche.*

Muster: **Я ду́маю**, что Есе́нин — оди́н из тала́нтливейших поэ́тов. — **Мне ду́мается**, что Есе́нин — оди́н из тала́нтливейших поэ́тов.

1. В Сре́дней А́зии мой друг живёт хорошо́. 2. Мы бы́ли вы́нуждены пробива́ться сквозь ледяно́е по́ле навстре́чу корабля́м. 3. Ри́та хо́чет пить. 4. Зде́сь ду́шно, и она́ не мо́жет спать.

11 *Übersetzen Sie ins Russische.*

a) Der hervorragende russische Komponist Pjotr Iljitsch Tschaikowski begann mit vier Jahren Lieder zu komponieren. Als Tschaikowski 21 Jahre alt war, trat er ins Petersburger Konservatorium ein. Mit 25 Jahren absolvierte er das Konservatorium. Er trat in sein 26. Jahr, als er den Posten eines Professors am Moskauer Konservatorium erhielt. Mit 36 Jahren komponierte er sein bestes Ballett, den „Schwanensee“.

b) 1. Ich bin dir für deine Aufmerksamkeit sehr dankbar. 2. Sie war über meine Ankunft erfreut. 3. Bei dieser Arbeit brauche ich deine Hilfe. 4. Darf ich Ihnen schreiben? 5. Sie dürfen nichts Fettes und Pikantes essen. 6. Du musst aufstehen. 7. Mir scheint, es tat ihm weh. 8. Morgen hat Doktor Pawlow Chefdienst. 9. Ich möchte meine Arbeit rechtzeitig beenden. 10. Er konnte an der neuen Stelle nicht schlafen, 11. Ich habe Durst. 12. Für drei Arbeiter war es schwer, diese Maschine zu montieren.

Die gebräuchlichsten Verben, die den Dativ fordern

веле́ть	Мать *веле́ла де́тям* вы́пить молока́.	Die Mutter ließ die Kinder Milch trinken.
ве́рить — пове́рить	Я *ве́рю* своему́ *дру́гу.*	Ich glaube meinem Freund.
вреди́ть — повреди́ть	Алкого́ль *вреди́т здоро́вью.*	Alkohol schadet der Gesundheit.
говори́ть — сказа́ть	Я *говори́л* своему́ *отцу́* об э́том.	Ich sagte das meinem Vater.
груби́ть — нагруби́ть	Он о́чень жале́ет, что *нагруби́л бра́ту.*	Es tut ihm sehr leid, dass er grob gegen seinen Bruder war.
жа́ловаться — пожа́ловаться	Ребёнок *пожа́ловался ма́тери.*	Das Kind beschwerte sich bei der Mutter.
зави́довать — позави́довать	Я *зави́дую* его́ хоро́шему *произноше́нию.*	Ich beneide ihn um seine gute Aussprache.
звони́ть — позвони́ть	*Позвони́те мне* за́втра!	Rufen Sie mich morgen an!
изменя́ть — измени́ть	Он *измени́л* свое́й *привы́чке.*	Er ist von seiner Gewohnheit abgekommen.
кла́няться — поклони́ться	Музыка́нт *поклони́лся слу́шателям.*	Der Musiker verbeugte sich vor den Zuhörern.
меша́ть — помеша́ть	Шум *меша́ет рабо́те.*	Der Lärm stört bei der Arbeit.
мстить — отомсти́ть	Он *мстит* свои́м *врага́м.*	Er rächt sich an seinen Feinden.
надоеда́ть — надое́сть	Иногда́ он *надоеда́ет* мне свои́ми *вопро́сами.*	Manchmal belästigt er mich mit seinen Fragen.
напомина́ть — напо́мнить	Сестра́ *напо́мнила мне* о моём обеща́нии.	Meine Schwester erinnerte mich an mein Versprechen.
обуча́ть — обучи́ть	Моя́ мать *обуча́ет* меня́ неме́цкому *языку́.*	Meine Mutter lehrt mich Deutsch.
писа́ть — написа́ть	Я *написа́л дру́гу* письмо́.	Ich schrieb dem Freund einen Brief.
подража́ть	Сын во всём *подража́ет отцу́.*	Der Sohn ahmt dem Vater alles nach.
покоря́ться — покори́ться	Мне пришло́сь *покори́ться обстоя́тельствам.*	Ich musste mich in die Umstände fügen.

покрови́тельствовать	Его́ брат *мне покрови́тельствует.*	Sein Bruder protegiert mich.
помога́ть — помо́чь	Он *помога́ет мне* в рабо́те.	Er hilft mir bei der Arbeit.
поруча́ть — поручи́ть	Я *поруча́ю вам* сде́лать э́то.	Ich gebe Ihnen den Auftrag, dies zu tun.
препя́тствовать — воспрепя́тствовать	Роди́тели *не препя́тствовали мне* в вы́боре профе́ссии.	Meine Eltern hinderten mich nicht an der Berufswahl.
прика́зывать — приказа́ть	Капита́н *приказа́л кома́нде* поста́вить паруса́.	Der Kapitän befahl der Mannschaft, die Segel zu hissen.
ра́доваться — обра́доваться	Мать *ра́дуется успе́хам* сы́на.	Die Mutter freut sich über die Erfolge des Sohnes.
симпатизи́ровать	Она́ *симпатизи́рует* моему́ *дру́гу.*	Mein Freund ist ihr sympathisch.
сле́довать — после́довать	Мы́ *сле́дуем заве́там своего́ отца́.*	Wir sind dem Vermächtnis unseres Vaters treu.
соде́йствовать	Уши́нский нема́ло *соде́йствовал разви́тию* ру́сской педаго́гики.	Uschinski trug viel zur Entwicklung der russischen Pädagogik bei.
сопротивля́ться	Бесполе́зно бы́ло *сопротивля́ться. на́тиску* моего́ партнёра.	Es war nutzlos, dem Ansturm meines Spielpartners Widerstand zu leisten.
сочу́вствовать — посочу́вствовать	Мы *сочу́вствуем* ва́шему го́рю.	Wir fühlen Ihren Schmerz mit.
спосо́бствовать	Прогу́лки на све́жем во́здухе *спосо́бствовали выздоровле́нию* моего́ дру́га.	Die Spaziergänge an der frischen Luft trugen zur Genesung meines Freundes bei.
телеграфи́ровать *(vollendet und unvollendet)*	Я *телеграфи́рую роди́телям.*	Ich telegraphiere an die Eltern.
удивля́ться — удиви́ться	Мы́ все *удиви́лись* ва́шему *отве́ту.*	Wir staunten alle über Ihre Antwort.
удовлетворя́ть — удовлетвори́ть	Ка́чество э́той тка́ни вполне́ *удовлетворя́ет* на́шим *тре́бованиям.*	Die Qualität dieses Stoffs befriedigt unsere Anforderungen vollkommen.
учи́ть(ся) — научи́ть(ся)	Наш учи́тель *у́чит* нас ру́сскому *языку́.*	Unser Lehrer lehrt uns Russisch.
	Я *учу́сь* ру́сскому *языку́.*	Ich lerne Russisch.

Anmerkung:

Ein Dativobjekt verlangen ferner die Verben **дава́ть, дари́ть, отвеча́ть, писа́ть, покупа́ть** u. a., die auch im Deutschen den Dativ regieren können. Die meisten dieser Verben sind in beiden Sprachen transitiv und verlangen außer einem indirekten auch ein direktes Objekt:

Он да́рит книгу своему́ дру́гу. — Er schenkt das Buch seinem Freund.

In Verbindung mit den von einigen dieser Verben abgeleiteten Substantiven steht ebenfalls der Dativ: **пода́рки де́тям** *(Geschenke für die Kinder)*; **письмо́ дру́гу** *(ein Brief an den Freund)*, **по́мощь това́рищам**, **отве́т профе́ссору**, **телегра́мма бра́ту**, **прика́з солда́там**, **сочу́вствие дру́гу**, **изме́на до́лгу**, **па́мятник Пу́шкину**, **звоно́к подру́ге**, **поме́ха рабо́те**, **месть врагу́**, **покло́н сестре́**, **подража́ние мо́де**, **вред здоро́вью** usw.

ÜBUNGEN

12 *Lesen Sie die Sätze. Erklären Sie den Gebrauch des Dativs.*

1. На́шей стране́ ну́жен мир. 2. На одно́й из центра́льных площаде́й Москвы́ нахо́дится па́мятник Фёдору Достое́вскому. 3. Гроза́ помеша́ла путеше́ственникам отпра́виться в путь. 4. Я удиви́лся неожи́данному прие́зду сестры́. 5. Компози́тор Серге́й Рахма́нинов на́чал учи́ться му́зыке у свое́й ма́тери. 6. Зри́тели симпатизи́ровали исполни́тельнице наро́дных пе́сен. 7. Карти́на молодо́го худо́жника была́ лишь подража́нием импрессиони́стам.

13 *Beantworten Sie die Fragen. Setzen Sie dabei die eingeklammerten Wörter in den erforderlichen Fall.*

Muster: Чему́ ты ра́дуешься? (хоро́шая пого́да). — **Я ра́дуюсь хоро́шей пого́де**.

1. Кому́ ты вчера́ телеграфи́ровал? (мла́дшая сестра́) 2. Чему́ удиви́лись друзья́? (моё внеза́пное появле́ние) 3. Кому́ ты звони́шь по телефо́ну? (знако́мая де́вушка) 4. Кому́ она́ меша́ет занима́ться? (мы). 5. Чему́ Франк ра́дуется? (письмо́ с ро́дины) 6. Чему́ он обуча́ет свои́х сынове́й? (игра́ в те́ннис)

14 *Ergänzen Sie die Sätze durch die rechts angegebenen Wörter und die Verben* ***написа́ть, помеша́ть, подража́ть, сопротивля́ться, приказа́ть, удиви́ться, зави́довать***.

1. Густо́й снегопа́д …	экску́рсия
2. Боксёр акти́вно … проти́вника.	ата́ки
3. Сын во всём …	ста́рший брат
4. Мы …	её вы́держка
5. Я …	его́ неожи́данное возвраще́ние
6. Студе́нты … письмо́ …	профе́ссор
7. Офице́р… вы́ступить в похо́д.	полк

15 *Formen Sie die Sätze um. Verwenden Sie dabei die Verben* ***обуча́ть, звони́ть, меша́ть, напомина́ть, подража́ть, ра́доваться, удивля́ться, надое́сть.***

1. Мы с удивле́нием слу́шали его́ выступле́ние. 2. Для отца́ больша́я ра́дость — успе́хи сы́на. 3. Ни́на не́сколько раз говори́ла о предстоя́щем собра́нии. 4. Звоно́к Ви́ктора заста́л меня́ за у́жином. 5. Балери́на Никола́ева даёт уро́ки класси́ческого бале́та в заводско́м Дворце́ культу́ры. 6. Телефо́нные звонки́ не дава́ли нам рабо́тать. 7. Она́ во всём хо́чет быть похо́жа на своего́ учи́теля. 8. Где здесь телефо́н? Мне ну́жно сказа́ть Ви́ктору об э́том. 9. Я не мог бо́льше слу́шать одно́ и то же.

16 *Ergänzen Sie die folgenden Sätze durch passende Objekte mit oder ohne Präposition.*

1. Не ну́жно зави́довать … . Хоро́ший челове́к до́лжен ра́доваться … . 2. Он ве́рит …, что ты расска́зываешь. 3. Почему́ ты удивля́ешься …, я тебе́ уже́ говори́л об э́том. 4. Я не спра́влюсь, е́сли ты не помо́жешь … . 5. Все сочу́вствовали … . 6. Челове́к не до́лжен изменя́ть … . 7. Междунаро́дные нау́чные конфере́нции спосо́бствуют … .

17 *Ergänzen Sie die Sätze. Beachten Sie die hervorgehobenen Wortverbindungen, die den Dativ verlangen.*

1. **Мы уделя́ли мно́го вре́мени** … . 2. Му́зыка Шостако́вича **доставля́ет удово́льствие** … . 3. Госуда́рство **предоставля́ет возмо́жность** … учи́ться. 4. По́сле ле́кции студе́нты **задава́ли вопро́сы** … . 5. Мать **уделя́ла внима́ние** … .

18 *Übersetzen Sie ins Russische.*

1. Dieses Denkmal gehört einer Jugendorganisation. 2. Wenn ich mich in Moskau aufhalte, gehe ich gleich in den ersten Tagen zum Puschkin-Denkmal. 3. Das Rauchen schadet der Gesundheit. 4. Ein starker Wind hinderte uns beim Gehen. 5. Die Kinder freuten sich über die Neujahrsgeschenke. 6. Ich rufe dich morgen an. 7. Die Morgengymnastik trägt zur Festigung der Gesundheit bei. 8. Meine Russischlehrerin bringt mir die richtige Aussprache bei. 9. Hilf mir bei der Lösung dieser schweren Frage.

§ 5 Gebrauch des Dativs mit Präposition

к — zu; an; gegen; an … heran; bis		
1. Zur Bezeichnung der Bewegung auf ein Ziel zu, der Annäherung, des Anschlusses an jemanden bzw. etwas	Студе́нт идёт *к профе́ссору.*	Der Student geht zum Professor.
	Маши́на подошла́ *к подъе́зду.*	Das Auto fuhr am Eingang vor.
	Де́вочка приши́ла *к пальто́* пу́говицу.	Das Mädchen nähte am Mantel einen Knopf an.
2. Zur ungefähren Zeitangabe	Я приду́ *к ве́черу.*	Ich komme gegen Abend.
	Я приду́ *к семи́ часа́м* ве́чера.	Ich komme gegen 7 Uhr abends.
	Пётр прие́дет *к пе́рвому сентября́.*	Pjotr kommt zum 1. September.
3. In einigen Redewendungen, die das Verhalten des Sprechenden zum Inhalt seiner Aussage ausdrücken: **к сча́стью, к несча́стью, к сожале́нию, к моему́ стыду́, к моему́ разочарова́нию** sowie in den Redewendungen **(не) к лицу́, к вопро́су**	*К сча́стью,* мы нашли́ друг дру́га.	Zum Glück haben wir einander gefunden.
	К сожале́нию, брат бо́лен.	Leider ist mein Bruder krank.
	Э́то пла́тье вам *к лицу́.*	Dieses Kleid steht Ihnen gut.
	К вопро́су о значе́нии профила́ктики в медици́не.	Zur Frage der Bedeutung der Prophylaxe in der Medizin.
4. Nach Substantiven, die ein Gefühl, eine innere Beziehung zum Gegenstand ausdrücken und von Verben abgeleitet sind, die die Präposition nicht verlangen: **любо́вь к …, не́нависть к …, дове́рие к …, интере́с к …**	Им руководи́ла *любо́вь к Ро́дине.*	Er ließ sich von der Liebe zur Heimat leiten.
5. Mit den folgenden Verben: гото́вить(ся) — подгото́вить(ся)	Мы *гото́вимся к пра́зднику.*	Wir bereiten uns auf die Feier vor.
обраща́ть(ся) — обрати́ть(ся)	Ма́льчик *обрати́лся ко мне* с вопро́сом.	Der Junge wandte sich an mich mit einer Frage.
	Вы мо́жете *обрати́ться ко мне* за по́мощью.	Sie können mich um Hilfe ersuchen.

относи́ться — отнести́сь	a) Э́то *к вам не отно́сится.*	Das betrifft Sie nicht (Das gilt nicht Ihnen).
	b) Он хорошо́ *ко мне отно́сится.*	Er ist gut zu mir.
подбира́ть — подобра́ть (*hier gleich* вы́брать)	Та́ня *подобрала́* пу́говицы *к пла́тью.*	Tanja wählte Knöpfe für das Kleid aus.
приближа́ться — прибли́зиться	Мы *приближа́лись к го́роду.*	Wir näherten uns der Stadt.
привыка́ть[16] — привы́кнуть	Он уже́ *привыка́ет к* на́шему кли́мату.	Er gewöhnt sich bereits an unser Klima.
прислу́шиваться[16] — прислу́шаться	Я *прислу́шался к* незнако́мым *зву́кам.*	Ich lauschte auf die unbekannten Laute.
приуча́ть — приучи́ть	Мать *приуча́ет* дете́й *к чистоте́.*	Die Mutter gewöhnt die Kinder an Sauberkeit.
приуча́ться — приучи́ться	Ребёнок *приучи́лся к поря́дку.*	Das Kind hat sich an Ordnung gewöhnt.
стреми́ться	Де́ти всегда́ *стремя́тся к самостоя́тельности.*	Die Kinder streben immer nach Selbständigkeit.
6. Mit den folgenden Adjektiven (Lang- und Kurzform): привы́чный	Э́ти дере́вья *привы́чны к хо́лоду.*	Diese Bäume vertragen die Kälte gut (sind kältebeständig).
	Привы́чный к хо́лоду, он купа́лся в реке́ зимо́й.	Die Kälte gewöhnt, badete er im Winter im Fluss.
равноду́шный	Сын *равноду́шен к сла́достям.*	Mein Sohn macht sich nichts aus Süßigkeiten.
	Равноду́шный к лю́дям, он ду́мал то́лько о себе́.	Gegenüber den anderen (Menschen) gleichgültig, dachte er nur an sich selbst.
спосо́бный	Он был осо́бенно *спосо́бен к матема́тике.*	Er war in Mathematik besonders begabt.
стро́гий	*К де́тям* он всегда́ был *добр,* но и *строг.*	Zu den Kindern war er immer gut, aber auch streng.

[16] Im Unterschied zum deutschen Verb *sich gewöhnen* ist **привыка́ть** nicht reflexiv, während die Verben **стреми́ться**, **прислу́шиваться** im Unterschied zu den deutschen Verben *streben, lauschen* reflexiv sind.

по — auf; über; in; nach; von; aus, durch; wegen; per; an; mit; entlang; je		
1. Zur Bezeichnung des Ortes, an dem sich eine Bewegung vollzieht	Авто́бус идёт *по шоссе́.*	Der Autobus fährt auf der Chaussee.
	Лю́ди иду́т *по у́лице.*	Menschen gehen auf der Straße.
	Он хо́дит *по ко́мнате.*	Er geht im Zimmer auf und ab.
2. Zur Bezeichnung von Ort und Stelle nach den Verben **бить, сту́кнуть, хло́пать, стуча́ть, ударя́ть, бараба́нить (по чему-либо)**	Пе́рвые кру́пные ка́пли дождя́ *застуча́ли по кры́ше.*	Die ersten schweren Regentropfen prasselten auf das Dach nieder.
3. Zur Bezeichnung des Ortes der Handlung: a) im Rahmen eines Ganzen	*По всему́ ми́ру* разлете́лась весть о полёте же́нщины в ко́смос.	Durch die ganze Welt eilte die Nachricht über den Weltraumflug einer Frau.
b) in verschiedenen Punkten	Мой брат лю́бит ходи́ть *по кни́жным магази́нам.*	Mein Bruder geht gern durch Buchhandlungen.
4. Zur Bezeichnung des Zeitabschnittes, in dessen Verlauf die Handlung sich wiederholt (in Verbindungen wie: **по утра́м, по вечера́м, по ноча́м** (man darf aber nicht sagen: **по дням**); ferner: **по месяца́м, по неде́лям, по сре́дам** usw.[17]	Врач принима́ет *по сре́дам.*	Der Arzt hat mittwochs (jeden Mittwoch) Sprechstunde.
5. Zur näheren Bestimmung eines Berufs, Fachgebiets, zur Abgrenzung eines Begriffs	Наш профе́ссор — *специали́ст по герма́нской филоло́гии.*	Unser Professor ist Fachmann für Germanistik.
	Уче́бник *по ру́сскому языку́.*	*Ein Lehrbuch der russischen Sprache.*
6. Zur Angabe des Grundes in Verbindungen wie **по жела́нию, по боле́зни, по привы́чке, по недоразуме́нию, по незна́нию, по рассе́янности, по глу́пости**	Мой друг отсу́тствовал *по боле́зни.*	Mein Freund fehlte krankheitshalber.
	Ви́ктор забы́л об э́том *по рассе́янности.*	Viktor vergaß das aus Zerstreutheit.
7. In distributiver Bedeutung	Де́ти взя́ли *по я́блоку.*	Jedes Kind nahm sich einen Apfel.

[17] Diese Verbindungen haben den gleichen Bedeutungswert wie die Instrumentalkonstruktionen ohne Präposition: **утра́ми**, **ноча́ми**, **месяца́ми**, **года́ми** usw.

8. Zur Angabe der Verbindungsmittel: **по телефо́ну, по телегра́фу, по телеви́дению, по по́чте, по ра́дио**	Мой друг вчера́ пел *по ра́дио.*	Mein Freund sang gestern im Rundfunk.
9. Bei Hinweis auf Verwandtschaft, gemeinsame Betätigung, Nähe zu jemandem	Мои́ ро́дственники *по отцу́* живу́т у мо́ря.	Meine Verwandten väterlicherseits wohnen am Meer.
	Э́то был Воло́дя — мой това́рищ *по рабо́те*.	Das war Wolodja, mein Kollege.
10. Bei Hinweis auf die Begründung, die Art und Weise der Handlung (im Einklang mit etwas, gemäß, entsprechend einer bestimmten Richtung)	Поезда́ отправля́ются то́чно *по расписа́нию.*	Die Züge fahren streng nach dem Fahrplan.
	Нам с тобо́й *по пути́.*	Wir haben den gleichen Weg.
	По прика́зу команди́ра был произведён салю́т.	Auf Befehl des Kommandeurs wurde Salut geschossen.
благодаря́ — dank		
Zur Angabe des Grundes	*Благодаря́ твое́й по́мощи* я сде́лал э́тот тру́дный перево́д.	Dank deiner Hilfe habe ich diese schwierige Übersetzung gemacht.
навстре́чу — entgegen		
Zur Bezeichnung einer Bewegung, die der des handelnden Subjekts entgegengesetzt ist	Ма́льчик шёл *мне навстре́чу.*	Der Junge kam mir entgegen.
согла́сно — nach, laut, gemäß		
Bei Hinweis auf die Begründung der Handlung (Amtssprache)	*Согла́сно распоряже́нию* ре́ктора экза́мены начина́ются пе́рвого ию́ня.	Laut Verfügung des Rektors beginnen die Prüfungen am 1. Juni.
вопреки́ = напереко́р - zuwider, trotz, gegen, ungeachtet		
Zur Bezeichnung von Erscheinungen, Schwierigkeiten, Äußerungen eines fremden Willens, die der Handlung entgegengesetzt sind	*Вопреки́ жела́нию* роди́телей я на́чал занима́ться бо́ксом.	Entgegen dem Wunsch meiner Eltern begann ich mit dem Boxen.
	Ты э́то сде́лал *напереко́р рассу́дку.*	Das hast du gegen alle Vernunft getan.

Anmerkungen:

1. Die Verben **призыва́ть** (**призва́ть**) *(rufen, aufrufen),* **пригова́ривать** (**приговори́ть**) *(verurteilen),* **принадлежа́ть** *(gehören[18])* verlangen die Präpositionen **к** *(zu)*, ihre Rektion stimmt in beiden Sprachen überein.

2. Dasselbe gilt für die Adjektive: **беспоща́дный** (*unbarmherzig*), **внима́тельный** (*liebenswürdig*, *aufmerksam*), **гото́вый** (*bereit*), **до́брый** (*gut*, *gütig*) und **тре́бовательный** (*anspruchsvoll*, *streng*).

Die Adjektive, die als Prädikatsnomina auftreten, werden vorwiegend in der Kurzform gebraucht und stehen in der Regel nach der Kopula (im Präteritum bzw. Futur) oder nach dem Subjekt (wenn die Kopula im Präsens fehlt). (**Он был добр**. *Er war gutherzig.*)

Übungen

1 *Lesen Sie den Text. Suchen Sie die Substantive im Dativ mit und ohne Präpositionen heraus. Bestimmen Sie ihre jeweilige Bedeutung.*

Замеча́тельный ру́сский худо́жник-батали́ст В. Вереща́гин (1842–1904) по своему́ тво́рческому ме́тоду был бли́зок к реалисти́ческому иску́сству передви́жников. Това́рищество передви́жников сложи́лось в 1870 году́. Иску́сство передви́жников служи́ло наро́дным интере́сам, помога́ло освободи́тельному движе́нию в Росси́и. Худо́жники стреми́лись к просвеще́нию наро́да, и их карти́ны бы́ли поня́тны всем просты́м лю́дям. По все́й Росси́и устра́ивали они́ передвижны́е вы́ставки свои́х рабо́т и чу́тко прислу́шивались к мне́нию посети́телей.

Вся необыча́йная жизнь Вереща́гина была́ посвящена́ реалисти́ческому пока́зу войны́, жи́зни и бы́та ра́зных наро́дов. По слова́м Ста́сова[19], Вереща́гин принадлежи́т к числу́ са́мых значи́тельных худо́жников-исто́риков XIX ве́ка.

Вереща́гин мно́го путеше́ствовал по Росси́и, по ра́зным стра́нам, в том числе́ по Индии, по Туркеста́ну. Он не раз был свиде́телем боевы́х де́йствий ру́сских войск. Под одно́й из его́ карти́н, изобража́ющей пирами́ду из черепо́в, есть по́дпись: «Посвяща́ется всем вели́ким завоева́телям, настоя́щим и бу́дущим». Так Вереща́гин выража́л свою не́нависть к войне́. Тво́рчество Вереща́гина и сейча́с призыва́ет к ми́ру. Карти́ны Вереща́гина широко́ предста́влены в Третьяко́вской галере́е в Москве́ и в Ру́сском музе́е в Петербу́рге.

2 *Ergänzen Sie die Sätze sinngemäß durch: a) die Verben* ***стреми́ться***, ***тоскова́ть***, ***научи́ться***, ***привы́кнуть***, ***относи́ться***, ***гото́виться*** *in der erforderlichen Form.*

1. Росси́йские учёные … к но́вым нау́чным откры́тиям. 2. Я бы́стро … к моско́вской зиме́ и да́же … ходьбе́ на лы́жах. 3. Акаде́мик Па́влов о́чень внима́тельно … к молоды́м учёным. 4. Вся Москва́ … к встре́че геро́ев-космона́втов. 5. Курт … по свое́й семье́.

[18] Das Verb **принадлежа́ть** (*gehören*) kann in beiden Sprachen auch ohne Präposition gebraucht werden.

[19] Stassow W. W. (1824–1906) — bedeutender russischer Musik- und Kunstkritiker.

b) die Lang- bzw. Kurzform der Adjektive стро́гий, справедли́вый, равноду́шный, гото́вый, тре́бовательный, спосо́бный.

1. Писа́тель Константи́н Фе́дин был о́чень … к языку́ свои́х произведе́ний. 2. Настоя́щий педаго́г всегда́ …, но … к свои́м ученика́м. 3. Чле́ны жюри́ отобра́ли … к матема́тике ученико́в. 4. Учёные заслу́шали … к защи́те фантасти́ческие прое́кты ю́ных матема́тиков и фи́зиков. 5. Он … ко вся́кой кри́тике.

c) die Substantive любо́вь, не́нависть, дове́рие, интере́с, сочу́вствие.

1. Мы чу́вствовали его́ … к нау́ке. 2. … к свое́й Ро́дине помога́ет лю́дям преодолева́ть тяжёлые испыта́ния. 3. Избира́тели пита́ют … к своему́ депута́ту. 4. … к угнета́телям и к войне́ звуча́ла в его́ ре́чи. 5. В его́ глаза́х я ви́дел … дру́гу.

3 *Formen Sie die Sätze um und ersetzen Sie die hervorgehobenen Verben durch das sinnverwandte Verb* ***обраща́ться*** *in der entsprechenden Form.*

1. Конфере́нция сторо́нников ми́ра **напра́вила** *приве́тствие всем лю́дям* до́брой во́ли. 2. Обще́ственный де́ятель **вы́ступил** *с ре́чью пе́ред наро́дом.* 3. Ну́жно научи́ться **по́льзоваться** *э́тим прибо́ром*. 4. Как он **себя́ ведёт** *по отноше́нию к тебе́*? 5. Ве́рнер **ходи́л** *к врачу́ за сове́том*.

4 *Nennen Sie die Ursache der Handlung, verwenden Sie dabei die passenden rechts angegebenen Wörter.*

Muster: Почему́ отсу́тствовал Карл? (боле́знь) — Карл отсу́тствовал **по боле́зни**.

1. Почему́ ты забы́л тетра́дь?	недоразуме́ние
2. Как вы оказа́лись здесь?	рассе́янность
3. Почему́ ты пришёл сюда́? Ве́ра не хо́чет тебя́ ви́деть.	распоряже́ние дека́на
4. Почему́ перенесли́ экза́мен?	привы́чка
5. Почему́ ты не мо́жешь проче́сть э́ту на́дпись?	близору́кость

5 *Äußern Sie Ihre Genugtuung, Freude, Verwunderung oder Ihr Bedauern bezüglich des Satzinhaltes.* *(Siehe Tabelle auf den Seiten 64–65)*

1. Он ско́ро уезжа́ет. 2. Ава́рии не произошло́. 3. Ви́ктор отли́чно сдал экза́мен. 4. Я опозда́л на по́езд. 5. Мы ско́ро уви́димся.

6 *Übersetzen Sie ins Russische.*

1. Ich habe mich an seine Aufmerksamkeit und Fürsorge gewöhnt. 2. Anna hat Heimweh. 3. Wir lauschten auf die Schritte: jemand näherte sich dem Haus. 4. Der Laienkunstchor bereitet sich für sein Auftreten vor. 5. Pawel hat große musikalische Fähigkeiten. 6. Er bekam Zahnschmerzen und war genötigt, sich an einen Arzt zu wenden. 7. Der Vater ist streng zu seinem Sohn.

7 *Ersetzen Sie den hervorgehobenen Teil jedes Satzes durch eine sinnverwandte Konstruktion mit dem Dativ und der Präposition* ***по****.*

1.Он вёл нас **у́зкой тропи́нкой** к подно́жию горы́. 2. В по́исках ну́жной кни́ги мы ходи́ли **из магази́на в магази́н**. 3. Он рабо́тает над статьёй и хо́дит **из одно́й библиоте́ки в другу́ю**. 4. **Ка́ждую суббо́ту** в на́шем клу́бе быва́ют встре́чи с интере́сными людьми́. 5. **Вечера́ми** рабо́чие на́шего заво́да у́чатся в институ́те. 6. **Ка́ждый вто́рник и ка́ждую пя́тницу** моя дочь хо́дит в музыка́льную шко́лу. 7. Ви́ктор забы́л биле́ты до́ма **из-за рассе́янности**. 8. Я не уча́ствовал в соревнова́ниях, так как **произошло́ недоразуме́ние**. 9. Нау́чный руководи́тель Зи́гфрида — крупне́йший **специали́ст-машинострои́тель**. 10. Ко мне из Украи́ны прие́хал **мой университе́тский това́рищ**. 11. Я посла́л поздрави́тельную телегра́мму **дя́де с матери́нской стороны́**. 12. Меня́ освободи́ли от заня́тий спо́ртом **на основа́нии медици́нского заключе́ния**. 13. **Как сообща́ет бюро́ прогно́зов**, ско́ро насту́пит ре́зкое похолода́ние. 14. Фильм «Бра́тья Карама́зовы» со́здан **на осно́ве рома́на** Ф. Достое́вского.

8 *Übersetzen Sie ins Russische, benutzen Sie dabei die Dativkonstruktionen.*

1. Der Zug nähert sich Moskau frühmorgens. 2. Auf der Chaussee fuhren Autos. 3. Die Demonstrantenkolonnen gehen die Twerskaja-Straße entlang. 4. Dank der Hilfe des älteren Bruders wurde Lothar Ingenieur. 5. Die 9.-Mai-Parade auf dem Roten Platz sahen die Völker verschiedener Länder im Fernsehen. 6. Abends liest Eckehard gewöhnlich. 7. Der neue blaue Anzug steht ihm gut. 8. Zu meiner großen Enttäuschung ist sie nicht gekommen. 9. Irina hat eine große musikalische Begabung.

§ 6 Gebrauch des Akkusativs ohne Präposition

1. Als direktes Objekt nach den transitiven Verben. (Fragen: *wen? was?*)	Мы *ви́дели но́вый фильм.*	Wir haben einen neuen Film gesehen.
2. Zur Bezeichnung eines bestimmten Zeit- bzw. Entfernungsabschnittes (Fragen: *wie oft? wie lange? wie weit?*)	*Ка́ждый вто́рник* у меня́ семина́р по филосо́фии.	Jeden Dienstag habe ich Philosophieseminar.
	Всё ле́то я отдыха́л на Кавка́зе.	Den ganzen Sommer erholte ich mich im Kaukasus.
	Всю доро́гу он молча́л.	Den ganzen Weg schwieg er.
3. Bei Preis- und Gewichtsangaben	Коро́бка спи́чек *сто́ит 30 копе́ек.*	Eine Schachtel Streichhölzer kostet dreißig Kopeken.
	Грузови́к *ве́сит то́нну.*	Das Lastauto wiegt eine Tonne.

Anmerkung zu Punkt 2:

Bei Zeitangabe: **всё ле́то, ка́ждый ме́сяц, ка́ждую мину́ту, не́сколько дней** (Akkusativ ohne Präposition) stehen häufig unvollendete Verben, die eine sich auf den genannten Zeitabschnitt erstreckende ununterbrochene oder sich wiederholende Handlung bezeichnen:

Ка́ждый день мы де́лаем *заря́дку.* — Jeden Tag machen wir Gymnastik.

Vollendete Verben können mit folgenden Präfixen gebraucht werden: **по-** (zur Bezeichnung einer zeitlich begrenzten Handlung: **немно́го погуля́л**, **пора-бо́тал**) und **про-** (zur Bezeichnung einer fortdauernden Handlung: **просиде́л весь день, прорабо́тал це́лый ме́сяц**):

Он посиде́л у нас полчаса́ и пошёл домо́й. — Er saß bei uns eine halbe Stunde und ging dann nach Hause.

Die gebräuchlichsten Verben, die den Akkusativ fordern

благодари́ть — поблагодари́ть	Я *благодарю́ вас за* подде́ржку.	Ich danke Ihnen für die Unterstützung.
вспомина́ть — вспо́мнить	Мой друг ча́сто *вспомина́ет своё де́тство.*	Mein Freund denkt oft an seine Kindheit zurück (erinnert sich oft an seine Kindheit).
встреча́ть — встре́тить	Я *встре́тил своего́ ста́рого дру́га.*	Ich bin meinem alten Freund begegnet. (Ich traf meinen alten Freund.)
ждать (*mit den Konkreta*)	Я *жду подру́гу.*	Ich warte auf meine Freundin.
лиша́ть — лиши́ть	В наказа́ние Ю́ру *лиши́ли прогу́лки.*	Zur Strafe hat man Jura den Spaziergang verboten.
минова́ть	Наконе́ц, мы *минова́ли дере́вню.*	Endlich waren wir am Dorf vorüber (hatten wir das Dorf hinter uns.)
поздравля́ть — поздра́вить	Бори́с *поздра́вил сестру́ с* днём рожде́ния.	Boris gratulierte der Schwester zum Geburtstag.
по́мнить	Я хорошо́ *по́мню э́тот день.*	Ich kann mich gut an diesen Tag erinnern.
слу́шать	Де́ти *слу́шают учи́теля.*	Die Kinder hören dem Lehrer zu.
слы́шать — услы́шать	Мы хорошо́ *слы́шали ка́ждое сло́во ора́тора.*	Wir hörten gut jedes Wort des Redners (konnten jedes Wort … gut vernehmen).
упрека́ть — упрекну́ть	Мать *упрекну́ла меня́* и *сестру́* в упря́мстве.	Die Mutter warf mir und der Schwester Eigensinn vor.

Anmerkungen:

Der Gebrauch des Akkusativs ohne Präposition stimmt im Deutschen und im Russischen meistens überein. Eine Ausnahme bilden nur die hier angeführten Verben.

Zu beachten ist das Verb **изуча́ть** *(was? wen?) (studieren),* das ein ständiges Akkusativobjekt verlangt (*Я изуча́ю* **матема́тику**.— Ich studiere Mathematik). Dem Verb *studieren* in der deutschen Konstruktion „Ich studiere an der Universität" entspricht aber das russische Verb **учи́ться** *(wo?): Я* **учу́сь в университе́те**.

Bei einem verneinten transitiven Verb wird in der Regel der Genitiv gebraucht. Der Akkusativ ist zulässig:

a) wenn eine bestimmte Person bzw. ein bestimmter Gegenstand gemeint ist:

Ты *не ви́дел мою́ жену́?*	Hast du meine Frau nicht gesehen?
Ты *не чита́л э́ту статью́?*	Hast du diesen Artikel nicht gelesen?

b) wenn das direkte Objekt vor dem verneinten Verb steht:

Я кни́гу не брал.	Ich habe das Buch nicht genommen.

c) wenn das direkte Objekt von einem verbalen zusammengesetzten Prädikat abhängig ist:

Я не бу́ду писа́ть письмо́.	Ich werde den Brief nicht schreiben (keinen Brief schreiben).

Übungen

1 *Lesen Sie die Sätze. In welchen Fällen wird der Akkusativ ohne Präposition gebraucht?*

1. Пётр ка́ждый год отдыха́ет на Во́лге. 2. Я благодарю́ вас за внима́ние. 3. Студе́нты тепло́ поздра́вили ста́рого профе́ссора с награ́дой. 4. Мы прорабо́тали на виногра́днике всё ле́то. 5. Я внима́тельно прослу́шал докла́д о междунаро́дном положе́нии. 6. Зи́на ждёт свою́ преподава́тельницу. 7. Мы бу́дем изуча́ть ру́сский язы́к це́лый год. 8. Арти́сты поблагодари́ли зри́телей за тёплый приём. 9. Профе́ссор чита́л ле́кцию два часа́. 10. Студе́нты строи́тельного отряда рабо́тали в дере́вне два ме́сяца.

2 *Lesen Sie die Sätze. Achten Sie auf den Bedeutungsunterschied im Gebrauch der Substantive im Akkusativ und im Genitiv.*

1. Ребёнок попроси́л молока́. Мать принесла́ ребёнку молока́. Он с удово́льствием вы́пил молоко́. 2. Ни́на вы́лила во́ду из ведра́ и принесла́ све́жей воды́. Больно́й проси́л воды́. 3. Хозя́йка положи́ла в сала́т майоне́зу. Ты купи́л майоне́з? 4. Я заказа́л на у́жин кефи́р и сухари́. Я вы́пил кефи́ру и съе́л не́сколько сухаре́й.

3 *Formen Sie die nachstehenden Wortverbindungen nach dem unten angeführten Muster um. Merken Sie sich, dass die angegebenen vollendeten Verben mit dem Präfix* **на-** *eine Handlung bezeichnen, die sich auf einen Teil des Gegenstandes oder auf eine unbestimmte Anzahl von Gegenständen erstreckt und den Genitiv verlangen. Ohne Präfix werden sie mit dem Akkusativ gebraucht.*

Muster: жа́рить мя́со — **нажа́рить мя́са**

ре́зать ветчину́, вари́ть щи, печь карто́фель, рвать цветы́, лови́ть ры́бу, стреля́ть дичь, руби́ть дрова́, собира́ть я́годы, копи́ть де́ньги, купи́ть кни́ги

4 *Sie essen zu Mittag. Wenden Sie sich mit einer Bitte an Ihren Tischnachbarn. Verwenden Sie dabei die folgenden Wortverbindungen.*

Muster: Дайте,пожалуйста,воды!

пожа́луйста, нале́йте мне …; пододви́ньте …; переда́йте мне …; отре́жьте, пожа́луйста, …; попро́буйте …; положи́те …; поста́вьте …; доле́йте …

5 *Formen Sie die folgenden bejahenden Sätze in verneinte um.*

Muster: Я чита́л ва́шу статью́.— Я не чита́л ва́шей статьи́.

1. Я ви́дел но́вый фи́льм о молодёжи. 2. Ты купи́л слова́рь? 3. Пиани́ст испо́лнил мой люби́мый ноктю́рн Шопе́на. 4. Он по́нял письмо́. 5. Дирк ви́дел Ни́ну в университе́те.

6 *Ergänzen Sie die Sätze durch passende Verben. Setzen Sie die eingeklammerten Wörter in den erforderlichen Fall. Einzusetzende Wörter:* ***ждать, встреча́ть, благодаре́н, вспомина́ть, поздравля́ть, благодари́ть, упрека́ть****.*

1. Россия́не гостеприи́мно … (зарубе́жные го́сти). 2. Крестья́не в своём письме́ … (на́ши студе́нты) за по́мощь в убо́рке урожа́я. 3. Они́ бы́ли … (танцо́ры и певцы́) за конце́рт. 4. Мой дя́дя ча́сто … (эпизо́ды) из свое́й жи́зни. 5. Кто … (самолёт) на Берли́н? 6. Прави́тельство Росси́и … (констру́кторы, инжене́ры, те́хники и рабо́чие) с уда́чным полётом косми́ческого корабля́. 7. Това́рищи … (студе́нт Петро́в) в эгои́зме.

7 *Übersetzen Sie ins Russische unter Verwendung der Akkusativkonstruktion.*

1. Den ganzen Tag wartete er auf seine Schwester. 2. Ich dankte Tanja für ihr Geschenk. 3. Ich bin ihm gestern zufällig begegnet. 4. Die Krankheit hat den Vater völlig entkräftet. 5. Ich gratuliere Ihnen zur Geburt eines Sohnes. 6. Mit Ungeduld warteten wir auf den Beginn des Konzerts. 7. Wirf mir mein langes Schweigen nicht vor. 8. Er sucht die Unterstützung der Freunde. 9. Suchst du den Schlüssel? 10. Ich erinnere mich oft an meine Freunde.

§ 7 Gebrauch des Akkusativs mit Präposition

Angabe der Richtung (Frage: wohin?)

в[20] — in; auf; nach	Он кладёт кни́ги в *портфе́ль.*	Er legt die Bücher in die Mappe.
	Мы е́дем в *Петербу́рг*[21].	Wir fahren nach Petersburg.
на[20] — an; auf; in; nach	Он кладёт книги *на стол.*	Er legt die Bücher auf den Tisch.
	Мы ве́шаем ка́рту *на сте́ну.*	Wir hängen eine Landkarte an die Wand.
	Э́то по́езд *на Ки́ев.*	Das ist der Zug nach Kiew.
	Друг е́дет *на Ура́л.*	Der Freund fährt ins Uralgebiet.
скво́зь — durch; zwischen	*Скво́зь ту́чи* пробива́ется лу́нный свет.	Durch die Wolken dringt Mondschein.
че́рез — durch; hindurch	Пешехо́д перешёл *че́рез доро́гу.*	Der Fußgänger überquerte die Straße.
	Доро́га вела́ *че́рез ро́щу.*	Der Weg führte durch ein Wäldchen.
	Дым *че́рез трубу́* выхо́дит нару́жу.	Der Rauch steigt durch den Schornstein hinaus.

Anmerkungen:

1. Die Präposition **сквозь** wird zur Bezeichnung einer Bewegung durch etwas (bei Vorhandensein eines Hindernisses) gebraucht sowie in den Redewendungen смотре́ть **сквозь па́льцы** (*durch die Finger sehen*); говори́ть **сквозь зу́бы** (*brummen, undeutlich sprechen*); **пройти́ сквозь ого́нь и во́ду** (*mit allen Wassern gewaschen sein*); **смея́ться сквозь слёзы** (*unter Tränen lachen*).

2. Die Präposition **че́рез** wird räumlich in folgenden Fällen gebraucht: a) Übergang von einer Seite auf die andere; b) als Synonym der Präposition **сквозь**; c) zur Angabe des Mittels in der Bedeutung *durch*, *(ver)mittels*.

[20] Über den Gebrauch **в** und **на** mit bestimmten Substantiven siehe Tabelle auf den Seiten 92–93.

[21] Merken Sie sich, dass die Verben **приезжа́ть**, **приходи́ть**, **прибыва́ть** im Unterschied zum deutschten *ankommen* die Präposition **в** mit dem Akkusativ verlangen: Я *прие́хал* **в родно́й го́род**. (*Ich bin in der Heimatstadt angekommen.*)

Übungen

1 *Geben Sie die Richtung der Bewegung an. Verwenden Sie in den Antworten die rechts angegebenen Wörter mit den entsprechenden Präpositionen.*

1. Куда́ зачи́слили но́вых студе́нтов?	второ́й курс, истори́ческий факульте́т
2. Куда́ напра́вили выпускнико́в ву́зов?	произво́дство, стро́йки, заво́ды
3. Куда́ пое́хала Пе́тра?	ро́дина
4. Куда́ отпра́вились студе́нты?	Ура́л, экску́рсия, экспеди́ция
5. Куда́ ты идёшь?	ле́кция, стадио́н, посо́льство
6. Куда́ пое́хал Ханс?	о́тпуск, о́тдых, командиро́вка
7. Куда́ напра́вили учи́ться Ге́рхарда?	университе́т, акаде́мия, ку́рсы
8. Куда́ пошли́ рабо́чие?	аэропо́рт, аэродро́м
9. Куда́ иду́т спортсме́ны на трениро́вку?	спорти́вный зал, спорти́вная площа́дка
10. Куда́ пое́дут студе́нты на пра́ктику?	Украи́на, Да́льний Восто́к, Алта́й, Сиби́рь, Кавка́з

2 *Ergänzen Sie die Sätze durch die Präpositionen **че́рез** oder **сквозь** und die rechts angegebenen Wörter.*

1. Вода́ проника́ла …	ро́ща
2. Доро́га вела́ …	дно ло́дки
3. Карава́н судо́в пробива́лся	перева́л
4. Альпини́сты прошли́ …	тума́н
5. Я хорошо́ мог разобра́ть на́дпись …	увеличи́тельное стекло́
6. Он узна́л э́то ме́сто, когда́ переезжа́л …	грани́ца
7. Мы прое́хали …	вся страна́

3 *Übersetzen Sie ins Russische.*

1. Durch den Nebel konnte man das Boot erkennen. 2. An der Ecke überquerte er die Straße. 3. Wir gingen langsam durch die Straße. 4. Der Zug fuhr durch ganz Georgien. 5. Wir fuhren schon seit zwei Tagen über das Schwarze Meer. 6. Der Sportler sprang über die Hürde (die Latte). 7. Durch die Gardinen drang Sonnenlicht. 8. Das schmutzige Wasser wird durch spezielle Rohre abgeleitet. 9. Er brummte eine Antwort.

4 *Verwenden Sie die unten angegebenen Wörter in folgender Situation: Sie sind in eine neue Wohnung gezogen und müssen sie einrichten. Einiges steht schon an Ort und Stelle. Beschreiben Sie, was Sie bereits geschafft haben und was noch gemacht werden muss. Einzusetzende Verben:* ***висе́ть, ве́шать — пове́сить, стоя́ть, ста́вить — поста́вить, лежа́ть, класть — положи́ть****.*

Substantive: стол, сту́лья, дива́н, ковёр, карти́на, календа́рь, пи́сьменный стол, кни́жный шкаф, платяно́й шкаф, ва́за для цвето́в, пе́пельница, ска́терть, пальто́, пла́тья, костю́мы, бельё, кни́ги, магнитофо́н, телеви́зор, столо́вые прибо́ры, посу́да.

Angabe der Zeit (Fragen: wann? nach Ablauf welcher Zeit?)

че́рез — in		
Zur Bezeichnung eines Zeitabschnitts, nach dessen Ablauf sich die Handlung vollzieht: **че́рез год, че́рез пять часо́в, че́рез две неде́ли, че́рез три ме́сяца** usw.	*Че́рез час* я верну́сь.	In einer Stunde bin ich zurück.
	Поезда́ метро́ *хо́дят (че́рез) ка́ждую мину́ту.*	Die U-Bahn-Züge verkehren in Abständen von einer Minute.

по — bis; bis zu		
Zur Bezeichnung einer Zeitangabe mit einschließender Bedeutung (Tag oder Monat)	У меня́ кани́кулы *по сентя́брь.*	Ich habe Ferien bis einschließlich September.

под = накану́не — vor; kurz vor; am Vorabend		
In den Wortverbindungen **под Но́вый год, под пра́здник, под выходно́й день, под воскресе́нье, под у́тро, под ве́чер** usw.	Друзья́ собрали́сь вме́сте *под Но́вый год.*	Die Freunde versammelten sich am Silvesterabend.
	Под ве́чер пошёл дождь.	Gegen Abend fing es an zu regnen.

на — für; an; in		
1. Zur Bezeichnung eines Zeitabschnitts, auf den sich das Resultat der Handlung erstreckt. (Fragen: *auf wie lange? für welche Dauer?*)	Мой брат уе́хал в Москву́ *на пять лет.*	Mein Bruder ist für 5 Jahre nach Moskau gegangen (d.h. er kommt in 5 Jahren zurück).
2. In Wortverbindungen wie **на друго́й (сле́дующий) день, на тре́тий (четвёртый …) день, на сле́дующий (друго́й …) год, на тре́тью ночь** u.ä.	*На сле́дующий день* Ви́ктор получи́л письмо́.	Am nächsten Tag bekam Viktor einen Brief.

за — in		
1. Zur Angabe einer Zeit, innerhalb derer sich die Handlung vollzieht	Он сде́лал всё *за час.*	Er hat alles in einer Stunde erledigt.

2. Zur Bezeichnung eines Zeitabschnitts, der einem Geschehen vorangeht (in Verbindung mit der Präposition **до**)	Дежу́рный прихо́дит в класс *за полчаса́ до нача́ла* заня́тий.	Der Diensthabende kommt eine halbe Stunde vor Beginn des Unterrichts in die Klasse.

в (во) — um; an; in		
1. Zur Angabe der Tageszeit und des Wochentages. (Frage: *wann?*)	Мы встре́тимся *во вто́рник в семь* часо́в ве́чера.	Wir treffen uns am Dienstag um 7 Uhr abends.
2. In Wortverbindungen wie: **в го́ды учёбы, в пе́рвый день рабо́ты, в мину́ты гне́ва** usw.	Я познако́мился с ним *в пе́рвый день рабо́ты.*	Ich machte seine Bekanntschaft am ersten Arbeitstag.
3. Zur Bezeichnung der Dauer der Ausführung einer Handlung (= **за**), besonders wenn hervorgehoben werden soll, dass diese in einer kürzeren Zeiteinheit vollzogen worden ist	Монта́ж был зако́нчен *в неде́лю (за неде́лю).*	Die Montage wurde in (innerhalb) einer Woche beendet.
	Брига́да строи́телей вы́полнила зада́ние не *за ме́сяц, а за два́дцать дне́й.*	Die Bauarbeiterbrigade erfüllte ihr Soll nicht in einem Monat, sondern (bereits) in 20 Tagen.

Anmerkungen:

1. Zum Ausdruck einer wiederholten Handlung können mit der Konstruktion **за** + Akkusativ unvollendete Verben gebraucht werden, die das aus der Handlung hervorgegangene Resultat kennzeichnen:

Коро́ткое сочине́ние я пишу́ *за час.*	Einen kurzen Aufsatz schreibe ich (gewöhnlich) innerhalb einer Stunde.

Die als Prädikat auftretenden Verben **занима́ться, спать, отдыха́ть, гулять** werden mit einer Adverbialbestimmung der Zeit gebraucht, die eine durch den Akkusativ ohne Präposition ausgedrückte Dauer bezeichnet:

Мы гуля́ли *два часа́.*	Wir haben einen zweistündigen Spaziergang gemacht.

2. Bei der **ungefähren** Zeitangabe steht jede Präposition zwischen der Benennung des Zeitabschnitts und der Zahl: **часа́ че́рез два,дня че́рез три,часо́в в семь.**

3. Die Substantive **эпо́ха**, **э́ра**, **пери́од**, **моме́нт**, **мину́та**, **час**, **секу́нда**, **го́ды** (Pl.), **вре́мя**, **день** (**в тот день**, **в то вре́мя**) sowie die Substantive **дождь**, **непого́да**, **гроза́**, **пого́да**, **за́суха**, **война́** u.ä. stehen mit einem kongruierenden oder nichtkongruierenden Attribut im Akkusativ mit der Präposition **в**, wenn sie einen Zeitraum oder einen Zeitpunkt bezeichnen: **в э́тот моме́нт**, **в си́льную грозу́** usw.

4. Das Substantiv **век** steht im Akkusativ mit der Präposition **в** ebenfalls zur Bezeichnung eines Zeitraums, einer Periode; wird jedoch ein Jahrhundert angegeben, so steht es im Präpositiv mit der Präposition **в** (**в век электри́чества** (*im Zeitalter der Elektrizität*), aber: **В XVIII веке** (*im 18. Jh.*).

5. Das Substantiv **год** steht im Akkusativ mit der Präposition **в**, wenn es näher bestimmt ist (**в пе́рвый год** учёбы, **в год оконча́ния** институ́та). Aber zur Angabe der Zeitrechnung (**в 1917 году́**) oder in Wortverbindungen, wie **в про́шлом (бу́дущем**, **но́вом**, **э́том** usw.) **году́**, wird der Präpositiv gebraucht.

6. Die Substantive im Akkusativ mit der Präposition **на** drücken die Erhaltungsdauer des Ergebnisses einer Handlung aus. In Verbindung mit dieser Konstruktion stehen die Verben der Fortbewegung sowie die Verben,die in ihrer Bedeutung eine Vorstellung über die Möglichkeit der Rückbewegung enthalten:

ложи́ться — лечь, сади́ться — сесть, встава́ть — встать, класть — положи́ть, ста́вить — поста́вить, ве́шать — пове́сить; вынима́ть — вы́нуть, достава́ть — доста́ть, убира́ть — убра́ть; дава́ть—дать, брать — взять, оставля́ть — оста́вить, остава́ться — оста́ться, заде́рживаться — задержа́ться, остана́вливаться — останови́ться; включа́ть — включи́ть, выключа́ть — вы́ключить, зажига́ть — заже́чь, гаси́ть — погаси́ть, открыва́ть — откры́ть, закрыва́ть — закры́ть.

Beispiel: Он **останови́лся** в гостинице **на три дня**. *Er stieg in einem Hotel für drei Tage ab.*

Übungen

5 *Geben Sie die Zeitdauer der Handlung an. Beantworten Sie die folgenden Fragen. Verwenden Sie die eingeklammerten Wörter.*

1. Ско́лько вре́мени вы бы́ли в отъе́зде? (год) 2. Ско́лько вре́мени вы гости́ли у родны́х? (три дня) 3. Ско́лько вре́мени вы бы́ли у мо́ря? (ме́сяц) 4. Ско́лько вре́мени ваш брат про́был в командиро́вке? (це́лая неде́ля)

6 *Lesen Sie die Sätze und suchen Sie Konstruktionen heraus, die die Zeitdauer der Handlung angeben. Achten Sie auf den Aspekt der Verben.*

1. Учёный рабо́тал над кни́гой два го́да. За два го́да он написа́л кни́гу. 2. Студе́нты писа́ли контро́льную рабо́ту три часа́. За три часа́ студе́нты написа́ли сочине́ние и сде́лали перево́д.

7 *Ersetzen Sie die hervorgehobenen Wortverbindungen durch gleichbedeutende. Geben Sie die Zeitdauer der Handlung an.*

Muster: Лётчики-космона́вты находи́лись в ко́смосе **в тече́ние ста двадцати́ пяти́ су́ток**. — Лётчики - космона́вты находи́лись в ко́смосе **сто два́дцать пять су́ток**. Он прочёл кни́гу **в тече́ние неде́ли**. — Он прочёл книгу **за неде́лю**.

1. **На протяже́нии пятиде́сяти лет** Третьяко́в собира́л поло́тна выдаю́щихся ру́сских худо́жников. 2. **На протяже́нии го́да** он рабо́тал в Антаркти́де. 3. **В тече́ние всей жи́зни** вели́кий ру́сский учёный Тимиря́зев стреми́лся к тому́, что́бы нау́ка служи́ла наро́ду. 4. Студе́нт подгото́вился к экза́мену **в тече́ние неде́ли**. 5. **В тече́ние су́ток** поезда́ Моско́вского метрополите́на перево́зят свы́ше 9 миллио́нов пассажи́ров. 6. **В тече́ние двух часо́в** мы гуля́ли в па́рке. 7. Де́ти отдыха́ли в ле́тнем ла́гере **в тече́ние ме́сяца**.

8 *Sagen Sie, innerhalb welcher Zeit die Handlung ausgeführt wurde. Gebrauchen Sie die eingeklammerten Benennungen der Zeitabschnitte. Achten Sie dabei auf den Aspektgebrauch.*

Muster: Мы писа́ли контро́льную рабо́ту (два часа́). — **За два часа́ мы написа́ли** контро́льную рабо́ту.

1. Мы е́хали на стадио́н (полчаса́). 2. Андре́ас слу́шал магнитофо́нную за́пись (15 мину́т). 3. Я де́лал перево́д (час). 4. На соревнова́ниях он бежа́л э́ту диста́нцию (две мину́ты). 5. От Берли́на до Москвы́ самолёт лете́л недо́лго (2 часа́ 30 мину́т). 6. Он слу́шал музыка́льную переда́чу по ра́дио (час).

9 *Drücken Sie aus, dass die in Übung 8 genannten Situationen für Sie üblich sind. Achten Sie auf den Aspektgebrauch.*

Muster: Мы писа́ли контро́льную рабо́ту (два часа́). — **Обы́чно мы за два часа́ писа́ли** контро́льную рабо́ту.

10 *Geben Sie die Zeitdauer der Handlung an. Ersetzen Sie die hervorgehobene Konstruktion durch eine Akkusativkonstruktion ohne Präposition. Vergessen Sie nicht, den Verbalaspekt zu ändern. Verben:* ***писа́ть — написа́ть, обраба́тывать — обрабо́тать; де́лать — сде́лать, собира́ться — собра́ться; обе́дать — пообе́дать; гото́виться — подгото́виться; стро́ить — постро́ить; переводи́ть — перевести́.***

Muster: Студе́нт вы́полнил зада́ние **за два** часа́. — Студе́нт выполня́л зада́ние **два часа́**.

1. Мы написа́ли контро́льную рабо́ту **за́ два часа**. 2. То́карь обрабо́тал дета́ль **за пять мину́т**. 3. Вычисли́тельная маши́на сде́лала все необходи́мые расчёты **за четы́ре часа́**. 4. Андре́й собра́лся в доро́гу **за три часа́**. 5. Я пообе́дал **за полчаса́**. 6. Мы подгото́вились к экза́мену **за неде́лю**. 7. Пятиэта́жный дом постро́или **за полтора́ ме́сяца**. 8. Эккехард перевёл статью́ на ру́сский язы́к **за час**.

11 *Ergänzen Sie die Sätze durch die entsprechenden Wortverbindungen.*

1. Мы ходи́ли на лы́жах (за три часа́, три часа́). 2. Я сплю обы́чно (семь часо́в, за семь часо́в). 3. Хе́льга сде́лает хозя́йственные заку́пки (час, за час). 4. Пе́ред сном он гуля́ет (полчаса́, за полчаса́). 5. Фильм продолжа́лся (два часа́, за́ два часа́). 6. Обы́чно мы де́лаем хими́ческие о́пыты (полтора́ часа́, за полтора́ часа́).

12 *Ergänzen Sie die Sätze durch Verben des entsprechenden Aspekts.*

1. Це́лый год я … материа́л для диссерта́ции. За ме́сяц он … на заво́де ценне́йшие да́нные по автома́тике (собра́л, собира́л). 2. Монта́жники це́лый день … сро́чное произво́дственное зада́ние. За день они́ … две но́рмы (вы́полнили, выполня́ли). 3. Ка́ждое воскресе́нье я … за́ городом часо́в шесть, но сего́дня я … там то́лько два часа́ (провёл, проводи́л). 4. Обы́чно мы … до общежи́тия за полчаса́. Сего́дня мы … за 20 мину́т (дое́хали, доезжа́ли).

13 *Lesen Sie die Sätze und suchen Sie Konstruktionen heraus, die die Zeitdauer der Handlung angeben. Vergleichen Sie ihre Bedeutung, indem Sie zu jeder Konstruktion eine Frage stellen.*

1. Я чита́л кни́гу два дня. Че́рез два дня я сдал кни́гу в библиоте́ку. 2. Ви́ктор провёл у мо́ря три неде́ли. Че́рез три неде́ли он верну́лся в Москву́. 3. Мы бу́дем гото́виться к конце́рту два дня. Че́рез два дня мы выступа́ем.

14 *Lesen Sie die Sätze. Achten Sie darauf, wie eine einmalige bzw. wiederholte Handlung ausgedrückt wird.*

1. Во вре́мя кани́кул мой брат обы́чно че́рез день быва́ет в теа́тре. 2. Я бу́ду у тебя́ че́рез день. 3. Самолёты из Петербу́рга прибыва́ют че́рез ка́ждые три часа́. 4. С каки́м самолётом Са́ша прибу́дет в Москву́? 5. Авари́йная маши́на прихо́дит на ли́нию че́рез не́сколъко мину́т по́сле вы́зова. 6. Маши́на придёт че́рез пять мину́т.

15 *Ergänzen Sie die folgenden Sätze durch die Verben im passenden Aspekt.*

1. Ка́ждые три мину́ты на автозаво́де с конве́йера (схо́дит, сойдёт) грузови́к. 2. Э́тот авто́бус (схо́дит, сойдёт) с конве́йера че́рез пять мину́т. 3. Пе́рвый тролле́йбус (выхо́дит, вы́йдет) из па́рка обы́чно в пять часо́в утра́ и (прихо́дит, придёт) к остано́вке уже́ че́рез пятна́дцать мину́т. 4. Ка́ждые три дня по ра́дио (передаю́т, передаду́т) ле́кции по исто́рии му́зыки. 5. Че́рез де́сять мину́т по ра́дио (передаю́т, передаду́т) ва́жное сообще́ние. 6. Са́ша получи́л зада́ние, и че́рез пять мину́т он уже́ (углуби́лся, углубля́лся) в рабо́ту.

16 *Stellen Sie zu den folgenden Situationen Dialoge zusammen. Geben Sie die Zeitdauer der Handlung an.*

Muster: a) Студе́нт берёт кни́гу в библиоте́ке (чита́ть, выдава́ть, две неде́ли).
— Я могу́ чита́ть э́ту кни́гу **две неде́ли**?
— Нет, мы выдаём кни́ги **на де́сять дней**.

1. Ваш знако́мый собира́ется в о́тпуск на юг (быть, пое́хать, ме́сяц). 2. Я едва́ не опозда́л на ле́кцию (забежа́л, проговори́л, де́сять мину́т). 3. Студе́нтов направля́ют на пра́ктику в шко́лу (посыла́ть, рабо́тать, три неде́ли). 4. Подру́га берёт у меня́ журна́л (взять, держа́ть, ме́сяц). 5. Мой сосе́д отправля́ется в го́сти (идти́, просиде́ть, весь ве́чер).

17 *Lesen Sie die Sätze. Suchen Sie die Adverbialbestimmungen der Zeit heraus und erfragen Sie sie.*

1. Экипаж корабля ушёл в море на две недели. Две недели он отдохнёт у нас, а через две недели снова вернётся в порт. 2. Мы приходим в институт на шесть часов. Шесть часов мы слушаем лекции. Через шесть часов мы едем домой.

18 *Geben Sie die Zeit der Handlung an. Beantworten Sie die Fragen, verwenden Sie dabei die rechts angegebenen Wörter.*

1. Когда ты уезжаешь?	неделя
2. Сколько времени ты будешь здесь отдыхать?	
3. Сколько времени ты занимался русским языком?	три года
4. Когда Петер окончит университет?	
5. Когда ты уходишь из дома?	полчаса
6. Сколько времени ты едешь домой от института?	

19 *Geben Sie die Zeit der Handlung an. Beantworten Sie die Fragen, verwenden Sie dabei die rechts angegebenen Wörter.*

1. Надолго Хорст уехал на родину?	месяц
2. Когда Хорст вернётся в Москву?	
3. На какой срок ты получил эту книгу?	неделя
4. Когда ты должен сдать книгу в библиотеку?	
5. Надолго вышел Павел?	пять минут
6. Когда можно его видеть?	
7. Сколько времени он будет обедать?	час

20 *Ergänzen Sie die Sätze durch Konstruktionen, die die Zeitdauer der Handlung angeben.*

1. Подождите, пожалуйста, Лена вышла … . 2 Он очень устал и прилёг отдохнуть … . 3. Вечером я забегу к тебе … . 4. Можно я оставлю у вас вещи …? 5. Разрешите выйти …? 6. Ничего не видно. Включи свет … !

21 *Ergänzen Sie die Sätze durch die passende Wortverbindung. Beachten Sie den Unterschied im Gebrauch der Präpositionen* ***через*** *und* ***после****.*

1. Зигфрид вернётся в Москву (через три года, после трёх лет). 2. Трудно расставаться с друзьями (через три года, после трёх лет) совместной учёбы. 3. Вступительные экзамены в институте кончаются (через две недели, после двух недель). 4. (Через две недели, после двух недель ожидания) он узнал, что принят в институт. 5. Брат возвращается с завода обычно (через пять часов, после пяти часов). 6. Передачи для московских радиослушателей прекращаются (через час, после часа) ночи.

22 *Geben Sie den Zeitabschnitt an, nach dessen Ablauf die Handlung beginnt. Ersetzen Sie die zusammengesetzten Sätze durch einfache. Verwenden Sie dabei die Konstruktion mit **по́сле** oder **че́рез**.* Muster: Прошло́ ещё не́сколько дней, и ста́ло совсе́м тепло́. — **Че́рез не́сколько дней** ста́ло совсе́м тепло́.

1. Прошла́ неде́ля, и мы ста́ли собира́ться домо́й. 2. Прошла́ неде́ля разду́мий, и мы ста́ли собира́ться домо́й. 3. Прошло́ не́сколько лет, и на́ши пла́ны воплоти́лись в жизнь. 4. Прошло́ не́сколько лет напряжённой учёбы, и мы зако́нчили университе́т. 5. Прошло́ две мину́ты, и подошёл по́езд.

23 *Geben Sie die Zeit der Handlung an. Beantworten Sie die Fragen, verwenden Sie dabei die rechts angegebenen Wörter mit der entsprechenden Präposition in der passenden Form.*

1. Когда́ бу́дет экза́мен по исто́рии?	среда́
2. Когда́ вы занима́етесь спо́ртом?	свобо́дное вре́мя
3. Когда́ был напи́сан Пу́шкиным рома́н «Евге́ний Оне́гин»?	пери́од расцве́та его́ тво́рчества
4. Когда́ не хо́чется выходи́ть и́з дому?	дождли́вая пого́да
5. Когда́ со́зданы произведе́ния Леона́рдо да Ви́нчи?	Эпо́ха Возрожде́ния
6. Когда́ встре́тятся спортсме́ны всех контине́нтов?	дни Олимпиа́ды

24 *Sagen Sie, wann Sie eine Handlung ausführen wollen bzw. ausgeführt haben.*

1. Когда́ ты хо́чешь проче́сть э́ту кни́гу? (кани́кулы) 2. Когда́ ты купи́л но́вый журна́л? (про́шлая неде́ля, переры́в, среда́) 3. Когда́ ты напи́шешь письмо́ Ни́не? (сле́дующий вто́рник, переме́на, уро́к, коне́ц неде́ли) 4. Когда́ вы встре́тились? (моро́зный день, дождь, су́мерки) 5. Он позвони́л тебе́ днём? (ночь, рассве́т, середи́на дня) 6. Когда́ ты сде́лал э́тот перево́д? Ты же боле́л! (боле́знь, э́та неде́ля, пра́здники, ра́ннее у́тро)

25 *Geben Sie die Zeit der Handlung an. Ersetzen Sie die hervorgehobenen Konstruktionen durch sinnverwandte, verwenden Sie die in Klammern stehenden Wörter.*

1. Седьму́ю симфо́нию компози́тор Дми́трий Шостако́вич написа́л **о́сенью** 1941 го́да, **когда́ начала́сь блока́да Ленингра́да**. (блока́дная о́сень) 2. **Как то́лько была́ провозглашена́ на́ша Респу́блика**, бы́ли вы́пущены декре́ты о ми́ре и о земле́. (пе́рвые дни существова́ния) 3. **При феодали́зме начина́ется централиза́ция госуда́рства на Руси́**. (эпо́ха феодали́зма) 4. **Во вре́мя моро́за** поги́бли молоды́е фрукто́вые дере́вья. (моро́з)

26 *Geben Sie die Zeit der Handlung an. Setzen Sie die passende Präposition ein.*

1. Игорь уе́хал в дом о́тдыха … ме́сяц, и … ме́сяц он сно́ва бу́дет в Москве́. 2. Подожди́те, пожа́луйста, брат вы́шел … пять мину́т. 3. Позвони́те … пять мину́т: брат вы́шел. 4. Профе́ссор дал мне свою́ статью́ то́лько … оди́н день. 5. Я встре́тил Ва́льтера … день до его́ отъе́зда на ро́дину. 6. Арти́сты прие́хали … неде́лю до нача́ла гастро́лей. 7. Че́рез два ме́сяца … оконча́ния институ́та он приступи́л к рабо́те.

27 *Ersetzen Sie die zusammengesetzten Sätze durch einfache. Gebrauchen Sie dabei Konstruktionen mit* ***за … до …*** *und* ***че́рез … по́сле …*** .

1. Он уе́хал на вокза́л, когда́ до отхо́да по́езда остава́лось полчаса́. 2. Светла́на вошла́ в зал, когда́ прошло́ две мину́ты по́сле звонка́. 3. Игорь пришёл в магази́н, когда́ остава́лся час до закры́тия. 4. Я вы́звал такси́, когда́ до отъе́зда оста́лось полчаса́.

28 *Sagen Sie anhand der folgenden Situationen, wie viel Zeit bis zu Beginn der nachfolgenden Handlung bleibt. Gebrauchen Sie die eingeklammerten Zeitangaben.*

Muster: Я выхожу́ на рабо́ту (час). — Я выхожу́ на рабо́ту **за час до нача́ла**.

1. Я е́ду в теа́тр (40 мину́т). 2. Профе́ссор пришёл на консульта́цию (5 мину́т). 3. Мы включи́ли телеви́зор, что́бы посмотре́ть фильм (3 мину́ты). 4. Бага́ж отпра́вили на вокза́л пе́ред отъе́здом Анто́на (два часа́). 5. Инна пришла́ на свида́ние к ме́сту на́ших обы́чных встреч (две мину́ты). 6. В аэропо́рт ну́жно приезжа́ть так, что́бы остава́лось доста́точно вре́мени для регистра́ции биле́та пе́ред вы́летом самолёта (два часа́).

29 *Drücken Sie aus, dass die Handlung in Bezug auf die geplante Zeit später geschah.*

Muster: Мы опозда́ли на конце́рт на 5 мину́т. — Мы пришли́ на конце́рт **че́рез пять мину́т по́сле нача́ла**.

1. Я опозда́л на самолёт на две мину́ты. 2. Мой друг опозда́л на 30 мину́т, поэ́тому мы не встре́тились. 3. Я опозда́л на ле́кцию на 10 мину́т. 4. Мы опозда́ли купи́ть хлеб, так как магази́н закры́лся за 5 мину́т до на́шего прихо́да. 5. Когда́ я включи́л телеви́зор, оказа́лось, что фильм идёт уже́ 5 мину́т.

30 *a) Geben Sie die Zeit der ersten Handlung an, auf die die zweite Handlung folgen soll, b) Geben Sie die Zeit der zweiten Handlung an, die auf die erste folgt. Verwenden Sie dazu die Bezeichnungen der Zeitabschnitte in Klammern.*

Muster: a) Я был на вы́ставке в после́дние дни пе́ред её закры́тием. (два дня) — Я был на вы́ставке **за два дня до ее закры́тия**. b) Когда́ я прие́хал на вокза́л, по́езд то́лько что отошёл. (2 мину́ты) — Я прие́хал на вокза́л **че́рез 2 мину́ты по́сле отхо́да по́езда**.

1. Вы хоти́те купи́ть биле́ты на бале́т, но биле́тов уже́ нет. Касси́р сове́тует вам прийти́ пе́ред нача́лом спекта́кля, (полчаса́) 2. Верну́вшись домо́й, вы узна́ли, что к вам заходи́л знако́мый, и уточня́ете вре́мя, когда́ он был. (час) 3. Ваш сосе́д ждал письма́, но не дожда́лся и уе́хал. Письмо́ пришло́ на сле́дующий день. Как вы ему́ об э́том расска́жете по́сле его́ возвраще́ния? 4. Вы ждёте госте́й из Берли́на и хоти́те их встре́тить, про́сите сообщи́ть зара́нее день прибы́тия.(неде́ля)

Präpositionen mit dem Akkusativ in anderen Bedeutungen

че́рез — durch; mit Hilfe von; durch Vermittlung von		
Zur Angabe des Mittels	Он получи́л это письмо́ *че́рез дру́га.*	Er hat diesen Brief durch einen Freund bekommen.

в — um; an; nach; von; auf		
1. Zur Angabe von Größenunterschieden (bei mehrfacher Vergrößerung oder Verminderung)	Рабо́чий перевы́полнил план *в два ра́за.*	Der Arbeiter hat den Plan um 100 Prozent überboten (auf das Doppelte gebracht).
2. Zur Angabe des Ziels in objektbestimmender und räumlichbestimmender Bedeutung	Сдай костю́м *в чи́стку!*	Bringe den Anzug zur Reinigung!
3. Nach den Verben: ве́рить — пове́рить	Мы *ве́рим в побе́ду* э́того спортсме́на.	Wir glauben an den Sieg dieses Sportlers.
вступа́ть — вступи́ть	Он *вступи́л в профсою́з.*	Er ist der Gewerkschaft beigetreten.
стреля́ть — вы́стрелить	Охо́тник *стреля́ет в за́йца.*	Der Jäger schießt auf den Hasen.
попада́ть — попа́сть *(в цель)*	Стрело́к *попа́л в цель.*	Der Schütze traf das Ziel.
ра́нить *(vollendet und unvollendet)*	Его́ *ра́нили в ру́ку.*	Er wurde am Arm verwundet.
игра́ть — сыгра́ть *(об и́грах)*	Он *игра́ет в футбо́л* (*волейбо́л, ша́хматы* usw.).	Er spielt Fußball (Volleyball, Schach usw.).
переодева́ться — переоде́ться	Она́ *переоде́лась в дома́шнее пла́тье.*	Sie zog ihr Hauskleid an.
4. Zur Angabe von Maß und Gewicht	Пассажи́р сдал бага́ж *ве́сом в три́дцать килогра́ммов.*	Der Passagier gab ein Gepäck von 30 Kilo auf.

на — für; um; auf; durch; über; mit		
1. Zur Angabe des Zwecks oder Zieles (= **для**)	Э́то де́ньги *на биле́ты.*	Hier ist das Geld für die Karten.
2. Zur Angabe von Vergleichszahlen (beim Komparativ eines Adjektivs oder eines Adverbs)	Мой друг пришёл в теа́тр *на пять мину́т ра́ньше,* чем я.	Mein Freund ist (um) fünf Minuten früher als ich ins Theater gekommen.

3. Bei Prozentangaben	Заво́д перевы́полнил план *на два проце́нта.*	Das Werk überbot den Plan um zwei Prozent.
4. Nach den Verben: влия́ть — повлия́ть	Э́то изве́стие *повлия́ло на* его́ *настрое́ние.*	Diese Nachricht hat auf seine Stimmung gewirkt.
возлага́ть — возложи́ть	Мы *возлага́ем на него́* больши́е наде́жды.	Wir setzen große Hoffnungen auf ihn.
дели́ть — раздели́ть	Ну́жно шесть *раздели́ть на́ два.*	Man muss 6 durch 2 dividieren.
жа́ловаться — пожа́ловаться	Оте́ц *жа́луется на уста́лость.*	Der Vater klagt über Müdigkeit.
клевета́ть	Он *клеве́щет на* э́того *челове́ка.*	Er verleumdet diesen Mann.
напада́ть — напа́сть	Волк *напа́л на ста́до* ове́ц.	Ein Wolf überfiel die Schafherde.
ната́лкиваться — натолкну́ться	В темноте́ *я натолкну́лся на челове́ка.*	Im Dunkel stieß ich auf einen Menschen.
обижа́ться — оби́деться	Мой друг *оби́делся на меня́.*	Mein Freund fühlt sich von mir beleidigt.
отклика́ться — откли́кнуться	Населе́ние *откли́кнулось на призы́в* своего́ прави́тельства помо́чь пострада́вшим от наводне́ния.	Die Bevölkerung leistete dem Aufruf ihrer Regierung Folge, den Opfern der Flutkatastrophe zu helfen.
походи́ть (= быть похо́жим)	Сын *похо́дит (похо́ж) на отца́.*	Der Sohn ähnelt seinem Vater.
серди́ться — рассерди́ться	*Не серди́сь на меня!*	Sei mir nicht böse (ärgere dich nicht über mich)!
соглаша́ться — согласи́ться	Брат *согласи́лся на* э́то *предложе́ние.*	Der Bruder war (erklärte sich) mit diesem Vorschlag einverstanden.
умножа́ть — умно́жить	*Умно́жь де́сять на пять!*	Multipliziere 10 mit 5!
sowie nach den Verben **возде́йствовать, опира́ться, наде́яться**		

за — anstatt; statt; für; an; wegen		
1. In der Bedeutung *statt*, *anstatt*	Андре́й дежу́рит *за това́рища.*	Andrei hat Dienst (an)statt seines Kameraden.
2. Nach einigen Verben: **принима́ться — приня́ться, бра́ться — взя́ться, сади́ться — сесть**, die den Beginn einer Handlung bezeichnen	Он с интере́сом *взя́лся за рабо́ту.* *Я сел за уро́ки.*	Er machte sich mit Interesse an die Arbeit. Ich machte mich an die Hausaufgaben.
3. Nach mehreren Verben und den von ihnen abgeleiteten Substantiven zur Angabe: a) des Grundes: критикова́ть — покритикова́ть	Мы *критику́ем* его́ *за оши́бки, (кри́тика за оши́бки)*	Wir kritisieren ihn wegen seiner Fehler. (Kritik wegen Fehler.)
мстить — отомсти́ть	Он *мстил* ему́ *за оби́ды.*	Er rächte sich an ihm für die Kränkungen (rächte seine Kränkungen an ihm).
осужда́ть — осуди́ть	Това́рищи *осуди́ли* меня́ *за зано́счивость.*	Die Kameraden verurteilten mich wegen meines Hochmuts (meiner Überheblichkeit).
sowie nach den Verben **благодари́ть, люби́ть, нака́зывать, награжда́ть, порица́ть, руга́ть, хва́лить, штрафова́ть**		
b) des Zweckes oder Zieles: **боро́ться, голосова́ть, агити́ровать, выступа́ть, стоя́ть (= отста́ивать)**	Россия́не *стоя́т за дру́жбу* ме́жду наро́дами.	Die Russlandsstaatsbürger sind für Freundschaft zwischen den Völkern.
c) mit den Verben: дёргать — дёрнуть	Ребёнок *дёргал* мать *за рука́в.*	Das Kind zupfte die Mutter am Ärmel.
держа́ться	Больно́й *держа́лся за дверь.*	Der Kranke hielt sich an der Tür fest.
хвата́ться — схвати́ться	Утопа́ющий *хвата́ется за соло́минку.*	Der Ertrinkende klammert sich an einen Strohhalm.
тро́гать — тро́нуть	Кто́-то *тро́нул* меня́ *за́ руку.*	Jemand berührte meinen Arm.
тяну́ть — потяну́ть	Сын *потяну́л* мать *за́ руку.*	Der Sohn zog die Mutter am Arm.
выходи́ть за́муж — вы́йти за́муж	Ле́на *вы́шла за́муж за* своего́ шко́льного *това́рища.*	Lena hat ihren Schulkameraden geheiratet.

sowie mit den Verben **покупа́ть — купи́ть,(за) плати́ть, получа́ть-получи́ть, посыла́ть-посла́ть**	Я *купи́л* газе́ту *за ше́сть рубле́й.*	Ich habe eine Zeitung für sechs Rubel gekauft.

под — unter; in		
1. Zur Angabe einer Begleiterscheinung	Арти́ст зако́нчил выступле́ние *под аплодисме́нты.*	Der Künstler beendete seine Darbietung unter Beifall.
2. In den festen Wortverbindungen: **взять под зало́г, под распи́ску, под контро́ль, под защи́ту, под сомне́ние, под наблюде́ние, под надзо́р, отда́ть под суд, (по)ста́вить под вопро́с, под угро́зу**	Он *взял* меня́ *под* свою́ *защи́ту.*	Er nahm mich in seinen Schutz.

по — je; zu; bis zu; bis über; zu je		
1. distributiv	Мы купи́ли *по две тетра́ди.*	Jeder von uns kaufte zwei Hefte.
2. Zur Angabe des Preises mehrerer gleichartiger Gegenstände[22]	Да́йте, пожа́луйста, два биле́та *по пятьдеся́т рубле́й!*	Geben Sie mir bitte zwei Eintrittskarten zu fünfzig Rubeln!
3. In Wendungen zur Angabe: a) einer räumlichen Grenze: **по щи́колотку, по коле́но**	Он стоя́л в воде́ *по коле́но.*	Er stand knietief im Wasser.
b) des Grades eines Merkmals: **сыт по го́рло, влюби́ться по́ уши**	Он влюби́лся *по́ уши.*	Er hat sich bis über beide Ohren verliebt.

про — über; von		
Nach den Verben: **говори́ть, писа́ть, ду́мать** u.ä. gleichbedeutend mit der Präposition **о** (mit **про** häufiger in der Umgangssprache)	Он *рассказа́л про* свой *полёт.*	Er erzählte von seinem Flug.

[22] Werden bei Preisangaben die Substantive **копе́йка**, **пята́к**, **рубль** u.ä. ohne Zahlwort gebraucht, so stehen sie im Dativ mit der Präposition **по**: **по рублю́**.

о (об, обо) — gegen; an		
Mit den Verben **сту́кнуться, (раз-)би́ться, плеска́ться, уда́риться, споткну́ться (обо что́-то)**	Ребёнок *уда́рился о ка́мень.*	Das Kind stieß gegen einen Stein.

с — etwa		
Zur Angabe eines durch ein Substantiv ausgedrückten ungefähren Entfernungs-, Zeit- oder Gewichtsmaßes; gleichbedeutend mit **о́коло**	Он *боле́л с неде́лю* (о́коло неде́ли). О́льга ро́стом *с мать.*	Er war etwa eine Woche lang krank. Olga ist ungefähr so groß wie ihre Mutter.

Anmerkungen:

Das Ziel der Handlung drücken unter Anderem folgende Fügungen aus:

1. die Verben **расхо́довать**, **тра́тить**, **теря́ть** u.ä. (oder die verbalen Substantive: **расхо́д**, **тра́та**, **затра́та**, **поте́ря**) und **идти́**, **уходи́ть** in der Bedeutung **расхо́довать**, die die Präposition **на** + Akkusativ fordern:

Я тра́чу на доро́гу до университе́та 30 мину́т.	Ich bin bis zur Universität 30 Minuten unterwegs.
На *костю́м пошло́* 3 ме́тра тка́ни.	Für das Kostüm brauchte man 3 Meter Stoff.
Мно́го вре́мени у меня́ *ухо́дит на доро́гу.*	Ich brauche für die Fahrt viel Zeit.

2. die Verben **дава́ть**, **сдава́ть**, **посыла́ть**, **направля́ть** u.ä. **+ на +** Substantiv in der Bedeutung **прове́рка** (**о́тзыв**, **реце́нзия**, **заключе́ние**, **осмо́тр**, **ана́лиз** u. dgl.):

Статья́ *сдана́ на реце́нзию.*	Der Artikel wurde zur Rezension gegeben.

3. die Verben **идти́**, **приглаша́ть**, **звать**, **отправля́ться**, **собира́ться** u.ä. + **на** + Substantiv mit der Bedeutung von Mahlzeiten (**обе́д**, **у́жин**, **за́втрак** usw.) oder Veranstaltungen (**прогу́лка**, **ве́чер**, **собра́ние**, **свида́ние** u.ä.):

Его́ *пригласи́ли на ча́шку ча́я.*	Er wurde zum Tee eingeladen.
Он *отпра́вился на свида́ние.*	Er ging zu einem Rendezvous.

4. die Verben **сдава́ть**, **принима́ть**, **посыла́ть**, **брать**, **относи́ть**, **направля́ть** u.ä. + **в** + Substantiv in der Bedeutung **обрабо́тка** (**чи́стка**, **сти́рка**, **ремо́нт**, **почи́нка**, **утю́жка**, **окра́ска**, **перепеча́тка**, **переде́лка**, **перепла́вка**, **переплёт**):

Бельё *сда́ли в сти́рку.*	Die Wäsche ist zum Waschen abgegeben worden.

31 *Lesen Sie den Text. Beachten Sie den Gebrauch der Substantive im Akkusativ mit und ohne Präposition. Bestimmen Sie die Bedeutung dieser Konstruktionen.*

В 1888 году́ Пари́жская Акаде́мия нау́к в тре́тий раз объяви́ла ко́нкурс на лу́чшее реше́ние зада́чи о движе́нии тяжёлого твёрдого те́ла вокру́г неподви́жной то́чки. Победи́телем оказа́лась же́нщина — Со́фья Ковале́вская, пе́рвая ру́сская же́нщина-учёный.

Ковале́вской пришло́сь пройти́ че́рез больши́е испыта́ния, что́бы получи́ть образова́ние. В 16 лет она́ уже́ брала́ уро́ки вы́сшей матема́тики. Но в ца́рской Росси́и в то вре́мя же́нщинам был закры́т до́ступ в вы́сшие уче́бные заведе́ния. Она́ уе́хала в Герма́нию и ста́ла учени́цей знамени́того матема́тика Вейерштра́сса. В 1874 году́ за три иссле́дования Ковале́вской присво́или сте́пень до́ктора филосо́фии. В э́том же году́ Ковале́вская верну́лась на ро́дипу. Но она́ нс смогла́ получи́ть ме́ста в Петербу́ргском университе́те и ста́ла помога́ть му́жу в изда́тельском де́ле. Она́ писа́ла статьи́, о́черки, театра́льные реце́нзии. Ковале́вская изве́стна и как писа́тельница. В свои́х рома́нах она́ выступа́ла за равнопра́вие же́нщин.

В 1879 году́ Ковале́вской предложи́ли сде́лать докла́д на всеми́рном съе́зде естествоиспыта́телей. Она́ горячо́ взяла́сь за рабо́ту, подгото́вила своё выступле́ние за одну́ ночь и успе́шно выступила на съе́зде.

В 1883 году́ Ковале́вская откли́кнулась на приглаше́ние Стокго́льмского университе́та и уе́хала в Шве́цию. Она́ изучи́ла шве́дский язы́к за полго́да и чита́ла ле́кции по-шве́дски. Че́рез год она́ ста́ла профе́ссором э́того университе́та. Но Ковале́вская горячо́ люби́ла ро́дину и мечта́ла о нау́чной рабо́те в Росси́и. Весь культу́рный мир знал её и́мя, газе́ты и журна́лы писа́ли о ней, но разви́тие ру́сской нау́ки ма́ло забо́тило официа́льные круги́ Росси́и. Свои́ после́дние го́ды Ковале́вская провела́ в Шве́ции, где и сконча́лась в 1891 году́.

32 *Ersetzen Sie die hervorgehobenen Wortverbindungen durch gleichbedeutende. Gebrauchen Sie dabei folgende Verben mit Substantiven im Akkusativ mit und ohne Präpositionen:* ***прие́хать, хвали́ть, походи́ть (быть похо́жим), попа́сть, тро́нуть, вступи́ть****.*

1. Стрела́ охо́тника **дости́гла це́ли**. 2. Сли́ток мета́лла **был подо́бен цили́ндру**. 3. Кто́-то **косну́лся руки́** Андре́я. 4. Наконе́ц мы **бы́ли в дере́вне**. 5. Он о́чень хорошо́ отзыва́лся о моём дру́ге. 6. Профе́ссор Миха́йлов **стал чле́ном нау́чно-техни́ческого о́бщества**.

33 *Ersetzen Sie die hervorgehobenen Satzteile durch gleichbedeutende Konstruktionen mit der Präposition* ***за****.*

Muster: По́сле о́тпуска я с увлече́нием **на́чал рабо́тать**.— По́сле о́тпуска я с увлече́нием **взя́лся (сел) за рабо́ту**.

1. За́втра мы **начнём о́пыты** в но́вой лаборато́рии. 2. Несмотря́ на неуда́чи, молодо́й учёный сно́ва **на́чал экспериме́нты**. 3. Пора́ тебе́ **нача́ть занима́ться**. 4. По́сле рабо́ты я с удово́льствием **чита́ю кни́ги**.

34 *Ersetzen Sie die zusammengesetzten Sätze durch sinnverwandte einfache Sätze.*

Muster: Он оби́делся **на то, что сказа́ла Мари́на**.— Он оби́делся **на слова́ Мари́ны**.

1. Больно́й пожа́ловался врачу́ на то, что у него́ боли́т голова́. 2. Сестра́ наде́ялась на то, что Оле́г прие́дет. 3. Все рассчи́тывали на то, что экспериме́нт око́нчится успе́шно. 4. Дире́ктор сосла́лся на то, что получи́л но́вый прика́з руково́дства. 5. Подру́га рассерди́лась на то, что я был невнима́телен.

35 *Beantworten Sie die Fragen, verwenden Sie in den Antworten sinngemäß die Verben* ***попа́сть, наде́яться, пожа́ловаться, сосла́ться, оби́деться, взя́ться, игра́ть****.*

1. Смо́жете ли вы оди́н упакова́ть весь бага́ж? 2. Мяч, ка́жется, пролете́л праве́е воро́т? 3. Ты упомяну́л в свое́й статье́ рабо́ту профе́ссора Виногра́дова? 4. Ты сказа́л врачу́ о бо́ли в ноге́? 5. Почему́ ты не разгова́риваешь с Ната́шей? 6. Вы принима́ете уча́стие в ша́хматном турни́ре? 7. Ты уже́ на́чал рабо́тать над перево́дом?

36 *Ergänzen Sie die Sätze durch die rechts angegebenen Wörter mit der entsprechenden Präposition.*

1. Наро́ды все́й Земли́ ве́рят …	счастли́вое бу́дущее челове́чества
2. Вы игра́ете…?	ша́хматы
3. Охо́тники стреля́ют с вертоле́тов …	во́лки
4. Баскетболи́ст бро́сил мяч и попа́л …	корзи́на
5. При прокла́дке нефтепрово́да всю тра́ссу строи́тели раздели́ли …	ра́вные ча́сти
6. Крива́я гра́фика похо́дит …	дуга́
7. Друзья́ осужда́ют Мари́ну …	легкомы́слие
8. Автоматиза́ция сни́зила до́лю ручно́го труда́ в э́том це́хе …	во́семьдесят проце́нтов
9. Вы́пуск проду́кции возро́с …	три ра́за

37 *Übersetzen Sie ins Russische. Gebrauchen Sie dabei Verben, die den Akkusativ mit Präposition verlangen.*

1. Die Literatur übt einen starken Einfluss auf die Erziehung der Jugend aus. 2. Das Mädchen klagte über Kopfschmerzen. 3. Der Flieger hoffte auf günstiges Wetter. 4. Spätabends kamen wir in der sibirischen Stadt Angarsk an. 5. Ich danke Ihnen für die Einladung. 6. Der Autor des Artikels wurde wegen ungenauer Formulierungen kritisiert. 7. Sei mir nicht böse! 8. Vera hat dem Bruder seine Unaufmerksamkeit übelgenommen. 9. Der Junge machte sich an seine Schulaufgaben. 10. Mein Bruder ist einer Sportgemeinschaft beigetreten.

38 *Setzen Sie die eingeklammerten Wörter in den erforderlichen Fall.*

1. Рейс был завершён на (семна́дцать мину́т) ра́ньше (срок). 2. Но́вая гости́ница на (два этажа́) вы́ше (ста́рая). 3. Я возврати́лся из о́тпуска на (неде́ля) ра́ньше (срок). 4. Анна моло́же (свой муж) на́ (год). 5. Брат прихо́дит домо́й на (два часа́) по́зже (сестра́).

39 *Ersetzen Sie die hervorgehobenen Wörter durch die gleichbedeutenden Akkusativkonstruktionen.*

Muster: Друг уе́хал **ча́сом ра́ньше** обы́чного. — Друг уе́хал **на час ра́ньше** обы́чного.

1. Серге́й прие́хал в дом о́тдыха **днём ра́ньше нас**. 2. О́ля живёт в одно́м до́ме с на́ми, но **этажо́м вы́ше**. 3. Зака́з был вы́полнен **неде́лей ра́ньше сро́ка**. 4. Из-за плохо́й пого́ды самолёт вы́летел **днём по́зже**. 5. Андре́й сдал кни́ги в библиоте́ку **тремя́ дня́ми по́зже сро́ка**. 6. Я получи́л телегра́мму **днём ра́ньше**.

40 *Lesen Sie folgende Sätze, nennen Sie Konstruktionen, die die ungefähre Zeit ausdrücken. Ersetzen Sie sie durch sinnverwandte.*

Muster: Часо́в в семь … — **приблизи́тельно** в семь часо́в (**о́коло** семи́ часо́в)

1. Часо́в в во́семь утра́ разда́лся телефо́нный звоно́к. 2. Был двена́дцатый час но́чи, когда́ я верну́лся домо́й. 3. Во второ́м часу́ дня мы добрали́сь до ста́нции. 4. Часа́ че́рез два бу́дет объя́влен переры́в. 5. — Ви́ктор до́ма? — Нет, он прие́дет в седьмо́м часу́ ве́чера.

41 *Geben Sie die ungefähre Zeit der Handlung an, indem Sie auf die Fragen des Gesprächspartners antworten. Gebrauchen Sie die in den Klammern stehenden Wörter und Wortverbindungen. Vergessen Sie die Stelle der Präposition nicht.*

1. Ты надо́лго в командиро́вку? (три дня) 2. Ты по́здно встал в воскресе́нье? (во́семь часо́в утра́) 3. Вы не зна́ете, ско́ро вернётся секрета́рь? (пять мину́т) 4. Когда́ мо́жно тебе́ позвони́ть? (во́семь часо́в ве́чера) 5. Надо́лго мо́жно взять у тебя́ кни́гу? (неде́ля) 6. Ско́лько вре́мени е́хать от тебя́ до вокза́ла? (два́дцать мину́т)

42 *Ersetzen Sie die hervorgehobenen Konstruktionen zur ungefähren Zeitangabe durch gleichbedeutende.*

Muster: a) **Почти́ час** я провёл на пля́же. — **О́коло ча́са** я провёл на пля́же.
b) Меня не́ было до́ма **приме́рно три часа́**. — Меня не́ было до́ма часа́ **три**.

1. Я не ви́дел семью́ **почти́ ме́сяц**. 2. На́ша преподава́тельница была́ в Че́хии и Слова́кии **о́коло го́да**. 3. До ста́нции ещё **о́коло трёх киломе́тров**. 4. Мы украша́ли зда́ние к пра́зднику **приме́рно три часа́**. 5. Мы не ви́делись уже́, наве́рное, **де́сять-оди́ннадцать дней**.

43 *Lesen Sie die Sätze. Achten Sie auf die Bedeutung der Konstruktionen mit den Präpositionen **на** und **для**.*

1. **На изготовле́ние** дета́ли рабо́чий затра́тил три часа.
2. **На репети́цию** но́вого бале́та ушло́ о́коло го́да.
3. **На строи́тельство** де́тских учрежде́ний на́ше госуда́рство тра́тит миллио́ны рубле́й.

1. **Для изготовле́ния** дета́ли испо́льзовали ре́дкий мета́лл.
2. **Для репети́ций** но́вого бале́та был приглашён изве́стный хорео́граф.
3. **Для строи́тельства де́тских** учрежде́ний применя́ются совреме́нные отде́лочные материа́лы.

44 *Beantworten Sie die Fragen. Verwenden Sie die in Klammern stehenden Wörter in der entsprechenden Form mit den Präpositionen **для**, **на** oder **в** als Zielangaben.*

1. Для чего́ аспира́нт собира́ет материа́л? (диссерта́ция) 2. Для чего́ вы сда́ли статьи́ лабора́нтке? (перепеча́тка) 3. Для чего́ преподава́тель взял на́ши контро́льные рабо́ты? (прове́рка) 4. Для чего́ ты сдал в мастерску́ю о́бувь? (ремо́нт) 5. Для чего́ тебя́ приглаша́л сего́дня профе́ссор? (серьёзный разгово́р) 6. Для чего́ ему́ отпра́вили ру́копись уче́бника? (реце́нзия)

45 *Ergänzen Sie die Sätze durch die Präposition **на** bzw. **для**. Setzen Sie die eingeklammerten Wörter in den erforderlichen Fall. Vergessen Sie nicht, dass die beiden Präpositionen in Verbindung mit einem Substantiv zwar den Verwendungszweck angeben, hierbei **для** jedoch mit Wörtern steht, die die Person oder den Gegenstand nennen, denen die Handlung gilt (meistens mit Objektbedeutung). Die Präposition **на** dagegen wird gebraucht wenn zum Verwendungszweck eine Maß- oder Mengenangabe hinzukommt (**обе́д на семь челове́к**). Sonst ist **на** = **для** (**де́ньги на поку́пку биле́тов** = **для поку́пки биле́тов**).*

1. … (статья́) он испо́льзовал литерату́ру на иностра́нных языка́х. … (статья́) он затра́тил це́лых две неде́ли. 2. … (подгото́вка) но́вого спекта́кля арти́стам пришло́сь консульти́роваться у специали́стов-исто́риков. 3. Я купи́ла шёлку … (пла́тье). 4. Сосе́д купи́л шкаф … (кни́ги). 5. У́до отложи́л де́ньги … (кни́ги). 6. Ну́жно сдать кни́ги … (переплёт). 7. Госте́й пригласи́ли … (прогу́лка).

46 *Ergänzen Sie die Sätze durch passende Präpositionen.*

1. Рыбаки́ вы́шли в мо́ре … у́тро. 2. За у́жином де́ти получи́ли … сла́дкому пирожку́. 3. Воды́ здесь … по́яс. 4. … пое́здку в Петербу́рг у меня оста́лось пять дней. 5. … пять дней мне удало́сь осмотре́ть гла́вные истори́ческие па́мятники го́рода. 6. Ора́тор зако́нчил своё выступле́ние … аплодисме́нты.

47 *Ergänzen Sie die Sätze durch **сквозь** bzw. **че́рез**. In welchen Sätzen lässt sich die eine Präposition durch die andere ersetzen?*

1. Ли́ния электропереда́чи прошла́ … но́вый посёлок. 2. Сталева́ры смо́трят на распла́вленный мета́лл … тёмное стекло́. 3. Пе́ред са́мой Москво́й самолёт лете́л … сплошно́й тума́н. 4. Мы лете́ли во Владивосто́к … Ирку́тск. 5. Дождь проника́л … оде́жду. 6. … откры́тые о́кна доноси́лись пе́сни и му́зыка. 7. Аэроса́ни с трудо́м пробива́лись … пургу́.

48 *Merken Sie sich die folgenden Wortverbindungen. Bilden Sie Sätze damit.*

войти́ в тради́цию, войти́ во вкус, войти́ в привы́чку, войти́ в употребле́ние, войти́ в положе́ние, войти́ в погово́рку, прийти́ в восто́рг, прийти́ в у́жас, прийти́ в себя́, вы́йти в лю́ди, вы́бросить на ве́тер, чита́ть про себя́, рассказа́ть про себя́.

49 *Übersetzen Sie ins Russische unter Verwendung des Akkusativs mit bzw. ohne Präposition.*

1. Das Treffen mit den Arbeitsveteranen wird am Freitag um 7 Uhr abends stattfinden. 2. Wir fahren für zwei Monate in den Süden. 3. Dieses Gebäude ist in einem Jahr erbaut worden. 4. Jeden Dienstag gehe ich abends in die Bibliothek. 5. Wir kauften die Eintrittskarten 5 Minuten vor Beginn der Vorstellung. 6. Meine Schwester hat viel zu tun. 7. Nach 5 Jahren Studium in Moskau kannte der Student die Stadt gut. 8. In 5 Jahren wird Konrad in die Heimat zurückkehren. 9. Etwa drei Wochen lang hörten wir nichts von ihm. 10. Der Zug ist 10 Minuten nach 8 angekommen. 11. Wladimir kam zu uns eine halbe Stunde früher als sein Bruder. 12. Manchmal saßen wir an unseren Hausaufgaben den ganzen Abend hindurch. 13. Nach Absolvierung der Universität gingen wir alle auseinander: Marina ging nach Weißrussland, Sascha in die Ukraine und ich in den Fernen Osten. 14. Ich gehe für 15 Minuten ins Postamt. 15. Einige Minuten lang gingen wir durch ein Wäldchen. 16. Wir kauften 3 Hefte zu 2 Rubeln. 17. Mein Sohn ist schon so groß wie ich. 18. Er bewohnte eine kleine Wohnung von 40 Quadratmetern. 19. Ich schlief erst gegen Morgen ein. 20. Zu jener Zeit erfuhren wir im Rundfunk vom internationalen Weltraumflug. 21. Mascha hat vor Kurzem meinen Bruder geheiratet.

§ 8 Gebrauch des Instrumentals ohne Präposition

1. Zur Bezeichnung des Mittels oder Instruments der Handlung	Я пишу́ *ша́риковой ру́чкой.*	Ich schreibe mit einem Kugelschreiber.
2. Zur Bezeichnung des Verkehrsmittel	Я прие́хал в Москву́ *по́ездом.*	Ich bin mit einem Zug nach Moskau gekommen.
3. Zur Bezeichnung des Weges	Мы шли *по́лем (= по́ полю).*	Wir gingen über ein Feld.
4. Zur Bezeichnung der Zeit	*Ра́нним у́тром* меня́ разбуди́л стук в дверь.	Früh am Morgen weckte mich ein Klopfen an die Tür.
5. Zur Bezeichnung der Art und Weise der Handlung (Fragen: *wie? auf welche Weise?*)	*До́лгими зи́мними вечера́ми* я слу́шал её расска́зы.	An den langen Winterabenden hörte ich ihren Erzählungen zu.
	Молода́я певи́ца пе́ла *высо́ким го́лосом.*	Die junge Sängerin sang mit hoher Stimme.

6. Zur Bezeichnung des Unterschieds (bei Komparativformen)	Брат моло́же сестры́ *двумя́ года́ми (= на два года).*	Der Bruder ist zwei Jahre jünger als die Schwester.
7. Zur Bezeichnung des Urhebers der Handlung in Passivkonstruktionen	Всё на земле́ создаётся *трудо́м* челове́ка (= *посре́дством труда́* челове́ка).	Alles auf Erden wird durch des Menschen Arbeit geschaffen.
	Ле́кция прочи́тана *профе́ссором* .	Die Vorlesung wurde von einem Professor gehalten.
8. Zur Bezeichnung des Urhebers in unpersönlichen Konstruktionen	У́лицу занесло́ *сне́гом*.	Die Straße wurde vom Schnee verweht.
	В ко́мнате па́хнет *ро́зами.*	Im Zimmer duftet es nach Rosen.
9. Zur Bezeichnung der handelnden Person mit Verbalsubstantiven	Выполне́ние пла́на *строи́телями* шло по гра́фику.	Die Ausführung des Plans durch die Bauleute ging termingemäß vor sich.
10. Als Objekt nach einigen Adjektiven (Lang- und Kurzform). Die gebräuchlichsten davon sind: **бе́дный, бли́зкий, бога́тый, большо́й, ва́жный, го́рдый, дово́льный, дорого́й, знамени́тый, изве́стный, прекра́сный, оби́льный, плохо́й, поле́зный, прия́тный, проти́вный, сла́вный, хоро́ший** usw.	Э́та о́бласть *бедна́* ле́сом.	Dieses Gebiet hat nur wenig Wald.
	Э́то была́ ме́стность, *бога́тая ме́дной рудо́й.*	Das war ein an Kupfererz reiches Gebiet.
	Знамени́тый не́фтью го́род Баку́ хороше́ет с ка́ждым днём.	Die durch ihr Erdöl berühmte Stadt Baku wird mit jedem Tag schöner.
	Э́тот челове́к *(не)прия́тен свои́ми мане́рами.*	Dieser Mann fällt durch seine Manieren angenehm (unangenehm) auf.
	У ма́льчика, *больно́го гри́ппом*, была́ высо́кая температу́ра.	Der grippekranke Junge hatte hohes Fieber.
	Она́ была́ *хороша́ свое́й непосре́дственностью.*	Ihre Unmittelbarkeit machte sie sympathisch.
	Профе́ссор Петро́в *изве́стен свои́ми труда́ми* в о́бласти биоло́гии.	Prof. Petrow ist durch seine Arbeiten auf dem Gebiet der Biologie bekannt.
	Он *дово́лен свое́й пое́здкой.*	Er ist mit seiner Reise zufrieden.

11. Zur Bezeichnung eines Berufs, Postens oder Fachgebiets nach den Verben **рабо́тать, служи́ть, поступа́ть, состоя́ть, утвержда́ть** (Fragen: *als wer? als was? in welcher Eigenschaft?*)	Он *рабо́тает инжене́ром.*	Er arbeitet als Ingenieur.
	Оте́ц *утверждён дире́ктором.*	Der Vater ist in seinem Amt als Direktor bestätigt worden.
12. Als Prädikatsnomen nach den kopulativen Verben **быть, де́лать(ся), сде́лать(ся), каза́ться, назнача́ться, назнача́ть, зва́ть(ся), называ́ть(ся), назва́ть(ся), ока́зываться, оказа́ться, остава́ться, стать, станови́ться, счита́ть(ся), явля́ться** und einigen anderen	Я *был* тогда́ *студе́нтом.*	Ich war damals Student.
	Не́бо *сде́лалось се́рым* от туч.	Der Himmel wurde grau vor Wolken.
	Его́ *зову́т (назва́ли) Вале́рием.*	Er heißt Valeri (wurde Valeri genannt).
	Дочь *назва́ли Ната́шей.*	Man hat die Tochter Natascha genannt.
	Э́тот прибо́р *называ́ется реоста́т(ом).*	Dieses Gerät heißt Rheostat.
	Пла́тье *ста́ло мо́крым* от дождя́.	Das Kleid wurde nass vom Regen.
	Его́ *счита́ют у́мным челове́ком.*	Er gilt als kluger Mensch.
	Э́та рабо́та *явля́ется я́рким свиде́тельством* тала́нта молодо́го учёного.	Diese Arbeit zeugt beredt vom Talent des jungen Wissenschaftlers.
	Он *каза́лся* не́сколько *смущённым и расте́рянным.*	Er schien etwas bestürzt.
13. Als vergleichende Charakteristik eines Gegenstandes, einer Person in den Wortverbindungen: **ро́стом с … (в …), длино́й с … (в …), разме́ром с … (в …)** u.ä.	Шёл град *величино́й с (в) кури́ное яйцо́.*	Es hagelte eigroße Schloßen.

Anmerkungen:

Zu 2: Häufiger ist bei diesem Gebrauch jedoch der Präpositiv mit der Präposition **на**: Я прие́хал в Москву́ **на по́езде**. *(Ich kam mit einem Zug nach Moskau.)* Merken Sie sich ferner: е́хать **на ло́шади, на велосипе́де, на ло́дке, на саня́х**. Steht vor dem das Verkehrsmittel nennenden Substantiv ein durch ein Adjektiv ausgedrücktes Attribut, so kann die Konstruktion mit der Präposition **с** gebraucht werden: Я прие́хал **с после́дним по́ездом**.

Zu 5: Im Russischen kann die Adverbialbestimmung der Art und Weise durch ein Substantiv im Instrumental ausgedrückt werden, sowohl mit der Präposition **c**: слу́шать **с интере́сом** (*mit Interesse zuhören*); рабо́тать **с увлече́нием** (*mit Begeisterung arbeiten*); писа́ть **с оши́бками** (*mit Fehlern schreiben*) als auch ohne diese Präposition: рабо́тать **но́выми ме́тодами** (*nach neuen Methoden arbeiten*); расска́зывать **свои́ми слова́ми** (*mit eigenen Worten erzählen*); ходить **больши́ми шага́ми** (*in großen Schritten gehen*).

Wenn im Russischen die Adverbialbestimmung der Art und Weise mit der Präposition **без** + Genitiv gebraucht wird, so entspricht ihr in der entgegengesetzten Bedeutung die Präposition **c**:

Мы слу́шали его́ *без интере́са.*	Wir hörten ihm ohne Interesse zu.
Мы слу́шали его́ *с интере́сом.*	Wir hörten ihm mit Interesse zu.

Aber: Мы рабо́таем *но́выми ме́тодами.* Man kann nicht sagen: «*без но́вых ме́тодов*».

Zu 7: Das Passiv der unvollendeten Verben wird mit Hilfe der Partikel **-ся** gebildet:

Студе́нт *выполня́ет* зада́ние.	Der Student macht die Aufgabe.
Зада́ние *выполня́ется* студе́нтом.	Die Aufgabe wird vom Studenten gemacht.

Das Passiv der vollendeten Verben wird mit Hilfe der Kurzform des Partizips des Präteritums Passiv gebildet:

Студе́нт *вы́полнил* (*вы́полнит*) зада́ние.	Der Student hat die Aufgabe gemacht (wird … machen).
Зада́ние *вы́полнено* (*бы́ло, бу́дет вы́полнено*) студе́нтом.	Die Aufgabe ist vom Studenten gemacht worden (wurde … gemacht, wird … gemacht werden).

In Naturbeschreibungen ist das mit Hilfe der Partikel **-ся (-сь)** gebildete Passiv auch von vollendeten Verben möglich:

Го́ры *осветились* лу́нным све́том.	Die Berge erstrahlten im Mondschein.

Zu 9: Die Substantive **руково́дство**, **кома́ндование**, **управле́ние** haben doppelte Bedeutung: a) die einer Handlung, eines Vorgangs, in diesem Fall steht nach ihnen der Instrumental: руково́дство **фа́брикой**; b) die einer leitenden Körperschaft, einer Gruppe von Menschen, dann steht nach ihnen der Genitiv: руково́дство **фа́брики.** (Siehe auch Seite 110)

Zu 10: Die Adjektive **дорого́й**, **хоро́ший**, **счастли́вый**, **плохо́й**, **поле́зный** und einige andere werden in der Kurzform besonders oft als Prädikativum des Hauptsatzes in einem Satzgefüge gebraucht, wenn dem Bindewort des Nebensatzes im Hauptsatz das Demonstrativpronomen **то** im Instrumental entspricht:

На́ша бесе́да была́ *поле́зна тем*, что вы́явила о́бщность взгля́дов.	Unsere Unterredung war deshalb nützlich, weil sie die Gemeinsamkeit unserer Ansichten zutage gefördert hat.

Zu 12: a) Nach dem Präteritum oder Futur von **быть** kann sowohl der Nominativ als auch der Instrumental stehen:

Ве́чер *был* (*бу́дет*) *тёплым* (*тёплый*).	Der Abend war (wird) warm (sein).

b) Ist das Subjekt durch das Pronomen **э́то** ausgedrückt und steht **быть** im Präteritum oder Futur, so steht das durch ein Konkretum ausgedrückte Prädikatsnomen stets im Nominativ. **Быть** kongruiert mit dem Prädikatsnomen in Geschlecht und Zahl:

Э́то *была́ (бу́дет) интере́сная рабо́та.*	Das war (wird) eine interessante Arbeit (sein).

Ein Abstraktum (**оши́бка**, **сча́стье**, **неожи́данность**, **ра́дость**, **го́ре**, **происше́ствие** usw.) kann dagegen sowohl im Instrumental (die Kopula kongruiert mit dem Pronomen **это**) als auch im Nominativ (die Kopula kongruiert mit dem Prädikatsnomen) stehen:

Э́то *бы́ло большо́й оши́бкой.* = Э́то *была́ больша́я оши́бка.*	Das war ein schwerer Fehler.

In beiden Fällen ist nur die gerade Wortfolge möglich; das Subjekt steht an erster Stelle.

c) Das Verb **звать** (*heißen*) wird nur in bezug auf Lebewesen gebraucht, bei Menschen nur im Zusammenhang mit dem Vornamen bzw. Vor- und Vatersnamen. Nach diesem Verb kann sowohl der Instrumental als auch der Nominativ stehen.

Его́ *зову́т Ива́н Петро́вич / Ю́рием.*	Er heißt Iwan Petrowitsch / Juri.

In Bezug auf Gegenstände wird das Verb **называ́ться** gebraucht:

Э́тот прибо́р *называ́ется реоста́том.* = Э́тот прибо́р *называ́ется реоста́т.*	Dieses Gerät heißt Rheostat.

d) In der Konstruktion **что/кто явля́ется чем/кем** (oder **чем/кем явля́ется что/кто**) drückt der Instrumental einen weiteren, der Nominativ einen engeren Begriff aus:

Ю́рий Гага́рин *явля́ется пе́рвым в ми́ре лётчиком-космона́втом.*	Juri Gagarin ist der erste Kosmonaut der Welt.
Пе́рвым в ми́ре лётчиком-космона́втом явля́ется Ю́рий Гага́рин.	

In anderen Bedeutungen ist das Verb **явля́ться** ein Vollverb in der Bedeutung von **приходи́ть**:

Он явля́ется на рабо́ту (в институ́т) в 9 часо́в.	Er kommt um 9 Uhr zur Arbeit (erscheint um 9 Uhr im Institut).

Merken Sie sich die Wortverbindungen **яви́ться причи́ной**, **яви́ться по́водом**, **яви́ться неожи́данностью**.

Его́ прие́зд *яви́лся* для нас *по́лной неожи́данностью.*	Seine Ankunft war für uns völlig unerwartet.

Die gebräuchlichsten Verben, die im Russischen den Instrumental ohne Präposition und im Deutschen die Präposition *mit* verlangen

занима́ться — заня́ться	Он *занима́ется пробле́мами* долголе́тия.	Er befasst sich mit Problemen der Langlebigkeit.
заража́ть — зарази́ть	Мой брат *зарази́л* меня *гри́ппом.*	Mein Bruder hat mich mit Grippe angesteckt.
засыпа́ть — засы́пать	Я́му *засы́пали землёй.*	Man hat die Grube mit Erde zugeschüttet.
конча́ть — ко́нчить	Он *ко́нчил* речь *призы́вом* к молодёжи.	Er beendete seine Rede mit einem Aufruf an die Jugend.
конча́ться — ко́нчиться	Перегово́ры *ко́нчились подписа́нием* соглаше́ния.	Die Verhandlungen endeten mit der Unterzeichnung eines Abkommens.
кра́сить — покра́сить — окра́сить	Он *окра́сил* сте́ны свое́й кварти́ры *ма́сляной кра́ской.*	Er hat die Wände seiner Wohnung mit Ölfarbe gestrichen.
ма́зать — сма́зать — пома́зать	Меха́ник *сма́зал* колёса *ма́слом.*	Der Mechaniker schmierte die Räder mit Öl.
маха́ть — махну́ть	*Я махну́л* ему́ *руко́й.*	Ich winkte ihm mit der Hand.
награжда́ть — награди́ть	Прави́тельство *награди́ло* лётчика *о́рденом.*	Die Regierung zeichnete den Flieger mit einem Orden aus.
нагружа́ть — нагрузи́ть	Маши́ну *нагружа́ют углём.*	Das Auto wird mit Kohle beladen.
надоеда́ть — надое́сть	Она́ постоя́нно *надоеда́ет* мне свои́ми *вопро́сами.*	Sie setzt mir mit ihren Fragen ständig zu.
наполня́ть(ся) — напо́лнить(ся)	Сосу́д *напо́лнили га́зом.*	Das Gefäß wurde mit Gas gefüllt.
	Её глаза́ *напо́лнились слеза́ми.*	Ihre Augen füllten sich mit Tränen.
начина́ть(ся) — нача́ть(ся)	Рома́н *начина́ется описа́нием истори́ческих собы́тий.*	Der Roman beginnt mit der Schilderung der historischen Ereignisse.
обогаща́ть(ся) — обогати́ть(ся)	Свои́м *откры́тием* он *обогати́л* нау́ку.	Mit seiner Entdeckung hat er die Wissenschaft bereichert.

пита́ться	Лев *пита́ется мя́сом.*	Der Löwe nährt sich mit (von) Fleisch.
помога́ть — помо́чь	Мой друг *помо́г* мне *сове́том.*	Mein Freund half mir mit seinem Rat.
премирова́ть	Его́ *премирова́ли мотоци́клом.*	Es wurde mit einem Motorrad prämiert.
снабжа́ть — снабди́ть	На доро́гу нас *снабди́ли проду́ктами.*	Man hat uns für den Weg mit Lebensmitteln versorgt.
торгова́ть	Он *торгу́ет ры́бой.*	Er handelt mit Fischwaren.
удовлетворя́ть(ся) — удовлетвори́ть(ся)	Я был вполне́ *удовлетворён* его́ *отве́том.*	Ich war mit seiner Antwort vollkommen befriedigt.
успока́ивать — успоко́ить	Свои́м *письмо́м* сын *успоко́ил* мать.	Der Sohn beruhigte die Mutter mit seinem Brief.

Anmerkungen:

1. Zu dieser Gruppe von Verben können auch folgende gerechnet werden: **аргументи́ровать, беспоко́ить — побеспоко́ить, дели́ться — подели́ться, грози́ть — пригрози́ть, запу́гивать — запуга́ть, закле́ивать — закле́ить, заслоня́ть — заслони́ть, крыть — покры́ть — закры́ть, маскирова́ть — замаскирова́ть, обеспе́чивать — обеспе́чить, обходи́ться — обойти́сь, ороша́ть — ороси́ть, отмеча́ть — отме́тить, переполня́ться — перепо́лниться, подкрепля́ть(ся) — подкрепи́ть(ся), пуга́ть — испуга́ть, хва́статься — похва́статься**[23].

2. Nach den Verben **начина́ть(ся), нача́ть(ся)** kann das Objekt auch im Genitiv mit der Präposition **с** stehen:

Конце́рт *на́чался но́вой пе́сней.* = Конце́рт *на́чался с но́вой пе́сни.*	Das Konzert begann mit einem neuen Lied.

Nach den Verben **конча́ть(ся); ко́нчить(ся)** kann auch der Präpositiv mit der Präposition **на** stehen:

Наш разгово́р *ко́нчился* тем, что … = Наш разгово́р ко́нчился на том, что …	Unser Gespräch endete damit, dass …

▶ Merken Sie sich:

Wenn die Person oder der Gegenstand, die die Funktion des Subjekts ausüben, selbst handeln, so gebraucht man die Verben **начина́ть — нача́ть, конча́ть — ко́нчить**, sonst aber die reflexiven Verben **начина́ться — нача́ться, конча́ться — ко́нчиться**:

Профе́ссор *начина́ет (конча́ет)* ле́кцию в 8 часо́в.	Der Professor beginnt (beendet) die Vorlesung um 8 Uhr.

[23] Den russischen reflexiven Verben: **начина́ться, конча́ться, обходи́ться, хва́статься** entsprechen die nichtreflexiven deutschen Verben: *beginnen, enden, auskommen, prahlen.*

Andere gebräuchliche Verben, die den Instrumental ohne Präposition verlangen

боле́ть	Брат *боле́ет гри́ппом.*	Mein Bruder hat Grippe.
владе́ть *(unv.)* steht oft mit **язы́к, те́хника, ору́жие, сло́во, земля́, иму́щество, роль, го́лос** mit dem Pronomen **себя** usw.	a) Э́тот студе́нт *владе́ет ру́сским языко́м.* b) Э́тот хлеборо́б *владе́ет плодоро́дными зе́млями.* c) Ни́на хорошо́ *владе́ет собо́й.*	Dieser Student beherrscht die russische Sprache. Dieser Bauer besitzt fruchtbare Ländereien. Nina ist sehr beherrscht.
возмуща́ть(ся) — возмути́ть(ся)	Он *возмути́л* меня *свои́м поведе́нием.*	Ich war über sein Verhalten empört (er hat mich durch … empört).
восхища́ть(ся) — восхити́ть(ся)	Мы *восхища́лись высо́ким мастерство́м* пиани́ста.	Wir bewunderten das hohe Können des Pianisten.
горди́ться	Мы *горди́мся на́шими успе́хами.*	Wir sind auf unsere Erfolge stolz.
дополня́ть — допо́лнить	Преподава́тель *допо́лнил* мой отве́т *но́выми фа́ктами.*	Der Lehrer ergänzte meine Antwort durch neue Tatsachen.
дорожи́ть	Я *дорожу́ её мне́нием.*	Ich schätze ihre Meinung hoch.
же́ртвовать — поже́ртвовать	Ра́ди неё он *же́ртвовал собо́й.*	Ihretwegen hat er sich (auf)geopfert.
заболева́ть — заболе́ть	Ребёнок *заболе́л ко́рью.*	Das Kind hat Masern bekommen.
заве́довать[24]	Сестра́ *заве́дует столо́вой.*	Meine Schwester leitet eine Speisegaststätte.
заменя́ть — замени́ть	Официа́нт *замени́л* мя́со *ры́бой.*	Der Kellner ersetzte das Fleisch durch ein Fischgericht.
злоупотребля́ть — злоупотреби́ть	Он *злоупотребля́ет* на́шим *дове́рием.*	Er missbraucht unser Vertrauen.
избира́ть — избра́ть	И́горя *избра́ли делега́том* на конфере́нцию.	Igor wurde zum Konferenzdelegierten gewählt.
интересова́ться — заинтересова́ться	Мой друг *интересу́ется жи́вописью.*	Mein Freund interessiert sich für Malerei.

[24] **заве́довать** wird oft mit **магази́н**, **библиоте́ка**, **клуб**, **столо́вая**, **отде́л**, **канцеля́рия**, **ка́федра**, **учéбная часть**, **хозя́йство**, **се́ктор**, **реда́кция** u.ä. gebraucht.

кома́ндовать[25]	Его́ оте́ц *кома́ндует диви́зией.*	Sein Vater befehligt eine Division.
любова́ться — полюбова́ться	Де́вушка *любу́ется зака́том* со́лнца.	Das Mädchen bewundert den Sonnenuntergang.
меня́ться — поменя́ться — обменя́ться	Друзья́ *поменя́лись кни́гами (обменя́лись адреса́ми).*	Die Freunde tauschten Bücher (Adressen) aus.
наслажда́ться — наслади́ться	Гуля́я по́ лесу, он *наслажда́лся тишино́й.*	Bei seinem Spaziergang im Walde genoss er die Stille.
нра́виться — понра́виться	Он мне *нра́вится* свое́й *принципиа́льностью.*	Er gefällt mir wegen seiner Prinzipienfestigkeit.
облада́ть[26]	Мой друг *облада́ет* больши́ми *спосо́бностями.*	Mein Freund besitzt große Fähigkeiten (ist sehr begabt).
овладева́ть — овладе́ть	То́карь *овладе́л* но́выми *ме́тодами* рабо́ты.	Der Dreher hat neue Arbeitsmethoden gemeistert.
ограни́чиваться — ограни́читься	Он *ограни́чился* не́сколькими *приме́рами.*	Er beschränkte sich auf einige Beispiele.
окружа́ть — окружи́ть	Его́ *окружи́ли внима́нием и забо́той.*	Er wurde mit Aufmerksamkeit und Fürsorge umgeben.
отлича́ться	Мой друг *отлича́ется хоро́шей па́мятью.*	Mein Freund zeichnet sich durch sein gutes Gedächtnis aus.
подкрепля́ть — подкрепи́ть	Судья́ *подкрепля́ет* свои́ слова́ *фа́ктами.*	Der Richter bekräftigt seine Worte durch Tatsachen.
по́льзоваться — воспо́льзоваться	Я *по́льзуюсь словарём.*	Ich benutze (gebrauche) ein Wörterbuch.
	Я непреме́нно *воспо́льзуюсь* ва́шим *гостеприи́мством.*	Ich werde von Ihrer Gastfreundschaft unbedingt Gebrauch machen.
поража́ть — порази́ть	Я был *поражён* его́ *письмо́м.*	Ich war über seinen Brief erstaunt.
пра́вить	Наро́д *пра́вит страно́й.*	Das Volk regiert das Land.
пренебрега́ть — пренебре́чь	Он *пренебрёг* мои́м *сове́том.*	Er hat meinen Rat verschmäht.

[25] **кома́ндовать** wird oft mit **отряд, а́рмия, полк, диви́зия, пара́д** u.ä. gebraucht.

[26] **облада́ть** wird oft mit **тала́нт, зна́ния, го́лос, па́мять, вне́шность, скло́нность, ум** u.ä. gebraucht.

провозглаша́ть — провозгласи́ть	И́ндия *провозглашена́* суве́ренной *респу́бликой* в 1950 году́.	1950 wurde in Indien die souveräne Republik ausgerufen.
ра́довать — пора́довать	Сын *ра́дует* меня́ свои́ми *успе́хами.*	Der Sohn bereitet mir Freude mit seinen Erfolgen.
распоряжа́ться — распоряди́ться	В до́ме она́ *всем распоряжа́ется.*	Im Haus verfügt sie über alles.
риско́вать	Вы *риску́ете* свои́м *здоро́вьем.*	Sie setzen Ihre Gesundheit aufs Spiel.
руководи́ть[27]	На́шим *кружко́м руководи́т* студе́нт консервато́рии.	Unseren Zirkel leitet ein Student des Konservatoriums.
сла́виться — просла́виться	Гру́зия *сла́вится* свои́ми *ви́нами.*	Georgien ist für seine Weine berühmt.
страда́ть	Мой друг *страда́ет близору́костью.*	Mein Freund leidet an Kurzsichtigkeit (ist kurzsichtig).
увлека́ться — увле́чься	Мой брат *увлека́ется спо́ртом.*	Mein Bruder ist sportbegeistert (ist begeisterter Sportler).
удивля́ть — удиви́ть	Он *удиви́л* нас свои́м *письмо́м.*	Er hat uns durch seinen Brief verwundert.
управля́ть[28]	a) Он *управля́ет* госуда́рственным ба́нком.	Er leitet (verwaltet) die Staatsbank.
	b) Он хорошо́ *управля́ет маши́ной.*	Er ist ein guter Fahrer.

Anmerkung:

Zu diesen Verben zählen ferner: **волнова́ть — взволнова́ть, восторга́ться, вреди́ть — повреди́ть, засева́ть** — засе́ять, **опра́вдывать — оправда́ть, па́дать — пасть (пасть же́ртвой), подменя́ть — подмени́ть, подтвержда́ть — подтверди́ть, разража́ться — разрази́ться**[29], **располага́ть, руково́дствоваться, хвали́ться**.

[27] **руководи́ть** wird mit folgenden Wörtern gebraucht: a) **борьба́, рабо́та, монта́ж, перегово́ры, де́ятельность**; b) **наро́д, лю́ди**; c) **заво́д, фа́брика, стро́йка, строи́тельство, колхо́з, трест**; d) **семина́р, кружо́к, организа́ция, страна́, па́ртия, сою́з**; e) **хор, анса́мбль, орке́стр** u.ä.

[28] **управля́ть** wird oft mit folgenden Wörtern gebraucht: a) **страна́, госуда́рство, респу́блика**; b) **маши́на, стано́к, тра́ктор, самолёт, кора́бль**; c) **трест, дела́, банк** u.ä.

[29] Merken Sie sich, dass die russischen Verben **горди́ться**, (об)**меня́ться**, **наслажда́ться**, **нра́виться**, **разража́ться**, **распоряжа́ться**, **сла́виться** reflexiv sind.

Übungen

1 *Lesen Sie die Sätze und beachten Sie den Gebrauch des Instrumentals ohne Präposition.*

1. Портре́т был нарисо́ван у́глем. 2. Геологи́ческая экспеди́ция уже́ не́сколько дне́й пробира́лась таёжными тро́пами. 3. Мой друг це́лыми вечера́ми пропада́ет в ша́хматном клу́бе. 4. Хороша́ Москва́ весе́нним у́тром! 5. Изве́стный ру́сский педаго́г Уши́нский говори́л, что дете́й на́до воспи́тывать разу́мной насто́йчивостью, любо́вью и ла́ской. 6. От студе́нческого общежи́тия до на́шего институ́та мы е́здим авто́бусом. 7. Сне́гом засы́пало дома́ зимо́вщиков. 8. Украи́нский писа́тель И. Франко́ изве́стен свое́й перево́дческой де́ятельностью. 9. Ру́сский писа́тель А. Че́хов до́лго служи́л зе́мским врачо́м. 10. Весь росси́йский наро́д горди́тся по́двигом геро́ев-космона́втов.

2 *Ergänzen Sie die Sätze durch die in Klammern stehenden Wörter im richtigen Fall.*

1. Строи́тели вынима́ли гру́нт (экскава́тор). 2. Серге́й обводи́л чертёж (чёрная тушь). 3. Лётчики обрабо́тали по́ле (хими́ческие удобре́ния). 4. На автозаво́де сло́жные вычисле́ния производя́тся (электро́нные маши́ны). 5. Мать наре́зала хлеб (то́нкие ро́вные ло́мтики). 6. Поля́рники шли (безлю́дная сне́жная пусты́ня). 7. В посёлок мо́жно пройти́ (го́рный перева́л). 8. Рыбаки́ шли (бе́рег) реки́. 9. Китобо́йная флоти́лия ухо́дит в пла́вание (ра́нняя весна́). 10. (Бу́дущее ле́то) студе́нты на́шего институ́та отпра́вятся в путеше́ствие по Енисе́ю. 11. Фина́льный матч на пе́рвенство страны́ по футбо́лу зако́нчился (по́здний ве́чер).

3 *Beantworten Sie die folgenden Fragen in Sätzen, verwenden Sie die eingeklammerten Wörter als Zeitangaben.*

Muster: Когда́ появля́ются пе́рвые цветы́? (ра́нняя весна́) — Пе́рвые цветы́ появля́ются **ра́нней весно́й**.

1. Когда́ дни стано́вятся коро́че, а но́чи длинне́е? (зима́) 2. Когда́ де́ти выхо́дят на прогу́лку? (зи́мнее у́тро) 3. Когда́ прово́дятся заня́тия в шко́ле рабо́чей молодёжи? (вечера́) 4. Где прохо́дит доро́га? (берёзовая ро́ща) 5. Как ты е́дешь в институ́т? (кратча́йший путь) 6. Как иду́т демонстра́нты? (коло́нны)

4 *Ersetzen Sie die hervorgehobenen Wortverbindungen durch gleichbedeutende Konstruktionen mit dem Instrumental ohne Präposition als Zeitangaben.*

Muster: **В тёплый весе́нний день** мы отпра́вились в лес. — **Тёплым весе́нним днём** мы отпра́вились в лес.

1. **В я́сные лу́нные но́чи** продолжа́лась съёмка но́вого фи́льма. 2. **В ра́ннее ле́тнее у́тро** тури́сты вы́ехали из го́рода. 3. **В дождли́вые осе́нние вечера́** молодёжь прово́дит вре́мя в рабо́чих и студе́нческих клу́бах. 4. **В суро́вую поля́рную ночь** учёные-поля́рники веду́т нау́чную рабо́ту. 5. Мы вы́летели

во Владивосток **в раннее безоблачное утро**. 6. Молодые специалисты ехали на Камчатку **по морю**. 7. Альпинистам пришлось спускаться **по опасным ледяным тропам**. 8. В актовый зал можно пройти **по длинному коридору**.

5 *Beachten Sie die die Zeit angebenden Konstruktionen und stellen Sie Fragen zu ihnen. Ersetzen Sie diese Konstruktionen durch gleichbedeutende ohne Präposition.*

Muster: Они не встречались **в течение нескольких месяцев**. — Они не встречались **месяцами**.

1. Шахматисты собирались в клубе **каждый вечер**. 2. Когда геологи уезжают в тайгу, от них иногда **в течение нескольких недель** нет писем. 3. Полярники посёлка «Мирный» **в течение нескольких месяцев** не видят своих родных. 4. Во время экзаменов студенты **по целым дням** просиживают в читальных залах. 5. **Каждый зимний вечер** катки Москвы заполнены молодёжью.

6 *Lesen Sie die Sätze. Beachten Sie den Aspekt der Verben in den hervorgehobenen Wortverbindungen.*

1. **Вечерами** Павел **посещает** курсы иностранных языков. 2. **Долгими часами рассказывал** он о своей жизни. 3. **По субботам** Петровы **выезжают** за город. 4. **Неделями повторял** я один и тот же эксперимент. 5. **Годами совершенствовал** своё мастерство русский художник И. Репин.

7 *Ergänzen Sie die Sätze durch das Verb im richtigen Aspekt.*

1. Заслуженный артист республики Алексей Иванов годами (вёл, провёл) кружок театрального искусства при рабочем клубе. 2. Вечерами мои друзья (собрались, собирались) у меня дома. 3. Рентгеновский кабинет (работал, поработал) по понедельникам и средам. 4. Перед экзаменом Сергей (просидел, просиживал) всю ночь над чертежами. 5. Летними вечерами мы (катались, покатались) на лодке по Москве-реке. 6. За день я (готовился, подготовился) к отъезду. 7. Несколько часов мы (проводили, провели) в Третьяковской галерее. 8. Целыми ночами (просиживали, просидели) специалисты за приёмом сигналов из космоса.

8 *Ergänzen Sie die Sätze durch die Adverbialbestimmungen der Art und Weise. Setzen Sie die eingeklammerten Wörter in den erforderlichen Fall.*

1. Замечательный художник И. Левитан (всё сердце) любил русскую природу. 2. Максим Горький писал свои произведения (доходчивый, простой язык). 3. Письмо было написано (красивый почерк). 4. Жилищное строительство в Москве ведётся (быстрые темпы). 5. Хирург делал операцию (точные, уверенные движения). 6. Наконец больной уснул (глубокий, спокойный сон).

9 *Ersetzen Sie die hervorgehobenen Konstruktionen durch gleichbedeutende ohne Präpositionen.*

Muster: Лу́чше умере́ть, **как геро́и**, чем жить, **как рабы́**. — Лу́чше умере́ть **геро́ями**, чем жить **раба́ми**.

1. Мы с тобо́й расста́немся, **как друзья́**. 2. Эльбру́с возвыша́лся, **как двугла́вый велика́н** в сне́жной ша́пке. 3. Подстре́ленная у́тка, **как ка́мень**, упа́ла в во́ду. 4. Ири́на рабо́тает **в ка́честве перево́дчика**. 5. Пётр Ивано́в снача́ла рабо́тал **в ка́честве помо́щника сталева́ра**.

10 *Übersetzen Sie ins Russische; benutzen Sie, wenn möglich, Instrumentalkonstruktionen mit und ohne Präposition.*

1. Wir fahren zur Ausstellung zuerst mit einem Omnibus und dann mit einer Straßenbahn. 2. Zur Arbeit fahre ich gewöhnlich mit meinem Fahrrad. 3. Die Aufgabe war mit Bleistift geschrieben. 4. Die Krankenschwester verband die Wunde mit einer sterilen Binde. 5. Wir gingen zur Station durch ein Birkenwäldchen. 6. Der Zug fuhr einige Kilometer im Tunnel. 7. Sie berührte das Kleid leicht mit dem Bügeleisen. 8. Der Zug kam in Moskau frühmorgens an. 9. Nächsten Sommer fahren wir auf die Krim. 10. An Winterabenden ging ich oft auf die Eisbahn. 11. Der Arzt hat dienstags und freitags Sprechstunde. 12. Abends versammelt sich die ganze Familie am Tisch. 13. Den ganzen Abend verbrachten wir im Park. 14. Wochenlang schrieb er keine Briefe nach Hause. 15. Stundenlang konnte er seiner Lieblingsbeschäftigung nachgehen. 16. Der Professor beendete seine Vorlesung 15 Minuten später. 17. Mein Bruder ist drei Jahre älter als ich. 18. Der Junge trug das Gedicht mit lauter Stimme vor. 19. In seiner Jugend arbeitete Maxim Gorki als Bäcker und Lastträger. 20. Der große Gelehrte Ziolkowski arbeitete als Lehrer in einer kleinen Stadt Kaluga. 21. Er stand mit dem Rücken zu mir und sah mich nicht. 22. Vom Flugzeug aus sahen die Häuser wie schwarze Punkte aus. 23. Den ganzen Tag regnet es in Strömen.

11 *Ergänzen Sie die Sätze durch die eingeklammerten Wörter im erforderlichen Fall.*

1. Иссле́дование косми́ческого простра́нства (междунаро́дные экипа́жи космона́втов) име́ет грома́дное значе́ние для мирово́й нау́ки. 2. Обсужде́ние (молодёжь) но́вого рома́на проходи́ло с уча́стием а́втора. 3. Подъём (водола́зы) затону́вшего корабля́ был осуществлён в коро́ткий срок. 4. Примене́ние (на́ши инжене́ры) но́вой вычисли́тельной те́хники позволя́ет сде́лать расчёты бо́лее то́чными. 5. Руково́дство (дипло́мная рабо́та) Игоря Рома́нова осуществля́ет кру́пный учёный. 6. Руково́дство (предприя́тие) тре́бует от рабо́чих и инжене́ров глубо́ких зна́ний. 7. Кома́ндование (авиацио́нная часть), где служи́л Ю́рий Гага́рин, да́ло о нём прекра́сный о́тзыв. 8. Кома́ндование (звено́ самолётов) взял на себя́ молодо́й капита́н.

12 *Ersetzen Sie die Aktivkonstruktionen durch passivische. Achten Sie darauf, wodurch das Prädikat im Passiv ausgedrückt ist.*

Muster: Но́вая ли́ния метро́ связа́ла окра́ину Москвы́ с це́нтром,— Окра́ина Москвы́ **свя́зана** с це́нтром **но́вой ли́нией** метро́.

1. Кана́л и́мени Москвы́ связа́л на́шу столи́цу с пятью́ моря́ми. 2. Моско́вский Худо́жественный теа́тр ста́вит пье́сы Че́хова. 3. Константи́н Станисла́вский впервы́е поста́вил прекра́сную пье́су Че́хова «Вишнёвый сад». 4. Для Худо́жественного теа́тра Го́рький написа́л пье́су «Меща́не». 5. Для Худо́жественного теа́тра создава́ли произведе́ния и изве́стные драмату́рги: Все́волод Ива́нов, Никола́й Пого́дин, Михаи́л Булга́ков.

13 *Ergänzen Sie die Sätze durch die eingeklammerten Wörter im erforderlichen Fall.*

1. (Моро́з) скова́ло зе́млю. 2. (Волна́) переверну́ло рыба́чью ло́дку. 3. (Снег) засы́пало овра́г. 4. Всю доли́ну затопи́ло (вода́). 5. (Град) поби́ло посе́вы хло́пка.

14 *Bilden Sie mit den angegebenen Wörtern unpersönliche Sätze.*

Muster: **Бу́рей** вы́рвало ста́рый дуб.

1. **Бу́ря**, землетрясе́ние, ве́тер, снег, волна́.
2. **Вы́рвать**, разру́шить, сорва́ть, замести́, переверну́ть.
3. **Ста́рый дуб**, не́сколько домо́в, желе́зная кры́ша, доро́га, плот.

15 *Ergänzen Sie die Sätze durch die eingeklammerten Wörter im erforderlichen Fall.*

1. В э́то вре́мя фру́кты уже́ бедны́ (витами́ны). 2. Яку́тия бога́та (алма́зы, зо́лото, пушни́на и лес). 3. На́ши лю́ди горды́ (учёные, инжене́ры, те́хники и рабо́чие), кото́рые гото́вят полёты в ко́смос. 4. Гла́вный констру́ктор был дово́лен (рабо́та) всех систе́м косми́ческого корабля́. 5. Чёрная сморо́дина поле́зна (свои́ пита́тельные сво́йства). 6. Э́тот конезаво́д на Дону́ знамени́т (свои́ скаковы́е ло́шади).

16 *Ergänzen Sie die Sätze durch die Lang -oder Kurzform der folgenden Adjektive: бога́тый, больно́й, го́рдый, дово́льный, знамени́тый, изве́стный, сла́вный.*

1. Истори́ческие места́ под Петербу́ргом, … замеча́тельными музе́ями, осо́бенно привлека́ют тури́стов. 2. Эрмита́ж … ре́дким собра́нием карти́н западноевропе́йских худо́жников. 3. Чува́шский наро́д … свои́м му́жественным земляко́м-космона́втом А. Никола́евым. 4. Профе́ссор … отве́тами студе́нтов на́шей гру́ппы. 5. Сиби́рские леса́ … ди́чью и зве́рем. 6. Ста́нции моско́вского метрополите́на … бога́той архитекту́рой. 7. Го́род-геро́й Севасто́поль … боевы́ми тради́циями моряко́в. 8. Евге́ний … гри́ппом уже́ два дня.

17 *Ergänzen Sie die Sätze durch die Wörter* **болеет, болит, больно, заболел, болен**. *Merken Sie sich die Konstruktionen, die den Gesundheitszustand ausdrücken. Mit dem Verb* **болеть — болит** *wird die Konstruktion* **у кого-нибудь что-нибудь болит** *gebraucht:* **У него болит нога**. Ihm tut das Bein weh. Er hat Schmerzen im Bein; *mit dem Verb* **болеть — болеет** *und dem Adjektiv* **болен** *steht das die Krankheit bezeichnende Substantiv im Instrumental:* **Он болен (болеет) скарлатиной**. Er hat Scharlach.

1. У меня сегодня … голова. 2. Мой друг … ангиной, у него очень … горло. 3. У него … зуб, и ему … жевать. 4. Он … несколько дней тому назад. 5. Его сегодня нет на лекции: он … .

18 *Übersetzen Sie ins Russische.*

1. Das Vorhandensein des Lichtdruckes wurde vom russischen Physiker Lebedew nachgewiesen. 2. Materialien für diese Skizze wurden von mir lange Zeit hindurch gesammelt. 3. Wir traten in den Wald, der von der aufgehenden Sonne beleuchtet war. 4. Der Laufwettbewerb wurde von einem Petersburger Sportler gewonnen. 5. Das Buch wird sowohl von Erwachsenen als auch von Kindern mit Interesse gelesen. 6. Im Frühjahr wurde der Weg durch Wasser aufgeweicht. 7. Einige Häuser wurden von einem Orkan zerstört. 8. Im Herbst sind die Parkalleen mit gelben Blättern bedeckt. 9. Die Berge sind in Nebel gehüllt. 10. Die Fensterscheiben wurden vom Hagel eingeschlagen. 11. Der Vater ist stolz auf die Erfolge seiner Kinder. 12. Vera hat Angina. 13. Wir sind mit unserer Reise nach Klin sehr zufrieden. 14. Das Tschaikowski-Museum in Klin ist reich an wertvollen Dokumenten über das Schaffen des Komponisten. 15. Der wunderbare Flügel ist uns deshalb teuer, weil Tschaikowski selbst darauf spielte.

19 *Charakterisieren Sie eine Person oder eine Erscheinung. Formen Sie die folgenden Konstruktionen nach den angeführten Mustern um.*

Muster: a) Мой отец—инженер. — Мой отец **был (будет) инженером**.

1. Володя Жуков — специалист по электронным машинам. 2. Мой сосед — физик. 3. Жена брата — детский врач. 4. Толя — инженер-экономист. 5. Это большая неожиданность.

Muster: b) Алёша **был студентом**.— Алёша — **студент**.

1. Виктор Фёдоров был судьёй. 2. Труд всегда был делом чести русского человека. 3. Анна Голубкина была талантливым скульптором. 4. Один из моих друзей будет электриком, а другой — токарем. 5. Ты будешь студентом? 6. Это было ошибкой. 7. Это был хороший вечер.

20 *Charakterisieren Sie eine Person. Ergänzen Sie die Sätze durch* **быть, считаться, оставаться, становиться** *oder* **являться**.

Художник Валентин Серов … глубоко национальным художником. Портретная живопись Серова … воплощением любви и уважения к человеку. Портрет великой драматической актрисы Ермоловой … (Präs.) вершиной портретной живописи Серова. В изображении детей Серов … необычайно нежным. Художник всегда … очень скромным и требовательным к себе.

21 *Charakterisieren Sie eine Person. Formen Sie jeden Satz so um, dass* **счита́ться** *und* **счита́ть себя́** *als Prädikate auftreten. Beachten Sie, dass 1) das Verb* gelten *nicht reflexiv, während das russische Verb* **счита́ться** *reflexiv ist; 2)* **счита́ться** *und* **счита́ть себя́** *nicht gleichbedeutend sind:* ***он счита́ется у́мным челове́ком — лю́ди счита́ют его́ у́мным челове́ком*** (man hält ihn für klug, er gilt als klug, *aber* ***он счита́ет себя́ у́мным челове́ком = он сам ду́мает, что он у́мный челове́к*** (er hält sich selbst für klug).

Muster: Пе́тя — хоро́ший матема́тик.— 1. Пе́тя счита́ется хоро́шим матема́тиком. 2. Пе́тя счита́ет себя́ хоро́шим матема́тиком.

1. Инжене́р Ивано́в — специали́ст по термодина́мике. 2. Илья́ Орло́в — тала́нтливый худо́жник. 3. Ири́на — лу́чшая исполни́тельница э́той ро́ли. 4. Оле́г — лу́чший лы́жник на́шего факульте́та. 5. И́горь ду́мает, что он лу́чший садово́д о́бласти.

22 *Ergänzen Sie die Sätze durch die Verben* **зва́ть** *bzw.* **называ́ться**. *Setzen Sie die eingeklammerten Wörter in den erforderlichen Fall.*

1. На́шего дека́на … (Ива́н Я́ковлевич). 2. Э́та ста́нция метрополите́на … («Маяко́вская»). 3. Геро́я рома́на Го́рького «Мать» … (Па́вел Вла́сов). 4. Така́я жи́дкость … (кислота́). 5. Э́то вещество́ … (на́триевая соль). 6. Как … (э́тот предме́т)? 7. — Как … (э́та де́вушка)? — (Она́) … (Тама́ра).

23 *Lesen Sie die Sätze. Achten Sie auf den Gebrauch des Verbs* **явля́ться**.

1. Ве́тер явля́ется могу́чей стихи́ей приро́ды. 2. Оле́г Аки́мов явля́ется арти́стом де́тского теа́тра. 3. Он явля́ется в теа́тр за час до нача́ла спекта́кля. 4. Э́то письмо́ яви́лось причи́ной конфли́кта. 5. Почему́ ты яви́лся домо́й так по́здно? 6. Вторы́м по величине́ го́родом Росси́и явля́ется Петербу́рг. 7. Я яви́лся к вам по ва́шему вы́зову. 8. Многосу́точные полёты междунаро́дных экипа́жей космона́втов явля́ются очередны́м ша́гом в освое́нии косми́ческого простра́нства.

24 *Charakterisieren Sie eine Person oder eine Erscheinung. Lesen Sie die Sätze. Ersetzen Sie die Konstruktionen* ***что (кто) явля́ется чем (кем)*** *und* ***чем явля́ется что****, die mehr der Schriftsprache eigen sind, durch die gleichbedeutende:* ***что (кто) есть что (кто)****. Merken Sie sich, dass beide Konstruktionen ins Deutsche gleich übersetzt werden.*

1. Во́лга явля́ется одно́й из крупне́йших рек в ми́ре. 2. Михаи́л Васи́льевич Ломоно́сов явля́ется созда́телем ру́сской грамма́тики и состави́телем пе́рвого уче́бника ру́сского языка́. 3. Произведе́ния Льва Толсто́го явля́ются достоя́нием мирово́й литерату́ры. 4. Рома́н Пу́шкина «Евге́ний Оне́гин» явля́ется выдаю́щимся произведе́нием ру́сской литерату́ры XIX ве́ка. 5. Спу́тником Земли́ явля́ется Луна́.

25 *Charakterisieren Sie folgende Gegenstände oder Personen, verwenden Sie die rechts angegebenen Wörter und die Konstruktion **кто/что явля́ется кем/чем** mit gerader und invertierter Wortfolge.*

Muster: Алма́з — **це́нный минера́л**. — Алма́з **явля́ется це́нным минера́лом**. **Це́нным минера́лом явля́ется** алма́з.

1. Архите́ктор Алексе́й Щу́сев	а́втор прое́кта зда́ния Каза́нского вокза́ла в Москве́
2. Михаи́л Васи́льевич Ломоно́сов	основа́тель Моско́вского университе́та
3. Амперме́тр	прибо́р для измере́ния си́лы то́ка
4. Одна́ из форм обще́ственного созна́ния	архитекту́ра
5. Движе́ние	фо́рма существова́ния мате́рии
6. Железобето́н	совреме́нный строи́тельный материа́л

26 *Prägen Sie sich die Wortverbindungen ein und bilden Sie mit ihnen Sätze.*

a) руководи́ть госуда́рством, руководи́ть коллекти́вом, руководи́ть хо́ром; руководи́ть борьбо́й; руководи́ть ка́федрой;

b) управля́ть страно́й,управля́ть хозя́йством, управля́ть маши́ной;

c) заве́довать столо́вой, заве́довать уче́бной ча́стью, заве́довать де́тским са́дом.

27 *Prägen Sie sich die Wortverbindungen ein und bilden Sie mit ihnen Sätze.*

a) употребля́ть сло́во, употребля́ть выраже́ние; употребля́ть каки́е-либо проду́кты; употребля́ть власть;

b) по́льзоваться тра́нспортом, по́льзоваться столо́выми прибо́рами (ножо́м, ви́лкой, ло́жкой), по́льзоваться словарём; по́льзоваться уваже́нием, по́льзоваться авторите́том, по́льзоваться любо́вью

28 *Ergänzen Sie die Sätze sinngemäß durch eines der folgenden Verben: **кома́ндовать, управля́ть, руководи́ть, заве́довать**.*

1. Профе́ссор Ивано́в … нау́чным студе́нческим о́бществом. 2. Лётчик Петро́в хорошо́ … маши́ной. 3. Выпускни́к на́шего институ́та … больши́м строи́тельством. 4. Компью́тер … рабо́той це́лой пото́чной ли́нии. 5. Ни́на Семёновна … библиоте́кой. 6. Мой брат … диви́зией.

29 *Ersetzen Sie, wenn möglich, in den folgenden Sätzen das Verb **вести́** durch **руководи́ть** oder **управля́ть**. Merken Sie sich, daß eine derartige Änderung nicht möglich ist, wenn der Satz mit **вести́** eine Adverbialbestimmung des Ortes enthält.*

1. Он уме́ло ведёт собра́ние. 2. По́езд ведёт машини́ст пе́рвого кла́сса Ивано́в. 3. Лётчик ведёт самолёт на поса́дку. 4. Он хорошо́ ведёт самолёт. 5. Кружо́к наро́дного та́нца ведёт балерина А́лла Никола́евна.

30 *Ergänzen Sie die Sätze sinngemäß durch* **по́льзоваться, воспо́льзоваться, испо́льзовать, испо́льзоваться**. *Beachten Sie den Fall der Substantive, die nach diesen Verben stehen. Merken Sie sich, dass das transitive Verb* **применя́ть** (benutzen, anwenden) *dem Verb* **испо́льзовать** (gebrauchen) *bedeutungsverwandt ist und dass das Verb* **испо́льзоваться** (benutzt, angewandt werden) *passiven Charakter hat.*

1. На а́томных ледоко́лах … я́дерное горю́чее. 2. Студе́нты-зао́чники … библиоте́кой на́шего институ́та. 3. Для перево́да статьи́ Та́ня реши́ла … мои́м словарём. 4. Для подде́ржания ну́жной температу́ры во́здуха … специа́льными устано́вками. 5. В ка́честве жи́дких компоне́нтов для реакти́вного дви́гателя Циолко́вский предложи́л … га́зы— водоро́д и кислоро́д. 6. Профе́ссор рекоменду́ет … статьёй акаде́мика Ба́рдина. 7. Для свя́зи с Землёй космона́вты … специа́льным устро́йством.

31 *Ergänzen Sie die Sätze durch die eingeklammerten Wörter im erforderlichen Fall. Fügen Sie sinngemäß* **владе́ть, овладе́ть** *oder* **облада́ть** *ein. Merken Sie sich, dass* **облада́ть** *hauptsächlich in der Bedeutung von* **име́ть** eine Eigenschaft, Beschaffenheit haben, besitzen *gebraucht wird, während* **владе́ть** *die Bedeutung von* **име́ть в со́бственности** (besitzen) *hat. Außerdem bedeutet es* **хорошо́ знать** (gut kennen, beherrschen), **уме́ть** (können, meistern), **име́ть возмо́жность по́льзоваться** (die Möglichkeit zur Benutzung haben) *und* **быть ма́стером в како́й-то о́бласти** (sich gut auf etwas verstehen).

1. Крестья́не … (огро́мные масси́вы) па́хотной земли́. 2. Молода́я певи́ца … (прия́тный го́лос), но пло́хо … (он). 3. Но́вая электроста́нция … (больша́я мо́щность). 4. Эккехард уже́ свобо́дно … (ру́сский язы́к). 5. Зи́гфрид … (прекра́сная па́мять). 6. (Все сре́дства произво́дства) ра́ньше … наро́д. 7. Мы́сли о до́ме … (он) по́лностью. 8. Но́вая ткань … (прекра́сное ка́чество): она́ не мнётся.

32 *Ersetzen Sie die folgenden Sätze durch gleichbedeutende.*

Muster: Ребёнок **име́ет спосо́бности** к му́зыке. — Ребёнок **облада́ет спосо́бностями** к му́зыке.

1. У на́шего дире́ктора большо́й о́пыт рабо́ты в промы́шленности. 2. Йод име́ет спосо́бность окра́шивать крахма́л в си́ний цвет. 3. Пеницилли́н име́ет бактерици́дные сво́йства.

33 *Ergänzen Sie die Sätze durch die eingeklammerten Wörter im erforderlichen Fall. Merken Sie sich, dass die Substantive* **владе́ние, облада́ние, по́льзовапие** *und* **испо́льзование** *unterschiedliche Rektion haben. 1.* **Владе́ние** *a) bedeutet im Plural soviel wie* Eigentum, Besitzung *und verlangt den Genitiv (***владе́ния** — чьи?); *b) bezeichnet im Singular den Vorgang und verlangt, genauso wie das Verb* **владе́ть**, *den Instrumental (***владе́ние**— чем?): **владе́ния госуда́рства** (Besitz des Staates), **владе́ние землёй** (Besitz von Boden). *2.* **Облада́ние** *kann nur den Vorgang bezeichnen* (чем?) **облада́ние зна́ниями** (Besitzen von Kenntnissen). *3.* **По́льзование** (чем?) *steht mit dem Instrumental. 4.* **Испо́льзование** (чего́?) *steht mit dem Genitiv:* **по́льзование прибо́ром** *und* **испо́льзование прибо́ра**.

1. Пользование (электрические приборы) требует осторожности. 2. Использование (опыт) моего учителя помогло мне в работе. 3. Земельные владения (соседние деревни) были объединены в единое хозяйство. 4. Прекрасное владение (голос) — одно из достоинств молодой певицы. 5. Обладание (талант) — ещё не всё для настоящего артиста: нужен большой повседневный труд.

34 *Ergänzen Sie die Sätze sinngemäß durch eines der nachstehenden Verben. Merken Sie sich ihren Gebrauch. 1.* ***Заниматься (чем? где?)*** *in der Bedeutung* studieren, sich mit etwas befassen. *2.* ***Учиться (чему? у кого? где?)*** studieren, lernen. *3.* ***Учить (кого? чему?)*** lehren, unterrichten, beibringen. *4.* ***Изучать (что? где?)*** studieren, meistern, *wird immer mit dem Akkusativobjekt gebraucht.*

Мой друг Володя … в вечерней школе рабочей молодёжи. Он и его товарищи … алгебру, геометрию, литературу, физику и другие предметы. Кроме того, они … немецкий язык. Немецкому языку их … молодой, но знающий преподаватель. Володя … писать и говорить по-немецки. Часто мы вместе … у меня дома. По воскресеньям Володя … (спорт). Он … играть в баскетбол, и тренер … его правилам игры. У других игроков он … разным приёмам игры.

35 *Ergänzen Sie die Sätze durch die folgenden Verben in der entsprechenden Form:* ***восхищаться, наслаждаться, интересоваться, дорожить, увлекаться, радовать.***

1. Мы … наследием великого русского учёного Ивана Павлова. 2. Я … произведениями Ильи Репина. 3. На концерте мы … музыкой Шопена. 4. Пушкин … народным творчеством. 5. Мой друг … общественной работой. 6. Футбольная команда института … нас своими победами.

36 *Ersetzen Sie die Sätze durch gleichbedeutende; verwenden Sie dabei die Verben* ***снабдить, дорожить, ограничиться, пользоваться, обменяться, пренеьречб*** *mit dem Instrumental der hervorgehobenen Wörter.*

Muster: Ирина не обратила внимания **на моё предупреждение**. — Ирина пренебрегла **моим предупреждением**.

1. В период экзаменов студентам дорого **время**. 2. Он исследовал **часть** большой и важной проблемы. 3. Для занятий языком он использует **каждую свободную минуту**. 4. Перед отъездом друзья дали друг другу **адреса**. 5. Автор включил в учебник **словарь**.

37 *Ergänzen Sie die Sätze durch die in Klammern stehenden Wörter im erforderlichen Fall. Benutzen Sie sinngemäß die entsprechenden Präpositionen.*

1. Концерт начался (выступление детского хора). 2. Свою речь поэт кончил (стихи). 3. Руководитель туристской группы начал свою беседу (план экскурсий). 4. Профессор начал лекцию (обращение к молодёжи). 5. Фильм кончается (возвращение героя) на родину. 6. Экскурсия началась (осмотр памятников архитектуры). 7. Спортивный день кончается (подведение итогов соревнований). 8. Разговор наш он начал (вопрос).

38 *Charakterisieren Sie einen Gegenstand. Ersetzen Sie die hervorgehobenen Konstruktionen durch gleichbedeutende. Merken Sie sich, dass die Wortverbindungen* ***высотой в … *** *(Akk.),* ***длиной в … *** *(Akk.),* ***шириной в … *** *(Akk.),* ***глубиной в … *** *(Akk.),* ***весом в … *** *(Akk.) usw. gleichbedeutend mit* ***иметь высоту, длину, ширину, глубину, весить …*** *sind:* ***Озеро (было) глубиной в 20 метров.*** *Der See war 20 Meter tief;* ***Озеро имело глубину 20 метров.*** *Der See hatte eine Tiefe von 20 Metern.*

1. На здании Московского университета установлена звезда, **которая весит 30 тонн**. 2. Альпинисты поднялись на гору, **которая имеет высоту 3000 метров**. 3. Паровой котёл первого паровоза в России **имел длину полтора метра**. 4. На этом атомном ледоколе установлен двигатель, **который имеет мощность 44 тысячи лошадиных сил**. 5. Корабль, **имеющий длину 134 метра**, расходует лишь 45 граммов ядерного горючего.

39 *Übersetzen Sie ins Russische; benutzen Sie, wenn möglich, den Instrumental.*

1. Er gilt als guter Schauspieler. 2. Er hält sich für einen richtigen Wissenschaftler. 3. Werner findet sich im Institut gewöhnlich um 9 Uhr ein. 4. Alle Werktätigen dieser Fabrik sind Gewerkschaftsmitglieder. 5. Der Inhalt des Briefes war für mich völlig überraschend. 6. Er kam spätabends nach Hause. 7. Mein Freund beherrscht die englische Sprache. 8. Dieser Stoff besitzt eine wertvolle Eigenschaft. 9. Dieser Bauer besitzt einen großen Obstgarten. 10. Dass er ein gutes Gedächtnis hat, befreit ihn nicht von tagtäglichen Sprachübungen. 11. Das Heißwasser des Kraftwerks wird für die Beheizung von Wohnhäusern benutzt. 12. Bei der Vorbereitung auf die Prüfung habe ich dieses Buch benutzt. 13. Dieser Lehrer genießt die Liebe seiner Schüler. 14. Er treibt Sport von Kindheit an. 15. Das Theaterstück endet mit einem Monolog des Helden. 16. Die Stunde beginnt mit der Wiederholung des bereits Durchgenommenen. 17. Wir tauschten unsere Fotos aus. 18. Die ganze Welt bewunderte den heldenhaften Flug der tapferen Kosmonauten. 19. Alle interessieren sich für die Vorbereitung der Kosmonauten auf den Weltraumflug. 20. Während des Fluges nähren sich die Kosmonauten von natürlichen Lebensmitteln. 21. Unser Kraftwerk versorgt auch die benachbarten Bezirke mit Strom. 22. Im Walde genoss er die frische Luft und die Stille.

§ 9 Gebrauch des Instrumentals mit Präpositionen

Ortsangabe (Frage: wo?)

над — über	*Над* пи́сьменным *столо́м* виси́т кни́жная по́лка.	Über dem Schreibtisch hängt ein Bücherregal.
за — hinter; an; jenseits	*За горо́й* прохо́дит доро́га к мо́рю.	Jenseits des Bergs führt der Weg zum Meer.
пе́ред — vor	*Пе́ред* Ма́лым *теа́тром* стои́т па́мятник Алекса́ндру Никола́евичу Остро́вскому.	Vor dem Maly-Theater steht ein Denkmal Alexander Nikolajewitsch Ostrowskis.
ме́жду — zwischen	*Ме́жду Москво́й и Берли́ном* име́ется регуля́рное возду́шное сообще́ние.	Zwischen Moskau und Berlin besteht ein regelmäßiger Flugverkehr.
под — unter; bei; unweit; in der Nähe von	Письмо́ лежи́т *под кни́гой.*	Der Brief liegt unter dem Buch.
	Мы живём *под Москво́й* (близ Москвы́).	Wir leben bei Moskau.

Übungen

1 *Ergänzen Sie die folgenden Sätze durch die Präpositionen* ***над, за, пе́ред, под, ме́жду****. Setzen Sie die eingeklammerten Wörter in den erforderlichen Fall.*

1. ... (Кремль) горя́т руби́новые звёзды. 2. ... (земля́) нахо́дятся мра́морные за́лы метрополите́на. *3.* ... (река́) сверкну́ла мо́лния. 4. Авто́бус остана́вливается ... (вход) в университе́т. 5. ... (космона́вты и Земля́) подде́рживалась постоя́нная радиосвя́зь. *6.* Га́ля живёт ... (Ки́ев). *7.* Де́тский ла́герь находи́лся ... (лес).

Zeitangabe (Frage: wann?)

пе́ред (пе́редо) — vor	*Пе́ред нача́лом* конфе́ренции я ещё раз просмотре́л свой докла́д.	Vor Beginn der Konferenz sah ich meinen Vortrag noch einmal durch.
ме́жду — zwischen	Я купи́л програ́мму в переры́ве *ме́жду пе́рвым и вторы́м а́ктом.*	Ich kaufte das Programmheft in der Pause zwischen dem ersten und dem zweiten Akt.
за — bei; während	*За у́жином* брат рассказа́л о но́вом фи́льме.	Beim Abendessen erzählte mein Bruder über den neuen Film.

с — bei; mit	a) *С наступле́нием но́чи* ста́ло хо́лодно.	Mit Einbruch der Nacht wurde es kalt.
	b) *С ка́ждой мину́той* больно́му станови́лось ху́же.	Mit jeder Minute wurde dem Kranken schlechter.
	c) Мы встава́ли *с вос-хо́дом* со́лнца.	Wir standen bei Sonnen-aufgang auf.
	d) *С во́зрастом* он нау-чи́лся понима́ть люде́й.	Mit den Jahren lernte er Menschen verstehen.

Anmerkungen:

Bei Zeitangaben entspricht den Präpositionen **пе́ред** und **до** die deutsche Präposition *vor.* Merken Sie sich jedoch, dass die Präpositionen **пе́ред** und **до** einen gewissen Unterschied in der Bedeutung haben können: **Пе́ред опера́цией** хиру́рг прове́рил пульс больно́го. *Vor der Operation prüfte der Chirurg den Puls des Kranken* (unmittelbar vor der Operation). **До опера́ции** врачи́ по́лностью обсле́довали больно́го. *In der Zeit vor der Operation haben die Ärzte den Kranken allseitig untersucht* (im Laufe einer unbestimmten Zeit, die der Operation vorausging).

За = во вре́мя- während wird in Wortverbindungen, wie: **за за́втраком**, **за обе́дом**, **за ча́ем**, **за у́жином**, **за едо́й**, **за рабо́той** gebraucht.

Zum Ausdruck der Gleichzeitigkeit steht **с** mit dem Instrumental: a) bei Verbalsubstantiven: **с прихо́дом**, **с прие́здом**, **с возникнове́нием**, **с наступле́нием** usw.; b) bei den Wortverbindungen: **с ка́ждым го́дом**, **с ка́ждым ме́сяцем** usw.; c) bei den Substantiven, die die Tageszeit in Bezug auf den Sonnenstand angeben: **с зарёй**, **с рассве́том**, **с зака́том** usw.; d) in den Verbindungen: **с во́зрастом**, **с года́ми**.

ÜBUNGEN

2 *Geben Sie die Zeit der Handlung an. Verwenden Sie in den Antworten Präpositionen* ***до*** *und* ***пе́ред*** *und die in Klammern stehenden Wörter.*

1. Когда́ вы мо́ете ру́ки? (еда́) 2. Когда́ вы проща́лись с друзья́ми? (отъе́зд) 3. Дом постро́или в конце́ тридца́тых годо́в. (война́) 4. Когда́ вы бу́дете в Москве́? (октя́брь) 5. Когда́ волнова́лся актёр? (нача́ло конце́рта) 6. Когда́ вы получи́ли телегра́мму? (ухо́д из до́ма).

3 *Geben Sie die Zeit der Handlung an. Ergänzen Sie die Sätze durch die Präpositionen* ***до*** *und* ***пе́ред*** *und die in Klammern stehenden Wörter im erforderlichen Fall.*

1. Он око́нчил шко́лу … (са́мая война́). 2. Я знал её ещё задо́лго … (заму́жество). 3. … (старт) спортсме́н посмотре́л на часы́. 4. Ребёнок уме́л чита́ть … (поступле́ние в шко́лу). 5. … (рассве́т) дождь прекрати́лся. 6. Нельзя́ бы́ло отправля́ться в путь … (рассве́т). 7. … (вы́езд) к больно́му врач позвони́л ему́ по телефо́ну.

4 *Geben Sie die Zeit der Handlung an. Ergänzen Sie die Sätze sinngemäß durch eine der Präpositionen* ***пе́ред, за, ме́жду, с****.*

1. Я зайду́ к вам … ча́сом и двумя́ часа́ми дня. 2. … наступле́нием темноты́ у́лица опусте́ла. 3. … обе́дом я расскажу́ вам интере́сную исто́рию. 4. … сном хорошо́ прогуля́ться, подыша́ть све́жим во́здухом. 5. Табле́тки принима́йте обяза́тельно … едо́й! 6. … ка́ждым днём станови́лось холодне́е. 7. … грозо́й подня́лся си́льный ве́тер. 8. Я просну́лся … рассве́том.

Andere Fälle des Gebrauchs des Instrumentals mit Präposition

над		
Mit den Verben **би́ться, ду́мать — поду́мать; рабо́тать — порабо́тать; труди́ться — потруди́ться, издева́ться — поиздева́ться** sowie mit den Verben **заду́мываться, смея́ться**[30], **шути́ть**, die in beiden Sprachen die gleiche Rektion haben	Я до́лго *би́лся над реше́нием* зада́чи.	Ich plagte mich mit der Lösung der Aufgabe lange ab.
	Учёные *ду́мают (рабо́тают) над пробле́мами* долголе́тия.	Die Gelehrten arbeiten am Problem der Langlebigkeit.

пе́ред		
Mit den Verben **извиня́ться — извини́ться, отступа́ть — отступи́ть**	Он *пе́ред тобо́й извини́лся?*	Hat er sich bei dir entschuldigt?
	Не ну́жно *отступа́ть пе́ред тру́дностями.*	Man soll Schwierigkeiten nicht aus dem Weg gehen.

под		
1. In den Ausdrücken: **под руково́дством, под зна́менем, под впечатле́нием, под влия́нием, под наблюде́нием** u.ä. (gleiche Rektion in beiden Sprachen)	Студе́нты выполня́ют лаборато́рную рабо́ту *под руково́дством* своего́ преподава́теля.	Die Studenten führen die Laborarbeit unter der Leitung ihres Professors durch.
2. Zur Angabe der Verwendungsart	В про́шлом году́ э́то по́ле бы́ло *под ро́жью.*	Voriges Jahr war dieses Feld mit Roggen bestanden.

[30] Im Unterschied zum Deutschen sind die russischen Verben **смея́ться, издева́ться, заду́мываться** reflexiv.

ме́жду		
1. Zum Ausdruck gegenseitiger Beziehungen	На́ша страна́ стои́т за дру́жбу и мир *ме́жду все́ми наро́дами.*	Unser Land ist für Freundschaft und Frieden zwischen allen Völkern.
2. Zur Bezeichnung des Milieus (**ме́жду = среди́**)	*Ме́жду ни́ми* был оди́н челове́к, кото́рого я знал.	Unter ihnen war ein Mann, den ich kannte.
3. In den Wortverbindungen: **схо́дство ме́жду**, **ра́зница ме́жду**, die auf Ähnlichkeit oder Unterschiedlichkeit hinweisen	Схо́дство *ме́жду отцо́м и сы́ном* бы́ло порази́тельным.	Die Ähnlichkeit von Vater und Sohn war verblüffend.

за		
1. Zur Angabe des Zweckes oder Zieles mit den Verben der Fortbewegung	Бори́с пошёл в библиоте́ку *за кни́гой.*	Boris ging in die Bibliothek, um ein Buch zu holen.
	Я зайду́ за това́рищем.	Ich werde meinen Kameraden holen.
2. Mit den Verben der Fortbewegung: **е́хать,идти́, сле́довать — после́довать, гна́ться** usw. in der Bedeutung *jemandem nachfolgen*	Велосипеди́сты е́хали *оди́н за други́м.*	Die Radfahrer fuhren hintereinander.
	Соба́ка *гнала́сь за лисицей.*	Der Hund jagte dem Fuchs nach.
3. Zur Angabe des Grundes (vorwiegend in der Amtssprache)	За *недоста́тком (неуме́нием, отсу́тствием)* вре́мени я не смог вы́полнить ва́шу про́сьбу.	Aus Zeitmangel konnte ich Ihre Bitte nicht erfüllen.
4. In den Wortverbindungen **за шу́мом, за гро́хотом, за сту́ком** u.ä.	*За шу́мом (из-за шу́ма)* дождя́ ничего́ не́ было слы́шно.	Wegen des Regengeräusches konnte man nichts hören.
5. Nach den Verben **посыла́ть — посла́ть, следи́ть — проследи́ть, наблюда́ть — понаблюда́ть**	*Пошли́те за дире́ктором* маши́ну.	Schicken Sie das Auto nach dem Direktor.
	Он *следи́л за показа́ниями прибо́ров.*	Er überwachte die Angaben der Geräte.
	Всё ле́то Ми́ша *наблюда́л за расте́ниями.*	Den Sommer über beobachtete Mischa die Pflanzen.
6. In den Ausdrücken **побе́да за на́ми, пода́рок за мной, сло́во за мной (тобо́й)**	Тепе́рь *сло́во за тобо́й.*	Jetzt ist es an dir (hast du das Wort).
	Побе́да бу́дет *за на́ми!*	Der Sieg wird unser sein!

с (со)		
1. Zum Ausdruck der Gemeinsamkeit der Handlung	Мы с *това́рищем* ходи́ли в кино́.	Ich ging mit meinem Freund ins Kino.
2. Zur Bezeichnung des Vorhandenseins, des Besitzes	Пе́рвого сентября́ шко́льники иду́т в шко́лу *с цвета́ми.*	Am 1. September gehen die Schüler mit Blumen in die Schule.
	В Сиби́ри возни́к но́вый го́род *с совреме́нными дома́ми, шко́лами, больни́цами и заво́дами.*	In Sibirien ist eine neue Stadt mit modernen Häusern, Schulen, Krankenhäusern und Betrieben entstanden.
3. Zur Angabe der Art und Weise der Handlung	Мы *с удово́льствием* пошли́ на конце́рт.	Wir gingen mit Vergnügen ins Konzert.
4. In der Bedeutung **про́тив** nach einigen Verben: **боро́ться**, **дра́ться**, **сража́ться**[31] sowie nach den von ihnen abgeleiteten Substantiven: **борьба́**, **дра́ка**, **сраже́ние**	Мы *бо́ремся с недоста́тками.*	Wir kämpfen gegen unsere Mängel.
5. Nach einigen Verben: дели́ться — подели́ться	Брат *де́лится со мно́й* свои́ми мы́слями.	Mein Bruder teilt mir seine Gedanken mit.
здоро́ваться — поздоро́ваться	Преподава́тель *поздоро́вался со студе́нтами.*	Der Lehrer grüßte die Studenten.
обраща́ться	Лабора́нт уме́ет *обраща́ться с прибо́рами.*	Der Laborant versteht es, mit den Geräten umzugehen.
	Ты непра́вильно *обраща́ешься с соба́кой.*	Du behandelst den Hund falsch.
проща́ться — прости́ться	Он *прости́лся с ма́терью.*	Er verabschiedete sich von seiner Mutter.
расстава́ться — расста́ться	Мы *расста́лись с ним* в про́шлом году́.	Wir haben uns voriges Jahr getrennt.
расходи́ться — разойти́сь, сходи́ться — сойти́сь	Но́вый студе́нт бы́стро *сошёлся с това́рищами.*	Der neue Student befreundete sich rasch mit seinen Kameraden.
совпада́ть — совпа́сть	Мой день рожде́ния *совпа́л с воскресе́ньем.*	Mein Geburtstag fiel auf einen Sonntag.

[31] Im Deutschen kann allen diesen Verben das nichtreflexive Verb *kämpfen* entsprechen.

соглаша́ться — согласи́ться sowie nach den Verben, die in beiden Sprachen die gleiche Rektion haben: **перепи́сываться, подружи́ться, обща́ться, распла́чиваться, соревнова́ться**	Мне пришло́сь с *ним согласи́ться.*	Ich musste ihm beipflichten.
6. Nach einigen Adjektiven: **о́бщий, схо́дный** und **согла́сен** (in der Kurzform)	Я согла́сен с *ва́ми.*	Ich bin mit Ihnen einverstanden.
7. In Wortverbindungen: **вме́сте с …, ря́дом с …**	*Ря́дом с до́мом* нахо́дится магази́н.	Neben dem Haus ist eine Verkaufsstelle.
8. Zum Ausdruck einer Gratulation	Друг *поздра́вил* меня́ *с днём рожде́ния.*	Der Freund gratulierte mir zu meinem Geburtstag.

Anmerkungen:

Merken Sie sich die Bedeutung folgender Verbindungen: **мы с бра́том = я и брат** *(ich und der Bruder),* **вы с ним = ты (вы) и он** *(du bzw. Sie und er);* **они́ с ма́терью = она (он) и мать** *(sie Sg. bzw. er und die Mutter);* **мы с Ни́ной = я и Ни́на** *(ich und Nina).*

Ist das Subjekt durch ein Substantiv oder Pronomen im Nominativ und ein Substantiv oder Pronomen im Instrumental ausgedrückt, so muss das Prädikat im Plural stehen:

Ни́на с Та́ней *пошли́* в кино́. — Nina und Tanja sind ins Kino gegangen.

In Sätzen, in denen gleichartige Subjekte durch die Konjunktion **и** verbunden sind, steht das Prädikat ebenfalls im Plural:

Ни́на и Та́ня *пошли́* в кино́. — Nina und Tanja sind ins Kino gegangen.

Merken Sie sich die nachstehenden Wendungen: **воева́ть (боро́ться, сража́ться** u.ä.) **с бесприме́рным му́жеством**; **выступа́ть с большо́й сме́лостью**; **е́хать со ско́ростью**.

ÜBUNGEN

5 *Lesen Sie den Text. Suchen Sie die Substantive im Instrumental mit und ohne Präposition heraus. Beachten Sie ihre Bedeutung.*

Ру́сская матрёшка

Матрёшка изве́стна свои́м жизнера́достным хара́ктером всему́ ми́ру. Она́ ста́ла знамени́тым ру́сским сувени́ром. Матрёшка родила́сь в конце́ XIX ве́ка, а в 1900 году́ соверши́ла путеше́ствие в Пари́ж, на Всеми́рную вы́ставку, где была́ при́знана лу́чшей игру́шкой для дете́й.

Какова́ же её исто́рия?

В русских деревнях издавна делали забавную игрушку: яйцо в яйце. Откроешь яйцо — а там второе, третье, одно меньше другого. Художник Сергей Васильевич Малютин занимался изучением русского декоративно-прикладного искусства, интересовался народными игрушками, национальным орнаментом. Под впечатлением русских сказок Малютин решил сделать новую игрушку на основе яйца в яйце. Он нарисовал эскиз своей игрушки — крестьянку и её дочерей, а мастер резьбы по дереву вырезал вручную несколько кукол — одну меньше другой. Затем Малютин расписал их яркими красками. Получилась румяная весёлая кукла-крестьянка в пёстром платке и ярком сарафане, украшенном полевыми цветами. Такими же нарядными были и спрятанные в ней дочери.

Обычно куклы, которые составляют одну игрушку, отличаются друг от друга только деталями и цветом одежды. Бывают матрёшки, которые состоят даже из 24 кукол.

Новая игрушка всем понравилась. Её назвали Матрёшкой от распространённого в старину женского имени Матрёна.

Русская игрушка вообще характерна своим лиризмом, мягкостью, гуманизмом. Она учит ребёнка смотреть на мир добрыми глазами. А весёлая, румяная, добрая матрёшка стала символом русского национального характера.

6 *a) Ersetzen Sie die eingeklammerten Konstruktionen durch gleichbedeutende, die die Gemeinsamkeit der Handlung bezeichnen.*

Muster: (Я и Борис) решили все задачи.— **Мы с Борисом** решили все задачи.

1) (Я и Лена) летом поедем в Болгарию. 2. (Анна и Андрей) исполнили несколько народных песен. 3. (Я и жена) ходили вчера в театр. 4. (Дети и отец) отправляются на пароходе по Волге. 5. (Я и Виктор) были вчера на концерте. 6. (Я и Таня) отдыхали в Крыму.

b) Setzen Sie die eingeklammerten Verben ins Präteritum. Achten Sie auf den Numerus.

1. Виктор (гулять) в парке с женой и сыном. 2. Мы с ней не (встречаться) всё лето. 3. Ты со мной уже (говорить) об этом. 4. Мы с тобой (опоздать) на лекцию.

7 *Ergänzen Sie die Sätze durch die eingeklammerten Wörter im erforderlichen Fall.*

1. Спортсменов встречали с (музыка и цветы). 2. Лыжник прошёл примерно с (километр) и остановился. 3. Дети с (большая любовь) выбирали подарок матери. 4. Она с (горе) совсем поседела.

8 *Ersetzen Sie die hervorgehobenen Wortverbindungen durch gleichbedeutende Instrumentalkonstruktionen mit oder ohne Präposition; verwenden Sie in den Sätzen 3 und 5 auch die Ausdrücke* ***за недоста́тком, за неиме́нием****.*

Muster: **Во вре́мя обе́да** я просмотре́л газе́ту.— **За обедом** я просмотре́л газе́ту.

1. **Позади́ до́ма** нахо́дится гара́ж. 2. **Во вре́мя еды́** он всё вре́мя о чём-то ду́мал. 3. **Так как у меня́ бы́ло ма́ло вре́мени**, я не смог к вам зайти́. 4. Мать **была́ занята́ шитьём** и не заме́тила, как прошло́ вре́мя. 5. **Поско́льку в гости́нице не́ было свобо́дных мест**, мы останови́лись у знако́мых. 6. **Во вре́мя у́жина** оте́ц сообщи́л нам о своём реше́нии. 7. **В я́сный ле́тний день** хорошо́ вы́йти в мо́ре на **я́хте**. 8. **Когда́ захо́дит со́лнце**, у клу́ба собира́ется молодёжь. 9. **Во вре́мя рабо́ты** И́горь всегда́ сосредото́чен.

9 *Ersetzen Sie die hervorgehobenen Adverbialbestimmungen der Art und Weise durch Adverbialbestimmungen mit entgegengesetzter Bedeutung.*

Muster: Мой друг расска́зывал о но́вом фи́льме **без большо́го энтузиа́зма**. — Мой друг расска́зывал о но́вом фи́льме с **бо́льшим энтузиа́змом**.

1. Брат занима́ется литерату́рой **без увлече́ния**. 2. Я иду́ на э́тот спекта́кль **без удово́льствия**. 3. Она́ испо́лнила рома́нсы Чайко́вского **без вдохнове́ния**. 4. Я прочёл э́тот рома́н **без интере́са**. 5. От до́ма до институ́та мы е́дем **без переса́дки**. 6. Ма́льчик научи́лся чита́ть **без труда́**. 7. Студе́нт написа́л контро́льную рабо́ту **без оши́бок**.

10 *Ergänzen Sie die Sätze durch Adverbialbestimmungen der Art und Weise mit und ohne Präpositionen. Verwenden Sie dabei die eingeklammerten Wörter im erforderlichen Fall.*

1. Дома́шнее зада́ние И́горя напи́сано (хоро́ший по́черк), но (оши́бки). 2. Накану́не пра́здников коллекти́в це́ха рабо́тал (подъём), и сбо́рка турби́ны шла (уско́ренные те́мпы). 3. Хиру́рг де́лал опера́цию (уве́ренные движе́ния), но (больша́я осторо́жность). 4. Во́зле шко́лы тра́нспорт дви́жется (ма́лая ско́рость). 5. Мариа́нна говори́т по-ру́сски (акце́нт).

11 *Ersetzen Sie die hervorgehobenen Wörter durch sinnverwandte. Verwenden Sie dabei folgende Verben:* ***спра́виться, расста́ться, извини́ться, рабо́тать, обраща́ться, знако́миться, согласи́ться****. Diese Verben verlangen den Instrumental mit einer Präposition.*

Muster: Я регуля́рно **просма́триваю но́вые материа́лы** по мето́дике. — Я регуля́рно **знако́млюсь с но́выми материа́лами** по мето́дике.

1. Вам придётся **принести́ ему́ извине́ния**. 2. Я сове́тую тебе́ **приня́ть э́то предложе́ние**. 3. Пришло́сь надо́лго **оста́вить родно́й го́род**. 4. Мне ну́жно ежедне́вно **чита́ть но́вую литерату́ру**. 5. Хе́рберт уже́ да́вно **пи́шет диссерта́цию**. 6. По-мо́ему, он **хорошо́ отно́сится к живо́тным**. 7. Ты ду́маешь, он **смо́жет вы́полнить э́ту рабо́ту**?

12 *Ergänzen Sie die Sätze sinngemäß durch die unten angeführten Verben und Präpositionen. Setzen Sie die eingeklammerten Wörter in den erforderlichen Fall. Verben:* ***перепи́сываться, смея́ться, заду́мываться, би́ться, труди́ться, посла́ть, гна́ться, следи́ть, дели́ться, здоро́ваться, боро́ться, прости́ться.***

1. Врачи́ всего́ ми́ра … … (реше́ние) пробле́мы лече́ния ра́ка. 2. Архите́кторы … … (реставра́ция) па́мятника стари́ны. 3. Друзья́ … … (моя́ рассе́янность). 4. Констру́ктор … … (усоверше́нствование) станка́. 5. На протяже́нии всей исто́рии челове́чество … … (враги́ прогре́сса) и побежда́ет их. 6. Росси́йские учёные … … (свои́ достиже́ния) … (наро́ды) други́х стран. 7. При встре́че он всегда́ приве́тливо … … (я). 8. Андре́й не успе́л пе́ред отъе́здом … … (това́рищи) по рабо́те. 9. Уча́щиеся на́шей шко́лы … … (пограни́чники). 10. Мы все внима́тельно … … (ход) собы́тий. 11. Соба́ка … … (зверь). 12. Мать … меня́ в магази́н … (хлеб).

13 *Übersetzen Sie ins Russische.*

1. Vor dem Betreten der Bühne habe ich immer Lampenfieber. 2. Vor dem Regen war es im Walde still. 3. Das letzte Mal sah ich ihn vor der Abreise in die Heimat. 4. Die Kinder kehrten aus dem Walde vor Einbruch der Dunkelheit zurück. 5. Wann sehen wir (ich und du) uns? 6. Wir — ich und Siegfried— arbeiten an einem interessanten Problem. 7. Er fährt mit seiner Frau in ein Sanatorium. 8. Die Frau sprach mit hoher zitternder Stimme. 9. Sie betrat das Zimmer mit Tränen in den Augen. 10. Die Mutter schaute auf ihren Sohn mit Zärtlichkeit und Liebe. 11. Der Brief war mit einer schönen Handschrift geschrieben. 12. Geben Sie den Text mit eigenen Worten wieder. 13. In seiner Dienstzeit überwachte Oleg die Arbeit der Messgeräte. 14. Man schickte mich nach der Arznei. 15. Der Vater verabschiedete sich von mir und fuhr weg. 16. Viele russische Kinder korrespondieren mit Kindern verschiedener Länder. 17. Ich gratuliere Ihnen herzlich zum Feiertag. 18. Der Ingenieur arbeitet an einem Entwurf. 19. Die Skizze ist mit Bleistift gemacht worden. 20. Ein erfahrener Arzt leitet das Krankenhaus. 21. Die Delegierten waren mit meinem Vorschlag einverstanden. 22. Es war ein schönes kleines Mädchen mit großen blauen Augen. 23. Der Junge war etwa so groß wie ich.

§ 10 Gebrauch des Präpositivs

о (об, обо) — an; über; um; von		
1. Nach Verben und Verbalsubstantiven: беспоко́иться	Алёша *беспоко́ится о здоро́вье* дру́га.	Aljoscha ist um die Gesundheit seines Freundes besorgt.
вспомина́ть — вспо́мнить	Я ча́сто *вспомина́ю о тебе́.*	Ich denke oft an dich (erinnere mich oft an dich).
догова́риваться — договори́ться	Мы с ним *договори́лись о встре́че.*	Wir haben ein Treffen vereinbart.
ду́мать — поду́мать	Я постоя́нно *ду́маю о сы́не.*	Ich denke ständig an den Sohn.
заду́мываться — заду́маться	Он *заду́мался о* свое́й *судьбе́.*	Er dachte über sein Schicksal nach.
забо́титься — позабо́титься	Мать *забо́тится о* своём *ребёнке.*	Die Mutter sorgt für ihr Kind.
мечта́ть	Ка́ждый челове́к *мечта́ет о сча́стье.*	Jederman träumt von Glück.
по́мнить	Оте́ц *по́мнил о* мое́й *про́сьбе.*	Der Vater hat sich meine Bitte gemerkt.
предупрежда́ть — предупреди́ть	Рыбако́в своевре́менно *предупреди́ли о што́рме.*	Die Fischer wurden rechtzeitig vor dem Sturm gewarnt.
проси́ть — попроси́ть	Больно́й *проси́л о по́мощи.*	Der Kranke bat um Hilfe.
спо́рить — поспо́рить	*О чём* вы *спо́рите?*	Worüber streitet ihr?
ferner nach den Verben **бесе́довать, говори́ть, докла́дывать, забыва́ть, знать, разгова́ривать, расска́зывать, спра́шивать, справля́ться, сообща́ть** usw.		
2. Nach den Substantiven **беспоко́йство, воспомина́ние, догово́р, ду́ма, забо́та, па́мять, предупрежде́ние, про́сьба, спор, речь, мечта́, мысль** u.ä.	*С воспомина́ниями о писа́теле* вы́ступили его́ родны́е и друзья́. *Мечты́ о ми́ре* объединя́ют все наро́ды.	Mit Erinnerungen an den Schriftsteller traten seine Verwandten und Freunde auf. Die Sehnsucht nach Frieden vereint alle Völker.

на[32] — auf, in, mit, vor		
1. Räumlich (Frage: *wo?*)	*На столе́* лежи́т кни́га.	Auf dem Tisch liegt ein Buch.
2. Zur Angabe des Verkehrsmittels	Из Берли́на в Москву́ он лете́л *на самолёте.*	Von Berlin nach Moskau reiste er mit einem Flugzeug.
3. Zeitlich in Wortverbindungen wie: **на э́той (на сле́дующей** u.ä.) **неде́ле; на рассве́те, на зака́те, на заре́, на днях, на скло́не лет, на кани́кулах**	Я пойду́ в теа́тр *на сле́дующей неде́ле.*	Ich gehe nächste Woche ins Theater.
4. In den Ausdrücken: **быть на́ лю́дях, случи́лось (бы́ло, произошло́) на глаза́х** u.ä.	Катастро́фа *произошла́ на мои́х глаза́х.*	Die Katastrophe passierte vor meinen Augen.
5. Nach den folgenden Verben: говори́ть — сказа́ть	Они́ *говори́ли на ру́сском языке́.*	Sie sprachen Russisch.
писа́ть — написа́ть	Неме́цкий студе́нт *написа́л* мне письмо́ *на ру́сском языке́.*	Ein deutscher Student hat mir einen Brief in russischer Sprache geschrieben.
чита́ть — прочита́ть	Э́ту статью́ я *чита́л на испа́нском языке́.*	Diesen Artikel las ich in spanischer Sprache.
жени́ться[33]	О́тто *жени́лся на мое́й подру́ге.*	Otto heiratete meine Freundin.
игра́ть (*Musikinstrument*)	Я *игра́ю на скри́пке.*	Ich spiele Geige.
осно́вываться	Он *осно́вывался на фа́ктах,* а не на предположе́ниях.	Er stützte sich auf Tatsachen und nicht auf Vermutungen.
отража́ться — отрази́ться	Куре́ние вре́дно *отража́ется на твоём здоро́вье.*	Das Rauchen wirkt sich schädlich auf deine Gesundheit aus.
ferner nach den Verben **наста́ивать, рабо́тать, печа́тать**		

[32] Zum Gebrauch der Präpositionen **на** und **в** zur Angabe räumlicher Verhältnisse siehe auch die Tabellen auf den Seiten 143–144 und 152–155.

[33] Dem Verb **жени́ться** (**на**) wie der Verbindung **выходи́ть за́муж** (**за**) entspricht im Deutschen das Verb *heiraten*: А́нна **вы́шла за́муж за моего́ бра́та**. *Anna heiratete meinen Bruder*.

в — an; auf; in; von		
1. Räumlich (Frage: *wo?*)	Моя́ дочь *у́чится в институ́те.*	Meine Tochter studiert an einem Institut.
2. Zeitlich (**ме́сяц, год, век, пери́од жи́зни; нача́ло, середи́на, коне́ц**)	*В э́том году́* снег вы́пал в ноябре́.	In diesem Jahr fiel schon im November Schnee.
	В де́тстве я жил в дере́вне.	In meiner Kindheit lebte ich auf dem Lande.
	В конце́ ма́я начали́сь дожди́.	Ende Mai setzte Regen ein.
3. Bei Entfernungsangaben	Магази́н нахо́дится *в двух шага́х* от до́ма.	Das Geschäft ist ein paar Schritte vom Haus entfernt.
4. In den Ausdrücken: **чу́вствовать, испы́тывать в чём-то недоста́ток**	Ребёнок *ни в чём не испы́тывал недоста́тка.*	Dem Kind mangelte es an nichts.
5. Zur Bezeichnung eines Gemütszustands: **в печа́ли, в го́ре, в отча́янии (от) …, в ра́дости, в восто́рге (от) …, в у́жасе (от) …, в восхище́нии (от) …** u.ä.	Мы *в восто́рге от* э́того фи́льма.	Wir sind von diesem Film begeistert.
	Он был *в большо́м го́ре.*	Er hatte großen Kummer.
6. Zur Bezeichnung der Bekleidung in Ausdrücken wie: **быть в пальто́, в пла́тье, в шля́пе** u.ä. sowie in dem Ausdruck **быть в очка́х** *(eine Brille tragen)*	Ни́на была́ *в си́нем пальто́.*	Nina hatte einen blauen Mantel an.
7. Zur Bezeichnung eines Zustandes in Ausdrücken wie: **в твёрдом (жи́дком) состоя́нии (ви́де)** u.ä.	Для о́пыта ну́жен кислоро́д *в жи́дком ви́де.*	Für das Experiment ist flüssiger Sauerstoff erforderlich.
8. Zur Bezeichnung eines Milieus in Ausdrücken wie: **находи́ться (жить, быть) в о́бществе, в коллекти́ве**	Ма́льчик воспи́тывался *в коллекти́ве.*	Der Junge wurde im Kollektiv erzogen.

9. Nach den Verben und Verbalsubstantiven: **кля́сться — покля́сться; нужда́ться; обвиня́ть — обвини́ть; отка́зывать — отказа́ть; подозрева́ть; помога́ть — помо́чь; признава́ться — призна́ться; разочаро́вываться — разочарова́ться; сознава́ться — созна́ться; сомнева́ться; стоя́ть (во главе́); убежда́ть(ся) — убеди́ть(ся); уверя́ть — уве́рить; упрека́ть — упрекну́ть; уча́ствовать; уча́стие, уве́ренность, сомне́ние, по́мощь, обвине́ние, нужда́, кля́тва** u.ä.	Вы *нужда́етесь в о́тдыхе.* Я не мог *отказа́ть* ему́ *в по́мощи.* Э́рих *призна́лся* в свое́й *оши́бке.* Я *не сомнева́юсь в* Ва́шем *успе́хе.* *В* пра́здничном *конце́рте уча́ствует* де́тский хор. Его́ *уча́стие в* э́той *рабо́те* о́чень жела́тельно.	Sie brauchen Erholung. Ich konnte ihm meine Hilfe nicht versagen. Erich gab seinen Fehler zu. Ich zweifle nicht an Ihrem Erfolg. An der Festveranstaltung nimmt ein Kinderchor teil. Seine Teilnahme an dieser Arbeit ist höchst wünschenswert.
ferner nach den Verben **находи́ть, ошиба́ться, проявля́ться, разбира́ться, растворя́ться, соревнова́ться, состоя́ть, специализи́роваться** u.ä.		

при — bei; in; unter; während		
1. Zeitlich	*При Петре́ Пе́рвом* бы́ло постро́ено не́сколько но́вых городо́в. *При обсужде́нии* э́того вопро́са на собра́нии бы́ло мно́го наро́ду.	Unter Peter dem Ersten sind einige neue Städte gebaut worden. Bei der Erörterung dieser Frage auf der Versammlung waren viele Menschen anwesend.
2. Räumlich (im Sinne einer Zugehörigkeit zu etwas)	*При институ́те* есть столо́вая.	Das Institut hat eine eigene Mensa.
3. Zur Angabe einer Bedingung bzw. eines Begleitumstandes in Wortverbindungen wie: **при усло́вии, при жела́нии, при по́мощи, при ла́мпе, при луне́, при дневно́м све́те, при нагрева́нии** u.ä.	*При жела́нии* ты мог вы́полнить мою́ про́сьбу. Эта ткань осо́бенно краси́ва *при дневно́м све́те.* *При нагрева́нии* тела́ расширя́ются.	Bei einigem guten Willen hättest du meine Bitte erfüllen können. Dieser Stoff ist besonders schön bei Tageslicht. Durch Erwärmung dehnen sich die Körper aus.

4. Zur Bezeichnung der Konzession in Wortverbindungen: **при всём жела́нии, при са́мом хоро́шем отноше́нии** u.ä.	*При всём жела́нии* я не мог вы́полнить ва́шу про́сьбу.	Beim besten Willen konnte ich Ihre Bitte nicht erfüllen.
5. In der Bedeutung *in Anwesenheit von*	Мы говори́ли об э́том *при тебе́.*	Wir sprachen davon in deiner Gegenwart.
6. Bei der Bezeichnung einer Person, die etwas bei sich hat (am häufigsten mit Personal- und Reflexivpronomen): **при себе́, при мне** u.ä.	Докуме́нты бы́ли *при мне.*	Ich hatte die Papiere bei mir.

по — bis, nach		
1. Zeitlich usw. mit Verbalsubstantiven (bezeichnend für den sachlichen Stil): **по прибы́тии, по истече́нии, по оконча́нии, по достиже́нии, по получе́нии, по прие́зде** u.ä. **(по = по́сле)**	*По прибы́тии* в Москву́ он сра́зу позвони́л дире́ктору.	Nach seiner Ankunft in Moskau rief er sofort den Direktor an.
2. Mit Pronomen nach den Verben: **скуча́ть, тоскова́ть, горева́ть** und dem Substantiv **тоска́** (mit Substantiven steht in der Regel der Dativ)	Брат *тоску́ет (скуча́ет) по нас.* Aber: Он тоску́ет *по дру́гу.*	Mein Bruder sehnt sich nach uns. Er sehnt sich nach dem Freund.

Anmerkungen:

1. Zu unterscheiden ist **на (э́тих) днях = ско́ро** *(bald)* und **в э́ти дни**.

На (*э́тих*) *днях* я уезжа́ю в санато́рий.	Nächstens (in einigen Tagen) fahre ich in ein Sanatorium.

Der Ausdruck **в э́ти дни** wird gebraucht, wenn aus dem Zusammenhang hervorgeht, welche Tage gemeint sind:

Он прие́дет в Москву́ в конце́ апре́ля. *В э́ти дни* в Москве́ уже́ бу́дет тепло́.	Er wird Ende April nach Moskau kommen. Dann wird es in Moskau schon warm sein.

2. Zur Bezeichnung der Verkehrsmittel wird der Präpositiv mit der Präposition **на** universal gebraucht.Es gilt für die Konstruktionen, wo Instrumental völlig ausgeschlossen ist:

a) bei der Bewegung mit zwei- und dreirädrigen, zweiküftigen Mechanismen: е́хать **на саня́х,на велосипе́де** u.ä.;

b) bei der Bezeichnung verschiedener Autotypen: е́хать **на «Мерседе́се»** u.ä.;

c) bei der Bewegung mit Tieren: путеше́ствовать **на слоне́,** мча́ться **на соба́ках** u.ä.;

d) bei der Bewegung mit schwimmenden Transportmitteln: плыть **на (подво́дной) ло́дке, на паро́ме, на я́хте** u.ä.;

e) bei der Bewegung mit Flugapparaten: лете́ть **на косми́ческом корабле́, на возду́шном ша́ре, на бомбардиро́вщике** u.ä.;

Der Präpositiv mit der Präposition **на** wird auch gebraucht, wenn in dieser Konstruktion Substantive durch Personal-, Relativ- oder Fragepronomen ersetzt sind: Макси́м лете́л **на самолёте. На нём (…на кото́ром)** прилете́ла и А́нна.

3. Viele verbale Substantive auf **-ие** wie **оконча́ние**, **прибы́тие**, **рассмотре́ние**, **выздоровле́ние**, **возвраще́ние**, **получе́ние** usw. und die Wörter **вы́ход**, **прихо́д**, **прие́зд**, **вы́езд** bilden mit der Präposition **по** eine Konstruktion zur Bezeichnung eines unmittelbaren Wechsels der Handlungen (mit der Bedeutung **по́сле**). Diese Konstruktion wird vor allem in wissenschaftlichen und sachlich gehaltenen Texten gebraucht. Die sinnverwandte Konstruktion mit der Präposition **по́сле** gebraucht man vorwiegend in der Umgangssprache:

По оконча́нии институ́та он бу́дет рабо́тать учи́телем.	Nach Abschluss des Studiums am Institut wird er als Lehrer arbeiten.

4. Der Ausdruck **при себе́** wird gebraucht, wenn die handelnde Person Subjekt des Satzes ist:

Я всегда́ держу́ па́спорт *при себе́.*	Ich habe den Ausweis immer mit.

Sonst gebraucht man die Wortverbindungen: **при тебе́**, **при мне**, **при вас** u.ä.:

Мой па́спорт всегда́ при *мне.*	Mein Ausweis ist immer bei mir.

Übungen

1 *Lesen Sie den Text. Suchen Sie die Substantive im Präpositiv heraus und bestimmen Sie ihre Bedeutung. Erzählen Sie den Text unter Beibehaltung der Präpositivronstruktionen nach.*

В Москве́, на Тверско́м бульва́ре, стои́т па́мятник: вы́прямившийся во весь рост челове́к сме́ло смо́трит вдаль. На постаме́нте из се́рого грани́та вы́сечена кра́ткая на́дпись: «К. А. Тимиря́зеву — борцу́ и мысли́телю».

О Климе́нте Арка́дьевиче Тимиря́зеве напи́саны по́вести и со́зданы фи́льмы, его́ и́мя но́сит старе́йшая в на́шей стране́ Сельскохозя́йственная акаде́мия.

Тимиря́зев роди́лся в Петербу́рге в 1843 году́ в передово́й дворя́нской семье́. Его́ оте́ц мечта́л о револю́ции и расска́зывал сы́ну о Робеспье́ре. Замеча́тельное влия́ние оказа́ла на Тимиря́зева мать. Благодаря́ ей он говори́л на не́скольких языка́х и хорошо́ знал худо́жественную литерату́ру.

В 1861 году́ Тимиря́зев поступи́л в Петербу́ргский университе́т. Учи́лся он на есте́ственном факульте́те. По оконча́нии университе́та Тимиря́зев занима́лся нау́чной рабо́той в о́бласти физиоло́гии расте́ний. А в 1878 году́ он стал профе́ссором Моско́вского университе́та на ка́федре анато́мии и физиоло́гии расте́ний.

В го́ды Пе́рвой мирово́й войны́ Тимиря́зев вме́сте с Го́рьким выступа́л в интернационалисти́ческом журна́ле про́тив шовини́зма и войны́. С огро́мной ра́достью приве́тствовал Тимиря́зев социа́льные преобразова́ния в на́шей стране́. Он был и́збран депута́том Моско́вского Сове́та и уча́ствовал в его́ рабо́те. Тимиря́зев говори́л о косми́ческой ро́ли расте́ний, так как при их по́мощи передаётся на́шей плане́те эне́ргия Со́лнца. «Нау́ка и демокра́тия,— заяви́л Тимиря́зев,— по са́мому существу́ своему́ вражде́бны войне́, и́бо как нау́ка, так и труд одина́ково нужда́ются в споко́йной обстано́вке».

2 *Geben Sie die Zeit der Handlung an. Ersetzen Sie die hervorgehobenen Konstruktionen durch gleichbedeutende mit den Präpositionen* ***при*** *bzw.* ***на****.*

1. **Во вре́мя обсужде́ния** прое́кта но́вой электроста́нции возни́кли разногла́сия. 2. **Во вре́мя посеще́ния** Музе́я Н. Остро́вского тури́сты познако́мились с жено́й писа́теля. 3. **Во вре́мя княже́ния** Ю́рия Долгору́кого Москва́ ста́ла мо́щной кре́постью. 4. **Во вре́мя расстава́ния** он оста́вил мне свой а́дрес. 5. **Во вре́мя ца́рствования** Никола́я Пе́рвого была́ осно́вана кре́пость Гро́зная (ны́не го́род Гро́зный). 6. **Во вре́мя ле́кции** я посла́л профе́ссору запи́ску. 7. **Когда́ мы встреча́емся**, мы расска́зываем друг дру́гу о на́ших дела́х.

3 *Ergänzen Sie die Sätze sinngemäß durch die Präpositionen* ***в, на*** *oder* ***при****. Setzen Sie die eingeklammerten Wörter in den erforderlichen Fall. Bestimmen Sie die Bedeutung der Konstruktionen mit diesen Präpositionen.*

1. … (лу́нный свет) мо́ре осо́бенно краси́во. 2. … (освобожде́ние) Дре́здена Сове́тская А́рмия спасла́ карти́ны вели́ких худо́жников. 3. Сосу́д ло́пнул … (охлажде́ние). 4. И … (ста́рость он сохрани́л жи́вость ума́. 5. Э́та пье́са мо́жет быть поста́влена то́лько … (уча́стие) всех чле́нов драмати́ческого кружка́. 6. Нам пришло́сь говори́ть с ним … (посторо́нние лю́ди).

4 *Wählen Sie jeweils das richtige von den in Klammern stehenden Pronomen.*

1. У тебя́ при (себе́, тебе́) зачётная кни́жка? 2. Твой про́пуск в институ́т при (себе́, тебе́)? 3. Мои́ докуме́нты сего́дня при (себе́, мне). 4. При (мне, себе́) нет чита́тельского биле́та.

5 *Geben Sie den Ort der Handlung an. Setzen Sie die eingeklammerten Wörter in den erforderlichen Fall.*

1. В (Музе́й исто́рии и реконстру́кции Москвы́) мы познако́мились с бу́дущим росси́йской столи́цы. 2. На (стадио́н) сего́дня прохо́дят междунаро́дные соревнова́ния по гимна́стике. 3. В (Росси́я) у́чатся студе́нты из мно́гих стран. 4. На (наш факульте́т) переведён студе́нт из друго́го институ́та. 5. Выпускники́ педагоги́ческого институ́та уе́хали в (Сиби́рь и на Да́льний Восто́к). 6. На (Да́льний Восто́к) и в (Сиби́рь) идёт большо́е строи́тельство.

6 *Geben Sie den Ort der Handlung an. Beantworten Sie die Fragen in Sätzen. Setzen Sie die eingeklammerten Wörter in den erforderlichen Fall.*

1. Где ты у́чишься? (инжене́рно-экономи́ческий институ́т, энергети́ческий факульте́т) 2. Где рабо́тает твой оте́ц? (машинострои́тельный заво́д). 3. Где ты жил в де́тстве? (дере́вня) 4. Куда́ ты е́здил ле́том? (Кавка́з) 5. Куда́ е́здила ле́том твоя́ семья́? (куро́рт) 6. Где ты купи́л ма́рки и конве́рты? (Центра́льный почта́мт) 7. Где ты купи́л уче́бник ру́сского языка́? (магази́н, Тверска́я у́лица) 8. Где у́чится твоя́ подру́га? (университе́т, факульте́т журнали́стики)

7 *Geben Sie den Ort der Handlung an. Ergänzen Sie die Sätze sinngemäß durch die Präpositionen* ***в*** *bzw.* ***на****. Setzen Sie die eingeklammerten Wörter in den erforderlichen Fall.*

1. Мы получи́ли большу́ю кварти́ру … (но́вый дом). 2. На́ша кварти́ра нахо́дится … (второ́й эта́ж). 3. Че́рез ме́сяц мно́го рабо́чих на́шего заво́да пересе́дут … (но́вые кварти́ры). 4. За́втра мы идём … (конце́рт) … (Большо́й зал) консервато́рии. 5. … (куро́рт) … (Крым) Ханс подружи́лся со студе́нтом из Вьетна́ма. 6. Сего́дня я встреча́л свои́х друзе́й … (Белору́сский вокза́л) … (Москва́). 7. Мой друг улете́л … (Чуко́тка). … (Чуко́тка) нахо́дится больша́я метеорологи́ческая ста́нция. 8. Акаде́мик Лобаче́вский сде́лал мно́го выдаю́щихся откры́тий … (о́бласть матема́тики).

8 *Geben Sie die Zeit der Handlung an. Ergänzen Sie die Sätze sinngemäß durch Präpositionen. Setzen Sie die eingeklammerten Wörter in den erforderlichen Fall.*

1. Вели́кий ру́сский писа́тель Лев Толсто́й роди́лся … (1828 год), а у́мер … (1910 год). 2. Моско́вский университе́т был осно́ван … (1755 год). 3. Профсою́зное собра́ние состо́ится … (сле́дующая неде́ля). 4. Оглавле́ние дано́ … (нача́ло) кни́ги. 5. … (коне́ц) ле́та начали́сь дожди́.

9 *Beantworten Sie die folgenden Fragen.*

1. Когда́ вы роди́лись? (год, ме́сяц, число́) 2. Когда́ вы на́чали изуча́ть ру́сский язы́к? 3. Когда́ вы око́нчили шко́лу? (год) 4. Когда́ у нас бу́дут кани́кулы? (ме́сяц). 5. Когда́ вы обы́чно быва́ете в теа́тре? (день неде́ли) 6. В кото́ром часу́ начина́ется ваш рабо́чий день? 7. Где вы бы́ли ле́том? 8. Когда́ в ва́шей стране́ быва́ет хо́лодно и когда́ жа́рко? (вре́мя го́да, ме́сяц)

10 *Merken Sie sich die folgenden Konstruktionen:* ***на про́шлой неде́ле*** *(vorige Woche),* ***на э́той неде́ле*** *(diese Woche),* ***на э́тих днях*** *(in einigen Tagen),* ***в э́ти дни*** *(in diesen bzw. in jenen Tagen),* ***на рассве́те*** *(im Morgengrauen),* ***на заре́*** *(in der Morgendämmerung, beim Sonnenaufgang). Bilden Sie Sätze mit ihnen.*

11 *Geben Sie die Zeit der Handlung an. Ergänzen Sie die Sätze durch* **на днях** *bzw.* **в э́ти дни**.

1. … начина́ется теорети́ческая конфере́нция по дре́вней исто́рии. 2. В а́вгусте 1962 го́да весь мир узна́л о пе́рвом группово́м полёте космона́втов, … все следи́ли за сообще́ниями из ко́смоса.

12 *Lesen Sie die Sätze. Merken Sie sich den Gebrauch der hervorgehobenen Konstruktionen.*

1. Була́т **образу́ется в результа́те** спла́ва чи́стого желе́за и чи́стого углеро́да. 2. Прое́кт Циолко́вского **примени́ли на пра́ктике** в ракетострое́нии. 3. **В осно́ве** периоди́ческой систе́мы Менделе́ева **лежи́т** повторя́емость сво́йств хими́ческих элеме́нтов.

13 *Vergleichen Sie die Satzpaare. Achten Sie auf den Gebrauch der Fälle und die Bedeutung der Verben.*

расска́зывать — рассказа́ть *(что?)*	расска́зывать — рассказа́ть (о *ком? о чём)?*
Расскажи́ содержа́ние пье́сы!	**Расскажи́** о **пье́се**! (о содержа́нии,об исполне́нии, исто́рии и т. д.)
по́мнить (что? кого́?)	по́мнить *(о ком? О чём?)*
Я хорошо́ **по́мню** на́шу **экску́рсию**. (её ход, содержа́ние)	*Я* хорошо́ **по́мню о** на́шей **экс-ку́рсии**. (о том, что она была́, бу́дет)
напомина́ть — напо́мнить *(кого́? что?)*	напомина́ть — напо́мнить *(о ком? о чём?)*
Зда́ние **напомина́ло за́мок**. (было похо́же на за́мок)	**Напо́мни мне о собра́нии**. (скажи́, что́бы я не забы́л)
знать — узна́ть *(кого́? что?)*	знать — узна́ть (о *ком? о чём?)*
Я зна́ю Ники́ту Ивано́ва. Он зна́ет неме́цкий язы́к.	***Я*** **зна́ю о его́ прие́зде**. (= о том,что он прие́дет)

14 *Ergänzen Sie die Sätze durch die rechts angegebenen Wörter im Präpositiv mit der Präposition* **о** *oder im Akkusativ ohne Präposition.*

1. Мы узна́ли …	экза́мен
Я хорошо́ зна́ю …	его́ стихи́
2. Когда́ мы встре́тились, он сообщи́л мне …	своя́ жени́тьба
Когда́ мы встре́тились, он сообщи́л мне …	свой но́мер телефо́на
3. Мы узна́ли по ра́дио …	его́ побе́да на Олимпиа́де
На аэродро́ме мы легко́ узна́ли …	на́ши спортсме́ны
4. Он совсе́м забы́л …	её фами́лия
Он совсе́м забы́л …	приглаше́ние на у́жин
5. Он ча́сто расска́зывал нам …	содержа́ние фи́льма
6. Расскажи́ …	оте́ц

15 *Ergänzen Sie die Sätze sinngemäß durch Präpositionen. Setzen Sie die eingeklammerten Wörter in den erforderlichen Fall.*

1. На собра́нии говори́ли … (предстоя́щие экза́мены). 2. Шко́ла забо́тится … (трудово́е воспита́ние) молодёжи. 3. Я ча́сто вспомина́ю … (свои́ друзья́). 4. Мы ду́мали … (жизнь на́ших това́рищей) в Антаркти́де. 5. Он беспоко́ится … (больно́й сын). 6. Нас во́время предупреди́ли … (опа́сность. 7. Мысль … (ро́дина) никогда́ не оставля́ла его́. 8. Вдруг мы услы́шали крик: кто́-то проси́л … (по́мощь).

16 *Ergänzen Sie die Sätze durch die passenden Verben. Setzen Sie die eingeklammerten Wörter in den erforderlichen Fall. Verben:* ***ду́мать, доложи́ть, предупреди́ть, договори́ться, вспомина́ть, беспоко́иться****.*

1. Проводни́к … нас о (круто́й обледене́вший спуск). 2. Строи́тели Анга́рска ча́сто … о (пе́рвые ме́сяцы) свое́й жи́зни в тайге́. 3. Дежу́рный врач … о (состоя́ние здоро́вья) больно́го. 4. Мы … о (встре́че) в теа́тре. 5. Я ча́сто … о (ты). 6. В конце́ собра́ния председа́тель … о (результа́ты) голосова́ния.

17 *Beantworten Sie die Fragen, verwenden Sie dabei die den Präpositiv verlangenden Verben* ***предупреди́ть, сожале́ть, ошиби́ться, наста́ивать, нужда́ться, убеди́ться****.*

1. Почему́ ва́ши расчёты неверны́? 2. Вы упо́рно отста́иваете своё мне́ние? 3. Ему́ нужна́ на́ша по́мощь? 4. Вы по́няли оши́бочность свое́й то́чки зре́ния? 5. Он знал о возмо́жных осложне́ниях? 6. Тебе́ жаль поте́рянного вре́мени?

18 *Merken Sie sich die unterschiedliche Rektion sowie die unterschiedlichen Bedeutungen der Verben. Bilden Sie mit diesen Verben Sätze.*

обраща́ться (с *кем? с чем? как?)* ла́сково с ребёнком, пра́вильно с прибо́ром	обраща́ться — обрати́ться *(к кому́? с чем?)* к дека́ну с про́сьбой
соглаша́ться — согласи́ться *(с кем? с чем?)* с вы́водами, с дру́гом	соглаша́ться — согласи́ться (*на что?)* на предложе́ние
справля́ться — спра́виться *(с* кем? с чем?) *с проти́в*ником, с рабо́той	справля́ться — спра́виться *(о* ком? о чём?) *о тебе́,* о твоём бра́те

19 *Ersetzen Sie die hervorgehobenen Wörter durch sinnverwandte. Verwenden Sie die Verben aus der Übung 18, die den Präpositiv verlangen.*

1. А́нна всегда́ **спра́шивает о тебе́**. 2. Мы **пришли́ к еди́ному мне́нию** о том, что Курт прав. 3. Наш секрета́рь хорошо́ **выполня́ет свою́ рабо́ту**. 4. Я **дал согла́сие на э́то предложе́ние**. 5. Она́ не́жно **отно́сится к до́чери**. 6. Мне ну́жно **поговори́ть с нау́чным руководи́телем**.

20 *Ergänzen Sie die Sätze durch Präpositionen. Setzen Sie die eingeklammerten Wörter in den erforderlichen Fall. Merken Sie sich: Wenn es sich um das Spielen auf Musikinstrumenten handelt, gebraucht man die Präposition* ***на*** *mit dem Präpositiv; bei Bezeichnung der Sportspiele wird die Präposition* ***в*** *mit dem Akkusativ gebraucht.*

1. Одна́ из мои́х сестёр игра́ет … (скри́пка), друга́я — … (виолонче́ль). 2. Мой брат, арти́ст эстра́дного орке́стра, игра́ет … (саксофо́н), … (фле́йта) и … (труба́). 3. Я люблю́, когда́ Оле́г исполня́ет … (балала́йка) ру́сские наро́дные мело́дии. 4. Ви́ктор игра́ет … (ша́хматы) с шести́ лет. 5. О́ба бра́та игра́ют … (футбо́л) и … (хокке́й). 6. Ле́том я научи́лся игра́ть … (те́ннис). 7. Я о́чень люблю́ игру́ … (роя́ль). 8. Игра́ … (скри́пка) всегда́ глубоко́ тро́гает меня́. 9. Андре́й игра́ет … (волейбо́л) в соста́ве сбо́рной кома́нды институ́та. 10. Для игры́ … (баскетбо́л) нужны́ спортсме́ны высо́кого ро́ста.

21 *Formen Sie die zusammengesetzten Sätze in einfache um, verwenden Sie dabei die Präposition* ***по*** *und ein verbales Substantiv als Zeitangabe.*

Muster: **Когда́ вы полу́чите студе́нческий биле́т**, придёте в библиоте́ку за уче́бниками. — **По получе́нии** студе́нческого биле́та придёте в библиоте́ку за уче́бниками.

1. Когда́ око́нчились экза́мены, студе́нты уе́хали в строи́тельные отря́ды. 2. Когда́ мы рассмотре́ли ва́ше заявле́ние, то при́няли э́то реше́ние. 3. Когда́ он прие́хал в Москву́, то сра́зу же яви́лся на заво́д. 4. Когда́ молодо́й челове́к достига́ет совершенноле́тия, он име́ет пра́во избира́ть и быть и́збранным в о́рганы управле́ния госуда́рством. 5. Когда́ космона́вты при́были на космодро́м, они́ да́ли журнали́стам интервью́. 6. Когда́ проду́кция изгото́влена, она́ поступа́ет в отде́л техни́ческого контро́ля.

22 *Ersetzen Sie, wenn möglich, die Verbindung mit der Präposition* ***по́сле*** *durch eine Verbindung mit der Präposition* ***по*** *zur Angabe der Zeit.*

Muster: **По́сле возвраще́ния** на ро́дину Курт приступи́л к рабо́те. — **По возвраще́нии** на ро́дину Курт приступи́л к рабо́те.

1. По́сле прибы́тия в го́род я отпра́вился к ме́сту на́шей встре́чи. 2. По́сле рабо́ты мы зашли́ в кафе́. 3. По́сле вы́хода на рабо́ту он приступи́л к экспериме́нтам. 4. По́сле бе́га он до́лго не мог прийти́ в себя́. 5. По́сле оконча́ния аспиранту́ры он был напра́влен на рабо́ту. 6. По́сле прогу́лки он продолжа́л на́шу бесе́ду.

23 *Geben Sie die Zeit der Handlung an. Ergänzen Sie die Sätze durch die Präpositionen* ***по*** *bzw.* ***по́сле****. Setzen Sie die eingeklammerten Wörter in den erforderlichen Fall.*

1. … (оконча́ние о́пытов) я пойду́ в столо́вую. 2. … (оконча́ние сро́ка) командиро́вки необходи́мо сдать докуме́нты в бухгалте́рию. 3. Контра́кт расторга́ется … (истече́ние сро́ка) предста́вления рабо́ты. 4. … (собра́ния) мы пое́дем на стадио́н. 5. … (прие́зд) в Новосиби́рск я отпра́вился в институ́т. 6. … (прибы́тие) в Новосиби́рск делега́ция учёных посети́ла Академгородо́к.

7. Гра́ждане Росси́и име́ют пра́во избира́ть и быть и́збранными в о́рганы вла́сти … (достиже́ние восемна́дцати лет). 8. … (выздоровле́ние) пацие́нт нужда́лся в по́мощи.

24 *Ergänzen Sie die Sätze sinngemäß durch Präpositionen.*

1. Мне ну́жно проче́сть э́ту кни́гу … неме́цком языке́. 2. Ва́ша статья́ нужда́ется … дорабо́тке. 3. Ви́ктор жени́лся … студе́нтке пе́рвого ку́рса. 4. … э́том станке́ рабо́тает молодо́й рабо́чий. 5. Учёные убеди́лись … це́нности э́той нахо́дки. 6. Мы сосредото́чили всё своё внима́ние … после́дней главе́ уче́бника. 7. Де́ти помога́ли нам … убо́рке. 8. Его́ рассе́янность пло́хо отража́ется … рабо́те. 9. В свои́х гипо́тезах о жи́зни на Ма́рсе он осно́вывается … да́нных ра́зных наук. 10. Мой брат уча́ствовал … геологи́ческой экспеди́ции. 11. Мой друг призна́лся … свое́й оши́бке.

25 *Ergänzen Sie die Sätze durch die unten angegebenen Verben und passende Präpositionen. Setzen Sie die eingeklammerten Wörter in den erforderlichen Fall. Verben:* ***упрека́ть, уча́ствовать, сомнева́ться, написа́ть, нужда́ться, жени́ться, отража́ться.***

1. Преподава́тель … нас … (небре́жность). 2. Я … письмо́ дру́гу … (неме́цкий язы́к). 3. По прие́зде на ро́дину Гу́став … (шко́льная подру́га). 4. В Москву́ прие́хали спортсме́ны из всех сосе́дних респу́блик, что́бы … (пара́д). 5. Не ну́жно … (успе́х) на́чатого де́ла. 6. Ве́рнер … (консульта́ция) по меха́нике. 7. К сожале́нию, её легкомы́слие … (рабо́та).

26 *Ersetzen Sie die hervorgehobenen Konstruktionen durch sinnverwandte unter Verwendung der Verben* ***нужда́ться, подозрева́ть, помо́чь, говори́ть, сомнева́ться.***

Muster: И́горь **вступи́л с Та́ней в брак**. — И́горь **жени́лся на Та́не**.

1. Студе́нт из По́льши уже́ хорошо́ **объясня́ется по-ру́сски**. 2. У **нас бы́ли сомне́ния** в зна́ниях э́того молодо́го челове́ка. 3. **Заво́ду тре́буются рабо́чие**. 4. Студе́нты **оказа́ли большу́ю по́мощь** в убо́рке урожа́я. 5. У **сестры́ бы́ло сомне́ние** в пра́вильности отве́та.

27 *Beenden Sie diese Sätze,indem Sie die in Klammern stehenden Wörter in der richtigen Konstruktion gebrauchen.*

1. На Кра́йнем Се́вере лю́ди е́здят на … (соба́ки). 2. Анто́н прие́хал … (ско́рый по́езд), … (кото́рый) е́хала и А́нна. 3. Во время́ войны́ Оле́г лета́л … (бомбардиро́вщик), … (кото́рый) был и его́ друг. 4. Макси́м при́был … (мото́рная ло́дка) … (э́та ло́дка) пла́вал ещё его́ дед. 5. Ната́ша е́здит … «Москви́ч».

28 *Übersetzen Sie ins Russische unter Verwendung von Präpositivkonstruktionen.*

1. Unter Peter I. wurde in Russland die Flotte aufgebaut. 2. Ich wollte dir das nicht in Anwesenheit von anderen sagen. 3. Beim elektrischen Licht schien sein Gesicht sehr blass. 4. Am Eingang ins Institut gibt es eine Fernsprechzelle. 5. Ich habe meinen Studentenausweis immer bei mir. 6. Mein Studienbuch habe ich mit. 7. Pjotr studiert an der chemischen Fakultät der Universität. 8. In der Stunde lasen wir eine Erzählung von Lew Tolstoi. 9. Nächste Woche gehe ich auf Urlaub: ich will den Kaukasus und die Krim besuchen. 10. Petersburg wurde Anfang des 18. Jahrhunderts gegründet. 11. Ende des Sommers kehrten wir nach Moskau zurück. 12. In diesen Tagen reise ich in den Fernen Osten. 13. Im Fernen Osten haben Geologen ein neues Erdölvorkommen entdeckt. 14. Ich werde eine Woche im Gebirge zubringen. In diesen Tagen werde ich mich gut erholen. 15. Mitte des Jahres war ich auf einer Dienstreise. 16. Die Eltern kümmerten sich um meine Gesundheit. 17. Sie haben eine gemeinsame Arbeit vereinbart. 18. Wir waren um die Kollegen besorgt, die in die Taiga gegangen waren. 19. Nach unserer Rückkehr vom Lande erinnerten wir uns oft an unsere Erholung. 20. Anfang August las ich einige Erzählungen in deutscher Sprache. 21. Er wandte sich an die Kameraden mit der Bitte um Hilfe. 22. Bei der Übersetzung des Artikels ins Russische stieß Kurt auf viele unbekannte Wörter. 23. Auf dem Hof spielten Kinder Fußball. 24. Mein Freund spielt gut Geige. 25. Vor Erregung ging er im Zimmer auf und ab und dachte über diese Nachricht nach. 26. Wir warfen Mischa Gleichgültigkeit vor. 27. Meine Freundin heiratete einen Flieger, und ihr Bruder heiratete eine Arbeiterin aus unserem Werk. 28. Für das Buch war ein kurzer Kommentar erforderlich. 29. Der neue Student hielt eine Rede in deutscher Sprache. 30. Ich denke gern an diese Begegnung zurück. 31. Ich war des Sieges unserer Mannschaft sicher.

■ ZUSAMMENFASSENDE TABELLEN

Tabelle 1: Orts- und Richtungsangabe

Präp.	Fall	**где?**	**wo?**
близ	Gen.	*близ го́рода*	nahe/bei der Stadt
		близ институ́та	neben/bei dem Institut
вдоль		*вдоль у́лицы*	längs der Straße
во́зле		*во́зле до́ма*	neben/bei dem Haus
вокру́г		*вокру́г университе́та*	rings um die Universität
впереди́		*впереди́ коло́нны*	vor der Kolonne / der Kolonne voran
ми́мо		*ми́мо университе́та*	an der Universität vorbei
о́коло		*о́коло до́ма*	neben dem Haus
про́тив		*про́тив до́ма*	dem Haus gegenüber
среди́		*среди́ за́ла*	mitten im Saal / in der Mitte des Saals
		среди́ у́лицы	mitten auf (in) der Straße
		среди́ цвето́в	(mitten) in den Blumen
у	Gen.	*у до́ма*	beim, neben dem Haus
		(быть) у дру́га	beim Freunde (sein)
по	Dat.	*по у́лице*	die Straße entlang
		по ко́мнате (ходи́ть)	im Zimmer (auf und ab gehen)
		по фа́брикам	in den / durch die Fabriken
		по всему́ ми́ру	durch die / in der ganzen Welt
за	Instr.	*за го́родом*	außerhalb der Stadt
		за грани́цей	im Ausland
над		*над столо́м*	über dem Tisch
ме́жду		*ме́жду дома́ми*	zwischen den Häusern
пе́ред		*пе́ред институ́том*	vor dem Institut
под		*под столо́м*	unter dem Tisch
		под дождём	im / unter dem Regen
		под Москво́й	bei / in der Nähe von Moskau
—		*по́лем*	(quer) durchs Feld, querfeldein
в[1]	Präp.	*в университе́те*	in (an) der Universität
		в Сиби́ри	in Sibirien
		в до́ме	im Haus
на		*на рабо́те*	auf der Arbeit
		на Да́льнем Восто́ке	im Fernen Osten
при		*При заво́де есть столо́вая.*	Im Betrieb gibt es einen Speisesaal.

[1] Zum Gebrauch der Präpositionen **в** und **на** siehe auch die Tabelle auf den Seiten 152–155.

Präp.	Fall	**куда́?**	**wohin?**
до	Gen.	*до институ́та*	bis zum (vor das) Institut
в	Akk.	*в университе́т*	in die Universität
		в Петербу́рг	nach Petersburg
		в А́встрию	nach Österreich
за		*за́ город (е́хать)*	ins Grüne (hinausfahren)
		за грани́цу	ins Ausland
на		*на рабо́ту*	zur Arbeit
		на юг.	in den Süden
		на ро́дину	in die Heimat
под		*под стол*	unter den Tisch
		под Москву́	in die Umgebung von Moskau
к	Dat.	*к до́му*	zum, bis vor das Haus
		к окну́	zum, ans Fenster
		к дру́гу	zum Freund
		отку́да?	**woher?**
из	Gen.	*из университе́та*	aus (von) der Universität
		из Петербу́рга	aus (von) Petersburg
		из А́встрии	aus (von) Österreich
из-за		*из-за грани́цы*	aus dem Ausland
		из-за две́ри	hinter der Tür hervor
из-под		*из-под стола́*	unter dem Tisch hervor
		из-под Москвы́	aus der Umgebung von Moskau
от		*от до́ма*	vom Hause (weg)
с (со)		*с кры́ши*	vom Dach (herunter)
		с ю́га	vom (aus dem) Süden
		с рабо́ты	von der Arbeit

Tabelle 2: Zeitangabe

Präp.	Fall	**когда́?**	**wann?**
без	Gen.	*без пяти́ (мину́т) де́сять = 9 ч. 55 м.*	fünf (Minuten) vor zehn
		без че́тверти семь = 6 ч. 45 м.	Viertel vor sieben
до		*до за́втрака*	vor dem Frühstück
		до револю́ции	vor der Revolution
		до пяти́ часо́в	vor/bis fünf Uhr
накану́не		*накану́не пра́здника*	am Vorabend des Feiertages
о́коло		*о́коло пяти́ часо́в (ве́чера)*	kurz vor, gegen fünf Uhr (nachmittags)
по́сле		*по́сле уро́ка*	nach der Unterrichtsstunde
		по́сле пя́того ию́ня	nach dem 5. Juni
среди́		*среди́ но́чи*	mitten in der Nacht
		среди́ го́да	um die Jahresmitte / mitten im Jahr
—		*пя́того октября́ ты́сяча девятьсо́т два́дцать пя́того го́да*	am 5. Oktober neunzehnhundertfünfundzwanzig
к	Dat.	*к обе́ду*	gegen Mittag
		к э́тому вре́мени	(bis) zu dieser Zeit
		к пяти́ часа́м (утра́, ве́чера)	bis/gegen 5 Uhr (morgens, nachmittags)
по		*по утра́м*	morgens (jeden Morgen)
		по понеде́льникам	montags (jeden Montag)
в (во)	Akk.	*в эпо́ху*	im Zeitalter
		в три часа́	um drei Uhr
		в сре́ду	am Mittwoch
		во вто́рник	am Dienstag
		в сре́ду ве́чером	Mittwochabend, am Mittwochabend
		в моро́з (в плоху́ю пого́ду)	bei Frost (bei schlechtem Wetter)
		в э́тот моме́нт	in diesem Moment
		в год юбиле́я	im Jubiläumsjahr
		в век а́тома	im Atomzeitalter

Präp.	Fall	когда?	wann?
за … до …		*за пять минут до звонка*	fünf Minuten vor dem Klingelzeichen
		за час до начала	eine Stunde vor Beginn
на		*на следующий день*	am nächsten Tag
под		*под Новый год*	kurz vor / am Abend vor Neujahr
		под утро	gegen Morgen
		под Первое мая	(kurz) vor dem 1. Mai
через		*через минуту*	in (nach) einer Minute
		через год	in (nach) einem Jahr
		через неделю	in (nach) einer Woche
		через каждые два часа	alle zwei Stunden
—		*месяц тому назад*	vor einem Monat
за	Instr.	*за обедом*	beim Mittagessen / während …
		за работой	bei/während der Arbeit
между		*между часом и двумя*	zwischen eins und zwei (Uhr)
перед		*перед уроком*	vor der Unterrichtsstunde
		перед вечером	vor/gegen Abend
с		*с рассветом*	mit Einbruch der Morgendämmerung
		с каждым часом	mit jeder Stunde
		с приездом (= после приезда)	nach der Ankunft
—		*ранним утром*	früh am Morgen
		целыми вечерами	ganze Abende (hindurch)
		зимой	winters / im Winter
		вечером	abends / am Abend
в (во)	Präp.	*в феврале*	im Februar
		в тысяча девятьсот двадцатом году	(im Jahre) neunzehnhundertzwanzig
		в детстве	in der Kindheit
		в двадцатом веке	im 20. Jahrhundert
		в пятом часу	kurz nach vier
		в начале года	Anfang des Jahres
		в конце мая	Ende Mai
на		*на занятиях*	beim Unterricht / während …
		на этой неделе	in dieser Woche / diese Woche
по		*по возвращении*	nach der Rückkehr
при		*при социализме*	im Sozialismus
		при встрече	bei der Begegnung
		при жизни (кого-либо)	zu Lebzeiten (jemandes)

Präp.	Fall	с какого времени? когда?	seit wann? wann?
с (со)	Gen.	*с весны*	seit Frühjahr
		с пятого октября	seit dem (vom) 5. Oktober (an)
		с тысяча девятьсот пятого года	seit (von) 1905 (an)
от ... до ... (nur Uhrzeit)		*от трёх до пяти (часов)*	von drei bis fünf (Uhr)
		когда?	**wann?**
через ... после ...	Akk ... Gen.	*через час после приезда*	eine Stunde nach der Ankunft
		до какого времени? когда?	**bis zu welcher Zeit? wann?**
до	Gen.	*до часа (дня)*	bis eins (nachmittags)
		до среды	bis Mittwoch
		до начала собрания	bis zum Beginn der Versammlung
		до завтра	bis morgen
		до лета	bis zum Sommer
за ... до...	Akk. ... Gen.	*за час до начала*	eine Stunde vor dem Beginn
		по какое время?	**bis zu welcher Zeit?**
по	Akk.	*по первое сентября*	bis zum 1. September einschließlich
		по май	bis Mai einschließlich
		на какое время?	**(für) wie lange?**
на	Akk.	*на неделю*	für eine Woche
		на месяц	für einen Monat
с		*с неделю*	etwa eine Woche (lang)
		в течение какого времени?	**im Laufe welcher Zeit?**
в течение = в продолжение	Gen.	*в течение года*	im Laufe des (eines) Jahres
в	Akk.	*в неделю*	in/binnen/innerhalb einer Woche
за		*за неделю*	in/binnen/während einer Woche
—		*неделю*	eine Woche

Tabelle 3: Angabe der Ursache, des Grundes

Präposition	Fall	**почему́?**	**warum?**
из-за	Gen.	*из-за меня́*	meinetwegen
		из-за дождя́	wegen des Regens
		из-за шу́ма (ниче́го́ не слы́шно)	wegen des Lärms (ist nichts zu hören)
из		*из любви́*	aus Liebe
		из го́рдости	aus Stolz
		из ве́жливости	aus Höflichkeit
от		*от го́лода*	vor Hunger
		от го́ря	vor Kummer
		от жары́	vor Hitze, wegen der Hitze
с(со)		*с го́лоду*	vor Hunger
		со зло́сти	vor Ärger
		со стра́ху	vor Angst
благодаря́	Dat.	*благодаря́ по́мощи*	dank der Hilfe
		благодаря́ тебе́	dank dir
по		*по рассе́янности*	aus Zerstreutheit
		по жела́нию	auf/nach Wunsch
		по боле́зни	krankheitshalber / infolge einer Krankheit
за	Instr.	*за недоста́тком (вре́мени)*	wegen/aus Zeitmangel
		за шу́мом (дождя́)	im Geräusch (des Regens)

Tabelle 4: Zielangabe

Bedeutung der Konstruktionen	Präp.	Fall	Beispiele	
1. Das eigentliche Ziel der Handlung **(для чего́?)**	**для**	Gen.	прие́хать *для реше́ния* вопро́са	kommen, um die Frage zu lösen
			говори́ть *для утеше́ния*	zum Trost sagen
			располага́ть фа́ктами *для подтвержде́ния*	über Tatsachen zur Bestätigung verfügen
2. Ziel der Handlung mit Objektangabe **(с како́й це́лью?)**	**за**	Akk.	а) боро́ться *за мир*	für den Frieden kämpfen
			борьба́ *за чистоту́* окружа́ющей среды́	der Kampf für die Reinhaltung der Umwelt
		Instr.	б) идти́ *за хле́бом (за врачо́м)*	Brot holen (den Arzt holen)
	с		прие́хать с *поруче́нием*	mit einem Auftrag kommen
3. Ziel der Handlung mit Attributangabe **(для како́й це́ли? на что?)**	**на**	Akk.	тра́тить де́ньги *на кни́ги*	Geld für die Bücher ausgeben
			расхо́ды *на ремо́нт*	Ausgaben für die Renovierung
	для	Gen.	кастрю́ля *для молока́*	ein Milchtopf
	к	Dat.	материа́лы *к конфере́нции*	Konferenzunterlagen
	под	Akk.	отвести́ зда́ние *под библиоте́ку*	das Gebäude als Bibliothek einrichten
4. Ziel der Handlung mit räumlicher Bedeutung **(для како́й цели?)**	**на**	Akk.	сдать *на прове́рку (о́тзыв* и *и др.)*	zur Kontrolle (zum Gutachten u.ä.) abgeben (geben)
			идти́ (приглаша́ть) *на обе́д*	zum Mittagessen gehen (einladen)
			уйти́ *на пе́нсию*	in Rente gehen
	в	Akk.	идти́ *на поса́дку (сниже́ние, погруже́ние* и др.)	zur Landung ansetzen
			сдать *в обрабо́тку (чи́стку, перепла́вку* и др.)	etwas reinigen (bearbeiten, umschmelzen u.ä.) lassen
5. Ziel der Handlung mit Zeitangabe **(для како́й це́ли? заче́м?)**	**на**	Akk.	закры́ть *на обе́д*	wegen Mittagspause schließen

6. Ziel der Handlung mit Angabe einer Ursache **(для како́й це́ли?)**	**в**	Akk.	*в возмеще́ние* убы́тков	zum Schadenersatz
			во избежа́ние по-жа́ра	um einen Brand zu verhüten
			в па́мять о де́тстве	zur Erinnerung an die Kindheit
			в по́мощь учи́телю	um dem Lehrer zu helfen
	на	Akk.	прийти́ *на по́мощь* дру́гу	dem Freund zu Hilfe kommen
			подари́ть *на па́мять* о встре́че	zum Gedenken an das Zusammentref-fen schenken
	ра́ди	Gen.	отказа́ться от пое́здки *ра́ди ма́тери*	um der Mutter willen auf die Reise ver-zichten
	во и́мя		же́ртвовать жи́знью *во и́мя Ро́дины*	sein Leben für die Heimat aufopfern
7. Ziel der Handlung mit Adverbialbe-deutung **(с како́й це́лью?)**	**в**	Akk.	Сказа́ть *в шу́тку*	im Scherz sagen

Tabelle 5: Einige Mittel zum Ausdruck des nichtkongruierenden Attributs

Präp.	Fall	Beispiele	
—	Gen.	кни́га *това́рища*	ein Buch des Kollegen
		стихи́ *Пу́шкина*	Puschkins Gedichte
		сбо́рник *упражне́ний*	ein Übungsbuch
		де́вушка *ма́ленького ро́ста*	ein Mädchen von kleinem Wuchs
		челове́к *лет тридцати́*	ein Mann um die dreißig (Jahre)
без		пе́сня *без слов*	ein Lied ohne Worte
		плане́та *без* я́дерного *ору́жия*	der Planet ohne Kernwaffen
для		тетра́дь *для заме́ток*	ein Notizheft(-block)
из		костю́м *из ше́рсти*	ein Anzug aus Wollstoff
		отры́вок *из рома́на*	ein Auszug aus dem Roman
		сотру́дник *из институ́та*	ein Mitarbeiter des Instituts
из-под		буты́лка *из-под молока́*	eine Milchflasche
от		ключи́ *от кварти́ры*	die Schlüssel (von) der Wohnung / die Wohnungsschlüssel
у		но́жки *у сту́ла*	die Stuhlbeine
по	Dat.	преподава́тель *по фи́зике*	der Physiklehrer
		това́рищ *по рабо́те*	ein Arbeitskollege
		тетра́дь *по ру́сскому языку́*	ein Heft für den Russischunterricht
в (во)	Akk.	бума́га *в кле́тку*	kariertes Papier
		пла́тье *в горо́шек*	ein getupftes Kleid
		шириной *в два́дцать ме́тров*	20 Meter breit
		моро́з *в три́дцать гра́дусов*	Frost von 30 Grad / 30 Grad Frost
под		буты́лка *под молоко́*	eine Flasche für Milch / eine Milchflasche
		стена́ *под мра́мор*	eine Marmor imitierende Wand
че́рез	Akk.	доро́га *че́рез пески́*	ein Weg über den Sand
с		прое́хать с *киломе́тр*	etwa einen Kilometer weit fahren
		величино́й с *горо́шину*	erbsengroß
с (со)	Instr.	де́вушка *с голубы́ми глаза́ми*	ein Mädchen mit blauen Augen
		челове́к *с зонто́м*	ein Mann mit einem Schirm
в	Präp.	челове́к *в си́нем костю́ме*	ein Mann in dunkelblauem Anzug
		по́ле *в цвета́х*	ein Blumenfeld
		реце́нзия *в трёх экземпля́рах*	ein Gutachten in drei Exemplaren
на		ту́фли *на ко́жаной подмётке*	Schuhe mit Ledersohle
о (об)		мечта́ *о сча́стье*	der Traum von Glück
		про́сьба *о по́мощи*	eine Bitte um Hilfe
		мысль о *Ро́дине*	der Gedanke an die Heimat

■ VERGLEICHENDE TABELLEN

Tabelle 6: Ortsangabe (Fragen: wo?, wohin?, woher?)

где?	куда́?	отку́да?
в (Präp.)	**в** (Akk.)	**из** (Gen.)
Я учу́сь *в институ́те.* Ich studiere an einem Institut.	Я иду́ *в институ́т.* Ich gehe ins Institut.	Я иду́ *из институ́та.* Ich komme aus dem Institut.
на (Präp.)	**на** (Akk.)	**с** (Gen.)
Я был *на конце́рте.* Ich war im Konzert.	Я иду́ *на конце́рт.* Ich gehe ins Konzert.	Я иду́ с *конце́рта.* Ich komme von einem Konzert.
у (Gen.)	**к** (Dat.)	**от** (Gen.)
Я был *у дру́га.* Ich war bei meinem Freund	Я иду́ *к дру́гу.* Ich gehe zu meinem Freund.	Я иду́ *от дру́га.* Ich komme von meinem Freund.
за (Instr.)	**за** (Akk.)	**из-за** (Gen.)
Сад нахо́ди́тся *за до́мом.* Der Garten befindet sich hinter dem Haus.	Маши́на зае́хала *за дом.* Das Auto fuhr hinter das Haus.	*Из-за до́ма* вы́ехала маши́на. Hinter dem Haus kam ein Auto hervor.
под (Instr.)	**под** (Akk.)	**из-под** (Gen.)
Под кни́гой лежи́т тетра́дь. Unter dem Buch liegt ein Heft.	Студе́нт кладёт тетра́дь *под кни́гу.* Der Student legt das Heft unter ein Buch.	Доста́нь тетра́дь *из-под кни́ги!* Hole das Heft unter dem Buch hervor!

Tabelle 7: Substantive mit den Präpositionen *в* oder *на* zur Angabe des Ortes (Frage: wo?)

в	на
1. Hochschulen, Bildungseinrichtungen	
в университе́те в вы́сшем уче́бном заведе́нии (ву́зе) в акаде́мии в консервато́рии в те́хникуме в учи́лище в гимна́зии, в шко́ле	на ку́рсах

2. Abteilungen der Bildungseinrichtungen und wissenschaftlicher Einrichtungen; Lehrveranstaltungen

в кла́ссе	на ку́рсе
в гру́ппс	на факульс́тс
в кабине́те	на отделе́нии
в лаборато́рии	на ка́федре
в аспиранту́ре, ординату́ре	на уро́ке
в экспеди́ции	на семина́ре (по исто́рии)
в семина́ре (профе́ссора Андре́ева)	на заня́тиях, на коллокви́уме
	на консульта́ции
	на пра́ктике, на экза́мене
	на зачёте, на кани́кулах

3. Organisationen, Institutionen, Einrichtungen

в министе́рстве	на заво́де
в гла́вке, тре́сте,в ба́нке	на фа́брике
в учрежде́нии	на предприя́тии
в суде́, прокурату́ре	на ба́зе
в посо́льстве	на скла́де
в цеху́	на комбина́те (горнообогати́тельном)
	на строи́тельстве
	на произво́дстве
в колхо́зе	на элева́торе
в совхо́зе	на фе́рме
в кооперати́ве, арте́ли	
в парикма́херской	
в ателье́, мастерско́й	
в комбина́те бытовы́х услу́г	
в химчи́стке, пра́чечной, ба́не,са́уне	
в магази́не, гастроно́ме	на ры́нке, база́ре
в кио́ске	на я́рмарке
в санато́рии	на куро́рте, о́тдыхе
в до́ме о́тдыха	на да́че
в ла́гере	
в больни́це, диспансе́ре	на процеду́рах (медици́нских)
в го́спитале	на лече́нии
в поликли́нике	
в апте́ке	
в аэропорту́	на аэродро́ме
в порту́, га́вани	на при́стани
в почто́вом отделе́нии	на остано́вке, стоя́нке
в аге́нтстве	на ста́нции
	на вокза́ле
	на по́чте, телегра́фе
	на радиоста́нции
	на телесту́дии

4. Bühneneinrichtungen, Veranstaltungen auf betrieblicher und gesellschaftlicher Basis

в теа́тре	на спекта́кле, постано́вке
в клу́бе	на премье́ре
в консервато́рии	на бале́те, о́пере
в ци́рке	на конце́рте
в кино́ (теа́тре)	на репети́ции
	на представле́нии
	на сеа́нсе
	на ве́чере
	на дискоте́ке
	на просмо́тре
в музе́е	на вы́ставке
в рестора́не	на обе́де, у́жине, банке́те
в буфе́те, столо́вой, заку́сочной	на приёме
в командиро́вке	на рабо́те
в о́тпуске	на о́тдыхе
в экспеди́ции, похо́де	на пе́нсии
в отъе́зде	на экску́рсии
	на собра́нии
	на заседа́нии, совеща́нии, ми́тинге
	на съе́зде, конгре́ссе
	на се́ссии, пле́нуме, конфере́нции

5. Sportanlagen und -veranstaltungen

в спорти́вном за́ле	на спорти́вной площа́дке
в бассе́йне	на стадио́не
	на катке́
	на лы́жной ба́зе
	на футбо́льном по́ле
	на олимпиа́де, спартакиа́де
	на соревнова́ниях
	на ма́тче
	на ри́нге
	на ипподро́ме, велодро́ме
	на спорти́вных снаря́дах

6. Städte, Siedlungen, Ortschaften und deren territoriale Einheiten

в го́роде	на ху́торе
в дере́вне, селе́	
в о́бласти	
в переу́лке	на окра́ине
в тупике́	на у́лице
	на перекрёстке
	на пло́щади
	на проспе́кте, бульва́ре, на́бережной

7. Freie und geschlossene Flächen, Gelände

в саду́, в огоро́де	на гря́дке, клу́мбе
в куста́х, за́рослях, куста́рнике	на пустыре́
в по́ле	на по́ле
в лесу́	на лугу́
в гора́х	на равни́не
в доли́не, низи́не, ни́зменности	на возвы́шенности

8. Erdteile, Himmelsrichtungen, Landschaftszonen, Gebiete

в Евро́пе, А́зии, А́фрике, Аме́рике	на контине́нте
в Австра́лии, Антаркти́де	на ю́ге, восто́ке, за́паде, се́вере
в тро́пиках, джу́нглях	на по́люсе, эква́торе
в тайге́, ту́ндре, степи́, пусты́не	на о́строве, полуо́строве
в стране́	на целине́
в ме́стности (в э́той ме́стности)	на террито́рии
в Крыму́	на ме́стности (ориенти́роваться)
в Белору́ссии	на Кавка́зе
в А́льпах	на Ура́ле
в Пирине́ях	на Да́льнем Восто́ке
в Та́трах	на Алта́е
в Украи́не	на Аля́ске
в Карпа́тах	на Чуко́тке
в Сиби́ри	на Балка́нах

9. Andere Fügungen

в тылу́	на фро́нте
в плену́	на войне́
в ссы́лке	
в нево́ле	на свобо́де
в эмигра́ции	на ро́дине
в изгна́нии	на чужби́не

Ausdruck des Ortes der Handlung

1 *Lesen Sie den Text „Moskau und die Moskauer". Stellen Sie Fragen zu den hervorgehobenen Konstruktionen, die den Ort der Handlung bezeichnen. Bestimmen Sie ihre Bedeutung.*

Вели́ка на́ша страна́. Когда́ **в Москве́** ве́чер, **в Новосиби́рске уже́** ночь, а **на Чуко́тке** начина́ется но́вый день. На самолёте мо́жно улете́ть **из Ирку́тска** сего́дня, а прилете́ть **в Москву́** «вчера́». По́езд идёт **от Владивосто́ка до Москвы́** це́лую неде́лю. Ка́ждому хо́чется хоть раз побыва́ть **в Москве́.** Все волну́ются, когда́ по́езд подхо́дит к столи́це. Вдали́ выраста́ют бе́лые лаби-ри́нты но́вых кварта́лов, высо́тные дома́ поднима́ются **в не́бо. Ми́мо нас** плыву́т у́лицы, пло́щади, тру́бы заво́дов, кра́ны новостро́ек, пробега́ют **под колёсами** мосты́. Це́лых полчаса е́дет по́езд **по го́роду!** Но вот сло́во «Москва́» гори́т **над кры́шей вокза́ла. На вокза́льной пло́щади** нас встреча́ет жизнь огро́много го́рода!

В Москву́ мо́жно прие́хать **с ю́га, с се́вера, с за́пада, с восто́ка. В Москву́** мо́жно прилете́ть, приплы́ть, прикати́ть на маши́не. **В Москве́** де́вять вокза́лов, пять аэропо́ртов, три га́вани. Ка́ждый день **в Москву́** приезжа́ет бо́лее трёх миллио́нов челове́к. Приезжа́ют **из при́городов, из городо́в, из да́льних стран.** Приезжа́ют **на рабо́ту, в командиро́вку, в го́сти, по дела́м** и **в о́тпуск.**

В Москве́ бо́льше ста мосто́в. Са́мый большо́й из них — метромо́ст **у Воробьёвых гор.** Это це́лая двухэта́жная у́лица длино́й в два киломе́тра. Но са́мый краси́вый, наве́рное, Кры́мский мост. Он ка́жется лёгким, хотя ве́сит де́сять ты́сяч тонн.

Среди́ шу́ма огро́много го́рода Кра́сная пло́щадь — ме́сто торже́ственной тишины́. **По Кра́сной пло́щади** прохо́дят пара́дным ма́ршем 9 мая на́ши защи́тники, **в Госуда́рственном Кремлёвском Дворце́** собира́ются конгре́ссы и съе́зды, а **в Кремле́** рабо́тает Президе́нт Росси́и. Ка́ждый, кто приезжа́ет **в Москву́,** стреми́тся побыва́ть **в Кремле́ и на Кра́сной пло́щади.**

Москва́ — го́род переу́лков. Их не́сколько со́тен. Е́сли пройти́ **по всем переу́лкам, у́лицам и площадя́м** столи́цы, то полу́чится доро́га длино́й в три ты́сячи киломе́тров. А ста́рые у́лочки! В их назва́ниях це́лая поэ́ма.
Ча́сто назва́ния говоря́т о том, кто жил **на у́лице,** чем занима́лся: пе́кари жи́ли **в Хле́бном переу́лке,** пло́тники — **в Пло́тниковом,** ска́терти тка́ли **в Ска́тертном.** А тепе́рь москвичи́ даю́т но́вым у́лицам имена́ люби́мых геро́ев, уважа́емых госуда́рственных де́ятелей, писа́телей, худо́жников: на́бережная Тара́са Шевче́нко, у́лица Достое́вского. **В но́вых райо́нах** появи́лись у́лица Ве́шних вод, Сире́невый бульва́р, у́лица Кра́сных зорь. Но́вые кварта́лы расту́т как грибы́. Ка́ждую мину́ту — 20 кварти́р. Го́род на 160 ты́сяч жи́телей за неде́лю!

Москвичи́ приве́тливы и доброжела́тельны. Они́ уме́ют труди́ться и отдыха́ть. **В го́роде** высо́кий темп жи́зни. Москви́ч хо́чет мно́гое успе́ть. Он стара́ется везде́ вы́играть вре́мя. **В метро́** бежи́т **вниз по эскала́тору. На платфо́рме** выбира́ет ваго́н, **из кото́рого** бли́же выходи́ть. **В ваго́не** открыва́ет кни́жку, что́бы проче́сть страни́цу-другу́ю. В обе́денный переры́в успева́ет сбе́гать **на вы́ставку.** По́сле рабо́ты е́дет **в теа́тр** и́ли **к знако́мым.** В суббо́ту отправля́ется **за́ город** купа́ться, собира́ть грибы́ и́ли ката́ться на лы́жах, а в воскресе́нье е́дет **в парк** и́ли **на стадио́н, на экску́рсию.** И всё де́лает бы́стро!

(nach *K. Sergijenko*)

2 *Ergänzen Sie die Sätze durch die in Klammern stehenden Wörter mit einer passenden Präposition in den Konstruktionen, die den Ort der Handlung bezeichnen.*

1. Выпускники́ школ до́лго гуля́ли … (вече́рняя Москва́) по́сле шко́льного ба́ла. 2. Студе́нты геологи́ческого факульте́та ме́сяц провели́ … (экспеди́ция). 3. … (семина́р по исто́рии) мы рассма́тривали вопро́с о ро́ли пролетариа́та в революцио́нном движе́нии. 4. И́нна занима́ется … (семина́р профе́ссора Шу́бина). 5. Что́бы вы́йти к желе́зной доро́ге, пришло́сь пройти́ … (лес). 6. Он не́ был … (ро́дина) три го́да. 7. … (черномо́рские куро́рты) отдыха́ют не то́лько гра́ждане на́шей страны́, но и иностра́нные тури́сты. 8. … (стоя́нка такси́) бы́ло не́сколько маши́н. 9. Мы приземли́лись … (аэродро́м) в Домоде́дове. 10. … (шесто́й контине́нт), … (Антаркти́да), веду́тся интере́сные иссле́дования. 11. … (домострои́тельный комбина́т) произво́дят гото́вые бло́ки-кварти́ры. 12. Ты идёшь … (телегра́ф)? 13. Они́ познако́мились … (та́нцы). 14. Мне пришло́сь сро́чно вы́лететь … (командиро́вка). 15. Обы́чно он прово́дит о́тпуск … (Крым) и́ли … (Во́лга), но в э́том году́ собира́ется … (се́вер), … (Каре́лия).

3 *Ergänzen Sie die Erzählung „Das Neujahr“ durch Orts- und Richtungsangaben. Gebrauchen Sie die Wörter in Klammern und entsprechende Präpositionen, die den Ort und die Richtung der Handlung angeben.*

Э́то случи́лось в ночь под Но́вый год. Расскажу́ вам всё по поря́дку. Кто я тако́й? Агроно́м, рабо́таю … (Сиби́рь). Год тому́ наза́д я впервы́е прие́хал … (Москва́). За три дня я зако́нчил все свои́ дела́ … (рабо́та), и передо мно́й встал вопро́с: где встреча́ть Но́вый год. … (Москва́) у меня́ знако́мых не́ было. То́лько оди́н Никола́й. Мы вме́сте с ним е́хали … (по́езд), и он пригласи́л меня́ вме́сте встреча́ть Но́вый год.

Я позвони́л Никола́ю. Он был о́чень рад, но в нового́днюю ночь он до́лжен был дежу́рить … (заво́д). Никола́й ещё раз предложи́л мне встреча́ть Но́вый год с его́ друзья́ми. Он о́чень хвали́л их, осо́бенно хозя́йку. Я согласи́лся. Мы договори́лись, что вме́сте пое́дем туда́, он познако́мит меня́ со свои́ми друзья́ми, а пото́м уе́дет … (рабо́та).

Друзья́ Никола́я жи́ли … (но́вый райо́н Москвы́). Нас встре́тила мать хозя́йки, симпати́чная стару́шка, и сра́зу попроси́ла побыстре́е сходи́ть … (магази́н) за горчи́цей. Ну, я, коне́чно, сказа́л: «Дава́йте, я схожу́, магази́н ря́дом. Я ви́дел». Я бы́стро купи́л горчи́цу и побежа́л обра́тно. А куда́ идти́ — не зна́ю. Дом большо́й, 18 этаже́й, 18 подъе́здов, и все похо́жи друг на дру́га. Второ́й подъе́зд и́ли тре́тий? А ,мо́жет быть, четвёртый? Ка́жется, тре́тий. А кварти́ра? 86 и́ли 68? И́ли 807? Вошёл … (подъе́зд), подня́лся … (тре́тий эта́ж). Куда́ звони́ть? … (все две́ри) доно́сится му́зыка, смех. Спусти́лся я обра́тно, вы́шел … (у́лица). Уже́ по́лночь, … (о́кна) свет, тепло́, весе́лье, а я стою́ … (моро́з) и не зна́ю, что де́лать.

Вдруг ко мне подошла́ де́вушка и спроси́ла: — Почему́ вы тут скуча́ете? Ско́ро Но́вый год! Я объясни́л ей всё. А де́вушка смеётся и говори́т:
— Да, пло́хо ва́ше де́ло! А зна́ете, знако́мая Никола́я — э́то я! И уже́ це́лый час вас ищу́ … (все у́лицы вокру́г), да́же … (сосе́дний переу́лок) бе́гала. Пойдёмте скоре́е, все вас ждут.

Никола́й был соверше́нно прав, когда́ хвали́л свои́х друзе́й. Но лу́чше всех была́ Ве́ра. Я ра́ньше не ви́дел таки́х удиви́тельных си́них глаз, как у неё. Мы всё вре́мя танцева́ли вме́сте, и я расска́зывал ей о себе́, о родны́х, о жи́зни … (Си́бирь) — обо всём. Оказа́лось, что она́ рабо́тает … (домострои́тельный комбина́т) … (меха́нический цех), а родила́сь … (Украи́на). Пото́м её роди́тели перее́хали … (Москва́).
Че́рез не́которое вре́мя я спроси́л её:
— А где ва́ша ма́ма?
— Кака́я ма́ма? — удиви́лась Ве́ра. А пото́м улыбну́лась:— Она́ уста́ла, отдыха́ет … (спа́льня).
А у́тром Ве́ра сказа́ла мне:
— Не обижа́йтесь, Серёжа, я обману́ла вас, я не зна́ю Никола́я. Когда́ вы рассказа́ли мне обо всём, я поду́мала, что вы не мо́жете встреча́ть Но́вый год оди́н … (у́лица), и пригласи́ла вас сюда́.

Но я не оби́делся. Это была́ лу́чшая нового́дняя ночь в мое́й жи́зни. Так я встре́тил Но́вый год в про́шлом году́. А в э́том году́ я встреча́ю его́ далеко́ от Москвы́, … (мой го́род), то́же вме́сте с Ве́рой.

4 *Übersetzen Sie ins Russische.*

1. Am ersten September beginnt bei Millionen Kindern und Jugendlichen in Russland das Schuljahr. 2. Am Konservatorium studieren junge Musiker aus verschiedenen Ländern der Welt. 3. Er lernte Russisch in einem Sommerlehrgang. 4. Im Institut erkundigte ich mich beim Sekretär, wann unser Seminar stattfindet. 5. An welcher Fakultät studiert Hans? 6. Die Studenten gehen zum Praktikum in eine Schule. 7. Wir gehen zur Abendvorstellung ins Kino. 8. Auf dem Empfang war der Botschafter selbst anwesend. 9. Wir fuhren mit einem Taxi zum Stadion. 10. An der Kreuzung hielt mich mein Bekannter auf. 11. In dieser Gegend gibt es viele Sümpfe. 12. Auf dem Ausstellungsgelände darf man nicht rauchen. 13. In der Antarktis arbeiten einige wissenschaftliche Kollektive. 14. Hinter dem Wald blickten die ersten Sonnenstrahlen hervor. 15. Das Öl ging durch das Papier. 16. Im ganzen Haus verbreitete sich die Nachricht von Viktors Ankunft. 17. Der Bus fuhr an den neuen Wohnvierteln vorbei, den Kai entlang und bog endlich zum Bahnhof ein. 18. Auf dem Bahnsteig standen die mich begleiteten Freunde. 19. Unter dem Schnee kam das erste Gras hervor. 20. Lege Gabeln und Messer auf den Tisch, stelle Teller in den Schrank und hänge das Handtuch ins Badezimmer!

Ausdruck der Zeit der Handlung

5 *Vergleichen Sie die hervorgehobenen Konstruktionen. Bestimmen Sie, in welchen Sätzen der Zeitpunkt der Vollendung der Handlung festgestellt wird und in welchen die Zeitspanne ihrer Vollendung hervorgehoben wird.*

1. Пятиле́тний план они́ вы́полнили **за 4 го́да.**
2. **За́ день** он успе́л прочита́ть 200 страни́ц.
3. Реставрацио́нные рабо́ты осуществи́ли **за два го́да.**

1. Пятиле́тний план они́ вы́полнили **в четы́ре го́да.**
2. Он прочита́л весь рома́н **за́ день.**
3. Реставрацио́нные рабо́ты осуществи́ли **в коро́ткий срок.**

6 *Ersetzen Sie die hervorgehobenen Konstruktionen durch sinnverwandte mit den Präpositionen* ***в, за*** *bzw. ohne Präposition als Zeitangaben. Bilden Sie, wo möglich, Varianten.*

1. Аспира́нт рабо́тал над диссерта́цией **в тече́ние трёх лет.** 2. Он написа́л письмо́ **в тече́ние получа́са.** 3. Телегра́мма бу́дет доста́влена адреса́ту **в тече́ние двух часо́в.** 4. **В тече́ние** после́дних **пяти́ ме́сяцев** он не́сколько раз обраща́лся к врачу́. 5. Студе́нт подгото́вился к экза́мену **в тече́ние неде́ли.** 6. Ну́жно зако́нчить экспериме́нты **в тече́ние двух дней.** 7. **В тече́ние су́ток** он был без созна́ния.

7 *Beantworten Sie die Fragen, gebrauchen Sie dabei Konstruktionen mit der Präposition* ***че́рез*** *oder* ***по́сле,*** *die die Zeit der Handlung ausdrücken.*

1. Когда́ ты пойдёшь в библиоте́ку? (ле́кция) 2. Когда́ он вернётся из о́тпуска? (ме́сяц) 3. Когда́ ты прие́дешь домо́й? (трениро́вка) 4. Когда́ бу́дет дека́н? (час) 5. Когда́ он заверши́л рабо́ту? (час напряжённого труда́)

8 *Ersetzen Sie die folgenden Satzverbindungen durch einfache Sätze, gebrauchen Sie dabei die Konstruktionen mit* ***че́рез*** *oder* ***по́сле,*** *die die Zeit der Handlung ausdrücken.*

1. Прошла́ неде́ля, и гео́логи вы́шли к ста́нции. 2. Прошло́ не́сколько мину́т молча́ния, и он отве́тил на мой вопро́с. 3. Прошло́ не́сколько лет, и мы перее́хали на но́вую кварти́ру. 4. Прошло́ не́сколько лет насто́йчивых по́исков, и но́вые запа́сы алма́зов бы́ли на́йдены.

9 *Beantworten Sie die Fragen, gebrauchen Sie die in Klammern stehenden Wörter mit den entsprechenden Präpositionen als Zeitangaben.*

1. Когда́ вы пое́дете отдыха́ть? (сле́дующий ме́сяц, сле́дующая неде́ля, э́тот год) 2. Когда́ А. С. Пу́шкин написа́л рома́н в стиха́х «Евге́ний Оне́гин»? (позапро́шлый век) 3. Когда́ был со́здан пе́рвый парово́з? (век па́ра, 19 век) 4. Когда́ М. Ю. Ле́рмонтов написа́л стихотворе́ние «Смерть поэ́та»? (год сме́рти А.С. Пу́шкина, 1837 год) 5. Когда́ открыва́ется студе́нческая спартакиа́да? (ближа́йшие дни) 6. Когда́ у него́ обнару́жились спосо́бности к матема́тике? (шко́льные го́ды) 7. Когда́ опа́сно пла́вать в мо́ре? (шторм) 8. Когда́ появля́ются шаровы́е мо́лнии? (си́льная гроза́) 9. Когда́ ра́неный не почу́вствовал бо́ли? (пе́рвый моме́нт) 10. Когда́ быва́ет пара́д на Кра́сной пло́щади? (9 мая, День Побе́ды)

10 *Ersetzen Sie in den Satzgefügen die Adverbialsätze der Zeit durch sinnverwandte Konstruktionen mit den Präpositionen* ***по́сле, с*** *oder* ***по.*** *Bilden Sie, wo möglich, Varianten.*

1. Когда́ зако́нчилась Вели́кая Оте́чественная война́, на́ши лю́ди приступи́ли к восстановле́нию па́мятников архитекту́ры Петерго́фа, Па́вловска и други́х при́городов Петербу́рга. 2. Когда́ наступи́ла весна́, на поля́ вы́шли ты́сячи тра́кторов. 3. Когда́ делега́ция верну́лась на ро́дину, она́ опубликова́ла отчёт о перегово́рах. 4. Когда́ он око́нчил университе́т, он рабо́тал на заво́де. 5. Когда́ наступи́л рассве́т, мы продо́лжили свой путь.

11 *Geben Sie die Zeit der Handlung an. Ergänzen Sie die Sätze durch die in Klammern stehenden Wörter und die entsprechenden Präpositionen.*

1. Во вре́мя хокке́йного ма́тча, … (пятна́дцатая мину́та) ша́йбу заби́л защи́тник кома́нды «Дина́мо». 2. … (второ́й год жи́зни) на Да́льнем Восто́ке он привы́к к но́вому кли́мату. 3. Э́тот материа́л рассчи́тан для рабо́ты … (пе́рвая неде́ля второ́го семе́стра). 4. Э́ти упражне́ния мы де́лаем обы́чно … (второ́й час заня́тий). 5. М. Ю. Ле́рмонтов поги́б … (два́дцать седьмо́й год жи́зни).

12 *Ersetzen Sie in den Satzgefügen die Adverbialsätze der Zeit durch sinnverwandte Konstruktionen mit der Präposition* ***на*** *oder* ***в.***

1. Он научи́лся чита́ть, когда́ ему́ шёл шесто́й год. 2. Когда́ истека́ла после́дняя мину́та второ́го та́йма, футболи́сты заби́ли пе́рвый гол. 3. Он узна́л меня́, как то́лько уви́дел, хотя́ прошло́ мно́го лет со дня на́шей встре́чи. 4. Когда́ ему́ шёл пятидеся́тый год, он на́чал писа́ть воспомина́ния. 5. Студе́нты писа́ли контро́льную рабо́ту, когда́ начала́сь после́дняя неде́ля пе́рвого семе́стра.

13 *Widerlegen Sie die Äußerung des Gesprächspartners. Geben Sie die ungefähre Zeit und das für Sie unerwartete Resultat der Handlung an.*

Muster: — И́горь звони́л мне в 9 часо́в утра́.
— Ну, не в 9, а в деся́том часу́, но ты ещё спал.

1. Я пришёл к ме́сту на́шей встре́чи в 8 часо́в ве́чера. 2. Я ждал тебя́ в два часа́ дня, как мы договори́лись. 3. Ральф вы́шел из до́ма в 9 часо́в. 4. В 12 часо́в я был уже́ в столо́вой. 5. Анне́та сдала́ экза́мен в 10 часо́в утра́. 6. Ты до́лжен был зайти́ за мной в 6 часо́в вечера́.

14 *Ergänzen Sie die Sätze durch die Präpositionen* ***в, на, за*** *in den Konstruktionen, die die Zeit ausdrücken. Bilden sie, wo möglich, Varianten.*

1. Догово́р о дру́жбе, сотру́дничестве и взаи́мной по́мощи заключён … 10 лет. 2. … после́дние 10 лет отноше́ния ме́жду на́шими стра́нами ста́ли ещё бо́лее про́чными. 3. Студе́нты уезжа́ют … ле́то стро́ить разли́чные объе́кты, ну́жные наро́дному хозя́йству. 4. … ле́то строи́тели возвели́ в се́льской ме́стности де́тские сады́, краси́вые клу́бы, помеще́ния для скота́. 5. … одну́ мину́ту не́бо потемне́ло и поли́л дождь. 6. … одну́ мину́ту рабо́чий обта́чивает две таки́е дета́ли. 7. Па́мять об э́том собы́тии мы сохрани́м …

до́лгие го́ды. 8. … Двадца́тые — тридца́тые го́ды о́коло 50 наро́дностей на́шего госуда́рства не то́лько получи́ли свою́ пи́сьменность, но и со́здали свою́ литерату́ру. 9. Прогно́з пого́ды опублико́ван … неде́лю. 10. Мой о́тпуск заплани́рован … а́вгуст. 11. Мы перенесли́ встре́чу … сре́ду.

15 *Bezeichnen Sie den Zeitabschnitt vor dem Beginn der Handlung. Gebrauchen Sie in Ihren Antworten die in Klammern stehenden Wörter mit* ***до*** *oder* ***пе́ред.***

1. Когда́ принима́ют э́то лека́рство? (еда́) 2. Когда́ позвони́л ваш друг? (са́мый отъе́зд) 3. Когда́ вы де́лаете у́треннюю гимна́стику? (за́втрак) 4. Когда́ не сле́дует пло́тно есть? (сон) 5. Когда́ же́нщины в Росси́и не могли́ получи́ть вы́сшего техни́ческого образова́ния? (ты́сяча девятьсо́т семна́дцатый год) 6. Когда́ ну́жно бы́ло верну́ться в село́? (су́мерки)

16 *Übersetzen Sie ins Russische.*

1. Die Moskauer Metro öffnet um 5.30 Uhr früh und schließt um ein Uhr nachts. 2. Die Pause beginnt um halb zwei. 3. Im Januar 1905 kämpften die russischen Arbeiter auf den Barrikaden gegen die zaristische Herrschaft. 4. Der Gelehrte arbeitete fünf Jahre lang an diesem Thema. 5. Der Forschungsplan wurde innerhalb von drei Jahren erfüllt. 6. Jeden Tag legte er 15 Kilometer zurück. 7. In der nächsten Woche beginnen die Sportwettkämpfe. 8. Das Zusammentreffen der Veteranen des Großen Vaterländischen Krieges findet am Tag des Sieges statt. 9. Im Zeitalter der Erschließung des Weltraumes wird der Mensch zum ersten Mal zu anderen Planeten fliegen. 10. Die russischen Maler — Peredwishniki — wirkten im 19. Jahrhundert. 11. Lew Tolstoi starb im 83. Lebensjahr. 12. Neulich wurde die Nachricht über den Start einer neuen Orbitalstation veröffentlicht. 13. Zu seiner Zeit war der Glockenturm Iwan Weliki im Moskauer Kreml der höchste Bau der Stadt: fast einundachtzig Meter hoch. 14. Im denkwürdigen Frühling 1945 kam der Frieden nach Europa. 15. In der Nacht vom 25. zum 26. Oktober 1917 stürmten die Aufständischen den Winterpalast. 16. Bei Tagesanbruch lief die Flotte in den Hafen ein. 17. Anfang der sechziger Jahre des 19. Jahrhunderts bildete sich in Russland der schöpferische Bund der Komponisten "Mogutschaja kutschka". 18. Ende des 13. Jahrhunderts wurde Moskau zur Hauptstadt eines Fürstentums. 19. Bei dichtem Nebel lässt der Flughafen die Flugzeuge nicht landen. 20. Das erste Theater entstand in Russland unter Peter I. 21. Der Arzt blieb stundenlang beim Kranken. 22. Nach Absolvierung der Universität ging er in die Aspirantur. 23. Eine Stunde vor Abflug des Flugzeuges werden die Fluggäste registriert. 24. Vor Konzertbeginn begegnete ich im Foyer Thomas. 25. Bis zum Konzertbeginn musste die letzte Probe durchgeführt werden. 26. Hast du Karten für den Abend?

Ausdruck der Ursache der Handlung

17 *Lesen Sie die Sätze, erklären Sie den Gebrauch der hervorgehobenen Konstruktionen.*

1. Больно́й был бле́ден **от поте́ри кро́ви. Из-за большо́й поте́ри кро́ви** у больно́го кружи́лась голова́. 2. **От си́льных моро́зов** мета́лл стал хру́пким. **Из-за си́льных моро́зов** увели́чился расхо́д электроэне́ргии. 3. С **испу́гу** он бро́сился бежа́ть. **От испу́га** он потеря́л спосо́бность понима́ть, что ему говоря́т. 4. Он допусти́л оши́бку в расчётах **по невнима́тельности. Из-за невнима́тельности** сотру́дника пришло́сь де́лать расчёты за́ново: в них бы́ло мно́го оши́бок. 5. Я отсу́тствовал **по боле́зни. Из-за боле́зни** я не успе́л сдать экза́мен. 6. **Из-за шу́ма дождя́** ничего́ не́ было слы́шно. **За шу́мом дождя́** ничего́ не́ было слы́шно. 7. **Из-за свое́й неуда́чной любви́** он забро́сил все дела́. **От любви́** к Ни́не ему всё круго́м каза́лось прекра́сным. **Из любви́** к Ни́не он отказа́лся от интере́сной рабо́ты.

18 *Stellen Sie fest, wo die Konstruktion mit der Präposition* ***из-за*** *durch die Konstruktion mit der Präposition* ***за*** *ersetzt werden kann.*

Muster: **Из-за да́льности** расстоя́ния гео́логи ре́дко быва́ли в го́роде. — **За да́льностью** расстоя́ния гео́логи ре́дко быва́ли в го́роде.

1. В за́ле игра́ла му́зыка, но из-за шу́ма голосо́в её бы́ло пло́хо слы́шно. Я не обрати́л внима́ния на мело́дию из-за шу́ма. 2. Из-за удалённости от це́нтра страны́ дальневосто́чники получа́ют специа́льную надба́вку к зарпла́те. Из-за удалённости дере́вни от шко́лы дете́й во́зят туда́ на авто́бусе. 3. Из-за за́нятости на́ша встре́ча с профе́ссором не состоя́лась. Из-за за́нятости профе́ссор не успе́л проче́сть ру́копись мое́й статьи́. 4. Из-за отсу́тствия (неиме́ния) материа́лов ремо́нт придётся отложи́ть. Из-за отсу́тствия доказа́тельств обвиня́емый был опра́вдан.

19 *Bezeichnen Sie die Ursache der Handlung. Beantworten Sie die Fragen, gebrauchen Sie dabei die in Klammern stehenden Wörter mit den Präpositionen* ***из-за, благодаря́, из, от, за, по****.*

1. Почему́ не состоя́лся хокке́йный матч? (плоха́я пого́да) 2. Почему́ заво́д пусти́ли ра́ньше сро́ка? (добросо́вестный труд рабо́чих и слу́жащих) 3. Почему́ у тебя́ разболе́лась голова́? (шум) 4. Почему́ ты так побледне́л? (волне́ние) 5. Почему́ Курт не хо́чет созна́ться в свое́й оши́бке? (упря́мство) 6. Почему́ он взял твои́ очки́? (рассе́янность) 7. Почему́ вчера́ заво́д не отпра́вил сверхпла́новую проду́кцию? (неиме́ние дополни́тельного тра́нспорта) 8. Почему́ вы так до́лго отсу́тствовали? (боле́знь)

20 *Bilden Sie aus zwei Sätzen einen, gebrauchen Sie Konstruktionen zum Ausdruck der Ursache einer Handlung. Bilden Sie, wo möglich, mehrere Varianten.*

Muster: Земля́ потре́скалась. Стоя́ла си́льная жара́. — **Из-за си́льной жары́** земля́ потре́скалась.

1. Больно́го удало́сь спасти́. Врачи́ прояви́ли упо́рство и насто́йчивость. 2. Но́чью не удало́сь усну́ть. Всю ночь раздава́лись телефо́нные звонки́. 3. Мать ра́но поседе́ла. У неё бы́ли тяжёлые пережива́ния. 4. Он у́мер по́сле ране́ния. У него́ бы́ло зараже́ние кро́ви. 5. И́нна мно́гого ещё не понима́ла. Она́ была́ молода́ и нео́пытна. 6. Мы не заме́тили, как прошло́ вре́мя. У нас была́ интере́сная бесе́да. 7. Ге́рхард идёт на большу́ю же́ртву. Он о́чень лю́бит сестру́.

21 *Bezeichnen Sie die Ursache der Handlung. Ersetzen Sie Adverbialpartizipien und Adverbialpartizipialkonstruktionen durch sinnverwandte Konstruktionen mit Präpositionen, die die Ursache der Handlung ausdrücken.*

1. Потеря́в твой а́дрес, я не мог отве́тить на письмо́. 2. Уста́в в доро́ге, он засну́л кре́пким сном. 3. Бу́дучи близору́ким, он допусти́л брак в рабо́те. 4. Не име́я све́жих статисти́ческих да́нных по э́тому вопро́су, мы вы́нуждены провести́ экспериме́нты. 5. Лесни́к бы́стро вы́вел нас на доро́гу, хорошо́ зна́я ме́стность. 6. Растеря́вшись, он не сказа́л ни сло́ва. 7. Бу́дучи принципиа́льным челове́ком, докла́дчик наста́ивал на продолже́нии диску́ссии.

22 *Bilden Sie aus den Satzgefügen einfache Sätze, ersetzen Sie die Nebensätze durch sinnverwandte Konstruktionen mit den Präpositionen* ***благодаря́, из-за, по, из, от,*** *die die Ursache der Handlung ausdrücken.*

1. Он пло́хо ви́дел и слы́шал, так как был стар. 2. Он шёл широ́ким ша́гом, так как привы́к мно́го ходи́ть. 3. Ники́та Ивано́в отсу́тствовал на собра́нии, так как у него́ была́ уважи́тельная причи́на. 4. Всё это он уже знал, но продолжа́л слу́шать бра́та, так как был ве́жливым челове́ком. 5. Его́ глаза́ заблесте́ли, так ему́ бы́ло любопы́тно узна́ть об э́том. 6. Урожа́й был плохи́м, так как возни́кла за́суха. 7. Трениро́вку отмени́ли, так как тре́нер заболе́л. 8. Тре́нер не пришёл на стадио́н, так как был бо́лен. 9. Трава́ пожелте́ла, так как стоя́ла жара́.

23 *Übersetzen Sie ins Russische.*

1. Er kam aus einem triftigen Grund nicht zur Versammlung. 2. Wegen des Regens fand der Ausflug ins Grüne nicht statt. 3. Aus Stolz bat er uns nicht um Hilfe. 4. Vor Aufregung konnte er lange nicht mit seiner Rede beginnen. 5. Der Student nahm aus Versehen ein fremdes Heft. 6. Er will aus Bescheidenheit über seine Arbeit nicht sprechen. 7. Wegen des Schneesturms flog das Flugzeug nicht pünktlich ab. 8. Wegen seines Stolzes verlor er einen Freund. 9. Dank der Beharrlichkeit gewann er einen schweren Wettkampf. 10. Wegen Zeitmangel besucht er selten das Theater. 11. Wegen der Schneeverwehungen hat der Zug eine Stunde Verspätung. 12. Vor Lärm hörten wir das Klingeln an der Tür nicht.

Ausdruck des Zieles der Handlung

24 *Lesen Sie die folgenden Satzpaare. Vergleichen Sie die Bedeutung der hervorgehobenen Konstruktionen mit den Präpositionen* ***на, в, для, под.*** *Erklären Sie ihren Gebrauch.*

1. Магази́н **закры́т на ремо́нт.** Я **сдал** часы́ **в ремо́нт. Для ремо́нта** зда́ния привезли́ кра́ску. 2. Машини́стка **получи́ла** ру́копись **в перепеча́тку. Для перепеча́тки** ру́кописи мне нужна́ бума́га. **На перепеча́тку** ру́кописи уйдёт мно́го вре́мени: я ме́дленно печа́таю. 3. Но́вое зда́ние отвели́ **под дискоте́ку. Для дискоте́ки** привезли́ аппарату́ру. 4. Возьми́ ба́нку **под варе́нье! Для варе́нья** ну́жен са́хар. **На варе́нье** уйдёт килогра́мм са́хару.

25 *Beantworten Sie die Fragen, gebrauchen Sie dabei die in Klammern stehenden Wörter zum Ausdruck des Zieles.*

Muster: a) На что он истра́тил свою́ пре́мию? (но́вые кни́ги) — Он истра́тил свою́ пре́мию **на но́вые кни́ги.** b) Для чего́ посла́ли диссерта́цию профе́ссору? (о́тзыв) — Диссерта́цию посла́ли профе́ссору **на о́тзыв.**

1. Для чего́ аспира́нт собира́ет материа́лы? (рабо́та над диссерта́цией) 2. На что аспира́нт затра́тил две неде́ли? (подгото́вка к докла́ду) 3. Для чего́ ты по́льзуешься карма́нным словарём? (удо́бство) 4. С како́й це́лью закры́ли магази́н? (учёт) 5. Для чего́ профе́ссор вы́звал студе́нта? (серьёзный разгово́р) 6. Для чего́ тебя́ пригласи́ла подру́га? (ча́шка ча́ю) 7. Для чего́ преподава́тель даёт контро́льную рабо́ту? (прове́рка зна́ний студе́нтов) 8. Для чего́ преподава́тель взял контро́льные рабо́ты на дом? (прове́рка)

26 *Beantworten Sie die Fragen, gebrauchen Sie dabei die in Klammern stehenden Wörter mit den Präpositionen* ***на*** *oder* ***в*** *zum Ausdruck des Zieles.*

1. Заче́м вы ходи́ли в ателье́? (приме́рка пла́тья) 2. Заче́м вы относи́ли магнитофо́н в мастерску́ю? (ремо́нт) 3. Заче́м закры́ли столо́вую? (ремо́нт) 4. Заче́м его положи́ли в больни́цу? (обсле́дование) 5. Заче́м та́нкер зашёл в порт? (разгру́зка) 6. Заче́м заво́д принима́ет металлоло́м? (перепла́вка) 7. Заче́м ты дал мне э́ти де́ньги? (вся́кий слу́чай)

27 *Ersetzen Sie die hervorgehobenen Konstruktionen zum Ausdruck des Zieles durch sinnverwandte.*

Muster: Мать посла́ла меня́ **купи́ть журна́л.** — Мать посла́ла меня́ **за журна́лом.**

1. Он побежа́л **позва́ть врача́.** 2. Мы отпра́вились **собира́ть грибы́.** 3. Серёжа вы́шел **купи́ть молока́.** 4. Ста́роста ку́рса пришёл в декана́т **взять биле́ты** на ве́чер. 5. Ба́бушка прие́хала к нам **забра́ть вну́ка.**

28 *Ersetzen Sie die Satzgefüge durch sinnverwandte einfache Sätze, gebrauchen Sie dabei die Konstruktionen mit den Präpositionen* ***на, для, в, под, за*** *zum Ausdruck des Zieles der Handlung.*

1. Зда́ние переда́ли на́шему заво́ду, что́бы размести́ть в нём те́хникум. 2. В гости́нице я сдал го́рничной руба́шки, что́бы их вы́стирали. 3. Что́бы вы́стирать руба́шки, я купи́л стира́льный порошо́к. 4. Я потра́тил полчаса́ на то, что́бы вы́стирать руба́шки. 5. Ви́ктора посла́ли в магази́н, что́бы он принёс фру́кты. 6. Ру́копись статьи́ напра́вили профе́ссору, что́бы он дал реце́нзию. 7. Что́бы написа́ть реце́нзию, профе́ссор воспо́льзовался спра́вочными материа́лами. 8. Что́бы написа́ть реце́нзию, профе́ссору потре́бовалось не́сколько дне́й. 9. Что́бы приня́ть госте́й, был пригото́влен пра́здничный обед. 10. Вади́м пригласи́л меня́ к себе́, что́бы угости́ть пра́здничным обе́дом. 11. Что́бы отремонти́ровать телеви́зор, Пе́тра отвезла́ его в мастерску́ю. 12. Что́бы отремонти́ровать телеви́зор, ма́стер затра́тил два часа́. 13. Се́льские механиза́торы отпра́вились в райо́нный центр, что́бы получи́ть но́вые тра́кторы. 14. Библиоте́ка закры́та: там идёт ремо́нт.

29 *Übersetzen Sie ins Russische.*

1. In unserem Land werden die künstlichen Erdsatelliten zur Erforschung des Weltraumes gestartet. 2. Die Weltraumflüge werden durchgeführt, um die Raumtechnik weiterzuentwickeln und die Kenntnisse über den Weltraum zu erweitern. 3. Für den Wohnungsbau gab der Staat über 25 Milliarden Rubel aus. 4. Eine Delegation russischer Gelehrter kam zu einem Freundschaftsbesuch nach Berlin. 5. Zur Erinnerung an unsere Zusammenarbeit wurde eine Denkmünze geprägt. 6. Die Gäste sind zur feierlichen Eröffnung der Ausstellung eingeladen worden. 7. Der Vertrag über Freundschaft und Zusammenarbeit zwischen den Staaten wurde der Duma der Russischen Föderation zur Ratifizierung übergeben. 8. Das Dienstleistungskombinat des Hotels nimmt Sachen zum Waschen, Bügeln, zur Ausbesserung und Reinigung entgegen. 9. Der Delegationsleiter kam, das Programm der Arbeit abzuholen. 10. Dieses Gebäude wurde für die Bibliothek zur Verfügung gestellt.

■ ZUM GEBRAUCH DER VERBALFORMEN

§ 1 Verbalaspekte

Der unvollendete Aspekt bezeichnet eine nicht abgeschlossene Handlung in ihrem Ablauf, in ihrer Dauer oder ihrer Wiederholung sowie eine ständige Eigenschaft, einen Zustand des Subjekts: **де́лать, говори́ть, писа́ть, реша́ть, учи́ть, чита́ть, стро́ить, жить, пить, петь** usw. Die unvollendeten Verben können mit Adverbialbestimmungen stehen: **обы́чно, ча́сто, всегда́, ежедне́вно, еженеде́льно, всё лу́чше и лу́чше, ча́ще и ча́ще, це́лыми дня́ми, из го́да в год, изо дня в день, день за днём** usw.: **Ежедне́вно он встреча́л** свои́х друзе́й.

Die angeführten Adverbialbestimmungen können auch mit vollendeten Verben stehen, und zwar, wenn das Futur dieser Verben in der Bedeutung des Präteritums gebraucht wird: Она́ **всегда́ расска́жет** что́-нибудь интере́сное. = Она́ **всегда́ расска́зывала** что́-нибудь интере́сное.

Der vollendete Aspekt bezeichnet eine abgeschlossene, zeitlich begrenzte Handlung, ganz gleich, ob es sich um ihren Beginn oder Abschluss handelt, eine einmalige, momentane Handlung, die ein bestimmtes Ergebnis hat: **сде́лать, сказа́ть, написа́ть, реши́ть, вы́учить, прочита́ть, постро́ить, прожи́ть, вы́пить, узна́ть, запе́ть** u.ä. Die vollendeten Verben können mit Adverbialbestimmungen stehen: **момента́льно, то́тчас же, сейча́с же, в одну́ мину́ту (секу́нду), в оди́н миг, вдруг, неожи́данно, внеза́пно, случа́йно, впервы́е** usw.: **Неожи́данно он встре́тил** свои́х друзе́й.

Die angeführten Adverbialbestimmungen können auch mit unvollendeten Verben stehen, und zwar, wenn diese die Wiederholung einer plötzlich eingetretenen Handlung bezeichnen (При встре́че со мной он **вдруг вспомина́л** о своём обеща́нии. *Bei jeder Begegnung mit mir erinnerte er sich plötzlich an sein Versprechen*), oder wenn das Präsens in der Bedeutung des Präteritums gebraucht wird (**Неожи́данно она́ реша́ет** уе́хать. = **Неожи́данно она́ реши́ла** уе́хать. *Plötzlich fasst = fasste sie den Beschluss, wegzufahren.*).

ÜBUNGEN

1 *Lesen Sie die Satzpaare. Bestimmen Sie den Aspekt der hervorgehobenen Verben.*

Та́ня хорошо́ **говори́ла** по-неме́цки.	Она́ **сказа́ла** всего́ не́сколько слов.
В лесу́ я ча́сто **ви́дел** следы́ за́йца.	В лесу́ я **уви́дел** следы́ за́йца.
Ли́стья **осыпа́лись** под поры́вами осе́ннего ве́тра.	За после́дние дни **осы́пались** все ли́стья в па́рке.
— Что ты вчера́ **де́лал**? — **Писа́л** сочине́ние.	— Ты **сде́лал** уро́ки? — Нет. Я то́лько **написа́л** упражне́ние.
Мы до́лго **гуля́ли** по го́роду.	Мы немно́го **погуля́ли** по го́роду и верну́лись домо́й.
Пока́ мы **собира́лись** на прогу́лку, пошёл дождь.	Все бы́стро **собрали́сь** и бы́ли гото́вы к отъе́зду.
И́горь **боле́ет**?	И́горь **заболе́л** неде́лю наза́д.

2 *Ersetzen Sie die Adverbialbestimmungen durch* всегда́, постепе́нно, обы́чно, по воскресе́ньям, изо дня в день, ка́ждую мину́ту. *Erklären Sie, warum sich der Verbalaspekt ändert.*

1. На э́тот раз спортсме́н пра́вильно вы́полнил э́то тру́дное упражне́ние. 2. Лабора́нт сра́зу включи́л все прибо́ры в сеть. 3. Он сего́дня хорошо́ вы́полнил рабо́ту. 4. В воскресе́нье Курт наде́л но́вый костю́м. 5. В тот день она́ подгото́вилась к ва́жному для неё разгово́ру. 6. Че́рез мину́ту по́езд метро́ подошёл к перро́ну.

§ 2 Gebrauch der Aspekte

Präteritum	
unvollendeter Aspekt	*vollendeter Aspekt*
1. Zum Ausdruck einer **sich wiederholenden** Handlung:	1. Zum Ausdruck einer **einmaligen** Handlung oder der **summarischen Bedeutung**:
(За два часа́) студе́нт *обы́чно реша́л* пять зада́ч. (Im Laufe von 2 Stunden) löste der Student gewöhnlich 5 Aufgaben.	(За два часа́) студе́нт *реши́л* пять зада́ч. (Im Laufe von 2 Stunden) hat der Student 5 Aufgaben gelöst.
2. Zum Ausdruck des **Handlungsablaufs**:	2. Zum Ausdruck der **Vollendung** einer Handlung:
Он (*до́лго*) *писа́л* письмо́. Er schrieb lange an dem Brief.	Он *дописа́л* письмо́ и отпра́вил его́. Er beendete den Brief (schrieb zu Ende) und schickte ihn ab.
a) Zur Wiedergabe der **gleichzeitig ablaufenden** Handlungen:	a) Zur Wiedergabe **aufeinanderfolgender abgeschlossener** Handlungen:
Лабора́нт *гото́вил* прибо́ры, а преподава́тель *объясня́л* ход о́пыта. Der Laborant bereitete die Geräte vor, und der Lehrer erklärte den Verlauf des Versuches.	Снача́ла лабора́нт *подгото́вил* прибо́ры, а пото́м преподава́тель *объясни́л* ход о́пыта. Zuerst bereitete der Laborant Geräte vor, dann erklärte der Lehrer den Verlauf des Versuches.
b) Zur Wiedergabe des Ablaufes einer Handlung **vor dem Hintergrund einer anderen**:	b) Zur Wiedergabe einer **momentanen Handlung vor dem Hintergrund eines Prozesses**, der durch ein **unvollendetes Verb** ausgedrückt ist:
Я *входи́л* в аудито́рию, когда́ он что́-то *объясня́л*. Ich trat in den Hörraum ein, als er etwas erklärte.	Я *вошёл* в аудито́рию, когда́ он что́-то *объясня́л*. Ich betrat den Hörraum, als er etwas erklärte.

3. a) Zum Ausdruck der **Feststellung** einer Handlung[1]:

Что ты вчера́ *де́лал?* – Чита́л. Was hast du gestern gemacht? – Ich habe gelesen.

Ты *звони́л* мне? Hast du mich angerufen? Нет, я не звони́л. Nein, ich habe dich nicht angerufen.

Ей *предлага́ли* но́вую кварти́ру. Man bot ihr eine neue Wohnung an.

b) Zum Ausdruck der Feststellung einer **Tatsache**, wobei auf die **handelnde Person** und die **Art des Handlungsablaufs** geachtet wird:

Кто *убира́л* сего́дня ко́мнату? Не могу́ найти́ свои́ ве́щи. Wer hat heute das Zimmer aufgeräumt? Ich kann meine Sachen nicht finden.

4. Zum Ausdruck der Feststellung einer Handlung, deren **Resultat zum Redemoment annuliert** ist (Verben der Fortbewegung, der Aktion)[3]:

Я *брал* журна́л в библиоте́ке (= уже́ верну́л). Ich nahm die Zeitschrift in der Bibliothek (= habe sie schon zurückgegeben).

Он *приходи́л* к нам (= уже́ ушёл). Er war bei uns.

5. Zum Ausdruck eines **unbestimmt andauernden Zustandes**, der sich auf die **Vergangenheit** bezieht:

В де́тстве мне *нра́вилась* э́та кни́га (= сейча́с не нра́вится). In der Kindheit gefiel mir dieses Buch (= jetzt gefällt es mir nicht).

3. a) Zur Mitteilung von einer Handlung in einer **bestimmten Situation**:

Ты всё *сде́лал* вчера́?[2] Hast du gestern alles gemacht?

Да, я *прочита́л* кни́гу и *позвони́л* бра́ту. Ja, ich habe das Buch zu Ende gelesen und den Bruder angerufen.

Ты *при́нял* лека́рство? Hast du die Arznei eingenommen?

b) Zum Ausdruck der **Vollendung** der Handlung, wobei auf ihr **Resultat** geachtet wird:

Кто так хорошо́ *убра́л* ко́мнату? Wer hat das Zimmer so gut aufgeräumt?

4. Zum Ausdruck einer **einmaligen abgeschlossenen** Handlung:

Я *взял* журна́л в библиоте́ке (= он у меня́). Ich nahm die Zeitschrift in der Bibliothek (= sie ist bei mir).

Он *пришёл* к нам (= он у нас). Er kam zu uns (= er ist bei uns).

5. **Entstehung** eines Zustandes in der **Vergangenheit** zu einem **bestimmten** Zeitpunkt, dieser Zustand bleibt zum Redemoment:

Мне ещё в де́тстве *понра́вилась* э́та кни́га (= нра́вится и сейча́с). Mir hat dieses Buch schon in der Kindheit gefallen (= es gefällt mir auch jetzt).

[1] Die Verben nennen nur die Handlung. Zeit und Resultat der Handlung sind ohne Bedeutung.

[2] In verneinten und Fragesätzen drückt der vollendete Aspekt oft die Vermutung aus, dass die Handlung vollzogen wird.

[3] Die Bedeutung dieser Verben schließt in sich die Vorstellung von der Möglichkeit der Rückbewegung der handelnden Person oder des Objektes der Handlung ein: **включа́ть, брать, надева́ть, открыва́ть** u.ä.

6. a) Zum Ausdruck einer Handlung, die in der **Vergangenheit** auf eine andere **folgen** sollte:

Мы провели́ ве́чер у бра́та, кото́рый иа друго́й день *уезжа́л* в Ки́ев (= до́лжен был уе́хать по́сле э́того ве́чера). Wir verbrachten den Abend bei dem Bruder, der am nächsten Tag nach Kiew fahren musste.

6. a) Zum Ausdruck der **Vollendung** einer **einmaligen** Handlung:

Брат *уе́хал* в Ки́ев.
Der Bruder ist nach Kiew gefahren.

b) Zum Ausdruck einer Handlung, die in der **Vergangenheit bevorstand**:

Я *е́хал* до Москвы́, а мой сосе́д по купе́ *выходи́л* на две остано́вки ра́ньше. Ich fuhr bis Moskau, mein Reisegefährte aber musste zwei Stationen früher aussteigen.

b) Zum Ausdruck einer **einmaligen abgeschlossenen** Handlung:

Он *вы́шел* на две остано́вки ра́ньше.
Er stieg zwei Stationen früher aus.

7. Zum Ausdruck der **Nichtbeteiligung des Subjekts** an der Handlung:

Он сказа́л, что никуда́ *не уезжа́л,* хотя́ собира́лся. Er sagte, dass er nicht verreiste, obwohl er das beabsichtigte.

Это ты взял кни́гу? – Нет, я не брал. Hast du das Buch genommen? – Nein, ich habe es nicht genommen.

7. Zum Ausdruck einer Handlung, die **geschehen sollte, aber nicht ausgeführt** wurde:

Он так и *не уе́хал* в Ки́ев, хотя́ собира́лся. Er ist nicht nach Kiew gefahren, obwohl er das beabsichtigt hatte.

Ты взял с собо́й кни́гу? Ты же обеща́л. – Нет, сего́дня *не взял,* но за́втра обяза́тельно возьму́. Hast du das Buch mitgebracht? Du hast es doch versprochen. – Nein, heute nicht, aber morgen bringe ich es unbedingt mit.

Futur

unvollendeter Aspekt

1. Zum Ausdruck des **Prozesses** oder einer **sich wiederholenden** Handlung:

Мы *бу́дем перепи́сываться* весь год. Wir werden das ganze Jahr im Briefwechsel stehen.

За́втра я *бу́ду писа́ть* пи́сьма. Morgen werde ich Briefe schreiben.

Когда́ *бу́дешь уходи́ть,* выключи свет. Wenn du fortgehst, schalte das Licht aus.

2. Zum Ausdruck der **gleichzeitig** ablaufenden Handlungen:

Мы *бу́дем отдыха́ть* и *купа́ться* в мо́ре. Wir werden uns erholen und im Meer baden.

vollendeter Aspekt

1. Zum Ausdruck einer **einmaligen** Handlung und der **Überzeugung des Sprechenden** davon, dass die handelnde Person die **Handlung ausführen** und das gewünschte **Resultat erreichen** wird:

За́втра я *напишу́* и *отпра́влю* пи́сьма (= смогу́ написа́ть и отпра́вить). Morgen schreibe ich Briefe u. schicke sie ab (= kann sie zu Ende schreiben u. abschicken).

2. Zum Ausdruck der **Reihenfolge der abgeschlossenen Handlungen**:

Отдохнём и *уе́дем* домо́й. Wir werden uns erholen und dann nach Hause fahren.

3. Zum Ausdruck einer Handlung, die das Subjekt **nicht ausführen wird** (nicht will oder nicht muss):

Он *не бу́дет писа́ть* контро́льную ра-бо́ту, его́ освободи́ли (= не до́лжен писа́ть). Er wird die Kontrollarbeit nicht schreiben (müssen), man hat ihn davon befreit.

3. Zum Ausdruck der **Uberzeugung des Sprechenden**, dass das Subjekt das gewünschte **Resultat nicht erreichen** und die Handlung **nicht ausführen** kann:

Он *не напи́шет* контро́льную рабо́ту, так как он до́лго боле́л (= не смо́жет написа́ть). Er wird die Kontrollarbeit nicht schreiben (können), weil er lange krank war.

Infinitiv

unvollendeter Aspekt

1. Zum Ausdruck eines **Prozesses** oder einer **sich wiederholenden** Handlung:

Он прие́хал *изуча́ть* о́пыт в о́бласти строи́тельства. Er kam, um die Erfahrungen auf dem Gebiet des Bauwesens zu studieren.

2. Zum Ausdruck einer **sich wiederholenden** Handlung mit Modalwörtern **на́до, ну́жно, мо́жно**:

На́до (*ну́жно, мо́жно*) *обе́дать* в студе́нческой столо́вой. Man muss (kann) in der Mensa zu Mittag essen.

3. Zum Ausdruck eines **Vorhabens**, eine Handlung zu vollziehen (in Verbindung mit den Modalwörtern **пора́, мо́жно, на́до, ну́жно**):

Уже́ по́здно, *на́до встава́ть* (= нача́ть встава́ть). Es ist spät, man muss aufstehen.

4. Die Handlung wird **verboten**, nicht empfohlen (nach den Wörtern **нельзя́, не на́до, не сле́дует, нецелесообра́зно, не име́ет смы́сла, не сто́ит, не до́лжен, хва́тит, доста́точно, дово́льно, не́зачем**):

В ко́мнату *входи́ть нельзя́:* там больно́й. Man darf das Zimmer nicht betreten: Dort ist ein Kranker.

Ему́ за́втра *не сто́ит встава́ть* ра́но. Er braucht morgen nicht früh aufzustehen.

vollendeter Aspekt

1. Zum Ausdruck einer **einmaligen**, sich nicht wiederholenden Handlung:

Он прие́хал *сообщи́ть* о своём докла́де. Er kam, um von seincm Vortrag zu berichten.

2. a) Zum Ausdruck einer einmaligen **vollendeten** Handlung mit Modalwörtern **на́до,ну́жно,мо́жно**:

На́до (ну́жно, мо́жно) сего́дня *пообе́дать* в студе́нческой столо́вой. Man muss (kann) heute in der Mensa zu Mittag essen.

b) Zum Ausdruck einer **Bitte um Erlaubnis**, eine Handlung auszuführen:

Мо́жно *войти́?* Darf ich eintreten?

3. Zum Ausdruck einer einmaligen vollendeten Handlung mit **Modalwörtern**:

На́до встать,умы́ться,оде́ться.
Man muss aufstehen, sich waschen, sich anziehen.

4. Es ist **unmöglich**, die Handlung auszuführen (oft nach dem Wort **нельзя́**):

В ко́мнату *нельзя́ войти́:* нет ключа́. Man kann das Zimmer nicht betreten: Der Schlüssel ist nicht da.

Ему́ за́втра *не встать* ра́но: он сли́шком уста́л. Er wird morgen früh nicht aufstehen können: Er ist sehr müde.

5. Zum Ausdruck einer **Bitte**, eines **Befehls** oder **Ratschlages**, die Handlung nicht auszuführen (**der verneinte Infinitiv**), nach den Verben **проси́ть, предлага́ть, разреша́ть, прика́зывать, сове́товать**:	5. Zum Ausdruck einer **Bitte**, **Aufforderung** oder eines **Ratschlages**, eine einmalige Handlung auszuführen:
Я сове́тую тебе́ *не приходи́ть* в воскресе́нье. Ich empfehle dir, am Sonntag nicht zu kommen.	*Я сове́тую тебе́ прийти́* в воскресе́нье. Ich rate dir, am Sonntag zu kommen.
6. Zum Ausdruck der **Unmöglichkeit**, eine **sich wiederholende** Handlung auszuführen:	6. Zum Ausdruck der **Unmöglichkeit**, eine **einmalige** Handlung auszuführen:
Он *не мог приезжа́ть* в го́род по суббо́там. Er konnte sonnabends nicht in die Stadt kommen.	Он *не мог прие́хать* в го́род в суббо́ту. Er konnte am Sonnabend nicht in die Stadt kommen.
7. Zum Ausdruck der **Erlaubnis** (der Möglichkeit), die Handlung **nicht auszuführen**:	7. Zum Ausdruck der **Vermutung**, eine Handlung **nicht ausführen** zu können:
Он *мог не приезжа́ть* в го́род вообще́. Er brauchte überhaupt nicht in die Stadt zu kommen.	Он *мог не прие́хать* в го́род. Möglicherweise konnte er nicht in die Stadt kommen.
8. Zum Ausdruck des **Bedürfnisses**, eine Handlung **regelmäßig** auszuführen:	8. Zum Ausdruck des **Bedürfnisses**, eine **einmalige** Handlung auszuführen:
Он *не мог не приезжа́ть* к ней. Er konnte nicht umhin, sie zu besuchen.	Он *не мог не прие́хать* к ней в день рожде́ния. Er konnte nicht umhin, zu ihr zum Geburtstag zu kommen (= musste kommen).
9. Zum Ausdruck meistenteils **negativen Verhaltens** zu der Handlung nach den Adverbien, die Gefühle eines Menschen bezeichnen und als Prädikat gebraucht werden: **неинтере́сно, ску́чно, жаль, неприя́тно, вре́дно, бесполе́зно, глу́по, смешно́, сты́дно, пло́хо, неприли́чно, опа́сно** usw.:	9. Zum Ausdruck des meistenteils **positiven Verhaltens** zur Handlung nach Adverbien, die als Prädikat gebraucht werden und den links angeführten antonymisch sind:
С ним неинтере́сно спо́рить. Es ist nicht interessant, mit ihm zu diskutieren.	*С ним интере́сно поспо́рить.* Es ist interessant, mit ihm zu diskutieren.
10. a) Nach Verben, die **Beginn**, **Fortdauer** und **Abschluss** einer Handlung bezeichnen: **начина́ть — нача́ть; стать (= нача́ть); принима́ться — приня́ться, продолжа́ть; перестава́ть — переста́ть; броса́ть — бро́сить (= переста́ть)**	
Он *на́чал (начина́л) чита́ть.* Er fing an zu lesen.	

b) Nach den Verben **учи́ться — научи́ться, разучи́ться, привыка́ть — привы́кнуть, отвыка́ть — отвы́кнуть, (по)люби́ть — разлюби́ть, отгова́ривать — отговори́ть, надоеда́ть — надое́сть, устава́ть — уста́ть**	b) Nach den Verben **уда́ться** (nur: **удаётся, удало́сь**), **успева́ть – успе́ть, спеши́ть — поспеши́ть, торопи́ться – поторопи́ться забывать – забыть, остава́ться – оста́ться**
Он *отвы́к писа́ть* пи́сьма. Er hat sich abgewöhnt, Briefe zu schreiben.	Мне *удало́сь доста́ть* биле́ты на бале́т. Es ist mir gelungen, Karten fürs Ballett zu bekommen.

Imperativ	
unvollendeter Aspekt	*vollendeter Aspekt*
1. Zum Ausdruck einer Bitte, einer Aufforderung, eine **sich wiederholende** oder **dauernde** Handlung auszuführen:	1. Zum Ausdruck einer **einmaligen vollendeten** Handlung (Befehl, Aufforderung, Bitte):
Регуля́рно повторя́йте весь материа́л! Wiederholen Sie regelmäßig das ganze Material!	*Повтори́те* то, что вы сказа́ли! Wiederholen Sie, was Sie gesagt haben!
2. Zum Audruck der **Aufforderung** zu einer Handlung: a) **Einladung**, eine Handlung auszuführen:	2. Zum Ausdruck einer einmaligen vollendeten Handlung: a) **Befehl**:
Заходи́те, сади́тесь! Kommen Sie bitte herein, nehmen Sie Platz!	*Ся́дьте!* Setzen Sie sich!
b) **Erlaubnis**, eine Handlung auszuführen:	b) **Aufforderung**:
Мо́жно взять тетра́дь? – *Бери́те.* Darf man das Heft nehmen? – Nehmen Sie es!	*Возьми́те* свою́ тетра́дь! Nehmen Sie Ihr Heft!
Мо́жно войти́? – *Входи́те.* Darf ich eintreten? – Bitte.	
c) Aufforderung, eine Handlung zu **beginnen** oder eine unterbrochene Handlung **fortzusetzen**:	c) **Bitte**:
Встава́й, уже́ по́здно! Steh auf, es ist schon spät!	*Встань,* пожа́луйста, э́то ме́сто за́нято! Steh bitte auf, dieser Platz ist besetzt.
Говори́те! Почему́ вы замолча́ли? Sprechen Sie weiter, warum haben Sie aufgehört?	*Скажи́те,* пожа́луйста, кото́рый час. Sagen Sie bitte, wie spät es ist.
3. Zum Ausdruck einer **Bitte**, die Handlung **nicht auszuführen**, oder des **Verbotes**, sie auszuführen (der **verneinte** Imperativ):	3. Zum Ausdruck einer **Warnung** (der **verneinte** Imperativ): *Не простуди́сь:* сего́дня моро́зно. Erkälte dich nicht, heute ist (starker) Frost.
Не открыва́й окно́: и так хо́лодно! Mach das Fenster nicht auf, es ist ohnehin kalt!	*Смотри*[4], *не откро́й* окно́: о́чень хо́лодно! Sieh zu, dass du das Fenster nicht aufmachst, es ist sehr kalt!

[4] Die Warnung wird durch den Imperativ **смотри́** (**смотри́те**) verstärkt, der vor dem Hauptverb steht.

Übungen

1 *Ergänzen Sie die Sätze durch die Verben im Präteritum.*

— Ве́рнер, что ты де́лал ве́чером? — Ве́чером я … . — Что ты …? — Я … «Расска́зы» Че́хова. — Ты … всю кни́гу? — Нет, я … то́лько три расска́за. А ты, Гу́став, … его́ расска́зы? Если ты не …, я дам тебе́ кни́гу, когда́ прочита́ю.

2 *Stellen Sie Fragen zu folgenden Situationen, gebrauchen Sie in Ihren Fragen oder Antworten die in Klammern stehenden Verben des entsprechenden Aspekts im Präteritum.*

1. В то вре́мя, когда́ вы е́здили на вокза́л встреча́ть мать, к вам заходи́л знако́мый. Как он мо́жет спроси́ть, где вы бы́ли? (встреча́ть, встре́тить) 2. Ваш друг е́здил на вокза́л встреча́ть мать. Вы хоти́те знать, прие́хала ли она́. Как вы об э́том спро́сите? (встреча́ть, встре́тить) 3. Вы́шел но́вый но́мер журна́ла. Вы хоти́те знать, есть лн он у ва́шего колле́ги. Спроси́те его́ об э́том, (покупа́ть, купи́ть) 4. Брат верну́лся домо́й о́чень по́здно. Вы хоти́те знать, не го́лоден ли он. Как вы об э́том спро́сите? (есть, пое́сть)

3 *Bestimmen Sie, welcher der zwei folgenden Sätze* (Я **писа́л** статью́. — Я **написа́л** статью́) *eine Antwort auf die unten angegebenen Fragen sein kann. Beachten Sie den Gebrauch des unvollendeten Aspektes, wenn es sich darum handelt, womit der Mensch beschäftigt war und wie er die Zeit verbrachte.*

1. Почему́ ты вчера́ не пришёл к нам? 2. Почему́ ты не подгото́вился к семина́ру? 3. Ты сдал рабо́ту реда́ктору? 4. Почему́ ты не́ был вчера́ на трениро́вке по те́ннису? 5. Что ты де́лал вчера́? 6. Ты мо́жешь дать нам что́-нибудь для стенгазе́ты? 7. Почему́ ты не подошёл к телефо́ну?

4 *Beantworten Sie die Fragen, gebrauchen Sie dabei die in Klammern stehenden Wörter. Achten Sie darauf, dass die unvollendeten Verben eine dauernde Handlung ausdrücken, die eine bestimmte Zeit lang verläuft.*

1. Что ты де́лал вчера́? 2. Ты хорошо́ подгото́вился к заня́тиям? 3. Почему́ ты не убра́л в ко́мнате? 4. Почему́ ты не пришёл в клуб? 5. Ты уже́ освободи́лся? 6. Почему́ ты вы́глядишь уста́лым? 7. Как ты провёл воскресе́нье? 8. Ты бу́дешь за́втра де́лать перево́д статьи? *(де́лать — сде́лать перево́д статьи́)*

5 *Stellen Sie Fragen, ob die Handlung stattgefunden hat oder nicht. Gebrauchen Sie die in Klammern stehenden Wörter.*

Muster: — У меня́ нет э́той статьи́. (спра́шивать — спроси́ть у Ку́рта) — А ты **спра́шивал** у Ку́рта?

1. Я не зна́ю, где провести́ о́тпуск. (сове́товаться — посове́товаться с дру́гом) 2. Нам ещё не объяви́ли, когда́ бу́дет выпускно́й ве́чер. (спра́шивать — спроси́ть у дека́на) 3 До́ сих пор нет Ни́ны. (звони́ть — позвони́ть ей) 4. По-мо́ему, ско́ро бу́дет дождь. (брать — взять зо́нт) 5. Я не могу́ найти́ её но́мер телефо́на. (узнава́ть — узна́ть в спра́вочном бюро́)

6 *Stellen Sie Fragen, gebrauchen Sie das Fragepronomen* ***кто*** *und die Verben des entsprechenden Aspekts. Achten Sie darauf, dass die Frage mit* ***кто*** *und dem unvollendeten Verb im Präteritum gestellt wird, wenn das Resultat der Handlung vorliegt.*

Muster: Суп пересо́лен. (гото́вить — пригото́вить обе́д) — **Кто гото́вил обе́д?**

1. Порва́ли ма́рку на конве́рте. (распеча́тывать — распеча́тать письмо́) 2. Испо́ртили магнитофо́н. (прослу́шивать — прослу́шать за́пись) 3. Диапозити́вы получи́лись нея́сными. (де́лать — сде́лать диапозити́вы) 4. Докла́дчик получи́л запи́ску без по́дписи. (писа́ть — написа́ть запи́ску) 5. Костю́м уда́чно сшит. (шить — сшить костю́м)

7 *Beantworten Sie die Fragen, gebrauchen Sie das Verb im entsprechenden Aspekt.*

1. Где вы бы́ли вчера́? (осма́тривать — осмотре́ть Третьяко́вскую галере́ю) 2. Что бы́ло ве́чером по телеви́дению? (пока́зывать—показа́ть хоро́ший фильм) 3. Отку́да у тебя́ фотогра́фия Пе́тры? (дари́ть—подари́ть на па́мять) 4. Как ты доста́л биле́ты на премье́ру? (дава́ть — дать в профсою́зном комите́те)

8 *Ergänzen Sie folgende Kurzgespräche durch Antworten, in denen bestätigt wird, dass die Handlung stattgefunden hat.*

Muster: — Вы пло́хо подгото́вились, не вы́учили материа́л. — Я **учи́л, гото́вился**.

1. — Почему́ вы не сде́лали дома́шнее зада́ние? — …
2. — Ты опя́ть не принёс мне кни́гу? — …
3. — Зи́гфрид не пришёл на ве́чер. Почему́ ты не пригласи́л его? — …
4. — Я не получи́л телегра́ммы о твоём прие́зде. Ты посла́л её? — …
5. — Как фами́лия э́того студе́нта? Его́ мне не предста́вили. — …

9 *Die Verben* ***чита́ть — прочита́ть, реша́ть — реши́ть, брать — взять*** *helfen Ihnen, die folgenden Fragen des Bibliothekars und des Lehrers zu beantworten.*

a) Bibliothekar:
1. Почему́ вы не хоти́те взять э́ту кни́гу? 2. Вы хоти́те сдать кни́гу? 3. Кни́га вам бо́льше не нужна́? 4. Вы знако́мы с э́той кни́гой?

b) Lehrer:
1. Почему́ вы ду́маете, что э́та зада́ча трудна́ для вас? 2. Тру́дная зада́ча была́ дана́ на дом? 3. Вы мо́жете сдать на прове́рку реше́ние зада́чи?

10 *Wie würden Sie in den folgenden Situationen fragen? Gebrauchen Sie die in Klammern stehenden Verben.*

1. В то вре́мя, когда́ вы е́здили на вокза́л встреча́ть дру́га, к вам заходи́л брат. Что вы отве́тите на вопро́с, где вы бы́ли? (встреча́ть — встре́тить) 2. Вы е́здили на вокза́л встреча́ть дру́га. Ваш брат хо́чет знать, прие́хал ли он. Как он об э́том спро́сит? (встреча́ть — встре́тить) 3. Вы пригласи́ли госте́й на обе́д и хоти́те знать, есть ли до́ма фру́кты. Как вы об э́том спро́сите мать? (покупа́ть — купи́ть) 4. Откры́лся магази́н «Хлеб» недалеко́ от до́ма. Вас интересу́ет, зна́ет ли об э́том ва́ша мать. Как вы об э́том спро́сите? (покупа́ть — купи́ть) 5. Вы ждёте знако́мого, кото́рый пошёл узна́ть, когда́ прихо́дит по́езд. Как вы его́ об э́том спро́сите? (узнава́ть — узна́ть)

11 *Lesen Sie die Sätze. Beachten Sie besonders den Gebrauch der unvollendeten Verben zur Kennzeichnung einer sich in beiden Richtungen vollziehenden Handlung.*

1. В воскресе́нье брат встал о́чень ра́но. Больно́й сего́дня встава́л, пое́л и сно́ва лёг. 2. Оте́ц с утра́ включи́л ра́дио. Я включа́л ра́дио в де́сять пятна́дцать, но э́той переда́чи не́ было. 3. Мой друг взял биле́ты на конце́рт. У меня́ нет э́той кни́ги: я брал её у сестры́.

12 *Lesen Sie die Satzpaare, erklären Sie den Bedeutungsunterschied. Beachten Sie Folgendes: Das* ***unvollendete*** *Präteritum wird gebraucht, wenn eine Handlung, die sich in der Vergangenheit vollzog, aufhört und von einer anderen Handlung abgelöst wird; das* ***vollendete*** *Präteritum dagegen wird gebraucht, wenn eine einmalige resultative Handlung vollzogen wurde, deren Ergebnis sich auf die Gegenwart erstreckt.*

1. Он приноси́л мне кни́ги, но меня́ не́ было до́ма, и он ушёл. Он принёс мне кни́ги, и тепе́рь я гото́влюсь по ним к экза́мену. 2. Я заходи́л к Игорю, но не заста́л его́ до́ма. Я зашёл к Игорю, и он помо́г мне реши́ть зада́чу. 3. Почему́ часы́ вися́т неро́вно: ты снима́л их со стены́? Пётр снял часы́ со стены́. 4. Вы бра́ли э́ту кни́гу в библиоте́ке? Вы взя́ли э́ту кни́гу в библиоте́ке? 5. Почему́ утю́г тако́й горя́чий? Ты включа́л утю́г? Оле́г включи́л утю́г.

13 *Ergänzen Sie die Sätze, gebrauchen Sie dabei vollendete Verben, die das Gegenteil von den hervorgehobenen bedeuten.*

1. Я **брал** твою́ ру́чку, но пото́м … . 2. К вам **приходи́л** ро́дственник, но ско́ро … . 3. Я **включа́л** свет, что́бы посмотре́ть на часы́, и сно́ва … . 4. Тебе́ **приноси́ли** бандеро́ль, но тебя́ не́ было до́ма, и её … . 5. Бори́с **дава́л** мне кни́гу на два дня,а вчера´….

14 *Ergänzen Sie die Sätze durch das entsprechende Verb im Präteritum.*

1. Неда́вно я … окно́, но сейча́с в ко́мнате опя́ть жа́рко (открыва́ть, откры́ть). 2. Больно́й … ра́ньше вре́мени, поэ́тому у него́ сно́ва подняла́сь температу́ра (встава́ть, встать). 3. Посмотри́ в окно́, мо́жет быть, он уже́ … и ждёт нас внизу́ (приходи́ть, прийти́). 4. Тебе́ … но́вый фильм о молодёжи? (нра́виться, понра́виться). 5. В мо́лодости мне … стихи́ э́того поэ́та (нра́виться, понра́виться).

15 *Erweitern Sie die Antwort in den folgenden Kurzgesprächen, gebrauchen Sie die Verben* **брать — взять, отдава́ть — отда́ть, оставля́ть — оста́вить, выноси́ть — вы́нести, закрыва́ть — закры́ть, надева́ть — наде́ть**.

Muster: — Э́то твой слова́рь? — Нет, не мой. Я **брал** его́ у моего́ дру́га.

1. — Где твой приёмник? — Это был приёмник мое́й сестры́. 2. — Где твой приёмник? — Он в ремо́нте. 3. — Вы бра́ли соба́ку на да́чу ле́том? — Нет, она́ была́ у сестры́. 4. — У вас па́спорт с собо́й? — Нет, он до́ма. 5. — Где же твои́ цветы́? — Они́ на балко́не: у них сли́шком ре́зкий за́пах. 6. — Начина́ется дождь. Ни́на вы́ехала ко мне? — Не беспоко́йся, она́ в плаще́. 7. — Вы оставля́ли ме́бель во вре́мя ремо́нта в ко́мнате? — Да, она́ была́ закры́та бума́гой.

16 *Wie würden Sie in den folgenden Situationen fragen? Gebrauchen Sie das Fragepronomen* **кто** *und die Verben* **брать — взять, запира́ть — запере́ть, пока́зывать — показа́ть, включа́ть — включи́ть, приноси́ть — принести́**.

Muster: a) Вы не нахо́дите свой зонт. — Кто **взял** зонт?
b) Ваш зонт сло́ман. — Кто **брал** зонт?

1. Вы не нахо́дите свою ру́чку. 2. Замо́к в двери́ пло́хо рабо́тает. 3. Вы интересу́етесь, у кого́ с собо́й есть слова́рь. 4. Ва́ши друзья́ хотя́т ви́деть фотогра́фию ва́шей подру́ги, а вы уверя́ете, что они́ уже́ ви́дели её. 5. Хотя́ ещё светло́, в ко́мнате гори́т свет. 6. Места́ в кино́ оказа́лись неудо́бными.

17 *Ersetzen Sie die einfachen Sätze durch Satzgefüge mit einem Adverbialsatz der Zeit. Gebrauchen Sie die Verben im nötigen Aspekt.*

Muster: a) По доро́ге домо́й он зашёл в магази́н за проду́ктами. — Когда́ он **возвраща́лся** домо́й, он зашёл в магази́н за проду́ктами.
b) До́ма он пригото́вил у́жин. — Когда́ он **возврати́лся** домо́й, он пригото́вил у́жин.

обе́дать — пообе́дать
Во вре́мя обе́да к на́шему столу́ подошёл мой друг. — По́сле обе́да мы с дру́гом пошли́ в университе́т.

писа́ть — написа́ть
Во вре́мя контро́льной рабо́ты я вспо́мнил, что оста́вил до́ма слова́рь. — По́сле контро́льной рабо́ты я пошёл в столо́вую.

прое́зжа́ть — прое́хать
Во́зле теа́тра Хе́льга уви́дела из окна́ тролле́йбуса свою́ подру́гу. — На сле́дующей остано́вке по́сле теа́тра Хе́льга вы́шла из тролле́йбуса.

говори́ть — сказа́ть
Во вре́мя на́шего разгово́ра он не мог вспо́мнить ва́жные фа́кты. — По́сле на́шего разгово́ра он почу́вствовал себя уве́реннее.

возвраща́ться — возврати́ться
По пути́ домо́й А́нна отпра́вила телегра́мму бра́ту. — До́ма А́нна нашла́ от бра́та письмо́.

18 *Ersetzen Sie die folgenden Sätze durch Satzgefüge, gebrauchen Sie die Verben* ***уходи́ть — уйти́, ложи́ться — лечь, уезжа́ть — уе́хать****. Achten Sie darauf, dass das unvollendete Verb in diesem Fall die Absicht bedeutet, eine Handlung auszuführen (beabsichtigen, etwas zu tun).*

Muster: Она́ вы́ключила свет пе́ред ухо́дом из ко́мнаты. — Она́ вы́ключила свет, когда́ **уходи́ла** из ко́мнаты (= когда́ собира́лась уходи́ть).

1. Пе́ред отъе́здом Кла́уса друзья́ собрали́сь у него́ в кварти́ре. — Я получи́л запи́ску Кла́уса по́сле его́ отъе́зда. 2. Она́ позвони́ла нам за пять мину́т до на́шего ухо́да из до́ма. — Она́ позвони́ла нам, когда́ уже́ нас не́ было до́ма. 3. Пе́ред сном он ещё раз обду́мал свой план. — Уже́ в посте́ли он вспо́мнил, что забы́л отпра́вить письмо́. 4. Она́ заста́ла меня уже́ в пальто́. — Она́ зашла́ к на́м сра́зу же по́сле моего́ ухо́да.

19 *Ersetzen Sie den Infinitiv durch das Verb im Präteritum. Bestimmen Sie die Bedeutung des unvollendeten Verbs.*

Muster: Мы ушли́ от Оле́га ра́но, **так как мы собира́лись уезжа́ть в** Ки́ев. — Мы ушли́ от Оле́га ра́но, **так как уезжа́ли** в Ки́ев.

1. Я е́хал до це́нтра, а моя́ подру́га должна́ была́ вы́йти на две остано́вки ра́ньше. 2. Са́молёт до́лжен был вы́лететь че́рез полчаса́, а мы ещё не сда́ли бага́ж. 3. Ди́тмар собира́лся уе́хать на ро́дину, когда́ мы в после́дний раз встре́тились в университе́те. 4. Он ушёл с конце́рта по́сле пе́рвого отделе́ния, потому́ что за́втра ему́ предстоя́ло сдать экза́мен. 5. Че́рез неде́лю он собира́лся вступи́ть в брак. 6. Кани́кулы должны́ бы́ли че́рез не́сколько дней ко́нчиться, и я заказа́л биле́т на Москву́.

20 *Gebrauchen Sie in Ihren Antworten die Verben* ***нра́виться — понра́виться*** *im Präteritum. Achten Sie darauf, dass der unvollendete Aspekt zum Ausdruck des ersten Eindruckes gebraucht wird, der vollendete dagegen zum Ausdruck des Zustandes, der zum Redemoment fortbesteht.*

1. Она́ сра́зу пришла́сь тебе́ по душе́? 2. Почему́ ты так ча́сто быва́л с ней вме́сте? 3. Ты был в Петербу́рге? Краси́вый го́род? 4. Како́го мне́ния ты о фи́льме, кото́рый смотре́л вчера́? 5. Ты прочита́л его́ статью́? Что ты мо́жешь о ней сказа́ть? 6. Ты и ра́ньше был о нём тако́го плохо́го мне́ния? 7. Кем ты хоте́л быть в де́тстве? 8. Ты прочита́л стихи́ Оле́га? Как ты их нахо́дишь?

21 *Beantworten Sie die Fragen. Bestreiten Sie dabei die Beteiligung des Subjekts an der Handlung.*

Muster: — Кто **взял** со стола́ газе́ту? — Не зна́ю, кто **взял**. Я **не брал.**.

1. Кто разли́л молоко́? 2. Кто разби́л стака́н? 3. Кто оста́вил свет в коридо́ре? 4. Кто дал ма́льчику спи́чки? 5. Кто вы́черкнул меня́ из спи́ска экскурса́нтов? 6. Кто предложи́л э́тот маршру́т? 7. Кто купи́л таки́е плохи́е биле́ты?

22 *Ergänzen Sie die Kurzgespräche nach dem Muster. Erklären Sie den Gebrauch der Verbalaspekte.*

Muster: 1. — Ты **взял** мою́ газе́ту? — Нет, я **не брал**. → Я да́же не ви́дел её.

1. – … …? — Что ты! Я ничего́ не расска́зывал. Я да́же не ви́дел твою́ подру́гу.
2. – … …? — Нет, не рассказа́л, потому́ что я её не ви́дел.
3. – … …? — Нет, не оста́вил. В кварти́ре никого́ не́ было.
4. – … …? — Нет, я не оставля́л ключи́ у лабора́нта. Это не мои́ ключи́.
5. – … …? — Нет, не я. Я да́же не подходи́л к твоему́ столу́.
6. – … …? — Нет, не принёс. Извини́, забы́л. За́втра принесу́.
7. – … …? — Нет, я ничего́ с собо́й не приноси́л.

23 *Ergänzen Sie die Sätze durch das entsprechende Verb. Merken Sie sich: vollendete Verben stehen mit Adverbialbestimmungen der Zeit, die eine zeitlich festgelegte Handlung bezeichnen und durch ein Substantiv im Akkusativ mit der Präposition* ***за*** *ausgedrückt sind. Unvollendete Verben werden mit denselben Konstruktionen gebraucht, wenn sie die Zeit angeben, in deren Verlauf die Handlung gewohnheitsmäßig vollzogen wird.*

1. Э́ту статью́ я (чита́л, прочита́л) за полчаса́. 2. Как пра́вило, он (реша́л, реши́л) таки́е зада́чи за час. 3. Я (выполня́л, вы́полнил) дома́шнее зада́ние за два часа́. 4. Заво́д (стро́ят, постро́ят) за́ год.

24 *Ergänzen Sie die Sätze durch das entsprechende Verb im Präteritum.*

1. Из телегра́ммы я … о прие́зде бра́та. Я всегда́ … о жи́зни бра́та из пи́сем отца́. (узна́ть, узнава́ть) 2. Ле́на … в дере́вне о́чень ра́но. Когда́ я прие́хал, она́ уже́ … (вста́ть, встава́ть) 3. Мы всегда́ успе́шно … экза́мены. Мы … экза́мены в январе́. (сдать, сдава́ть) 4. Ма́льчик весь ве́чер … стихотворе́ние. Серёжа хорошо́ … стихотворе́ние. (вы́учить, учи́ть) 5. Вчера́ я весь день … к докла́ду. К докла́ду я уже́ … (подгото́виться, гото́виться) 6. Чем ты вчера́ …? Наконе́ц ребёнок … рисова́нием. (заня́ться, занима́ться) 7. Иногда́ ноча́ми Фёдор…, … свет и … за рабо́ту, (встать, встава́ть; включи́ть, включа́ть; сесть, сади́ться) 8. И́горь уе́хал в А́рктику и не … о́чень до́лго. Почему́ ты ни ра́зу не … мне? (написа́ть, писа́ть) 9. Удо не … по-ру́сски. Он … по-ру́сски то́лько одно́ сло́во: «мир». (сказа́ть, говори́ть) 10. Я вчера́ … э́ту статью́, но не … её до конца́. (дочита́ть, чита́ть)

25 *Ergänzen Sie die Sätze. Drücken Sie aus, dass eine andere Person das Resultat der Handlung schneller (langsamer) erreichen kann (könnte).*

Muster: Я бы **де́лал** э́тот перево́д **не ме́ньше трёх часо́в, а он** всё **сде́лал за полчаса́**.

1. На по́езде мы добира́лись всю ночь, а она́ на самолёте … . 2. Ви́ктор укла́дывал свои́ ве́щи полдня́, а Хе́льга … . 3. Анто́н собира́л материа́л для дипло́мной рабо́ты це́лый год, а А́нна … . 4. Я бы чита́л э́ту кни́гу це́лый день, а он … . 5. Он бы конспекти́ровал э́ту статью́ два дня, а я … . 6. Я бы писа́ла письмо́ час, а ты … .

26 *Lesen Sie die Humoreske. Gebrauchen Sie die in den Klammern stehenden Verben in der entsprechenden Aspektform. Geben Sie den Inhalt der Humoreske kurz wieder.*

Когда́ лабора́нтка Ле́ночка впервы́е … (появля́ться — появи́ться) в на́шем отде́ле, она́ … (нра́виться — понра́виться) всем. Ско́ро мы … (замеча́ть — заме́тить), что осо́бенно она́ (нра́виться — понра́виться) Ко́сте. Он … (проявля́ть — прояви́ть) к ней осо́бый интере́с: … (ста́вить — поста́вить) на её сто́лик дефици́тные реакти́вы, в столо́вой … (занима́ть — заня́ть) ей о́чередь, … (приноси́ть — принести́) её обе́д и при э́том продолжа́л … (рассма́тривать — рассмотре́ть) её восхищёнными глаза́ми. И Ле́на, по-ви́димому, не … (остава́ться — оста́ться) равноду́шной к э́тим при́знакам внима́ния. Она́ ми́ло … (красне́ла — покрасне́ла), когда́ он … (здоро́ваться — поздоро́ваться) с ней, а одна́жды да́же сама́ (сади́ться — сесть) ря́дом с ним на собра́нии.

Наш профо́рг, добре́йшая Кла́вдия Степа́новна, уже́ … (начина́ть — нача́ть) … (обду́мывать — обду́мать) сва́дебный пода́рок: всё шло к э́тому.
И вдруг э́то … (случа́ться — случи́ться)!

Как-то раз в пя́тницу, за обе́дом, Ле́ночка … (говори́ла — сказа́ла):

— А за́втра у меня́ день рожде́ния!

— И ско́лько же вам? — … (спра́шивать — спроси́ть) пожило́й бухга́лтер.

Ле́на не … (успева́ть — успе́ть) (отвеча́ть — отве́тить), как Ко́стя … (брать — взять) инициати́ву в свои́ ру́ки.

— Ле́ночка, — … (обраща́ться — обрати́ться) он к ней, — (говори́ть — сказа́ть) мне ваш а́дрес, и за́втра вы … (получа́ть — получи́ть) сто́лько роз, ско́лько вам лет.

Ле́на … (смея́лась — рассмея́лась):

— Пожа́луйста, Наго́рная, 5, кварти́ра 34.

По́сле рабо́ты Ко́стя … (спеши́ть — поспеши́ть) в магази́н. Там он … (проси́ть — попроси́ть) … (посыла́ть — посла́ть) по э́тому а́дресу 20 кру́пных роз и … (опла́чивать — оплати́ть) счёт.

А в понеде́льник у́тром все сотру́дники отде́ла … (ви́деть — уви́деть), как Ле́на, хо́лодно поздоро́вавшись с Ко́стей, … (проходи́ть — пройти́) к своему́ столу́.

Вы́йдя покури́ть, вконе́ц расстро́енный Ко́стя … (говори́ть — сказа́ть) мне:

— Э́то, наве́рное, слу́жба бы́та винова́та. Ви́димо, не … (доставля́ть — доста́вить) ро́зы, и она́ … (обижа́ться — оби́деться).

В переры́ве, отказа́вшись от обе́да, Ко́стя … (мча́ться — помча́ться) в магази́н.

— Вы почему́ не … (выполня́ть — вы́полнить) мой зака́з? Ведь я … (опла́чивать — оплати́ть) счёт! — горячо́ … (говори́ть — сказа́ть) он, пока́зывая квита́нцию.

— Не ну́жно … (волнова́ться — разволнова́ться), граждани́н. — Невозмути́мо … (отвеча́ла — отве́тила) сотру́дница, загляну́в в кни́гу регистра́ции зака́зов. — Ва́ши цветы́ доста́влены в суббо́ту, в 10 утра́, как вы … (проси́ть — попроси́ть). У нас, пра́вда, не́ было кру́пных роз, но мы … (отправля́ть — отпра́вить) ва́шему адреса́ту 50 ме́лких. То́чно по счёту!

27 *Lesen Sie die Sätze. Beachten Sie, dass das unvollendete Futur eine in der Zukunft andauernde oder sich wiederholende Handlung, also einen nicht abgeschlossenen Vorgang, ausdrückt, während das vollendete Futur das Ergebnis einer künftigen Handlung bezeichnet.*

1. По́сле оконча́ния консервато́рии Ири́на бу́дет петь в Большо́м теа́тре.	1. Арти́стка споёт рома́нс М. Гли́нки.
2. В воскресе́нье мы бу́дем встреча́ть на́ших роди́телей в аэропорту́.	2. В воскресе́нье я обяза́тельно встре́чу его́ на ста́нции: он прибу́дет у́тренним по́ездом.
3. Ни́на бу́дет возвраща́ться с рабо́ты ра́но.	3. Ни́на возврати́тся с рабо́ты в 4 часа́ дня.
4. Мы обяза́тельно бу́дем изуча́ть ру́сский язы́к.	4. Мы обяза́тельно изу́чим ру́сский язы́к.

28 *Lesen Sie die Sätze. Bestimmen Sie, in welchen Fällen die Verben die bevorstehende Handlung nur bezeichnen und in welchen sie die Überzeugung ausdrücken, dass die Handlung unbedingt vollzogen wird.*

1. За́втра я **бу́ду писа́ть** контро́льную рабо́ту и **напишу́** её: я хорошо́ подгото́вился. 2. Он **бу́дет** о́сенью **защища́ть** диссерта́цию и, коне́чно, **защити́т** её: у него́ со́бран интере́сный материа́л. 3. Курт **бу́дет дока́зывать,** что он прав, и, безусло́вно, **дока́жет:** э́то нетру́дно. 4. Здесь **бу́дут стро́ить** но́вое зда́ние ци́рка и к но́вому го́ду **построя́т:** я ви́дел план.

29 *Lesen Sie die Sätze. Bestimmen Sie die Bedeutung der unvollendeten und vollendeten Verben.*

1. — У тебя́ есть этимологи́ческий слова́рь испа́нского языка́?
— Где́-то был. Ве́чером поищу́.
— Когда́ бу́дешь иска́ть, посмотри́ заодно́ и спра́вочник по испа́нской грамма́тике.
2. — Ка́жется, он че́м-то недово́лен.
— Ничего́, я поговорю́ с ним.
— Бу́дешь говори́ть, объясни́, что я не име́л в виду́ ничего́ плохо́го.
3. — Сейча́с я прочита́ю ва́м текст. Я бу́ду чита́ть, а вы следи́те за произноше́нием безуда́рных гла́сных звуко́в.

30 *Ergänzen Sie die folgenden Sätze, gebrauchen Sie a) die vollendeten Verben zur Bezeichnung der darauffolgenden Handlungen, b) die unvollendeten zur Bezeichnung der gleichzeitig ablaufenden Handlungen.*

Muster: a) Оте́ц **вернётся** домо́й … — Оте́ц **вернётся** домо́й и **поу́жинает.**
b) Мы **бу́дем чита́ть** … — Мы **бу́дем чита́ть** и **выпи́сывать** незнако́мые слова́.

1. Оле́г бу́дет гото́виться к экза́мену … . 2. Он придёт ко мне … . 3. Сестра́ око́нчит университе́т … . 4. Ты встре́тишь прия́теля … . 5. Он бу́дет жить в дере́вне … . 6. Мы бу́дем слу́шать му́зыку … .

31 *Verwandeln Sie die einfachen Sätze nach dem Muster in Satzgefüge, gebrauchen Sie die Verben im Futur.*

Muster: Дай телегра́мму **при перее́зде** в друго́й го́род! — Когда́ **бу́дешь переезжа́ть** в друго́й го́род, дай телегра́мму!

1. Не забу́дь позвони́ть мне при вы́ходе из до́ма! 2. При чте́нии незнако́мого те́кста обрати́ внима́ние на употребле́ние глаго́лов несоверше́нного ви́да! 3. При выполне́нии зада́ния вы должны́ быть о́чень внима́тельным. 4. Пе́ред отъе́здом оста́вь мне свой но́вый а́дрес! 5. Во вре́мя обе́да ты до́лжен приня́ть лека́рство.

32 *Ergänzen Sie die Sätze, gebrauchen Sie Verben der Fortbewegung im Futur in dem entsprechenden Aspekt.*

1. Он не … на заня́тия: у него́ анги́на. 2. Я не … к вам сего́дня: я верну́сь сли́шком по́здно из теа́тра. 3. Анге́лика не … в теа́тр: у неё собра́ние. 4. Зи́гфрид не … сего́дня: в Берли́не нелётная пого́да.

33 *Ergänzen Sie die Sätze, gebrauchen Sie die Verben* ***де́лать — сде́лать, поступа́ть — поступи́ть, исправля́ть — испра́вить, шить — сшить, писа́ть — написа́ть*** *in Form des verneinten Futurs. Fügen Sie Sätze hinzu, die die Bedeutung des Verbalaspekts erklären.*

Muster: Мы не … э́того зада́ния.

a) Мы **не бу́дем де́лать** э́того зада́ния. Мы его́ **де́лали** на про́шлой неде́ле.
b) Мы **не сделаем** э́того зада́ния. Мы **не изучали** э́тот материа́л.

1. Брат не … в университе́т. 2. Преподава́тель не … твои́ оши́бки. 3. Я не … костю́м из э́той тка́ни. 4. Он не … э́то упражне́ние. 5. Мы не … рефера́т на э́ту те́му. 6. Она́ не … диссерта́цию.

34 *Drücken Sie aus, dass es Ihnen gelungen ist, das zu machen, wonach Sie gefragt werden.*

Muster: Вы купи́ли э́ту кни́гу? — Да, мне **удало́сь доста́ть** э́ту кни́гу. (Мне повезло́: я **успе́л купи́ть** э́ту кни́гу.)

1. Вы купи́ли компа́кт-диск Ю́рия Анто́нова? 2. Вы посмотре́ли но́вый фильм? 3. Вы посмотре́ли матч молодёжных хокке́йных кома́нд? 4. Ви́ктор победи́л на соревнова́ниях по бо́ксу? 5. Вы побыва́ли на вы́ставке худо́жников-экспрессиони́стов? 6. Вы прочита́ли но́вый рома́н Бори́са Аку́нина?

35 *Drücken Sie aus, dass Sie etwas gemacht haben, obwohl Sie wenig Zeit hatten.*

Muster: Ты так и не **сде́лал** перево́д? — Что ты! Хотя вре́мени бы́ло ма́ло, я **успе́л сде́лать** перево́д.

1. Ты так и не дочита́л статью́? 2. Ты так и не купи́л биле́ты на бале́т? 3. И́горь так и не сходи́л на вы́ставку? 4. Ты так и не подгото́вился к семина́ру? 5. Ната́ша так и не отпра́вила телегра́мму? 6. Ты так и не сдал часы́ в ремо́нт?

36 *Drücken Sie aus, dass Sie gegen die geäußerte Absicht sind, dass es Ihrer Meinung nach nicht gemacht werden sollte.*

Muster: Наве́рное, ему́ **на́до сообщи́ть** об э́том. — А по-мо́ему, ему́ **сообща́ть не на́до (не сто́ит)** .

1. Очеви́дно, ему́ ну́жно посла́ть телегра́мму. 2. Наве́рное, э́тот журна́л пора́ сдать. 3. Мне ка́жется, сто́ит сходи́ть на э́тот фильм. 4. Тебе́ не ка́жется, что сто́ит посове́товаться с роди́телями? 5. Наве́рное, её ну́жно предупреди́ть о на́шем прие́зде?

37 *Überreden Sie Ihren Gesprächspartner, seine Pläne zu ändern, begründen Sie Ihre Meinung. Achten Sie auf den richtigen Aspektgebrauch.*

Muster: **На́до пойти́** в кино́ ве́чером. — **Не на́до ходи́ть** ве́чером в кино́: тебе́ за́втра ра́но встава́ть.

1. На́до спроси́ть у него́ а́дрес Ни́ны. 2. На́до купи́ть путеводи́тель по го́роду. 3. На́до позвони́ть ве́чером домо́й. 4. На́до заказа́ть биле́ты на по́езд на воскресе́нье. 5. На́до сфотографи́ровать э́то зда́ние. 6. На́до посла́ть телегра́мму о моём прие́зде.

38 *Drücken Sie aus, dass Sie gegen den geäußerten Vorschlag sind, weil Sie es für unnötig halten.*

Muster: Я бы пове́сил здесь э́ту карти́ну. — А **заче́м** её здесь **ве́шать**?

1. Я бы на твоём ме́сте купи́л компью́тер. 2. Я бы пригласи́л А́нну на день рожде́ния. 3. Я бы заказа́л зара́нее биле́ты. 4. Я бы сде́лал дополни́тельное зада́ние к семина́ру. 5. Я бы записа́л э́ту мысль. 6. Я бы взял у Ни́ны конспе́кты.

39 *Ergänzen Sie den Dialog. Widerlegen Sie die Äußerung des Gesprächspartners und teilen Sie ihm eine Information mit: die erste Handlung muss ausgeführt werden, die zweite nicht.*

Muster: — Это упражне́ние **мо́жно не де́лать**?
— Нет, и́менно это упражне́ние **на́до сде́лать**.
— А второ́е?
— Второ́е мо́жно **не де́лать**.

1. Э́ту главу́ мо́жно не чита́ть к экза́мену? 2. Оди́н из э́тих журна́лов мо́жно сдать в библиоте́ку. Э́тот? 3. Э́тот па́мятник ну́жно сфотографи́ровать и́ли друго́й? 4. Э́ту ка́рту мо́жно не ве́шать в аудито́рии? 5. В понеде́льник тебе́ мо́жно не звони́ть по э́тому вопро́су? Договори́лись?

40 *Schreiben Sie die Sätze ab. Ergänzen Sie sie dabei durch einen Infinitiv im erforderlichen Aspekt.*

1. Ви́ктор ко́нчил (черти́ть, начерти́ть) свой прое́кт. 2. Она́ привы́кла (расска́зывать, рассказа́ть) ему́ обо всём. 3. Тури́сты переста́ли (собира́ть, собра́ть) цветы́ и на́чали (разводи́ть, развести́) костёр. 4. Мне надое́ло с ним (спо́рить, поспо́рить). 5. Преподава́тель продолжа́л (объясня́ть, объясни́ть) уро́к. 6. Я не ожида́л (ви́деть, уви́деть) его́ здесь. 7. Мать проси́ла (писа́ть, написа́ть) ей поскоре́е письмо́. 8. На ле́кции вы должны́ (явля́ться, яви́ться) во́время.

41 *Beantworten Sie die Fragen, gebrauchen Sie den Infinitiv mit einem der folgenden Verben:* ***начáть, кóнчить, продолжáть, перестáть, привы́кнуть, отвы́кнуть, учи́ться, научи́ться, разучи́ться, расхотéться, забы́ть, остáться (остáлось).***

Muster: Он бы́стро éздит на велосипéде? — Он **разучи́лся** бы́стро **éздить** на велосипéде.

1. Почему́ ты не éздишь до институ́та на троллéйбусе? 2. Ты уложи́л вéщи? 3. Больнóй ужé хóдит? 4. Ты подписáл статью́? 5. Ты посещáешь шкóлу тáнцев? 6. Ты ужé хорошó вóдишь маши́ну? 6. Почему́ ты не пошёл в кинó? 7. Ты всегдá так рáно встаёшь? 8. Ты сдаёшь э́ту кни́гу? 9. Почему́ ты стал так плóхо говори́ть по-ру́сски? 10. Ты ещё занимáешься испáнским языкóм?

42 *Beenden Sie die Sätze, indem Sie die Verben mit dem Präfix* ***за-*** *gebrauchen, die von den in Klammern stehenden Vokabeln gebildet sind. Wann bedeuten diese Verben a) Anfang einer Bewegung, b) Bewegung, die unterwegs verwirklicht ist, c) Bewegung hinter einen Gegenstand oder eine Person?*

1. Антóн прочитáл твоё письмó, … (петь) и … (бéгать-бежáть) по кóмнате. 2. А́нна чáсто … (бéгать-бежáть) ко мне, когдá возвращáлась домóй из университéта. 3. Он реши́л обду́мать э́тот проéкт и … (ходи́ть-идти´) по своему́ кабинéту. 4. »Пожáлуйста, … (ходи́ть-идти́) «,–сказáл дирéктор сотру́днику,котóрый ждал егó в приёмной. 5. Когдá Инна в своём экстравагáнтном костю́ме вошлá в зал, дéвушки … (шептáться). 6. Доклáдчик пошути́л,и в зáле все … (смея́ться). 7. Макси́м вдруг стал серьёзным и … (шептáть) А́нне нá ухо словá,котóрые онá давнó ждалá. 8. День был жáрким,нéбо покры́лось ту́чами, и вдруг … (сверкáть) мóлния и … (гремéть) гром. 9. Сóлнце … (ходи́ть – идти́) за ту́чу. 10. Ребёнок испугáлся и … (плáкать)

43 *Beenden Sie die Sätze, indem Sie die Verben mit dem Präfix* ***по-*** *gebrauchen, die von den in Klammern stehenden Vokabeln gebildet sind. Wann bedeuten diese Verben a) eine zeitlich begrenzte Handlung, b) eine Änderung des Zustandes einer Person oder eines Gegenstandes, einer Erscheinung, c) Anfang der Handlung (Bewegung)?*

1. Ребёнок … (крáсный) от стыдá. 2. Стари́нная ру́копись … (жёлтый) от врéмени. 3. Дéти … по лéсу и … (бежáть-бéгать) домóй. 4. Антóн … (чу́вствовать) себя́ плóхо и … (идти́-ходи́ть) в поликли́нику. 5. Вéчером Дирк … (читáть), … (слу́шать) му́зыку и лёг спать. 6. За врéмя кани́кул А́нна óчень (худóй). 7. Я не могу́ сейчáс ничегó реши́ть: мне нáдо … (ду́мать) 8. Клаус … (молчáть) пáру минут,а потóм рассказáл нам всё. 9. Тебé нáдо … (спать): ты плóхо вы́глядишь. 10. Когдá Сергéй был журнали́стом, он … (éхать-éздить) по России

44 *Bilden Sie Verben mit dem Präfix* ***по-*** *von den Adjektiven* ***блéдный, седóй, си́ний, взрóслый, молодóй.*** *Führen Sie Beispiele mit diesen Verben an.*

45 *Ergänzen Sie die Sätze durch einen Infinitiv im erforderlichen Aspekt.*

1. Почему́ я не позвони́л тебе́? Мне не́зачем бы́ло тебе́ … (позвони́ть, звони́ть). 2. Заче́м ты пригласи́л его́? Не на́до бы́ло его́ … (пригласи́ть, приглаша́ть). 3. На́до взять сы́на с собо́й на вы́ставку. Не надо его́ … (взять, брать): он ещё ма́ленький. 4. В зада́нии тре́бовалось переписа́ть упражне́ние. «Не на́до … (переписа́ть, перепи́сывать) упражне́ние», — сказа́ла Ле́на.

46 *Entscheiden Sie, welcher der beiden Sätze als Fortsetzung der Äußerung gebraucht werden kann und warum.*

a) Мне на́до **уходи́ть**. — Мне на́до **уйти́**.
1. По́езд отхо́дит че́рез час: … . 2. Посиди́ с мои́м ма́леньким сы́ном! … . 3. Мы продо́лжим наш разгово́р за́втра, а сейча́с … . 4. Я не смогу́ встре́титься с тобо́й: … . 5. Ви́ктор ждёт меня́ на ста́нции уже́ мину́т де́сять: … .

b) Мо́жно (ну́жно) **вы́нести** ве́щи. — Мо́жно (ну́жно) **выноси́ть** ве́щи.
1. Такси́ ждёт у подъе́зда: … . 2. У тебя́ здесь нет ме́ста: … . 3. Как быть с твои́м багажо́м? … . 4. Всё уже́ гото́во к перее́зду: … .

47 *Überreden Sie Ihren Gesprächspartner, eine Handlung nicht auszuführen. Sagen Sie das Gegenteil von dem, was in den gegebenen Sätzen ausgesagt wird. Gebrauchen Sie die Fügung* ***не на́до****.*

Muster: **На́до пригласи́ть** Ири́ну в го́сти. — **Не на́до приглаша́ть** Ири́ну в го́сти.

1. На́до взять сы́на с собо́й на вы́ставку. 2. На́до переписа́ть упражне́ние. 3. На́до сообщи́ть о боле́зни Петра́. 4. На́до включи́ть свет. 5. На́до рассказа́ть об э́той исто́рии. 6. На́до позвони́ть ему́ ве́чером.

48 *Lesen Sie die Sätze und bestimmen Sie den Aspekt der hervorgehobenen Verben und die Bedeutung der durch die Verbindung von* ***нельзя*** *und einem Infinitiv ausgedrückten Prädikate.*

1. Здесь нельзя́ **кури́ть**. 2. Нельзя́ бы́ло **разобра́ть,** отку́да доно́сится му́зыка. 3. До отхо́да по́езда остава́лось мину́т де́сять, нельзя́ бы́ло **теря́ть** ни мину́ты. 4. На террито́рию э́того заво́да нельзя́ **пройти́** без пропуска. 5. Нельзя́ **вы́разить** слова́ми всё, что я чу́вствовал.

49 *Schreiben Sie die Sätze ab; ergänzen Sie sie dabei durch eines der in Klammern stehenden Verben im erforderlichen Aspekt.*

1. Нельзя́ (вмеша́ться, вме́шиваться) в чужи́е дела́. 2. Нельзя́ (заже́чь, зажига́ть) спи́чки на террито́рии скла́да. 3. По у́лице дви́гался несконча́емый пото́к маши́н, и не́сколько мину́т нельзя́ бы́ло (перейти́, переходи́ть) че́рез доро́гу. 4. Утю́г был раскалён так, что до него́ нельзя́ бы́ло (дотро́нуться, дотра́гиваться). 5. В э́той лаборато́рии ни до чего́ нельзя́ (дотро́нуться, дотра́гиваться) без рези́новых перча́ток. 6. Не име́ет смы́сла (пое́хать, е́хать) сего́дня к И́ре. 7. Не ну́жно (показа́ть, пока́зывать) ма́тери э́то письмо́.

50 *Ergänzen Sie die Sätze sinngemäß, gebrauchen Sie das Wort* **нельзя́** *und eines der folgenden Verben zum Ausdruck eines Verbots:* ***дотра́гиваться — дотро́нуться, пока́зывать — показа́ть, входи́ть — войти́, открыва́ть — откры́ть, включа́ть — включи́ть, переходи́ть — перейти́****.*

Muster: Е́сли в ко́мнате больно́й … . — Е́сли в ко́мнате больно́й, в неё **нельзя́ входи́ть**.

1. Е́сли по у́лице дви́гается пото́к маши́н, … . 2. Е́сли прибо́р о́чень раскалён, … . 3. Е́сли в лаборато́рии радиоакти́вные вещества́, … . 4. Е́сли в ко́мнате хо́лодно, … . 5. Е́сли поте́рян ключ от чемода́на, … . 6. Е́сли ваго́н перепо́лнен, … . 7. Е́сли в до́ме все спят, … . 8. Е́сли нет киноаппара́та, … .

51 *Drücken Sie eine Bitte aus, die Handlung nicht auszuführen. Setzen Sie die Partikel* **не** *vor die Infinitive und verändern Sie entsprechend deren Aspekt.*

Muster: И́горь **попроси́л разбуди́ть его́**. — **И́горь попроси́л не буди́ть** его.

a) 1. Оте́ц попроси́л позва́ть меня́ к телефо́ну. 2. Пётр уговори́л меня́ посмотре́ть э́тот фильм. 3. Профе́ссор посове́товал мне воспо́льзоваться его́ статьёй. 4. Инжене́р разреши́л взять с собо́й инструме́нты. 5. Ты мне сове́туешь проче́сть э́ту кни́гу? 6. Врач рекомендова́л больно́му встать с посте́ли.

b) 1. Мы договори́лись встре́титься в чита́льном за́ле. 2. Он дал сло́во сообщи́ть о случи́вшемся сестре́. 3. Я реши́л уе́хать из го́рода. 4. Он обеща́л обо всём рассказа́ть ма́тери.

52 *Ersetzen Sie die hervorgehobenen Wörter durch Antonyme.*

Muster: Мне **прия́тно подели́ться** с ва́ми э́той но́востью. — Мне **неприя́тно дели́ться** с ва́ми э́той но́востью.

1. Тебе́ **поле́зно приня́ть** э́то лека́рство. 2. Мне **интере́сно обсуди́ть** с ним э́тот вопро́с. 3. Ему́ **прия́тно сообщи́ть** нам о свои́х дела́х.

53 *Fragen Sie, ob die Handlung, ausgedrückt durch eines der folgenden Verben –* ***выходи́ть — вы́йти, включа́ть — включи́ть, брать — взять, звони́ть — позвони́ть, закрыва́ть — закры́ть*** *– in folgenden Situationen ausgeführt werden kann.*

Muster: Е́сли вы пло́хо себя́ чу́вствуете. — **Мо́жно вы́йти?**

1. Е́сли откры́то окно́ и вам хо́лодно. 2. Е́сли вас вызыва́ют к дека́ну и вы не мо́жете дослу́шать ле́кцию. 3. Е́сли в ко́мнате ста́ло темно́. 4. Е́сли вы хоти́те поговори́ть по телефо́ну в чужо́м кабине́те. 5. Е́сли у вас нет ру́чки и вы хоти́те взять её у сосе́да.

54 *Lesen Sie die Sätze. Bestimmen Sie die Bedeutung des Imperativs der vollendeten und unvollendeten Verben.*

1. Изуча́йте иностра́нные языки́! 2. Храни́те де́ньги в сберега́тельной ка́ссе! 3. Продолжа́йте, пожа́луйста, мы вас слу́шаем. 4. Я жду, отвеча́йте! 5. Проходи́, сади́сь, пожа́луйста! 6. Е́шьте и пе́йте, пожа́луйста; всё на столе́! 7. Заходи́ ко мне: я всегда́ тебе́ рад!

55 *Ergänzen Sie die Sätze durch den Imperativ Plural vollendeter Verben, wenn die Handlung vom Standpunkt des Resultats, und durch den unvollendeter Verben, wenn die Handlung als Vorgang betrachtet wird.*

1. … окно́: ста́ло ду́шно! … я́щик осторо́жно (откры́ть, открыва́ть)! 2. … на вопро́сы чётко и я́сно! … на моё письмо́ неме́дленно (отве́тить, отвеча́ть)! 3. … зада́чи самостоя́тельно! … э́ту зада́чу до́ма (реши́ть, реша́ть)! 4. … свой вопро́с ещё раз! Системати́чески … но́вые слова́ (повтори́ть, повторя́ть)!

56 *Äußern Sie eine Bitte, einen Ratschlag, eine Forderung, einen Vorschlag u. dgl. mehr in folgenden Situationen. Gebrauchen Sie den Imperativ vollendeter und unvollendeter Verben.*

1. Е́сли вы беспоко́итесь, что сын уйдёт и оста́вит включённым телеви́зор. 2. Е́сли он обы́чно забыва́ет вы́ключить свет. 3. Е́сли ва́ша подру́га пло́хо вы́глядит, потому́ что обы́чно по́здно ложи́тся спать. 4. Е́сли вы хоти́те послу́шать по ра́дио «После́дние изве́стия», переда́ча кото́рых начнётся че́рез не́сколько мину́т. 5. Е́сли в ко́мнате не у́брано, а ваш сосе́д по общежи́тию собира́ется на прогу́лку. 6. Е́сли вы испра́вили фонети́ческую оши́бку студе́нта.

57 *Beantworten Sie die Fragen in der Imperativform.*

1. С каки́ми слова́ми обраща́ются хозя́ева до́ма к гостя́м? 2. Что говори́т врач пацие́нту? 3. Что говори́т води́тель тролле́йбуса пассажи́рам? 4. Каки́е сове́ты, про́сьбы, тре́бования выража́ет учи́тель на уро́ке, когда́ он вхо́дит в класс, когда́ даёт дома́шнее зада́ние, когда́ исправля́ет фонети́ческие оши́бки?

58 *Bitten Sie Ihren Gesprächspartner etwas zu tun. Dabei muss er folgende Wortverbindungen in der richtigen Form verwenden. Zum Ausdruck einer sehr höflichen Bitte, die einen gewissen Zweifel enthält, dass Ihr Gesprächspartner sie erfüllen kann (will), wird das* ***vollendete Futur mit Verneinung*** *gebraucht.* Muster: Вы **не ска́жете** мне свой но́мер телефо́на? – *Könnten Sie mir Ihre Telefonnummer sagen (nennen)?*

Переда́ть запи́ску, принести́ фотока́рточку, показа́ть фотогра́фии, назва́ть фами́лию а́втора статьи́,привести́ приме́р, разреши́ть позвони́ть от вас, помо́чь перевести́, дать свой слова́рь, сообщи́ть о консульта́ции.

59 *Warnen Sie jemanden, eine Handlung auszuführen, gebrauchen Sie dabei den Imperativ* ***смотри́ (смотри́те)****.* Muster: Не говори́ об э́том письме́ Ни́не. — **Смотри́, не говори́ (не скажи́)** об э́том письме́ Ни́не.

1. Не (уйти́, уходи́ть) до моего́ возвраще́ния. 2. Смотри́, не (оста́вить, оставля́ть) включённый газ. 3. Смотри́, не (рассказа́ть, расска́зывать) ей об э́том. 4. Не (говори́ть, сказа́ть) Зи́не, что мы гото́вим ей пода́рок. 5. Не (вспо́мнить, вспомина́ть) об э́том челове́ке: он э́того не заслу́живает. 6. Не (забы́ть, забыва́ть) о на́шей за́втрашней встре́че.

60 *Bilden Sie Imperativsätze zu folgenden Situationen, gebrauchen Sie dabei die Verben im entsprechenden Aspekt (mit oder ohne Verneinung).*

1. Вы спеши́те, а ваш друг собира́ется о́чень ме́дленно. Потороп́ите его́. (собира́йся, собери́сь) 2. Вы идёте с ребёнком по у́лице. О́чень ско́льзко, и вы бои́тесь, что ребёнок мо́жет упа́сть. Предупреди́те его́. (смотри́, не па́дай; смотри́, не упади́) 3. Вы хоти́те узна́ть, кото́рый час. Как вы об э́том спро́сите прохо́жего? (говори́те, скажи́те) 4. Хозя́ин до́ма про́сит свои́х госте́й снять пальто́ и пройти́ в ко́мнату. Как он об э́том ска́жет? (снима́йте пальто́, сними́те пальто́; пройди́те, проходи́те)

61 *Beenden Sie diese Erzählung, indem Sie russische Äquivalente der in den Klammern stehenden Verben in der richtigen Form gebrauchen.*

Зи́мним ве́чером 1786 го́да на окра́ине Ве́ны (*sterben*) слепо́й стари́к,бы́вший по́вар. Не́сколько лет наза́д он (*verlieren*) зре́ние. В его́ кварти́ру нельзя́ бы́ло (*hineinkommen*): он не́рвничал. С по́варом научи́лась (*sich unterhalten*) то́лько его́ дочь. Бо́льше никого́ он не (*wünschen sehen*). Одна́жды стари́к (*fühlen*) себя́ совсе́м пло́хо и (*sagen*) до́чери: «(*herausgehen*) и (*bitten*) пе́рвого прохо́жего,что́бы он (*verzeihen*) мои́ грехи́.» Мари́я бы́стро (*anziehen*) пальто́ и (*loslaufen*). О́на до́лго (*warten*). Наконе́ц, (*erscheinen*) прохо́жий. Мари́я дрожа́щим го́лосом (*übermitteln*) ему́ про́сьбу отца́.

«Хорошо́,– (*sagen*) э́тот челове́к,– хотя́ я не свяще́нник, но всё равно́…» В до́ме незнако́мец (*ablegen*) бы́стро пальто́ и (*sich setzen*) во́зле умира́ющего.»(*sprechen Sie*), я хочу́ (*helfen*) Вам.»

«Я (*arbeiten*) всю жизнь. Ещё в де́тстве мне (*gefallen*) моя́ профе́ссия. Я никогда́ не (*machen*) ничего́ плохо́го. Но когда́ (*krank geworden war*) моя́ жена́ и у меня́ не́ было де́нег на лека́рство, я (*stehlen*) у графи́ни ма́ленькое золото́е блю́до и (*verkaufen*) его́. Мне о́чень тяжело́ тепе́рь (*sich erinnern*) об э́том: ведь я научи́л дочь не (*nehmen*) чужо́го.»

«Как Вас зову́т?»,– (*fragen*) незнако́мец. «Иога́нн Ма́йер». «Так вот, Иога́нн Ма́йер,– (*sagen*) челове́к и (*legen*) ру́ку на слепы́е глаза́ старика́. – Вы невино́вны, потому́ что Вы э́то (*machen*) из любви́ к жене́. А тепе́рь (*sagen*) мне своё после́днее жела́ние.» Стари́к неожи́данно (*lächeln*) и (hervorbringen): «Я хочу́ (*sehen*) мою́ жену́ Ма́рту тако́й, како́й я (*sehen*) её в мо́лодости. Но э́то, коне́чно, невозмо́жно …»

«То́лько не на́до (*aufstehen*)»,– (*sagen*) незнако́мец и (*sich setzen*) к роя́лю. Он (*beginnen zu spielen*), и в ко́мнату (*ankommen*) весна́,а за окно́м (*beginnen zu blühen*) сад. Так (*scheinen*) старику́. А незнако́мец всё (*spielen*). « (*Öffnen*) окно́, Мари́я»,– (*bitten*) стари́к. «Не на́до (*öffnen*). Смотри́те не (*sich erkälten*)!» – (*warnen*) незнако́мец. Тут Мари́я (*sich erinnern*), что (*vergessen*) (*abschließen*) входну́ю дверь, и (*herausgehen*).

Незнако́мец (*aufhören zu spielen*), (*herankommen*) k крова́ти старика́, кото́рый (*sagen*): «Мне (*gelangen zu sehen*) всё так, как мно́го лет наза́д. Э́то чу́до! Но я не хочу́ (*sterben*), не узна́в Ва́шего и́мени.»

«Меня́ зову́т Во́льфганг Амаде́й Мо́царт»,– (*antworten*) незнако́мец.

(По расска́зу В. В. Вереса́ева)

62 *Bilden Sie Sätze zu den folgenden Situationen. Gebrauchen Sie das Verb* ***мочь*** *und den Infinitiv der vollendeten und unvollendeten Verben mit und ohne* ***не****.*

1. Ваш друг нездоро́в. Врач про́сит его́ явля́ться раз в ме́сяц на осмо́тр. Но в часы́ рабо́ты врача́ он за́нят други́ми дела́ми: вто́рник для него́ неудо́бный день. Как он об э́том ска́жет? 2. Мы жда́ли Ни́ну к обе́ду, но она́ сего́дня сдава́ла экза́мен. Как она́ объясни́ла своё отсу́тствие? 3. Студе́нт Петро́в живёт за́ городом и стара́ется все лаборато́рные рабо́ты выполня́ть в пе́рвой полови́не дня. А преподава́тель фи́зики назна́чил дополни́тельное заня́тие на ве́чер. Петро́ву он разреши́л отсу́тствовать на э́том заня́тии. Как он э́то сказа́л? 4. Мы жда́ли, что наш знако́мый навести́т нас по прие́зде в Москву́, и не уходи́ли из до́ма в э́тот ве́чер. Но его́ всё не́ было. Како́е предположе́ние могло́ у нас возни́кнуть? 5. Оле́г и Та́ня до́лго бы́ли бли́зкими друзья́ми, но зате́м расста́лись. В день рожде́ния Та́ни Оле́г всё-таки пришёл её поздра́вить, так как чу́вствовал, что не мо́жет поступи́ть ина́че. Как он объясни́л э́то? 6. Оле́г о́чень лю́бит э́ту де́вушку, хотя́ она́ к нему́ соверше́нно равноду́шна. Он продолжа́ет быва́ть у неё. Как он объясня́ет э́то? 7. Наш знако́мый не назва́л то́чно дня своего́ прие́зда. Мы жда́ли его́ ежедне́вно. Почему́ мы это де́лали? 8. Мы наде́ялись получи́ть телегра́мму от отца́, кото́рый уе́хал в санато́рий. От него́ уже́ до́лго нет весте́й. Мо́жет быть, он заболе́л? Како́е предположе́ние мо́жно ещё вы́сказать, е́сли мы зна́ем, что он рассе́янный челове́к? 9. Мне поручи́ли написа́ть статью́ за два дня. Э́то был сли́шком ма́ленький срок: статья́ не была́ гото́ва. Как я скажу́ об э́том в реда́кции журна́ла? 10. Я спроси́ла у дире́ктора разреше́ния не быть на собра́нии, так как пло́хо себя́ чу́вствую. Он разреши́л. Как он э́то сформули́ровал?

63 *Übersetzen Sie ins Russische.*

1. Ich habe bemerkt, dass mein Freund mit etwas unzufrieden ist. 2. Oft merkte ich, dass er mit etwas unzufrieden war. 3. In der Nacht machte ich das Fenster auf, deshalb ist es im Zimmer frisch. 4. Ich habe meiner Freundin ein Lehrbuch gegeben, aber sie hat es mir zurückerstattet. 5. Die Ausstellung hat mir sehr gefallen. 6. In meiner Jugend gefiel mir dieses Gedicht. 7. Igor bekam Angina. 8. Er war zwei Wochen lang krank. 9. Ich musste aus dem Saal hinausgehen und nach Hause telefonieren. 10. Es ist schädlich, im Liegen zu lesen. 11. Der Schrank ist nicht zu öffnen: er ist mit einem Schlüssel abgeschlossen. 12. Mein Freund hat mich überredet, hier nicht zu bleiben. 13. Mein Freund hat mich überredet, hier zu bleiben. 14. Hans beschloss, ihn nach nichts zu fragen. 15. Man bat mich, vor dem Klingelzeichen niemanden in den Saal einzulassen. 16. Es ist mir unangenehm, daran zurückzudenken. 17. Lege dich zeitig schlafen, warte nicht auf uns! 18. Denke nie mehr daran! 19. Teile mir bitte die Bedingungen des Preisausschreibens mit! 20. Ich werde Punkt sieben auf dich warten, sieh zu, dass du nicht zu spät kommst! 21. Darf ich hinausgehen? 22. Es ist Zeit aufzustehen.

§ 3 Verben der Fortbewegung

Zu den Verben der Fortbewegung gehören Verbpaare des unvollendeten Aspekts, die eine zielgerichtete (bestimmte) oder eine nicht zielgerichtete (unbestimmte) Bewegung bezeichnen. Im Deutschen fehlt diese Unterscheidung, und jedem Paar der russischen Verben entspricht bedeutungsmäßig nur ein deutsches Verb.

Bestimmte Bewegung	Unbestimmte Bewegung	Deutsche Entsprechung
бежа́ть	бе́гать	laufen, rennen
брести́	броди́ть	schlendern
везти́*	вози́ть*	fahren *(trans.)*
вести́*	води́ть*	führen (*trans.)*
гнать*	гоня́ть*	(an)treiben, jagen
е́хать	е́здить	fahren *(intrans.)*
идти́	ходи́ть	gehen
кати́ть*	ката́ть*	rollen, wälzen
лезть	ла́зить	klettern
лете́ть	летать	fliegen
нести́*	носи́ть*	tragen
плыть	пла́вать	schwimmen
ползти́	по́лзать	kriechen
тащи́ть*	таска́ть*	schleppen

* transitive Verben

Bei der Bezeichnung der Verkehrsmittel, die nach einem Plan verkehren (im städtischen, Eisenbahn- und Schiffsverkehr) werden meist die Verben **идти́** — **ходи́ть** gebraucht:

Трамва́й **идёт** в нарк.	Die Straßenbahn fährt in den Straßenbahnhof.
Парохо́д **идёт** из Я́лты.	Das Schiff kommt aus Jalta.
Самолёты **иду́т** над го́родом, (nur mit Adverbialbestimmung des Ortes)	Die Flugzeuge fliegen über der Stadt.

Falls es sich um zwei- und dreirädrige Verkehrsmittel handelt, wird das Verb **идти́** nicht gebraucht:

Мотоци́кл **е́дет** с большо́й ско́ростью.	Das Motorrad fährt mit einer hohen Geschwindigkeit.

Mit den Substantiven **плот, паро́м** werden in der Regel die Verbcn **идти́** oder **плыть** gebraucht:

Плоты́ **шли** по реке́.	Die Flöße schwammen auf dem Fluss.
Паро́м **плывёт** к бе́регу.	Die Fähre fährt zum Ufer.

Achten Sie auf den Gebrauch der transitiven Verben der Fortbewegung im Vergleich mit den intransitiven. Das Verb **нести́** wird gebraucht, wenn der Mensch (Subjekt der Bewegung) etwas (Objekt) ohne Verkehrsmittel oder andere Hilfsmittel befördert. **Вести́** bedeutet *gehen helfen, jemanden an der Hand (unter der Arm) führen, an der Leine führen* oder einfach *den Weg zeigen, begleiten.* **Везти́** bedeutet *das Objekt mit Hilfe verschiedener Verkehrsmittel, darunter auch auf Tieren befördern.* Dem Verb **везти́** können z.B. intransitive Verben entsprechen: **е́хать, идти́, бежа́ть, лете́ть, плыть.**

I. Zum Gebrauch der Verben der Fortbewegung im Präsens

Die Verben der bestimmten Bewegung bezeichnen		
1. eine einmalige Handlung, eine Bewegung in einer Richtung	Я **иду́** по у́лице.	Ich gehe die Straße entlang.
2. eine zielgerichtete Bewegung mit Hinweis auf ihr Ziel	Студе́нты **е́дут** на экску́рсию	Die Studenten unternehmen einen Ausflug.
3. eine mehrmalige Bewegung in einer Richtung (z.B. in Erzählungen, wo das Präsens den Wert einer mehrmaligen Handlung in der Vergangenheit hat)	Когда́ я спешу́, я **е́ду** на рабо́ту тролле́йбусом (на тролле́йбусе)	Bin ich in Eile, so fahre ich zur Arbeit mit dem Trolleybus.

Die Verben der unbestimmten Bewegung bezeichnen		
1. eine nicht zielgerichtete Bewegung, eine mehrmalige Handlung	Экскурсово́д **во́дит** тури́стов по го́роду. Он **хо́дит** по магази́нам.	Der Fremdenführer führt Touristen durch die Stadt. Er geht einkaufen.
2. eine ständige Eigenschaft oder eine Fähigkeit	Пти́цы **лета́ют**.	Die Vögel fliegen.
3. eine Neigung	**Я люблю́ пла́вать** бра́ссом.	Ich habe Brustschwimmen gern.
4. eine gewohnheitsmäßige Beschäftigung	Ма́льчик **хо́дит** в шко́лу.	Der Junge geht zur Schule.
5. eine mehrmalige Bewegung in beiden Richtungen (hin und zurück), wenn die Verben der Bewegung einen Aufenthalt bezeichnen und dem Verb **быва́ть** bedeutungsverwandt sind	Он **хо́дит** в библиоте́ку. = Он **быва́ет** в библиоте́ке. Мы **е́здим** за́ город. = Мы **быва́ем** за́ городом.	Er besucht die Bibliothek. Wir fahren (oft) hinaus (ins Grüne).

Übungen

1 *Lesen Sie die Sätze, beachten Sie den Gebrauch der Verben der Fortbewegung und deren Bedeutung.*

1. По у́лицам хо́дят лю́ди, е́здят маши́ны, авто́бусы и тролле́йбусы. 2. Он ча́сто хо́дит в теа́тр. 3. За́втра он до́лжен идти́ к врачу́. 4. Ка́ждое ле́то я е́зжу к мо́рю. 5. За́втра я е́ду в Ки́ев. 6. Алёша о́чень лю́бит пла́вать. 7. Он пла́вает во́льным сти́лем. 8. Теплохо́д «Росси́я» пла́вает ме́жду Оде́ссой и Бату́ми. 9. Мы плывём на теплохо́де в Я́лту. 10. Экскурсово́д ведёт тури́стов в за́лы Эрмита́жа. 11. Он во́дит нас по многочи́сленным за́лам музе́я. 12. Роди́тели во́зят Алёшу в де́тский сад. 13. Сего́дня Алёшу везёт ба́бушка. 14. Самолёт лети́т в Хаба́ровск 8 часо́в. 15. Самолёты лета́ют в Хаба́ровск ка́ждый день. 16. Э́тот авто́бус идёт в центр?

2 *Lesen Sie die Sätze. Beachten Sie die Verben der Fortbewegung, deren Präsens die Bedeutung des Futurs hat. Merken Sie sich, dass in dieser Bedeutung nur die bestimmte Form des Verbpaares gebraucht wird.*

1. За́втра мы е́дем на заво́д. 2. Че́рез час я иду́ в кино́. 3. На бу́дущий год на́ша семья́ е́дет в Украи́ну. 4. На сле́дующей неде́ле преподава́тель ведёт нас в музе́й.

3 *Bilden Sie mit den folgenden Wörtern Kurzgespräche nach dem Schema: Frage (Annahme) — Bejahung — Verneinung.*

Muster: стадио́н — остано́вка трамва́я
— Ты идёшь со стадио́на? — Да, я иду́ со стадио́на.
— Нет, я иду́ с остано́вки трамва́я.

1. Вокза́л — университе́т. 2. Посо́льство — библиоте́ка. 3. Конце́рт —теа́тр. 4. Заво́д — по́чта. 5. Уро́к — столо́вая. 6. Собра́ние — консульта́ция.

4 *Beantworten Sie die Fragen, gebrauchen Sie dabei sinngemäß Verben der Fortbewegung ohne Präfix.*

Muster: Вы занима́етесь в библиоте́ке ежедне́вно? — Да, я **хожу́** в библиоте́ку **ка́ждый день**.

1. Почему́ вы не по́льзуетесь тра́нспортом? 2. Вы получа́ете корреспонде́нцию на́ дом? 3. Вы за́няты в институ́те ка́ждый день? 4. Как чу́вствует себя́ Оле́г по́сле опера́ции? 5. Вы ка́ждый день провожа́ете сы́на в де́тский сад? Я вас ча́сто встреча́ю с ним у́тром в тролле́йбусе.

5 *Antworten Sie auf die Fragen. Gebrauchen Sie Verben der Fortbewegung ohne Präfix zur Bezeichnung der Art der Bewegung.*

Muster: Что тако́е тротуа́р? — Э́то часть у́лицы, по кото́рой **хо́дят** пешехо́ды (лю́ди).

1. На како́й у́лице вы живёте: на ти́хой и́ли на шу́мной? Почему́ вы так ду́маете? 2. Каки́е ви́ды тра́нспорта рабо́тают в ва́шем го́роде (в це́нтре и на

окра́ине)? Дово́льны ли вы, как рабо́тает ваш городско́й тра́нспорт? Почему́? 3. Как рабо́тает тра́нспорт в ра́зное вре́мя су́ток? 4. Име́ют ли расписа́ние авто́бусы? 5. Почему́ мно́гие предпочита́ют по́льзоваться метро́? 6. Курси́руют ли парохо́ды ме́жду Оде́ссой и Бату́ми? 7. Есть ли ре́йсы самолётов ме́жду Москво́й и Берли́ном?

6 *Ergänzen Sie die Sätze durch die angegebenen Verben in der erforderlichen Form.*

a) **идти́, е́хать, плыть, вести́**
1. Мы … на парохо́де по Чёрному мо́рю. 2. Мать … сы́на на ёлку. 3. Хозя́ин … госте́й в сад. 4. Плове́ц бы́стро … к бе́регу. 5. Тролле́йбус … до Белору́сского вокза́ла. 6. Я … в Петербу́рг. 7. Вот … велосипе́д.

b) **ходи́ть, е́здить, пла́вать, води́ть, вози́ть**
1. Он ча́сто … в кино́. 2. Я обы́чно … в институ́т на метро́. 3. Ю́ные путеше́ственники … на плоту́ по реке́. 4. А́нна по вто́рникам … в бассе́йне. 5. Э́та маши́на … по́чту. 6. Преподава́тель … студе́нтов на ра́зные экску́рсии. 7. На плоту́ крестья́не … тра́ктор.

7 *Schreiben Sie die Verben der bestimmten und der unbestimmten Bewegung paarweise in zwei Spalten geordnet heraus und nennen Sie ihre Infinitivform.*

1. Све́жий ве́тер го́нит ту́чи. 2. Пасту́х ка́ждый день гоня́ет ста́до к реке́. 3. Почтальо́н несёт мне письмо́. 4. Он но́сит пи́сьма в наш дом. 5. На о́зере пла́вают во́доросли. 6. По реке́ плывёт льди́на. 7. Я иду́ сего́дня в го́сти. 8. Я ча́сто хожу́ в э́тот дом. 9. Де́ти бе́гают по са́ду. 10. Де́ти бегу́т в шко́лу.

8 *Ergänzen Sie die Sätze durch eines der in Klammern stehenden Verben.*

1. Спортсме́ны … на трениро́вках по бегово́й доро́жке. Куда́ ты …? (бе́гать, бежа́ть) 2. Он лю́бит … по лесны́м тропи́нкам. Сего́дня он … в сосе́днее село́, (идти́, ходи́ть) 3. Ви́ктор хорошо́ … . Он … бы́стро, (плыть, пла́вать) 4. Мне нра́вится … по у́лицам незнако́мого го́рода. Они́ … домо́й уста́лые, но дово́льные (брести́, броди́ть) 5. Мне пришло́сь … э́ту посы́лку на по́чту. Порто́вым рабо́чим бо́льше не прихо́дится … тя́жести: э́то де́лают механи́змы, (тащи́ть, таска́ть) 6. Он всегда́ … в институ́т на метро́. Уже́ по́здно: я до́лжен … домо́й, (е́хать, е́здить)

9 *Ersetzen Sie die nachstehenden Sätze durch gleichbedeutende mit einem Verb der Fortbewegung als Prädikat.*

Muster: Мы **быва́ем** по воскресе́ньям **за́ городом**. — Мы **е́здим** по воскресе́ньям **за́ город**.

1. Серге́й ча́сто быва́ет на конце́ртах. 2. Студе́нты ежего́дно быва́ют на пра́ктике. 3. Оте́ц ча́сто быва́ет в командиро́вках. 4. Ири́на обы́чно быва́ет на всех ле́кциях. 5. По суббо́там мы быва́ем в о́пере.

10 *Ergänzen Sie die Sätze durch entsprechende transitive Verben der Fortbewegung.*

Muster: По перрону **идёт** носильщик, он … . — По перрону **идёт** носильщик, он **везёт** на тележке много чемоданов.

1. Мой брат работает шофёром на мясокомбинате. Он ездит по городу,..мясо. 2. Преподаватель послал студента за мелом. Студент идёт в аудиторию и … мел. 3. Когда брат ездил в Болгарию, я дал ему словарь. Он путешествовал по стране и … . 4. Я и мой друг едем в город: я … его на моей машине. 5. Я еду в библиотеку и … книги. 6. По бульвару идёт женщина и … в коляске малыша.7. Виктор едет на велосипеде и … цветы подруге.. 8. На восток летит самолёт и … почту геологам. 9. Со мной летит мой брат,который … сына к морю. 10. По морю плывёт танкер и … нефть.11. По стадиону бежит спортсмен и … эстафету.12. Вот идёт почтальон и … свежие газеты. 13. Учитель … на автобусе школьников на экскурсию. 14. Мать … Дирка гулять в парк. 15.Она часто … его туда. 16. На Чукотке почтальоны … почту на собаках и на оленях. 17. Мы ехали на лифте и … много книг в библиотеку. 18. Игорь идёт в театр : … на балет свою семью.

11 *Lesen Sie die Sätze und bestimmen Sie, mit welchen Verben der Fortbewegung die hervorgehobenen Verben gebraucht werden.*

1. Сын уже **научился** ходить. 2. Я давно не тренировался и **разучился** бегать на лыжах. 3. Виктор **привык** ходить на работу пешком. 4. Ты **любишь** ходить пешком? 5. Мне **нравится** ездить на мотоцикле. 6. Ребёнку **надоело** ехать, и он заплакал. 7. Как мне **надоело** сюда ездить! 8. Он **устал** нести багаж и присел отдохнуть. 9. Вы **не устали** ходить по выставке? 10. Это ты **предложил** идти пешком? 11. — Я **предпочитаю** лететь в Ташкент на самолёте. — А я вообще **предпочитаю** летать, даже на близкие расстояния. 12. Его **отговорили** идти сегодня в кино.

12 *Ergänzen Sie die Sätze durch eines der in Klammern stehenden Verben. Merken Sie sich: Zur Bezeichnung einer gewohnheitsmäßigen, sich wiederholenden Handlung oder einer Fähigkeit, einer Neigung, sich auf eine bestimmte Weise fortzubewegen, werden mit den Verben* привыкать — привыкнуть, отвыкать — отвыкнуть, приучать — приучить, отучать — отучить, учить(ся) — научить(ся), разучиться, уметь — суметь, любить — полюбить, нравиться — понравиться, предпочитать — предпочесть, надоедать — надоесть, уставать — устать *vorwiegend die Verben der unbestimmten Bewegung gebraucht. Falls es sich um eine konkrete einmalige Handlung handelt, werden in Verbindung mit den Verben* надоесть, устать, раздумать, расхотеться, отговорить, нравиться — понравиться, предпочитать — предпочесть *die Verben sowohl der unbestimmten als auch der bestimmten Bewegung gebraucht.*

1. Мальчик долго не мог научиться … (ехать, ездить) на велосипеде. 2. Мой брат привык … на занятия по гимнастике (идти, ходить). 3. Каждый день я должен … ему свежие газеты (везти, возить). 4. Несмотря на сильную боль в ноге, он продолжал … (бежать, бегать) к финишу. 5. Он любит … на самолёте (лететь, летать). 6. Он не мог … дальше (плыть, плавать).

13 *Verwandeln Sie folgende Sätze in Sätze, die eine Eigenschaft, Gewohnheit oder Fähigkeit der handelnden Person ausdrücken. Gebrauchen Sie dabei die Wörter* ***уме́ет, лю́бит, предпочита́ет, привы́к, ему́ (ей, нам) нра́вится****. Beachten Sie, dass die Verben der bestimmten Bewegung durch Verben der unbestimmten Bewegung zu ersetzen sind.*

Muster: Ни́на с Андре́ем везу́т свои́х дете́й на юг. — Ни́на с Андре́ем **предпочита́ют (привы́кли) вози́ть** свои́х дете́й на юг.

1. Ви́ктор плывёт бра́ссом. 2. Оле́г е́дет в институ́т на метро́. 3. Ни́на идёт на рабо́ту пешко́м. 4. Са́ша лети́т на но́вом пассажи́рском самолёте. 5. Де́ти иду́т на лы́жах. 6. Алёша несёт кни́ги и тетра́ди в портфе́ле.

14 *Beantworten Sie die Fragen, gebrauchen Sie dabei die Verben* ***люби́ть, нра́виться, уме́ть, привы́кнуть, отвы́кнуть, научи́ться, разучи́ться, уста́ть, надое́сть, разду́мать, предпочита́ть****.*

Muster: От ста́нции метро́ до до́ма две остано́вки трамва́я. Вы идёте пешко́м и́ли е́дете на трамва́е? — Я **предпочита́ю (люблю́) ходи́ть** пешко́м.

1. Почему́ ты не пошёл в кино́? 2. Вы бы́ли в библиоте́ке? Я не нашёл вас там. 3. Мо́жет быть, ся́дем на тролле́йбус? До университе́та ещё далеко́. 4. Почему́ ты так ма́ло гуля́л? 5. Ты лю́бишь лы́жный спорт? 6. Вы, ка́жется, ра́ньше лу́чше пла́вали?

II. Zum Gebrauch der Verben der Fortbewegung im Präteritum

Das Präteritum der Verben der bestimmten Bewegung (die Gruppe **идти́**) bezeichnet eine fortdauernde zielgerichtete Handlung. Die Präteritumformen dieser Verben werden gebraucht:

1. in Gesprächen, in denen es sich um einen unvollendeten Prozess handelt	Куда́ ты **шёл** у́тром? Я ви́дел тебя́ из окна́ Я **шёл** на по́чту.	Wohin bist du am Morgen gegangen? Ich habe dich aus dem Fenster gesehen. Ich bin auf die Post gegangen.
2. in einfachen Sätzen, wenn die Aufmerksamkeit des Sprechenden auf die Begleitumstände der Fortbewegung gerichtet ist (Zeit der Bewegung, Art der Verkehrsmittel usw.)	Вчера́ я **е́хала** в университе́т **на тролле́йбусе**. Ве́чером мы **е́хали с Па́влом**.	Gestern fuhr ich mit dem Obus zur Universität. Am Abend fuhr ich mit Paul.
3. in einem einfachen Satz am Anfang einer Aussage (einer Erzählung), wo die Fortbewegung den Hintergrund für nachfolgende Ereignisse bildet	Сего́дня у́тром я **шёл** в университе́т. Вдруг я услы́шал го́лос Ку́рта и уви́дел его́ с Ле́ной …	Heute Morgen ging ich in die Universität. Plötzlich hörte ich Kurts Stimme und sah ihn mit Lena …

4. in zusammengesetzten Sätzen zur Bezeichnung einer fortdauernden Handlung, in deren Verlauf eine andere Handlung vollzogen wird	Когда́ он **е́хал** на вокза́л, он случа́йно уви́дел э́ту де́вушку.	Als er zum Bahnhof fuhr, sah er zufällig dieses Mädchen.
Zuweilen lässt sich ein Verb sowohl der bestimmten als auch der unbestimmten Bewegung anwenden:	Когда́ мы **(ходи́ли) шли** на экску́рсию, стоя́ла прекра́сная пого́да.	Als wir den Ausflug machten, war das Wetter sehr schön.

Das Präteritum der Verben der unbestimmten Bewegung (Gruppe **ходи́ть**) bezeichnet:

1. eine einmalige Handlung in beiden Richtungen (hin und zurück); diese Verben können durch das Verb **быть** ersetzt werden	Он **е́здил** в Волгогра́д. = Он **был** в Волгогра́де (и возврати́лся отту́да).	Er war in Wolgograd (und ist jetzt zurück).
2. eine wiederholte Handlung	На рабо́ту он **ходи́л** пешко́м.	Er ging zu Fuß zur Arbeit.
3. eine gewohnheitsmäßige Beschäftigung	Ма́льчик **ходи́л** в шко́лу.	Der Junge ging zur Schule.
4. eine Fähigkeit	Оте́ц хорошо́ **пла́вал**.	Der Vater konnte gut schwimmen.
5. eine nicht zielgerichtete, in unbestimmter Richtung erfolgende Handlung	Ча́сто я **броди́л** по родно́му го́роду.	Oft schlenderte ich durch meine Heimatstadt.

ÜBUNGEN

1 *Lesen Sie die Sätze. Verfolgen Sie den Gebrauch der Verben der Fortbewegung im Präteritum.*

1. По суббо́там мы е́здили в Оста́нкинский парк. 2. В парк они́ е́хали трамва́ем. 3. Ве́чером они́ е́здили к друзья́м. 4. Ежедне́вно он ходи́л в институ́т. 5. От до́ма до институ́та он шёл пешко́м 20 мину́т. 6. Сего́дня он ходи́л к врачу́. 7. Когда́ я шёл к врачу, я встре́тил Оле́га. 8. Вчера́ он ездил во Дворе́ц спо́рта. 9. Во Дворе́ц спо́рта он е́хал на авто́бусе.

2 *Ergänzen Sie die Sätze durch das erforderliche Verb des jeweiligen Verbpaares.*

1. Когда́ он … (лете́л, лета́л) на Ура́л, он неожи́данно почу́вствовал себя́ пло́хо. 2. Облака́ … (пла́вали, плы́ли) по осе́ннему не́бу. 3. Когда́ бы́ло тепло́, он мно́го … (пла́вал, плыл). 4. На́ша гру́ппа … (шла, ходи́ла) вчера́ на экску́рсию. 5. В воскресе́нье я … (е́хал, е́здил) к сестре́ на да́чу. 6. Когда́ он … (вёз, вози́л) профе́ссору свою́ статью́, то перечита́л её сно́ва.

3 *Drücken Sie den Sachverhalt anders aus. Ersetzen Sie die nachstehenden Sätze durch gleichbedeutende mit Verben der Fortbewegung im Präteritum.*

1. Ле́том мы бы́ли на Кавка́зе. 2. В воскресе́нье де́ти бы́ли в Большо́м теа́тре. 3. Студе́нты ча́сто быва́ли на заво́де. 4. В то вре́мя я был в Екатеринбу́рге. 5. Он быва́л у нас в гостя́х. 6. Мы бы́ли на докла́де о междунаро́дном положе́нии. 7. Во вре́мя кани́кул Курт был на ро́дине.

4 *Vergleichen Sie zwei Antworten auf eine Frage. Achten Sie auf die Verben* ***шёл, е́хал, лете́л,*** *die eine Bewegung bezeichnen, die zeitlich genau begrenzt ist. Die Verben* ***ходи́л, е́здил, лета́л*** *weisen auf eine Handlung hin in einem unbestimmten Zeitabschnitt.*

Когда́ ты познако́мился с Хе́льгой?	
Когда́ **е́хал** в Волгогра́д (т. е. в по́езде).	Когда **е́здил** в Волгогра́д (т. е. в по́езде, в Волгогра́дском университе́те, в Волгогра́дской библиоте́ке и т. д.).
Когда́ ты ви́дела Ви́ктора?	
Когда́ **шла** в библиоте́ку	Когда́ **ходи́ла** в библиоте́ку.

5 *Sagen Sie, wo Sie Ihrem Bekannten begegnet sind. Gebrauchen Sie die Wortverbindungen* ***у вхо́да в магази́н, у выхода из апте́ки, пе́ред вхо́дом в теа́тр, у до́ма мое́й подру́ги, по пути́ в зоопа́рк, по пути́ в кино́.*** *Ersetzen Sie sie durch die sinnverwandten, indem Sie die Verben der Fortbewegung gebrauchen.*

6 *Fragen Sie Ihren Gesprächspartner, woher er zurückkehrt. Gebrauchen Sie in den Fragen und Antworten Verben der Fortbewegung. Nennen Sie mögliche Varianten.*

Muster: Во́зле поликли́ники вы встреча́ете сосе́да с ребёнком в коля́ске.
— Ты куда́ **ходи́л**? — **Вози́л** больно́го сы́на к врачу́.

1. О́коло карти́нной галере́и вы встреча́ете знако́мого. 2. Вы ви́дите своего́ одноку́рсника на остано́вке тролле́йбуса у вхо́да в бассе́йн. 3. В коридо́ре университе́та вы встреча́ете одноку́рсника с магнитофо́нной кассе́той. 4. В метро́ вы встреча́ете свою́ подру́гу со шко́льниками, кото́рых она́ у́чит. 5. Я встре́тил своего́ сосе́да у вхо́да в магази́н «Игру́шки», в рука́х у него́ была́ больша́я коро́бка. 6. У вхо́да в свой дом вы встреча́ете сосе́дку с чемода́ном.

7 *Drücken Sie den Gedanken durch den Satz mit einem Verb der Fortbewegung aus. Nennen Sie den realen oder möglichen Ort der Handlung.*

Muster: Я опусти́л письмо́ в почто́вый я́щик **по пути́ на рабо́ту**.
— Я опусти́л письмо́ в почто́вый я́щик, **когда́ е́хал (шёл) на рабо́ту**.

1. Я не знал её и познако́мился с ней на конфере́нции в Петербу́рге. 2. Он чита́л журна́л по пути́ в университе́т. 3. Я купи́л э́ту кни́гу во вре́мя командиро́вки в Берли́н. 4. Анто́н напо́мнил мне о на́шей экску́рсии по пути́ в библиоте́ку. 5. Во вре́мя пое́здки в Ки́ев я пригласи́л друзе́й в го́сти. 6. Ольга узна́ла её в самолёте по доро́ге во Владивосто́к. 7. Он позвони́л мне по доро́ге в теа́тр.

8 *Erklären Sie in Ihrer Antwort, wohin (oder woher) sich das Subjekt zum Moment der Handlung begab. Achten Sie auf den Gebrauch der Verben im Präteritum zur Angabe einer unvollendeten Handlung.*

Muster: — Я ви́дел тебя́ в метро́ у́тром.
— Я **е́хал** в университе́т. (Я **е́хал** из университе́та.)

1. — Я ви́дел вас вчера́ в це́нтре го́рода. … . 2. — Сестра́ ви́дела тебя́ на проспе́кте Ми́ра. … . 3. — Мы встре́тили его́ недалеко́ от до́ма. … . 4. — Когда́ я ви́дела его́ на остано́вке тролле́йбуса, у него́ был нездоро́вый вид. … .

9 *Sagen Sie das Gegenteil. Antworten Sie auf die Fragen. Beginnen Sie die Sätze mit «**А я…**».*

Muster: Я не была́ на ле́кции. А вы? — А я **ходи́ла** на ле́кцию.

1. Никто́ из нас не́ был на э́том собра́нии. А вы? 2. Я ещё ни ра́зу не была́ на э́той вы́ставке. А вы? 3. Я не́ был в э́том году́ за́ городом. А вы? 4. Кла́ус ещё не́ был в Москве́. А вы?

10 *Ersetzen Sie die Sätze durch sinnverwandte mit Verben der Fortbewegung.*

1. В тролле́йбусе я ви́дел Ма́шу. Она́ спеши́ла домо́й. (е́хать — е́здить) 2. Вниз по реке́ дви́галась ло́дка. В ней лежа́л бага́ж тури́стов. (везти́ — вози́ть) 3. Мой друг це́лый день пока́зывал мне Ки́ев. (вести́ — води́ть) 4. На ле́стнице я встре́тил сосе́да. У него́ в рука́х была́ све́жая газе́та. (нести́ — носи́ть) 5. У меня́ хоро́ший бино́кль. Я всегда́ беру́ его́ с собо́й на стадио́н. (везти́ — вози́ть)

11 *Ergänzen Sie die Dialoge durch die Verben **идти́ — ходи́ть** und **е́хать — е́здить** in der erforderlichen Form.*

а)
— И́горь, ты … в институ́т?
— Нет, я … не в институ́т. Я уже́ … сего́дня в институ́т.
— Когда́ я … к тебе́, я встре́тил Же́ню. Она́ сказа́ла, что вчера́ … за́ город ката́ться на лы́жах.
— Же́ня хорошо́ … на лы́жах.
— Да, И́горь, ты по вто́рникам … в институ́т с утра́?
— Да, я … у́тром.

— Я тóже. Когдá у меня́ бывáют лаборатóрные рабóты по фи́зике, я … в институ́т к 12 часáм дня. А кудá ты … сейчáс?
— Сейчáс я … в библиотéку.
— Я вчерá тудá …, но библиотéка былá закры́та.

b)
— Какóй автóбус … к университéту?
— От цéнтра до университéта … 5-й автóбус.
— А скóлько врéмени он …?
— Он … минýт 20.
— Он чáсто …?
— Обы́чно он … кáждые 4 минýты. Вот он … .

12 *Ergänzen Sie die Sätze und verfolgen Sie den Gebrauch der Verben der Fortbewegung im Präteritum.*

Muster: Когдá я ходи́л … . — Когдá я **ходил** в кинó, я потеря́л очки́.

1. Когдá я ходи́л … (шёл …) 2. Когдá он éхал … (éздил …) 3. Когдá мы летéли … (летáли …)

13 *Ergänzen Sie die Sätze durch einen der folgenden Nebensätze:* … когдá éздил в Ворóнеж — … когдá éхал в Ворóнеж, … когдá ходи́л в шкóлу — … когдá шёл в шкóлу.

1. Я всегдá брал с собóй сестрý, … . 2. Я прочёл э́ту статью́, … . 3. Он впервы́е услы́шал об э́том, … . 4. Он всегдá заходи́л за друзья́ми, … . 5. Он встрéтил её на стáнции, … . 6. Я всегдá брал билéты на скóрый пóезд, … .

14 *Ergänzen Sie die Sätze durch das passende Verb im Präteritum.*

1. Бéлые медвежáта цéлыми дня́ми … (плыть, плáвать) в бассéйне. 2. Какóй-то зверь … (плыть, плáвать) пря́мо к нам. 3. Мáльчик, как обезья́нка, цéлыми дня́ми … (лезть, лáзить) по дерéвьям. 4. Пóсле прáздничного вéчера мы дóлго … (брести́, броди́ть) но ýлицам. 5. В ю́ности отéц рабóтал грýзчиком и … (нести́, носи́ть) больши́е тя́жести. 6. Демонстрáнты … (носи́ть, нести́) знамёна и лóзунги чéрез весь гóрод.

15 *Drücken Sie Ihren Gedanken anders aus, verwenden Sie statt der hervorgehobenen Wörter und Wortverbindungen ein Verb der Fortbewegung. Verändern Sie, wo es nötig ist, die Konstruktion des Satzes.*

1. Нáши друзья́ чáсто **посещáют Музéй изобрази́тельных искýсств**. 2. Агронóм ежеднéвно **бывáет в пóле**. 3. Кáждый день почтальóн **отправля́ется с пóчтой** по кварти́рам. 4. Он **слýшает концéрты** в э́том зáле по суббóтам. 5. Я **присýтствую на всех лéкциях и семинáрах**. 6. Мой друг рабóтает шофёром. Он **доставля́ет мя́со** в магази́ны. 7. Студéнт **возвращáется с мéлом** в аудитóрию. 8. Ахи́м — лётчик. Он **доставля́ет грýзы** в Рóсток. 9. Учи́тельница **сопровождáет шкóльников** в теáтр. 10. Посмотри́, кто из спортсмéнов **впереди́ на беговóй дорóжке**: у меня́ нет бинóкля. 11. Он живёт в при́городе, но **бывáет в гóроде** кáждый день. 12. Бáбушка обы́чно провожáет Серёжу до углá, а дáльше он сам **спеши́т в дéтский сад**.

16 *Drücken Sie eine Aufforderung aus. Ergänzen Sie die Sätze durch den passenden Imperativ. Merken Sie sich: Ist eine sofortige Handlung gemeint, so werden Verben der bestimmten Bewegung gebraucht.*

1. Сию́ мину́ту … домо́й! Ежедне́вно … на трениро́вки. (иди́, ходи́). 2. По утра́м … во́ду на огоро́д. … ве́щи в ваго́н! (носи́те, неси́те) 3. Скоре́е … к бе́регу! Не … во́зле иду́щего ка́тера! (плыви́те, пла́вайте) 4. Чемода́ны … в ка́меру хране́ния! Ка́ждый день … ей све́жие газе́ты! (вези́те, вози́те) 5. Неме́дленно … к ваго́ну: по́езд отхо́дит. Не … по са́ду! (беги́те, бе́гайте)

III. Präfigierte Verben der Fortbewegung, ihre Bedeutung und ihr Gebrauch

An die Verben der Fortbewegung werden Präfixe mit räumlicher und nichträumlicher Bedeutung angefügt.

Die Verben der bestimmten Bewegung werden durch Präfixe mit räumlicher Bedeutung zu vollendeten, die der unbestimmten Bewegung zu unvollendeten Verben, so dass Aspektpaare entstehen: **приноси́ть — принести́, уходи́ть — уйти́** usw. Einige nichtpräfigierte Verben der unbestimmten Bewegung verändern dabei ihren Wortstamm: **е́здить — заезжа́ть, уезжа́ть** usw.; **пла́вать — заплыва́ть, уплыва́ть** usw.; **ла́зить — залеза́ть, влеза́ть** usw.; **таска́ть — ста́скивать, выта́скивать; ката́ть — прока́тывать** usw.

Verben mit Präfixen nichträumlicher Bedeutung haben in der Regel nur einen Aspekt (den vollendeten), sie bilden kein Aspektpaar. Diese Verben charakterisieren die Fortbewegung in der Zeit: bezeichnen den Anfang (**по-** nur bei Verben der Gruppe **идти́, за-** nur bei Verben der Gruppe **ходи́ть),** weisen auf die Begrenztheit der Bewegung in der Zeit hin (**по-, про-**: *пое́здить по стране́, походи́ть в теа́тр, прое́здить весь день*), bezeichnen eine einmalige Handlung (*сходи́ть в магази́н за хле́бом*), eine Handlung, die Subjekte und Objekte im Verlauf einer Fortbewegung umfasst (*исходи́ть, объе́здить весь го́род, налете́ли комары́*), weisen auf das Resultat der Fortbewegung hin (*набе́гаться за́ день*). An die Verben der Gruppe **ходи́ть (ходи́ть, носи́ть, води́ть, вози́ть, гоня́ть)** können Präfixe sowohl mit räumlicher als auch mit nichträumlicher Bedeutung angefügt werden, so dass gleichlautende Verben verschiedener Aspekte entstehen, die jedoch nicht bedeutungsgleich sind.

Unvollendete Verben	Vollendete Verben
сходи́ть по ле́стнице die Treppe (hinunter-) heruntersteigen	**сходи́ть** в бу́лочную (за хле́бом) in die Bäckerei gehen (Brot holen)
проходи́ть ми́мо до́ма an einem Haus vorbeigehen	**проходи́ть** весь день den ganzen Tag herumlaufen
заходи́ть к дру́гу bei dem Freund vorbeikommen	**заходи́ть** по ко́мнате anfangen, im Zimmer auf und ab zu gehen
свози́ть ве́щи на вокза́л das Gepäck zum Bahnhof bringen	**свози́ть** кого́-нибудь на вокза́л jmdn. zum Bahnhof fahren
проноси́ть поку́пку ми́мо контролёра das Gekaufte an dem Kontrolleur vorbeitragen	**проноси́ть** запи́ску в портфе́ле це́лый день den Zettel den ganzen Tag in der Mappe tragen

Wechselbeziehung zwischen Präpositionen und präfigierten Verben der Fortbewegung

Präfixe	Präpositionen	Beispiele		Deutsche Entsprechung
за-	**за**	залете́ть залета́ть	за Поля́рный круг	ein-, hinüberfliegen, über … hinausfliegen
	в, на	зайти́ заходи́ть	в незнако́мое ме́сто, на чужу́ю территорию	hingelangen, -geraten
	за	зайти́ заходи́ть	за дру́гом (что́бы идти́ в теа́тр вме́сте)	(den Freund) abholen
	по	забега́ть заходи́ть	по ко́мнате	beginnen, hastig auf und ab zu gehen / umherzulaufen
пере-	**че́рез**	перейти́ переходи́ть	(че́рез) у́лицу	hinübergehen, überqueren
	с … на …	перейти́ переходи́ть	с пе́рвого ку́рса на второ́й	versetzt werden, von … auf … (über)gehen
	из … в …	перее́хать переезжа́ть	из дере́вни в го́род	umziehen, übersiedeln
про-	**ми́мо**	пройти́ проходи́ть	ми́мо магази́на	vorüber-, vorbeigehen
	че́рез по	провести́ проводи́ть	че́рез доро́гу, по за́лам	(hindurch) führen, durch die Säle führen
	сквозь	пронести́ проноси́ть	сквозь ого́нь	(hindurch) tragen
		прое́хать проезжа́ть	ли́шнюю остано́вку	weiter-, vorüberfahren
	ми́мо	пройти́ проходи́ть	два киломе́тра ми́мо до́ма	gehen, zurücklegen
о-[5] (об-, обо-)	**вокру́г**	обойти́ обходи́ть	вокру́г до́ма	um … herumgehen
		обойти́ обходи́ть	всех знако́мых, все магази́ны	abgehen, durchwandeln
		обойти́ обходи́ть	боло́то	umgehen

[5] Das Präfix **о-** ergibt keine Ableitungen von den Verben **плыть — пла́вать**, **броди́ть — брести́**, **тащи́ть — таска́ть**.

Wechselbeziehung zwischen Präpositionen und präfigierten Verben der Fortbewegung (antonymische Fälle)

Präfixe	Präpositionen	Beispiele		Deutsche Entsprechung
в (во-)	**в**	войти́ входи́ть	в ко́мнату *(куда́?)*	hineingehen, eintreten
	из-за	ввезти́ ввози́ть	из-за границы *(отку́да?)*	einführen, importieren
	с, из	вбежа́ть вбега́ть	с у́лицы, из коридо́ра *(отку́да?)*	hineinlaufen
	на, в (во)	въе́хать въезжа́ть	на́ гору, во двор *(куда́?)*	hineinfahren, einfahren *(intrans.)*
вз (вс-, взо-)	**на**	взойти всходи́ть	на́ гору *(куда́?)*	hinaufsteigen
при-	**к, в, на**		к бра́ту; в институ́т, на конце́рт *(куда́?)*	
	от, из, с	прийти́ приходи́ть	от бра́та, и́з институ́та, с конце́рта *(отку́да?)*	kommen
под- (подо-)	**к**	подойти́ подходи́ть	к дру́гу, к до́му *(к кому́? куда́?)*	herankommen, -treten
до-	**до**	дойти́ доходи́ть	до́ до́му *(куда́?)* до до́ма	gehen, gelangen bis …
раз- (рас-, разо-)	**по, в**	разойти́сь расходи́ться разнести́ разноси́ть	по ко́мнатам, в ра́зные концы́ *(куда́?)*	auseinandergehen, austragen

Präfixe	Präpositionen	Beispiele		Deutsche Entsprechung
	из	вы́йти	из ко́мнаты *(откуда́?)*	hinausgehen, -treten
	к	выходи́ть	к реке́ *(куда́?)*	
вы-	**за**	вы́везти вывози́ть	за грани́цу *(куда́?)*	ausführen, exportieren
	на, в	вы́бежать выбега́ть	на у́лицу, в коридо́р *(куда́?)*	hinauslaufen
с- (со-)	**с**	съе́хать съезжа́ть	с холма́, с доро́ги *(отку́да?)*	hinab-, hinunterfahren
		сойти́ сходи́ть	с горы́ *(отку́да?)*	hinabsteigen, hinuntergehen
у-	**от, из, с**	уйти́	от бра́та, из институ́та, с конце́рта *(отку́да?)*	gehen, weg-, fortgehen
	на, в, к	уходи́ть	к бра́ту, в институ́т, на конце́рт *(куда́?)*	
от- (ото-)	**от**	отойти́ отходи́ть	от до́ма *(от чего́?)* *к окну́* (куда́?)	sich entfernen, wegtreten, sich zurückziehen
	к		к дру́гу *(к кому́?)* (на рабо́ту), к дру́гу *(кому́?)*	bringen, weg-, fortbringen
	в, на	отвезти́ отвози́ть	в институ́т, на ка́федру *(куда́?)*	
с- (со-)	**в, на**	сойти́сь сходи́ться	в одно́м ме́сте *(где?)* на собра́ние *(куда́?)*	zusammenkommen, sich versammeln
	с **из**	съе́хаться съезжа́ться	с ра́зных сторо́н, из ра́зных стран *(отку́да?)*	zusammenkommen
		снести́ сноси́ть	в одно́ ме́сто *(куда́?)*	zusammentragen

Der unvollendete Aspekt

1. Die Verben der unbestimmten Bewegung mit den Präfixen **в-, вы-, под-, от-при-, у-, за** -bezeichnen im Präteritum eine Bewegung hin und zurück:

Я уходи́л из дому в 8 часо́в.	Ich pflegte um 8 Uhr von zu Hause weg-zugehen.
Он отплыва́л далеко́ от бе́рега.	Er schwamm weit vom Ufer weg.

Die gleiche Bedeutung können Verben haben, die eine räumliche Veränderung schlechthin bezeichnen: **закрыва́ть, открыва́ть, выдвига́ть, отодвига́ть, задвига́ть, вынима́ть, высо́вывать** usw.:

Почему́ хо́лодно в ко́мнате?	Warum ist es im Zimmer kalt?
Я **открыва́л** окно́.	Ich hatte das Fenster aufgemacht (d. h. ich habe es auf- und wieder zugemacht).

2. Abgesehen von den Verben mit dem Präfix **при-** können präfigierte Verben eine fortdauernde nicht abgeschlossene Handlung kennzeichnen:

Мы подъезжа́ли к ста́нции.	Wir näherten uns der Station.

Diese Bedeutung der Fortdauer ist im Präteritum verstärkt, wenn:

a) im Satz außer einem Verb der Fortbewegung ein weiteres Verb oder ein Adverbialpartizip steht:

Он **выходи́л** на у́лицу, **надева́я** перча́тки.	Er ging hinaus auf die Straße, wobei er sich die Handschuhe anzog (eine fortdauernde Handlung).

b) der Satz Adverbialbestimmungen der Zeit aufweist: **вчера́, в э́то вре́мя, ве́чером, 5 октября́, за́втра, в 8 часо́в утра́**:

По́здно ве́чером студе́нты **выходи́ли** из институ́та.	Spät am Abend verließen die Studenten das Institut.

3. Die präfigierten Verben können auch eine sich wiederholende Handlung bezeichnen:

Он **ежедне́вно выезжа́л** в по́ле.	Täglich fuhr er aufs Feld.
Маши́ны **подходи́ли** к до́му **одна́ за друго́й**.	Autos fuhren eines nach dem anderen am Haus vor.

Der vollendete Aspekt

Die wichtigsten Bedeutungen der präfigierten vollendeten Verben sind:

a) Fortführung der Handlung bis zu einem bestimmten Ort:

Я пришёл домой.	Ich bin nach Hause gekommen

b) Beginn der Bewegung von einem Ausgangspunkt bei Verben der bestimmten Bewegung mit dem Präfix **по-**:

Я пошёл на заво́д.[6]	Ich ging (los) in den Betrieb.

sowie bei Verben der unbestimmten Bewegung mit dem Präfix **за-**: **забе́гать, заходи́ть** u.ä.:

От волне́ния он **забе́гал** (**заходи́л**) по ко́мнате.	Vor Aufregung fing er an, im Zimmer hin und her zulaufen (auf und ab zu gehen).

▶ **Merken Sie sich:**

Die Verben mit dem Präfix **вы-** können den Anfang einer Bewegung bezeichnen, die geplant wurde:

Где врач? — Он **вы́ехал** по вы́зову.	Wo ist der Arzt? — Er ist zu einem Kranken gefahren.
Самолёт **вы́летел** то́чно **по расписа́нию**.	Das Flugzeug ist fahrplangemäß abgeflogen.

Sie können auch die Bewegung bezeichnen, nach der das Subjekt bzw. das Objekt zum Ausgangspunkt zurückkehrt (mit Angabe eines kurzen Zeitabschnitts):

Где дека́н? — Он **вы́шел** (*на пять мину́т*).	Wo ist der Dekan? — Er ist fort (für fünf Minuten).

Ebenso wie bei anderen vollendeten Verben, können bei den vollendeten Verben der Fortbewegung Adverbialbestimmungen stehen, darauf hinweisend, dass die Handlung vor dem Augenblick der Aussage stattfand, sich wiederholte, aber im Moment einmalig ist:

Прие́хав в Москву, я, как всегда́, **зашёл** к дру́гу.	Als ich in Moskau ankam, suchte ich wie immer meinen Freund auf.

[6] Mit dem Präfix **по-** bezeichnen Verben der unbestimmten Bewegung eine zeitlich begrenzte Handlung: **походи́ть (немно́го) по го́роду** (ein wenig durch die Stadt bummeln).

Übungen

1 *Lesen Sie die Sätze. Beachten Sie die Wechselbeziehung zwischen Präpositionen und präfigierten Verben der Fortbewegung.*

1. К нам из Ми́нска прие́хал друг. 2. Делега́ты разъе́хались по родны́м города́м. 3. Он приезжа́ет в институ́т ро́вно в 9 часо́в. 4. Го́сти ста́ли съезжа́ться на пра́здник. 5. Он ушёл от нас о́чень давно́. 6. Едва́ по́езд отошёл от перро́на, как поли́л дождь. 7. Я дое́хал до сле́дующей ста́нции метро́ и вы́шел на у́лицу. 8. Маши́на подъе́хала к ста́нции и останови́лась. 9. Ко́шка взобрала́сь на де́рево и до́лго не слеза́ла с него́. 10. Сего́дня мно́гие рабо́чие на́шего заво́да въе́хали в но́вый дом.

2 *Lesen Sie die Sätze. Beachten Sie den Bedeutungsunterschied der Verbpaare. Merken Sie sich: Verben mit dem Präfix* ***в- (во-)*** *können eine Bewegung in Richtung eines geschlossenen, begrenzten Territoriums (hervorgehoben wird der Moment des Überschreitens der Grenze) und eine Bewegung nach oben bezeichnen. Die Verben mit dem Präfix* ***вы-*** *können folgende Bedeutungen haben: a) sich auf den Weg machen: Он ра́но* ***выхо́дит*** *из до́му.* Er verlässt früh das Haus*; b) unerwartet irgendwohin kommen, irgendwo erscheinen: Неожи́данно мы* ***вы́шли*** *к реке́.* Plötzlich kamen wir zum Fluss*; c) eine offene Fläche betreten: Он* ***вы́шел*** *на эстра́ду.* Er betrat die Bühne*; d) den Wohnsitz wechseln: Семья́ здесь бо́льше не живёт, она́* ***вы́ехала*** *в Ки́ев.* Die Familie wohnt hier nicht mehr, sie ist nach Kiew übergesiedelt*; e) eine kurze Zeit nicht anwesend sein: Он на пять мину́т* ***вы́шел.*** Er ist für 5 Minuten ausgegangen.

1. Брат вошёл в коридо́р. Брат вы́шел в коридо́р. 2. Пчела́ влете́ла в окно́. Пчела́ вы́летела в окно́. 3. Же́ня внесла́ ча́йник в ку́хню. Же́ня вы́несла ча́йник в ку́хню. 4. Студе́нт отошёл от доски́. Студе́нт отошёл к доске́. 5. Самолёт прилете́л в Петербу́рг. Самолёт улете́л в Петербу́рг. 6. Андре́й прие́хал к дру́гу. Андре́й уе́хал к дру́гу. 7. О́н втащи́л бага́ж на па́лубу корабля́. Он вы́тащил бага́ж на па́лубу корабля́. 8. Врач въе́хал на маши́не во двор. Врач вы́ехал по вы́зову. 9. Мы оста́вили родно́й го́род и вы́ехали навсегда́ в Смоле́нск. Мы немно́го отъе́хали от го́рода.

3 *Bilden Sie Wortverbindungen mit entgegengesetzter Bedeutung. Achten Sie auf die Wechselbeziehung zwischen Präfixen und Präpositionen.*

вы́лететь на Восто́к, вы́йти на сце́ну, вы́везти за грани́цу, вы́ехать за́ город, вы́йти на не́сколько мину́т из кабине́та, внести́ из коридо́ра в ко́мнату, ввезти́ на вокза́л, вбежа́ть на стадио́н, войти́ на фа́брику, ввезти́ в Украи́ну, войти́ на ле́кцию, вы́йти от дире́ктора, вы́лететь в командиро́вку, въе́хать в го́ру

4 *Ergänzen Sie die Sätze durch Verben der Fortbewegung aus der Gruppe* ***ходи́ть*** *mit dem Präfix* ***вы-*** *oder ohne Präfix zur Bezeichnung des Beginns der Handlung.*

1. — Вы пойдёте в теа́тр? — Да, пойду́. — Тогда́ вам пора́ … . 2. — Вы собира́етесь на стадио́н? — Да, уже́ на́до … . 3. Такси́ сейча́с бу́дет здесь. На́до … . 4. Ве́рнер ждёт тебя́ че́рез полчаса́ в институ́те. Пора́ … .

5 *Formen Sie die Sätze um, gebrauchen Sie dabei Verben der Fortbewegung mit dem Präfix* ***вы-****. Bestimmen Sie, in welchen Sätzen die Verben mit dem Präfix* ***вы-*** *die Bewegung zu einem Orientierungspunkt, zu einer Stelle, und in welchen sie das Erscheinen von jemandem auf einer freien Fläche bezeichnen.*

1. На сце́не появи́лся изве́стный актёр. 2. Мы прошли́ че́рез рощу́ и оказа́лись на шоссе́. 3. Вы попадёте к Большо́му теа́тру, е́сли пойдёте по Петро́вке к Театра́льной пло́щади. 4. Е́сли вы пое́дете по э́тому шоссе́, то попадёте в Арха́нгельское. 5. Экспеди́ция до́лго шла по тайге́ и наконе́ц оказа́лась на берегу́ реки́.

6 *Ergänzen Sie die Sätze durch Verben der Fortbewegung mit dem Präfix* ***в-*** *oder* ***при-****. Achten Sie darauf, dass die Verben mit dem Präfix* ***в-*** *das Überschreiten einer Grenze bezeichnen und die Verben mit dem Präfix* ***при-*** *gebraucht werden, wenn es sich um die Ankunft des Subjektes oder die Zustellung des Objektes in einen bestimmten Ort handelt: Я* ***пришёл*** *к бра́ту (туда́, где он живёт и́ли рабо́тает).* Ich kam zum Bruder (dorthin, wo er wohnt oder arbeitet).

1. Во вре́мя демонстра́ции фи́льма в зал не разреша́ется … . 2. У нас в стране́ не расту́т бана́ны,их … . 3. Он предъяви́л биле́т и … . 4. Кни́гу о Берли́не мне … . 5. Врач пригласи́л сле́дующего, и он … . 6. Заче́м ты сюда́ …? 7. Когда́ Оле́г …, фильм уже́ начался́. 8. – Скажи́те,пожа́луйста, профе́ссор уже́ …? – Нет, он … че́рез час. 9. Макси́м … домо́й о́чень по́здно. 10. Ни́на уви́дела меня́ в окно́ и попроси́ла … в дом. 11. Я … в ваго́н,а друзья́ … мой бага́ж. 12. – Где секрета́рь? – Она́ … на пять мину́т. Подожди́те! 13. Я пло́хо себя́ чу́вствую. Мо́жно … на не́сколько мину́т? 14. Начина́ется дождь: ну́жно… сту́лья из са́да в дом.

7 *Lesen Sie die Sätze. Ersetzen Sie sie durch Sätze mit entgegengesetzter Bedeutung.*

Muster: Самолёт **улете́л на Да́льний Восто́к**. — Самолёт **прилете́л с Да́льнего Восто́ка**.

1. Покупа́тель отошёл от ка́ссы. 2. Преподава́тель вошёл в аудито́рию. 3. Подру́га пришла́ ко мне. 4. Молодо́й рабо́чий пришёл на заво́д. 5. На́ша страна́ вывози́т не́которые маши́ны за грани́цу. 6. Спортсме́ны съе́хались из ра́зных городо́в страны́. 7. Он подошёл к пи́сьменному столу́. 8. Я отвёз кни́ги в библиоте́ку.

8 *Bejahen Sie die Aussage, gebrauchen Sie dabei die Verben der Fortbewegung.*

Muster: — Ле́том в Москве́, ви́димо, осо́бенно мно́го тури́стов? — Да, ле́том в Москву́ **приезжа́ет** мно́го тури́стов.

1. Мо́жет быть, Ха́ртмут взял с собо́й мою́ кни́гу? 2. Ири́на была́ с Воло́дей? 3. Вы не оста́нетесь, коне́чно, в Москве́ в ию́ле? 4. Твоя́ жена́, наве́рное, возврати́тся за́втра из командиро́вки? 5. Ты, коне́чно, бу́дешь у Ни́ны ве́чером?

9 *Ergänzen Sie die Sätze, indem Sie die Verben* ***уезжа́ть*** *und* ***приезжа́ть*** *a) im Präsens, b) im Präterium gebrauchen.*

a) 1. Я ча́сто … в Берли́н. 2. Анто́н … домо́й в семь часо́в ве́чера, а … на рабо́ту в во́семь часо́в утра́. 3. Обы́чно мы ле́том … в Ита́лию. 4. – Вы сего́дня … в Мю́нхен? – Нет, я … в Га́мбург. 5. Ты по воскресе́ньям … к ней в го́сти? 6. Они́ за́втра … из Тю́бингена́.

b) 1. – Анто́н … к вам зимо́й? – Нет,он … весно́й. 2. Вы … зимо́й отдыха́ть? 3. Я … к вам вчера́,но, к сожале́нию,вас не́ было до́ма. 4. Макси́м обы́чно … зимо́й на неде́лю в А́встрию. 5. – Где бы́ли А́нна и Кла́ус в ию́ле? – Они́ … отдыха́ть. 6. – Я тебя́ давно́ не ви́дел.Ты … куда́-нибудь? – Да, я … в командиро́вку.

10 *Beantworten Sie die Fragen, gebrauchen Sie dabei transitive Verben der Fortbewegung mit den Präfixen* ***при-*** *und* ***у-****.*

Muster: — Отку́да здесь эта кни́га? — Её **принёс** Ви́ктор.

1. Отку́да здесь э́та фотогра́фия? 2. Кто э́тот молодо́й челове́к? Я его́ у вас впервы́е ви́жу. 3. Пе́тра была́ у тебя́? А конспе́кты она́ оста́вила? 4. Где твой магнитофо́н? 5. Маши́на уже́ ушла́. А где мой бага́ж? 6. Сестра́ ушла́ неда́вно. А ключ она́ оста́вила?

11 *Lesen Sie die Sätze. Beachten Sie die unterschiedliche Bedeutung des Präfixes* ***по-*** *der Verben der Fortbewegung.*

1. Тури́сты походи́ли немно́го по моско́вским у́лицам и пошли́ в гости́ницу. 2. Мы снача́ла попла́ваем, а пото́м полежи́м на песке́. 3. Пти́цы полета́ли над ле́сом и се́ли на верху́шки со́сен. 4. Мать повози́ла коля́ску с ребёнком по па́рку и отпра́вилась домо́й. 5. Он нема́ло пое́здил но стране́, когда́ был молоды́м.

12 *Lesen Sie die Sätze. Achten Sie auf die Bedeutung der zielgerichteten Verben, die durch das Präfix verliehen wird. Sagen Sie, in welchen Fällen das Verb mit dem Präfix* ***по-*** *die Absicht ausdrückt, eine Handlung zu unternehmen, in welchen den Anfang der Fortbewegung (Übergang vom statischen Zustand zur Bewegung) bzw. die Vollendung der Handlung.*

1. Он не́которое вре́мя стоя́л неподви́жно, а зате́м ме́дленно пошёл к ста́нции. 2. Ле́том мы обяза́тельно пое́дем на Кавка́з. 3. Мы вы́шли из университе́та и пошли́ домо́й. 4. Как то́лько Ви́ктор освободи́тся, он пойдёт на стадио́н. 5. Уве уви́дел приближа́ющийся авто́бус и побежа́л к остано́вке. 6. Самолёт полета́л над льди́ной, но сесть не смог и, сбро́сив груз, полете́л на матери́к.

13 *Sprechen Sie über Ihre Pläne. Was beabsichtigen Sie zu tun, wohin möchten Sie gehen? Gebrauchen Sie die Verben der Fortbewegung mit dem Präfix* ***по-****.*

Muster: По́сле заня́тий … . — По́сле заня́тий **я пойду́** в столо́вую.

1. Когда́ начнётся мой о́тпуск, … . 2. Как то́лько допишу́ э́то письмо́, … . 3. Как то́лько смогу́ доста́ть биле́ты на премье́ру э́того бале́та … . 4. Когда́ бу́дет обе́денный переры́в, … . 5. Я получи́л телегра́мму, что приезжа́ет брат. Ве́чером … . 6. У меня́ уже́ есть биле́т на самоле́т. Че́рез неде́лю … .

14 *Ergänzen Sie die Sätze durch passende Verben der Fortbewegung.*

1. Алёша в лесу́: он … по лесу́ и придёт. (похо́дит, пойдёт) 2. Я зашёл за дру́гом, и мы … на стадио́н. (пое́здили, пое́хали) 3. Мы нема́ло … по го́рным перева́лам Кавка́за. (походи́ли, пошли́) 4. С заво́да кирпи́ч … на стро́йку. (пово́зят, повезу́т) 5. Я встре́тил дру́га у подъе́зда и … его́ к себе́. (поводи́л, повёл) 6. Он … по э́той же тра́ссе лет пять и верну́лся на Се́вер. (полета́л, полете́л)

15 *Beantworten Sie die Fragen, gebrauchen Sie Verben der Fortbewegung mit den Präfixen* ***при-*** *und* ***по-****.*

1. Что вы бу́дете де́лать по́сле за́втрака? 2. Вы собира́етесь се́годня в о́перу? 3. Вы мо́жете захвати́ть с собо́й путеводи́тель по Москве́? 4. Вы бу́дете ве́чером в клу́бе? Оди́н и́ли с Хе́льгой? 5. Хоти́те посмотре́ть мои́ диапози-ти́вы? 6. Я уви́жу вас за́втра на конце́рте?

16 *Ergänzen Sie die Sätze durch die Verben* ***пойти́*** *oder* ***прийти́*** *und die Wörter* ***стадио́н, теа́тр, вы́ставка, музе́й, като́к,клуб.***

1. Сего́дня премье́ра но́вого бале́та, и я хочу́ … . 2. Мой брат игра́ет за́втра в сбо́рной кома́нде на́шего го́рода и проси́л меня́ … . 3. В Третьяко́вской галере́е откры́лась вы́ставка произведе́ний худо́жника Венециа́нова, и мы ду́маем … . 4. У мое́й подру́ги в суббо́ту день рожде́ния, и мы реши́ли … к ней. 5. Прия́тель бу́дет ждать меня́ с конька́ми у входа в Парк культу́ры и о́тдыха: я обеща́л ему́ … . 6. Я пло́хо себя́ чу́вствую и не … в университе́т. 7. Сего́дня в клу́бе хоро́ший конце́рт, и я хочу́… . – Я,наве́рное, то́же … .

17 *Äußern Sie einen Wunsch, laden Sie jemanden ein oder raten Sie zu etwas. Gebrauchen Sie dabei die Imperativformen* приезжа́йте, приходи́те (к нам; туда́, где мы бу́дем) *oder* поезжа́йте, пойди́те (к кому́-нибудь, куда́-либо).

1. Хозя́йка проща́ется с гостя́ми и приглаша́ет их к себе́ на день рожде́ния. Как она́ э́то ска́жет? 2. Пе́тер сомнева́ется, идти ли ему́ в кино́. Что вы ему́ посове́туете? 3. Мой друг не зна́ет, име́ет ли смысл провести́ о́тпуск на Во́лге. Что вы ему́ посове́туете? 4. На́ши друзья́ давно́ собира́ются побыва́ть в Москве. Пригласи́те их к себе́. 5. Вы сда́ли о́бувь в ремо́нт. Приёмщица мастерско́й сказа́ла, что ваш зака́з бу́дет гото́в че́рез час.

18 *Ergänzen Sie die Sätze durch die Verben der Fortbewegung* ***пойти́, прийти́****.*

1. Мы должны́ принима́ть экза́мен вдвоём. Вы мо́жете за́втра … ? 2. Вы идёте в столо́вую? Мо́жно и мне с ва́ми …? 3. У вас, ка́жется, в сре́ду докла́д? Мо́жно мне …? 4. Вы идёте в клуб? А мне мо́жно …? 5. Я хоте́л бы посове́товаться с ва́ми о свои́х дела́х. Мо́жно к вам …?

19 *Lesen Sie die Sätze. Beachten Sie die Bedeutung und den Aspekt der Verben der Fortbewegung.*

1. По́сле ле́кции Ни́на зашла́ в лаборато́рию: она́ там ста́вит о́пыт. 2. Пе́ред ле́кцией я заходи́л в лаборато́рию. 3. Вчера́ к нам прие́хали го́сти. 4. В про́шлом году́ к нам приезжа́ли го́сти из Ту́лы. 5. Андре́й принёс мне свои́ конспе́кты. 6. Андре́й приноси́л вчера́ свои́ конспе́кты. 7. Он уезжа́л на ме́сяц в санато́рий, а сейча́с уе́хал в командиро́вку.

20 *Lesen Sie die Sätze. Beachten Sie die Bedeutung der präfigierten Verben der Fortbewegung.*

1. Когда́ станови́лось по́здно, он уезжа́л домо́й. 2. Мать увела́ ребёнка спать. 3. Китобо́и ухо́дят в мо́ре на полго́да. 4. На́ша семья́ переезжа́ет в друго́й го́род. 5. Он перее́хал в но́вую кварти́ру. 6. Мы переплыва́ли Во́лгу на ло́дке. 7. Мы подошли́ к при́стани. Когда мы подходи́ли к при́стани, разда́лся после́дний гудо́к. 8. Я вы́шел на у́лицу. Когда́ я выходи́л на у́лицу, пришёл оте́ц. 9. Он зашёл ко мне на пять мину́т. Когда́ он заходи́л ко мне, у меня́ бы́ли го́сти.

21 *Drücken Sie den Sachverhalt anders aus. Bilden Sie aus den einfachen Sätzen Satzgefüge, ersetzen Sie die hervorgehobenen Substantive durch die entsprechenden Verben der Fortbewegung. Achten Sie auf den Aspekt des Verbs.*

Muster: 1) **Пе́ред ухо́дом** он вы́ключил свет. — **Когда́ он уходи́л,** то вы́ключил свет. 2) **По́сле ухо́да Виктора** ему звони́л друг. — Когда́ Ви́ктор ушёл, ему́ звони́л друг.

1. **Пе́ред отъе́здом** Ди́тмара мы собрали́сь у него́ до́ма. 2. **По́сле отъе́зда** Ди́тмара мы ча́сто вспомина́ли о нём. 3. Позвони́ мне **пе́ред ухо́дом** в университе́т. 4. **По́сле ухо́да** Ната́ши он стал заду́мчив и молчали́в. 5. **Его́ прихо́ду** все ра́довались.

22 *Ergänzen Sie die Sätze. Achten Sie darauf, dass eine bevorstehende fortdauernde Handlung Verben der Gruppe* ***ходи́ть*** *in Form des zusammengesetzten Futurs ausdrücken.*

Muster: Обяза́тельно вы́ключи свет, когда́ … . — Обяза́тельно выключи́ свет, когда́ **бу́дешь уходи́ть** из до́ма.

1. Я тебе́ сообщу́, когда́ … . 2. Здесь так хо́лодно. Наве́рное, ты забы́л закры́ть окно́, когда́ … . 3. Обрати́ внима́ние на зда́ние с мемориа́льной доско́й, когда́ … . 4. Я не успе́ла написа́ть запи́ску, когда́ … . 5. Осмотри́ внима́тельно все па́мятники, когда́ … .

23 *Beantworten Sie die Fragen, gebrauchen Sie die Verben der Fortbewegung mit den Präfixen* ***при-*** *und* ***у-*** *bzw. ohne Präfix. Merken Sie sich, dass die Verben mit dem Präfix* ***при-*** *den Prozess der Handlung nicht, die Verben mit dem Präfix* ***у-*** *ihn jedoch bezeichnen können.*

1. Где А́нна? Почему́ её нет здесь? 2. Вы приглаша́ли Ви́ктора к себе́. Он был у вас? 3. Вы хоте́ли показа́ть фотогра́фию дете́й. Она́ у вас с собо́й? 4. Ты

до́лго был в Волгогра́де? 5. Я положи́л здесь ру́чку. Где она́? 6. Вы уже́ получи́ли сего́дняшнюю газе́ту? 7. По-мо́ему, у вас не́ было ра́ньше э́той карти́ны. Отку́да она́ у вас?

24 *Beantworten Sie die Fragen, gebrauchen Sie dabei transitive Verben der Fortbewegung mit den Präfixen* ***от-*** *oder* ***у-****. Merken Sie sich, dass die transitiven Verben mit* ***у-*** *gebraucht werden, wenn man mitzuteilen hat, dass das Objekt nicht mehr da ist, und die mit* ***от-****, wenn man mitzuteilen hat, dass es an einen bestimmten Ort (bzw. weg-) gebracht wurde.*

Muster: 1) — Ахи́м уе́хал. А конспе́кты ле́кций он оста́вил?
— Нет, он их **увёз.**
2) — У тебя́ была́ эта статья́ вчера́. Где она́?
— Да, была́, но у́тром я **отвёз** журна́л в библиоте́ку.

1. Твой сын в ле́тнем ла́гере? 2. Где мой зонт? Ты взяла́ его́? 3. Что ты бу́дешь де́лать со свои́ми ко́мнатными цвета́ми, когда́ пое́дешь в о́тпуск? 4. Где ва́ша ста́рая ме́бель? 5. У тебя́, ка́жется, был ещё оди́н телеви́зор? Где он?

25 *Beantworten Sie die Fragen, nennen Sie das Ziel des Besuches.*

Muster: — Заче́м вы ходи́ли в мастерску́ю о́буви? (о́бувь) — (Ну́жно бы́ло) **Отнести́** о́бувь в ремо́нт.

1. Заче́м ты е́здил на вокза́л? (бага́ж) 2. Заче́м ты ходи́л к Ви́ктору? (журна́л) 3. Заче́м вы е́здили в дере́вню? (де́ти) 4. Заче́м вы ходи́ли на по́чту? (заказно́е письмо́) 5. Заче́м вы ходи́ли в библиоте́ку? (кни́ги) 6. Заче́м вы лета́ли в Волгогра́д? (кни́гу в изда́тельство)

26 *Formen Sie die Sätze um, gebrauchen Sie dabei Verben der Fortbewegung mit dem Präfix* ***за-****. Stellen Sie fest, in welchen Fällen sie a) eine beiläufige Bewegung, b) eine Bewegung zu jemandem für eine kurze Zeit, c) eine Bewegung, die aus Versehen irgendwohin gerichtet ist, oder d) eine Bewegung nach innen, in das Innere eines Territoriums bezeichnen.*

1. Мы навести́м тебя́ по доро́ге домо́й. 2. — Ты домо́й? — Да, но мне ну́жно на мину́тку на по́чту. 3. Я сел в тролле́йбус, кото́рый шёл в обра́тном направле́нии, и оказа́лся на Ломоно́совском нроспе́кте. 4. У́тром в ко́мнате оказа́лась больша́я ба́бочка. 5. Ты пока́ пло́хо пла́ваешь. Не удаля́йся от бе́рега. 6. Во вре́мя прогу́лки мы увлекли́сь разгово́ром и не заме́тили, как оказа́лись на окра́ине го́рода.

27 *Beantworten Sie die Fragen, gebrauchen Sie Verben der Fortbewegung mit dem Präfix* ***до-****.*

Muster: — Вы бы́ли в теа́тре. Э́то далеко́? — **Я дое́хал за полчаса́**.

1. Вы бы́стро добрали́сь до вокза́ла? 2. Ско́лько вре́мени вы е́хали из Берли́на в Москву́? 3. Вы лети́те в Ки́ев? Ско́лько вре́мени вы бу́дете в полёте? 4. Как вы добрали́сь до стадио́на? 5. Че́рез ско́лько мину́т мы бу́дем на ста́нции?

28 *Beantworten Sie die Fragen, gebrauchen Sie Verben der Fortbewegung mit und ohne* ***до-****. Achten Sie darauf, dass das Verb mit* ***до-*** *gebraucht wird, wenn die Vollendung der Handlung und die Zeitdauer ihrer Ausführung betont wird.*

Muster: — Вы до́лго добира́лись до це́нтра? — Мы **е́хали 20 мину́т**. Oder: Мы **дое́хали за 20 мину́т**.

1. С како́й ско́ростью вы дви́гались? 2. Вы бы́стро оказа́лись на усло́вленном ме́сте? 3. За ско́лько мину́т спортсме́н дости́г фи́ниша? 4. Ско́лько часо́в потре́буется на доро́гу до Ки́ева? Вы хоти́те лете́ть на самолёте?

29 *Beantworten Sie die Fragen. Gebrauchen Sie dabei Verben der Fortbewegung mit den Präfixen* ***до-*** *oder* ***при-****. Merken Sie sich, dass zur Angabe des Erreichens eines Ziels und der Zeit der Bewegung, die dazu nötig war, das Verb mit dem Präfix* ***до-*** *gebraucht wird.*

Muster: — Когда́ мы бу́дем на ме́сте, е́сли отпра́вимся пешко́м? — Если мы отпра́вимся пешко́м, то **дойдём до ме́ста за 20 мину́т (че́рез 20 мину́т)**. Oder: Если мы отпра́вимся пешко́м, то **придём на ме́сто в 5 часо́в**.

1. Когда́ мы бу́дем на ме́сте, е́сли вы́йдем в 2 часа́ дня? 2. Ско́лько мину́т пона́добится на доро́гу от це́нтра до университе́та? 3. Ты не опозда́ешь на рабо́ту? Уже́ семь часо́в утра́. 4. Когда́ ты у нас появи́шься? 5. Ты был в но́вом музе́е? Э́то далеко́? 6. Вы до́лго добира́лись до стадио́на?

30 *Ergänzen Sie die Sätze durch Verben der Fortbewegung mit den Präfixen* ***до-, при-, по-, под-****.*

1. Когда́ я был в теа́тре, он … . 2. Ле́кция должна́ нача́ться че́рез 10 мину́т, и ле́ктор уже́ … . 3. Он вы́шел из университе́та и ме́дленно … . 4. До вы́лета самолёта остаётся ещё два часа́. Ду́маю, что мы успе́ем … . 5. Если хо́чешь, я могу́ ве́чером к тебе́ … .

31 *Sagen Sie, dass Sie bereit sind, eine Bitte zu erfüllen. Beantworten Sie die Fragen. Gebrauchen Sie dabei transitive Verben der Fortbewegung mit den Präfixen* ***до-, от-, при-****.*

1. Вы не помо́жете мне добра́ться до поликли́ники? 2. Мне нужна́ статья́, кото́рую я вам дал. Вы не мо́жете верну́ть мне её за́втра? 3. Ты не смо́жешь переда́ть письмо́ мое́й подру́ге? 4. Вы идёте в библиоте́ку? Вы не захва́тите с собо́й и мои́ кни́ги? Пора́ их сдать. 5. Ты е́дешь в це́нтр на свое́й маши́не? Возьмёшь меня́ с собо́й?

32 *Ergänzen Sie die Sätze, gebrauchen Sie Verben der Fortbewegung mit dem Präfix* ***пере-*** *und der Konstruktion mit bzw. ohne Präposition* ***че́рез****. Zeigen Sie, wo Varianten möglich sind.*

1. Впереди́ была́ река́, и нам на́до бы́ло … . 2. Спортсме́н слегка́ уда́рил по мячу́, и мяч … . 3. Ребёнок не мог перешагну́ть руче́й, и оте́ц его́ … .4. Ре́чка была́ неглубо́кой, и мы про́сто … . 5. Метро́ – о́чень удо́бный вид тра́нспорта: в Москве́ его́ по́езда … бо́лее семи́ миллио́нов пассажи́ров ежедне́вно. 6. Кай бо́льше не живёт в общежи́тии: он … .

33 *Formen Sie die Sätze um. Ersetzen Sie dabei die Verben durch Verben der Fortbewegung mit den Präfixen* ***пере-****,* ***у-****,* ***от-****.*

a) 1. Серге́й живёт уже́ в но́вой кварти́ре. 2. Ви́ктор поки́нул наш го́род. 3. Дива́н, кото́рый стоя́л в столо́вой, тепе́рь нахо́дится в кабине́те. 4. Бага́ж отпра́вили на вокза́л. 5. Больно́го уже́ отпра́вили в больни́цу.

b) 1. Ири́на здесь бо́льше не живёт? (друга́я кварти́ра) 2. Ка́жется,у окна́ стоя́л пи́сьменный стол? (подва́л) 3. Где твой сосе́д? (дере́вня, восьмо́й эта́ж) 4. А где твоя́ соба́ка? (да́ча, друзья́) 5. Андре́й бо́льше не трениру́ется в на́шем спорти́вном за́ле. Где он? (друго́е спорти́вное о́бщество, за грани́цу) 6. Что́-то я давно́ не ви́жу Ни́ны.(друго́й университе́т, ю́жный го́род) 7. А где твоя́ библиоте́ка? (роди́тели)

34 *Ergänzen Sie die Sätze durch Verben der Fortbewegung mit den Präfixen* ***про-*** *oder* ***в-****. Achten Sie auf die unvollendeten Verben der Fortbewegung, die zur Angabe der Fortdauer der Bewegung gebraucht werden.*

1. Мы сда́ли пальто́ в гардеро́б и … . 2. Мы осма́тривали зда́ния совреме́нной архитекту́ры, когда́ … . 3. Ва́льтер поду́мал, что забы́л взять биле́ты, когда́ … . 4. Граждани́н, сле́дующая остано́вка коне́чная. Вы, наве́рное, … . 5. Девя́того ма́я мы стоя́ли на трибу́нах и смотре́ли, как по пло́щади … .

35 *Reagieren Sie auf die Äußerungen, indem Sie Freude oder Verwunderung ausdrücken. Gebrauchen Sie dabei Verben der Fortbewegung mit dem Präfix* ***про-****.*

Muster: — У́ве победи́л в соревнова́ниях по бе́гу на коро́ткие диста́нции. — Что ты? **Неуже́ли** он хорошо́ **пробежа́л** стометро́вку? (**Как я рад**, что он хорошо́ **пробежа́л** стометро́вку!)

1. Ах, мне ну́жно бы́ло выходи́ть ещё за две остано́вки до э́той! 2. А я ви́дел Байка́л с высоты́ в ты́сячу ме́тров, когда́ был на экску́рсии. 3. Э́то объявле́ние о диску́ссии я ви́жу ка́ждый день по доро́ге в университе́т. 4. На́ша тури́стская гру́ппа не остана́вливалась в Бре́сте: мы ведь е́хали в Москву́. 5. Как ты сюда́ попа́л? Че́рез служе́бный вход? Ведь биле́тов нет! 6. Я здесь пло́хо ориенти́руюсь. Спра́ва должна́ быть у́лица, веду́щая к теа́тру.

36 *Ergänzen Sie die Sätze durch Verben mit dem Präfix* ***об-****. Bestimmen Sie, in welchen Sätzen diese Verben eine Bewegung um etwas herum und in welchen das Verweilen an einigen Orten im Verlauf der Fortbewegung bezeichnen.*

1. На шоссе́ стои́т знак, запреща́ющий прое́зд. Придётся … . 2. Мне о́чень нужна́ э́та кни́га. Я иска́л её полдня́ и … все магази́ны. 3. Э́то боло́то ну́жно … . 4. Не могу́ поня́ть, где виси́т его́ карти́на. Я … все за́лы музе́я. 5. Ле́на ча́сто быва́ет в командиро́вках. Она́ … полстраны́.

37 *Ergänzen Sie die Sätze durch Verben der Fortbewegung mit den Präfixen* ***с-*** *oder* ***раз-****.*

1. Откры́лась вы́ставка совре́ме́нной жи́вописи, на неё … ви́дные искусствове́ды. 2. Уро́ки в шко́ле зако́нчились, и де́ти … . 3. На крик со всех сторо́н … лю́ди. 4. Пе́рвого сентября́ начина́ется уче́бный год, студе́нты ско́ро … в го́род. 5. Матч око́нчился, и футболи́сты … . 6. Разда́лся звук го́нга, и боксёры … . 7. Э́то о́чень краси́вое ме́сто. Я понима́ю, почему́ ле́том сюда́ … да́чники. 8. Для транспортиро́вки продово́льствия испо́льзуются специа́льные маши́ны. Наприме́р, э́та маши́на … ры́бу. 9. Пти́цы испуга́лись люде́й и … .

38 *Formen Sie die Sätze um, gebrauchen Sie dabei Verben der Fortbewegung mit den Präfixen* ***с-*** *und* ***раз-****.*

1. На заключи́тельный матч сезо́на собрали́сь «боле́льщики» из ра́зных стран. 2. Зал опусте́л: собра́ние зако́нчилось, и мы ушли́ домо́й. 3. На конфере́нцию сторо́нников ми́ра при́были делега́ты из всех госуда́рств. 4. Санита́рка приво́зит за́втрак больны́м в ка́ждую пала́ту. 5. Прика́з дире́ктора ну́жно разда́ть ка́федрам. 6. Ле́то подхо́дит к концу́, и шко́льники возвраща́ются в Москву́.

39 *Verändern Sie die Sätze nach dem Muster, gebrauchen Sie dabei Verben der Fortbewegung mit dem Präfix* ***с-****, das eine nichträumliche Bedeutung hat. Beachten Sie, dass das Objekt mit der Präposition* ***за-*** *in diesem Fall das Ziel der Handlung ausdrückt.*

Muster: Преподава́тель попроси́л студе́нта принести́ мел. — Преподава́тель попроси́л студе́нта **сходи́ть за ме́лом**.

1. У меня́ ко́нчилась бума́га: на́до купи́ть. 2. Я давно́ хочу́ получи́ть реце́пт у врача́, специали́ста по глазны́м боле́зням. 3. Подожди́, я то́лько принесу́ из бу́лочной хлеб. 4. По́сле заня́тий Курт получи́л на по́чте посы́лку. 5. Во вре́мя кани́кул мы побыва́ли в Та́ллинне.

40 *Geben Sie eine verneinende Antwort, gebrauchen Sie dabei die Wörter* ***не на́до, не ну́жно, не сто́ит****. Achten Sie auf den unvollendeten Infinitiv.*

Muster: — Мо́жно войти́? — **Не ну́жно входи́ть**.

1. Я могу́ вы́лететь к вам за́втра? 2. Хо́чешь, я переплыву́ реку́? 3. То́мас мо́жет зайти́ к вам ве́чером? 4. Она́ мо́жет прие́хать в университе́т за́втра? 5. Мо́жно забежа́ть к тебе́ сейча́с? 6. Мо́жно отнести́ костю́м в чи́стку?

Wiederholungsübungen

1 *Ergänzen Sie die Sätze durch passende Präpositionen und die in Klammern stehenden Wörter im entsprechenden Fall.*

1. По́езд подъе́хал … (Москва́). 2. Мы вы́летели … (Та́ллинн) … (Петербу́рг). 3. Я дошёл … (на́бережная). 4. Вчера́ … (университе́т) прие́хала иностра́нная делега́ция. 5. Го́сти ушли́ … (университе́т) то́лько ве́чером. 6. Ханс уе́хал … (Москва́) учи́ться. 7. Ло́дка бы́стро отошла́ … (бе́рег). 8. Бы́ло по́здно, и все разошли́сь … (свои́ ко́мнаты). 9. Де́вочка съе́хала на са́нках … (гора́). 10. Па́вел сего́дня ушёл … (заня́тие). 11. Мы вы́шли … (ко́мната) … (балко́н).

2 *Ergänzen Sie die Sätze durch Verben der Fortbewegung mit den Präfixen* ***у-***, ***по-***, ***вы-***, ***при-***, ***от-***.

1. Го́сти провели́ у нас ве́чер и …е́хали домо́й. 2. По́сле оконча́ния сре́дней шко́лы он …е́хал навсегда́ из э́того го́рода. 3. Ве́чером мы …е́хали на като́к. 4. Ле́на уже́ …е́хала? 5. Он снача́ла шёл ме́дленно, а пото́м …бежа́л. 6. Грузови́к …ехал из-за́ угла́. 7. Ка́ждое ле́то ко мне …езжа́ет брат. 8. Мы уже́ …е́хали от до́ма, когда́ я вспо́мнил, что оста́вил на столе́ письмо́. 9. Сосе́д …нес на у́лицу свой велосипе́д. 10. Он …нёс мне в пода́рок хоро́шую кни́гу. 11. Курт ско́ро …е́дет на ро́дину. 12. Ви́ктор …е́хал от нас по́здно ве́чером.

3 *Lesen Sie den Text. Ergänzen Sie in den Sätzen die Verben durch die erforderlichen Präfixe.*

Мы е́здили в воскресе́нье на экску́рсию в Музе́й Пу́шкина. Мы …шли из общежи́тия в 10 часо́в утра́, …шли́ до ста́нции метро́ «Соко́льники» и …шли́ в вестибю́ль. Наш руководи́тель …шёл к ка́ссе и купи́л биле́ты. Когда́ мы …шли на перро́н, как раз …шёл по́езд. Мы бы́стро …е́хали до ста́нции «Кропо́ткинская», а отту́да …шли́ в музе́й. По́сле ле́кции экскурсово́да мы …шли́сь по всем за́лам музе́я. По́лные впечатле́ний, мы …шли из музе́я.

4 *Ergänzen Sie folgende Erzählung, indem Sie statt der Punkte Verben der Fortbewegung mit bzw. ohne Präfixe verwenden.*

Сего́дня мы … обе́дать в столо́вую самообслу́живания на́шего университе́та. Мы се́ли за стол у окна́. Оказа́лось, что не хвата́ет одно́й ло́жки. Ахи́м сказа́л: «Сейча́с я … ло́жку и кста́ти … подно́сы, а то они́ бу́дут нам меша́ть: на столе́ ма́ло ме́ста, мы взя́ли сли́шком мно́го блюд». «Но всё так вку́сно вы́глядит! Ла́дно, … подно́сы и … заодно́ ма́ленькие ло́жечки для компо́та», — отве́тила Зи́льке. Когда́ Ахи́м …, к на́шему сто́лику … како́й-то студе́нт и спроси́л, свобо́ден ли четвёртый стул за на́шим столо́м. Мы отве́тили, что ме́сто за́нято, что наш това́рищ ненадо́лго … . Ю́ноша поблагодари́л и … иска́ть свобо́дное ме́сто. Он немно́го … по за́лу и сел. Тем вре́менем Ахи́м … и … ло́жку для щей и ло́жечки для компо́та. Он да́же догада́лся … буты́лку лимона́да. Когда́ мы зако́нчили пе́рвое блю́до, … рабо́тница столо́вой в бе́лом хала́те. Она́ взяла́ пусты́е таре́лки и … их на ку́хню. Мы пообе́дали, собра́ли свои́ стака́ны и таре́лки и … их на стол для испо́льзованной посу́ды:

так при́нято в на́шей столо́вой самообслу́живания. Хорошо́, что мы … в столо́вую: ведь у нас ещё бу́дет сего́дня семина́р и мы … по́здно домо́й. Нам о́чень понра́вилась на́ша столо́вая: бы́стро, вку́сно и дёшево. Обе́д сто́ит ме́ньше 50 рубле́й, а в нём четы́ре блю́да. Тепе́рь мы всегда́ бу́дем … сюда́.

5 *Beenden Sie diese Erzählung über einen Studentenbesuch der Kunstausstellung, indem Sie anstatt der Punkte präfigierte und nichtpräfigierte Verben der Fortbewegung gebrauchen*

В Тю́бингене откры́лась вы́ставка карти́н Сеза́нна. Мы реши́ли … на вы́ставку всей гру́ппой в суббо́ту. Но оказа́лось, что Ба́рбара … на вы́ставку на про́шлой неде́ле, а Анне́тт должна́ … на коне́ц неде́ли к роди́телям в Ле́йпциг. Зато́ Алекса́ндр сказа́л, что … с бра́том, кото́рый накану́не … к нему́ из Москвы́. Ра́но у́тром в суббо́ту позвони́л Хе́льге и проси́л … за ним, потому́ что он живёт далеко́ от остано́вки авто́буса, а мне это по пути́. Я взял жу́рнал, кото́рый проси́ла …. Ги́зела, … из до́ма и … в гара́ж. Когда́ я … из гаража́, … наш сосе́д и спроси́л, … ли мои́ роди́тели из Испа́нии. Я отве́тил, что они́ … за́втра и я … их встреча́ть в аэропо́рт.

Я живу́ на одно́м из тю́бингенских холмо́в. Поэ́тому я … с холма́ и … по ста́рому го́роду. Когда́ я … по Тю́бингену, я ещё раз поду́мал, как краси́в э́тот го́род. Хе́льге ждал меня́ у своего́ до́ма и мы сра́зу же … да́льше. Когда́ мы … к выставочному за́лу, друзья́ уже́ стоя́ли у вхо́да. Ги́зела была́ о́чень ра́да, что я не забы́л … журна́л. «А где Ге́ральд?» – спроси́л я. «Сейча́с он …, – отве́тили мне. – Он … за сигаре́тами в сосе́дний магази́н.»

Мы … к ка́ссе и купи́ли биле́ты,а пото́м … в пе́рвый зал. Вы́ставка была́ о́чень интере́сной. Ведь сюда́ … карти́ны из мно́гих музе́ев ми́ра. Мы … все за́лы и внима́тельно осмотре́ли произведе́ния Сеза́нна. Когда́ мы … из после́днего за́ла, то почу́вствовали, что немно́го уста́ли, и реши́ли … в кафе́ при карти́нной галере́е и обменя́ться впечатле́ниями. А их бы́ло мно́го!

«Вы … в кафе́, – сказа́л Йоа́хим, – а я … купи́ть катало́г вы́ставки.»

С ним … и Даниэ́ла, и Бе́рнхард. А мы взя́ли ко́фе и пиро́жные, … к свобо́дному столу́ и хоте́ли сесть. Оказа́лось, что нужны́ ещё два сту́ла. Ви́тольд … сту́лья, а Йоа́хим и де́вушки … катало́ги.

Мы пи́ли ко́фе и дискути́ровали. Нам бы́ло интере́сно спо́рить о том, что мы ви́дели, и мы реши́ли в бу́дущем … на вы́ставки вме́сте. »А когда́ вы … в Москву́, – сказа́л Ди́ма, брат Алекса́ндра, – мы … в Третьяко́вскую галере́ю.» Пото́м все … по дома́м, а я, коне́чно, … Хе́льге в центр.

6 *Beenden Sie diese Erzählung, indem Sie statt der Punkte präfigierte und nichtpräfigierte Verben der Fortbewegung verwenden. Erzählen Sie diese Geschichte nach. Wie könnte sie enden?*

Когда́ начала́сь война́,Татья́на Петро́вна … с до́черью из Москвы́ и посели́лась в ма́леньком се́верном го́роде. Она́ до́лго не могла́ привы́кнуть к но́вому ме́сту и жале́ла, что … из столи́цы. »Ну́жно бы́ло … де́вочку к роди́телям, а само́й продолжа́ть рабо́тать в теа́тре», – ду́мала она́. Когда́ хозя́ин до́ма, где она́ тепе́рь жила́, у́мер, на его́ и́мя ста́ли … пи́сьма. Татья́на Петро́вна прочла́ одно́ из них и узна́ла, что сын ста́рого хозя́ина, лейтена́нт Пота́пов, хо́чет … домо́й в о́тпуск по́сле го́спиталя: он был ра́нен, но уже́ поправля́ется. Он опи́сывал, как он мечта́ет … в родно́й го́род, …в свой дом, и хоте́л уви́деть всё таки́м, как бы́ло ра́ньше.

Татья́на Петро́вна неме́дленно … в го́род и … отту́да ма́стера – настро́йщика роя́лей. Она́ убрала́ в до́ме, … све́чи в гости́ную и поста́вила их на роя́ль, а свои́ ве́щи … из гости́ной в ма́ленькую ко́мнату,где спала́ её дочь.

Че́рез не́сколько дней … Пота́пов. На вокза́ле он узна́л, что его́ оте́ц у́мер, а в до́ме живёт моско́вская арти́стка. Он … к родно́му до́му, … в сад и останови́лся. Навстре́чу ему́ … привлека́тельная молода́я же́нщина. «С прие́здом!»– сказа́ла она́,взяла́ его́ за́ руку и … в дом. Ве́чером она́ … его́ туда́, где был похоро́нен оте́ц. Они́ … по го́роду, и ему́ каза́лось, что она́ … не из далёкой Москвы́, а всегда́ жила́ здесь. Он на́чал беспоко́иться, что по́сле войны́ она́ … и он потеря́ет её навсегда́. А ему́ хоте́лось, что́бы она́ всегда́ встреча́ла его́, когда́ он бу́дет … домо́й. У́тром лейтена́нт … и … воспомина́ния об э́той ми́лой же́нщине. Когда́ он верну́лся на свой кора́бль, он написа́л, что … благополу́чно, но она́ не должна́ никуда́ …. Э́то её дом, а он … к ней навсегда́, когда́ ко́нчится война́, е́сли она́, коне́чно, захо́чет. Он писа́л, что ви́дел её ра́ньше, когда́ … в Крым, где она́, наве́рное, отдыха́ла. Он хорошо́ по́мнит, как она́ … ми́мо него́ тогда́.

Татья́на Петро́вна прочла́ письмо́ и сказа́ла себе́: «Я никогда́ не … в Крым, но ра́зве э́то име́ет значе́ние?!»

(По К. Паусто́вскому)

7 *Lesen Sie die Sätze und übersetzen Sie sie ins Deutsche. Beachten Sie, dass die Verben der Fortbewegung zuweilen im übertragenen Sinne gebraucht werden können, wobei sie die Bedeutung der Bewegung einbüßen. Merken Sie sich die hervorgehobenen Verbindungen.*

1. Ра́неный му́жественно **вы́нес боль**. 2. **Мы вы́несли ве́щи** из ваго́на. 3. Суд **вы́нес** справедли́вый **пригово́р**. 4. **Он нанёс мне оби́ду**. 5. Ве́тер **нанёс** огро́мные **сугро́бы**. 6. Посо́л дру́жественной страны́ **нанёс визи́т** главе́ прави́тельства. 7. Он хорошо́ **вёл себя́** в о́бществе. 8. Он **вёл ребёнка** за́ руку. 9. Тебе́ **идёт** э́тот **костю́м**. 10. **Ви́ктор идёт** в теа́тр. 11. В кино́ сего́дня **идёт** но́вый **фильм**. 12. — О чём **идёт речь**? — спроси́л я. 13. О́сенью ча́сто **иду́т дожди́**. 14. Сейча́с **идёт дождь**.15.**Вре́мя бежи́т.**

8 *Anton lädt seinen Freund Maxim zum Geburtstag ein und erklärt ihm, wie man sein Haus erreichen kann. Lesen Sie diese Erklärung, finden Sie Verben der Fortbewegung und bestimmen Sie ihren Aspekt, Zeitform und Modus. Finden Sie deutsche Äquivalente dieser Verben, um zu zeigen, dass Sie diese Erklärung verstanden haben. Was fehlt in der Erklärung?*

А: Приглаша́ю в воскресе́нье вас к себе́ на день рожде́нья. Приходи́те, приходи́те. Как дое́хать, запиши́те: Вы пройдёте, перейдёте, повернёте и дойдёте, Вы войдёте, позвони́те …

М: Е́сли мо́жно, повтори́те!

А: На́до Вам пройти́, дойти́ перейти́ и поверну́ть. Пото́м войти́ и позвони́ть …

М: Пожа́луй,на́до повтори́ть!

А: Объясня́ю вновь: пройди́те. Как дойдёте, перейди́те, поверни́те и войди́те. И, коне́чно, позвони́те!

9 *Übersetzen Sie ins Russische.*

1. Er ist es nicht gewohnt, viel zu Fuß zu gehen. 2. Das Schiff geht nach Astrachan. 3. Die elektrischen Züge fahren alle zehn Minuten. 4. Morgen fliege ich nach Petersburg. 5. Ich fliege immer mit der TU 154. 6. Gewöhnlich trage ich meine Bücher und Hefte in der Mappe. 7. Ich bringe dir ein interessantes Buch. 8. Ich traf sie, als ich ins Institut fuhr. 9. Ich war vier Jahre alt, als ich zum ersten Mal auf die Krim reiste. 10. Diesmal flog ich nach Chabarowsk. 11. Heute ging mein Bruder zum ersten Mal in den Betrieb. 12. Der Junge kann gut schwimmen. 13. Das Flugzeug ist in Moskau angekommen. 14. Wir fuhren an das Haus heran. 15. Schließlich waren wir bei dem Haus angekommen. 16. Gehe vorsichtig über die Straße! 17. Siegfried ist nach Moskau gefahren, um dort zu studieren. 18. Der Zug ist abgefahren. 19. Ich bin Punkt 8 Uhr von zu Hause weggegangen. 20. Ich komme zum Unterricht 15 Minuten vor dem Klingelzeichen. 21. Schwimme noch ein wenig und steige dann aus dem Wasser! 22. Schwimm zum Ufer! 23. Das Flugzeug ist nach Wladiwostok abgeflogen. 24. In unserem Kino läuft heute der Film „Das Thema". 25. Es geht nicht um dich, sondern um Lena. 26. Den ganzen Tag regnete es ununterbrochen.

§ 4 Reflexive Verben

Durch Anfügen der reflexiven Partikel **-ся** werden einige transitive Verben zu intransitiven, ohne ihre lexikalische Bedeutung zu verändern; diese intransitiven Verben können bezeichnen:

1. eine Veränderung des Zustands, der Lage oder Bewegung einer Person (eines Gegenstands): **изменя́ться, дви́гаться, расширя́ться, улучша́ться, ухудша́ться, уменьша́ться, увели́чиваться, возвраща́ться, распространя́ться, спуска́ться** u.ä.;

2. Gemütsbewegungen bei Subjekten, die ein Lebewesen bezeichnen: **зли́ться, ра́доваться, волнова́ться, беспоко́иться, интересова́ться, серди́ться, удивля́ться, восхища́ться** u.ä.[7];

3. Anfang, Fortsetzung und Abschluss einer Handlung bzw. Erscheinung bei einem Subjekt, das kein Lebewesen bezeichnet: **начина́ться, продолжа́ться, конча́ться, заверша́ться, прекраща́ться** u.ä. Wenn der Satz ein direktes Objekt oder einen unvollendeten Infinitiv hat, stehen bei Subjekten, die Lebewesen bezeichnen, die entsprechenden nichtreflexiven Verben als Prädikate:

Уро́к **начина́ется**.	Die Stunde beginnt.
Учи́тель **начина́ет** уро́к.	Der Lehrer beginnt die Stunde.
Ма́льчик **на́чал** чита́ть.	Der Junge begann zu lesen.

Übungen

1 *Ergänzen Sie die Sätze durch passende Verben im Präteritum.*

1. Монта́жники … рабо́ту и спусти́лись вниз. Дождь …, вы́глянуло со́лнце. (ко́нчить, ко́нчиться) 2. Она́ … окно́. Окно́ неожи́данно … (откры́ть, откры́ться) 3. Преподава́тель … уро́к. Уро́к … (нача́ть, нача́ться) 4. Я … журна́л това́рищу. Он … из командиро́вки. (верну́ть, верну́ться) 5. Ни́на … рабо́тать над свои́м прое́ктом. Ремо́нтные рабо́ты … два ме́сяца. (продолжа́ть, продолжа́ться) 6. Профе́ссор … на вре́мя своё иссле́дование. Снегопа́д … (прекрати́ть, прекрати́ться) 7. Он … стихотворе́ние Пу́шкина. Он хорошо́ … (у́чить, у́читься).

2 *Ersetzen Sie in den Sätzen die hervorgehobenen Wörter durch folgende sinnverwandte Verben mit der Partikel* ***-ся*****:** ***прости́ться, поздоро́ваться, перепи́сываться, начина́ться, нача́ться, конча́ться, продолжа́ться, прекрати́ться, возврати́ться, наде́яться, боро́ться, улыба́ться.***

1. В ко́мнату вошёл молодо́й челове́к и **сказа́л: «Здра́вствуйте!»** 2. Де́вушка подняла́сь со сту́ла и ти́хо **сказа́ла: «До свида́ния!»** 3. По́сле заня́тий в междунаро́дной ле́тней шко́ле Хе́льга и Оле́г ча́сто **пи́шут друг дру́гу**

[7] Vielen reflexiven russischen Verben (**восхища́ться, спуска́ться, возвраща́ться** u.a.) entsprechen im Deutschen nichtreflexive Verben (*bewundern, heruntersteigen, zurückkehren*).

пи́сьма. 4. Бы́страя и холо́дная река́ **берёт нача́ло** в гора́х. 5. На́ша ссо́ра **возни́кла** внеза́пно. 6. Снег **переста́л идти́** то́лько но́чью. 7. Запа́сы проду́ктов у поля́рников **подходи́ли к концу́**. 8. Ми́тинг **за́нял не бо́лее получа́са**. 9. Я забы́л биле́ты до́ма: пришло́сь **идти́ обра́тно**. 10. Когда́ **на его́ лице́ появля́лась улы́бка**, он станови́лся привлека́тельным. 11. Все **жи́ли наде́ждой** на прие́зд о́пытного врача́. 12. С ра́нних лет он **уча́ствовал в борьбе́** за охра́ну приро́дных бога́тств.

3 *Bilden Sie die Sätze mit den angegebenen Verben. Merken Sie sich Verben, die:*

a) im Russischen reflexiv, deren deutsche Entsprechungen dagegen nicht reflexiv sind: *просыпа́ться, купа́ться, возвраща́ться, остана́вливаться, явля́ться, учи́ться, поднима́ться, торопи́ться, раздава́ться, остава́ться, появля́ться, улыба́ться, станови́ться, здоро́ваться, наде́яться, нра́виться, охо́титься, боро́ться, труди́ться, стреми́ться, нужда́ться*

b) im Russ. nicht reflexiv, deren deutsche Entsprechungen dagegen reflexiv sind: *отдыха́ть, по́мнить, вспомина́ть, опа́здывать, разгова́ривать, спо́рить.*

4 *Ergänzen Sie die Erzählung durch eines der in Klammern stehenden Verben in der erforderlichen Form.*

На́ша экспеди́ция (возвраща́ть, возвраща́ться) из тайги́ в посёлок. Все (торопи́ть, торопи́ться), потому́ что хоте́ли отдохну́ть и (помы́ть, помы́ться). Вдруг не́бо на горизо́нте (покры́ть, покры́ться) ту́чами и (нача́ть, нача́ться) гроза́. Мы (укры́ть, укры́ться) в до́мике лесника́. Гроза́ (продолжа́ть, продолжа́ться) всю ночь. У́тром мы (отпра́вить, отпра́виться) одного́ из това́рищей на ло́шади в посёлок, потому́ что река́ (разли́ть, разли́ться), и мы не могли́ идти́ да́льше. Днём (показа́ть, показа́ться) вертолёт. Мы (собра́ть, собра́ться) все инструме́нты и ве́щи и (собра́ть, собра́ться) у до́мика. Наконе́ц мы (подня́ть, подня́ться) в во́здух, а че́рез полчаса́ нас (встреча́ть, встреча́ться) всё населе́ние посёлка.

5 *Übersetzen Sie ins Russische. Benutzen Sie, wo möglich, Verben mit der Partikel* ***-ся****.*

1. Der Arzt kämpft um das Leben des Kranken. 2. Mein Arbeitstag beginnt um 9 Uhr. 3. Die Schüler grüßten ihren Lehrer. 4. Die Menschheit ist stolz auf die heldenhaften Kosmonauten. 5. Alle lachten so ansteckend, und auch ich lachte auf. 6. Ich denke gern an meine Lehrer zurück. 7. Unsere Werktätigen erholen sich in schönen Sanatorien. 8. Als wir im Sommer auf dem Lande lebten, badeten wir jeden Morgen im Fluss.

§ 5 Unpersönliche Verben und unpersönliche Konstruktionen

Unpersönliche Verben bilden im Russischen eine verhältnismäßig kleine Gruppe und können bezeichnen: a) Naturvorgänge, b) einen Zustand des Menschen, c) ein Verbot bzw. einen Rat etc:

Света́ет.	Es tagt.
Мне **нездоро́вится**.	Ich fühle mich nicht wohl.
Тебе́ **не сле́дует** ра́но встава́ть.	Du solltest nicht früh aufstehen.

Die unpersönlichen Verben treten nur in der 3. Person Singular des Präsens bzw. Futurs oder in der sächlichen Form des Präteritums auf. Solche Verben können nicht mit einem Subjekt verbunden werden, und es kann auch kein Subjekt hinzugedacht werden.

Unpersönliche Verben können durch Anfügen von **-ся** aus persönlichen gebildet werden:

Он хо́чет … = **Ему́ хо́чется** …	Es will … = Es drängt ihn …, er hat Lust zu …
Он не спит. = **Ему́ не спи́тся**.	Er schläft nicht. Er kann nicht einschlafen.

Viele persönliche Verben können in unpersönlicher Funktion auftreten. Vergleichen Sie:

Ду́ет ве́тер. У окна́ **ду́ет.**	Der Wind bläst. Am Fenster zieht es.

Die unpersönlichen Sätze, die einen Zustand des Menschen ausdrücken, bzw. solche mit prädikativen Adverbien wie: **на́до, ну́жно, нельзя́, хорошо́, пло́хо, жа́рко, хо́лодно, ве́село, ску́чно** haben grundsätzlich ein Dativobjekt, das die betreffende Person bezeichnet

Мне хо́лодно.	Mir ist kalt.
Мне на́до идти́.	Ich muss gehen.

Die entgegengesetzte Bedeutung von **мо́жно** als Prädikativ ist **невозмо́жно**. — **Мо́жно** ещё успе́ть на после́дний авто́бус? — Нет, уже́ **невозмо́жно**. *Ist es möglich, den letzten Bus zu erreichen? — Nein, nicht möglich.*

Das Wort **возмо́жно** kann als Schaltwort dienen (**Возмо́жно,** он не придёт. = **Мо́жет быть**, он не придёт. *Es ist möglich, dass er nicht kommt.*) und in der Kurzform des Adjektivs als Prädikativ (Реше́ние э́той зада́чи вполне́ **возможно**. *Die Lösung dieser Aufgabe ist durchaus möglich.*). Entgegengesetzte Bedeutung: Реше́ние э́той зада́чи **невозможно**. (*Die Lösung dieser Aufgabe ist unmöglich.*).

Merken Sie sich, dass Prädikativ **невозмо́жно** sich mit einem Substantiv im Dativ zur Bezeichnung der Person nicht verbinden lässt: Биле́ты **невозмо́жно** доста́ть. *Es ist nicht möglich, Karten zu bekommen* (objektive Unmöglichkeit, eine Handlung auszuführen). Zur Bezeichnung der Unmöglichkeit, eine Handlung mit Angabe der Person auszuführen, dient das Verb **мочь** im persönlichen Satz (Я **не могу́** доста́ть биле́ты. *Ich kann die Karten nicht bekommen.*). Es bezeichnet die Möglichkeit einer Handlung, die von der handelnden Person abhängt (Я **могу́** позвони́ть вам. *Ich kann Sie anrufen.*), das Prädikativ **мо́жно** weist dagegen auf die Möglichkeit hin, die von äußeren Gründen abhängt (Вы сказа́ли, что **мо́жно** позвони́ть. *Sie haben gesagt, dass ich Sie anrufen darf.*).

Unpersönliche Sätze, die Naturvorgänge bezeichnen

Die unpersönlichen Sätze, die Naturvorgänge bezeichnen, stehen konstruktionsmäßig den deutschen am nächsten; es spielt hier eine rein formelle Rolle.

Моро́зит.	Es friert.
Рассвело́.	Es ist Tag geworden.

Haben solche Sätze ein zusammengesetztes Prädikat, so werden ebenso wie im Deutschen als Hilfsverben benutzt: a) Verben, die Beginn, Fortdauer oder Abschluss einer Handlung bezeichnen (mit dem unvollendeten Infinitiv eines unpersönlichen Verbs), b) Wörter, die eine Möglichkeit bzw. ein Müssen oder Sollen ausdrücken (mit dem vollendeten Infinitiv eines unpersönlichen Verbs):

На́чало света́ть.	Es dämmerte allmählich.
Ско́ро **должно́ потепле́ть**.	Bald soll es wärmer werden.

Ein persönlicher Satz lässt sich zu einem unpersönlichen umbilden und umgekehrt, wenn das durch ein Substantiv ausgedrückte Subjekt nicht ein Lebewesen, sondern Elementargewalten oder Naturerscheinungen bezeichnet (**град, дождь, моро́з** u.ä.) und als Prädikat ein transitives Verb mit einem direkten Objekt auftritt. Hierbei wird das Subjekt des persönlichen Satzes im unpersönlichen Satz zum Instrumentalobjekt und das prädikative Verb steht dann in der sächlichen Form (im Präteritum):

Мо́лнией **зажгло́** де́рево. / Мо́лния **зажгла́** де́рево.	Der Baum wurde vom Blitz in Brand gesetzt.

Solche unpersönlichen Sätze sind von passivischen Konstruktionen zu unterscheiden, welche zu den persönlichen Sätzen gehören, obwohl die einen wie die anderen ins Deutsche gleich übersetzt werden:

У́лицу **занесло́** сне́гом, (unpersönl. Satz) / У́лица **занесена́** сне́гом. (persönl. Satz)	Die Straße ist vom Schnee verweht (worden).

ÜBUNGEN

1 *Lesen Sie die Sätze. Beachten Sie den Gebrauch der unpersönlichen Verben.*

1. О́сенью по вечера́м начина́ет подмора́живать. 2. В э́том году́ ра́но ста́ло тепле́ть. 3. На днях мо́жет похолода́ть. 4. Неожи́данно стемне́ло. 5. На горизо́нте потемне́ло. 6. За не́сколько дней намело́ больши́е сугро́бы. 7. Уже́ бо́льше су́ток ло́дку кача́ло и броса́ло из стороны́ в сто́рону. 8. Смерка́ется.

2 *Lesen Sie die Sätze.*

a) Formen Sie die persönlichen Sätze in gleichbedeutende unpersönliche um.

Muster: Вся **доли́на была́ зато́плена** водо́й. — Всю **доли́ну затопи́ло** водо́й.

1. Урага́н уничто́жил молоды́е поса́дки ле́са. 2. И́ней посеребри́л её ресни́цы. 3. Ка́тер был опроки́нут высо́кой волно́й. 4. Дождём была́ размы́та доро́га. 5. Со́лнце нагре́ло несо́к.

*b) Formen Sie die unpersönlichen Sätze in persönliche um, wo es möglich ist. Tritt in einem unpersönlichen Satz als Prädikat ein intransitives Verb (**ве́ять, нести́** und **тяну́ть [= ве́ять], пахну́ть**) auf, so ist eine solche Umformung nicht möglich, denn das Instrumentalobjekt ist dann nicht der Urheber der Handlung (В саду́ па́хнет ро́зами.* Im Garten duftet es nach Rosen.*).*

Muster: **Наводне́нием разру́шило** плоти́ну. — **Наводне́ние разру́шнло** плоти́ну.

1. В лесу́ па́хнет сосно́й и пре́лыми ли́стьями. 2. С лу́га пове́яло за́пахом ско́шенной травы́. 3. Гра́дом поби́ло виногра́дник. 4. Землетрясе́нием разру́шило го́род. 5. Волно́й унесло́ ло́дку в мо́ре.

3 *Bilden Sie unpersönliche Sätze im Präteritum mit den folgenden Wörtern.*

Muster: Мо́ре, ве́ять, све́жесть. — **С мо́ря ве́яло све́жестью**.

1. Река́, от, ве́ять, прохла́да. 2. Де́душка, от, па́хнуть, таба́к. 3. Кузне́чный цех, из, тяну́ть, гарь.

4 *Formen Sie die persönlichen Sätze in unpersönliche nach dem folgenden Muster um: **Докла́д был интере́сный.*** Der Vortrag war interessant. ***На докла́де (нам) бы́ло интере́сно**.* Es war (für uns) interessant, den Vortrag zu hören. *Merken Sie sich Folgendes: Das einen Naturvorgang bezeichnende Prädikat kann lediglich mit einer Adverbialbestimmung stehen: **В ноябре́ ста́ло хо́лодно.*** Im November wurde es kalt, *während das den Zustand eines Menschen ausdrückende Prädikat mit dem Dativ der betroffenen Person verbunden sein kann: **Мне ста́ло хо́лодно.*** Mir wurde kalt.

1. Чита́льный зал был просто́рный и удо́бный. 2. Стадио́н был по́лон люде́й. 3. Лес был сыро́й и стра́шный. 4. Ле́кция была́ интере́сная. 5. Переу́лок был ти́хий и безлю́дный. 6. Собра́ние бы́ло оживлённым. 7. Ию́ль был жа́рким.

5 *Gebrauchen Sie anstelle der zusammengesetzten Prädikate der unpersönlichen Sätze einfache, durch unpersönliche Verben ausgedrückte Prädikate. Die einzusetzenden Wörter sind: **стемне́ло, темне́ло, свеже́ет, похолода́ло, света́ет**. Muster: На у́лице **ста́ло хо́лодно**. — На у́лице **похолода́ло**.*

1. С захо́дом со́лнца в лесу́ станови́лось темно́. 2. Когда́ ста́ло совсе́м темно́, тури́сты разожгли́ костёр. 3. Когда́ мы вы́ехали на доро́гу, бы́ло уже́ темно́. 4. Ве́чером у мо́ря стано́вится свежо́. 5. Ле́том ра́но стано́вится светло́. 6. В сентябре́ неожи́данно ста́ло хо́лодно.

Unpersönliche Sätze, die den psychischen oder physischen Zustand eines Menschen ausdrücken

In den unpersönlichen Sätzen, die den physischen Zustand eines Menschen ausdrücken, tritt als Prädikat ein transitives Verb mit einem Akkusativobjekt auf, das die den betreffenden Zustand erleidende Person bezeichnet. Im Deutschen sind ähnliche Konstruktionen zu beobachten:

Меня знобит.	Es fröstelt mich.

In unpersönlichen Sätzen, die Schmerzempfindungen bezeichnen, wird die den betreffenden Zustand erleidende Person durch ein Substantiv bzw. Pronomen im Genitiv mit der Präposition **у** ausgedrückt und der schmerzende Punkt durch eine adverbiale Bestimmung bezeichnet, die auf die Frage *wo?* antwortet. Solchen Sätzen entsprechen im Deutschen persönliche Sätze:

У него колет в боку.	Er hat Seitenstechen.
У бабушки звенит в ушах.	Die Großmutter hat Ohrensausen.

Übungen

6 *Ergänzen Sie die Sätze durch die in Klammern stehenden Wörter im erforderlichen Fall und, wenn nötig, durch eine Präposition.*

1. Он не ел с утра, и (он) сосало нод ложечкой. 2. От усталости (он) клонило ко сну. 3. От быстрой езды (мы) захватывало дух. 4. Когда я узнал об этом несчастье, (я) потемнело в глазах.

7 *Merken Sie sich die in unpersönlichen Sätzen vorkommenden Redewendungen und bilden Sie Sätze mit ihnen.*

кинуло (бросило) в дрожь (жар)	(mich) überlief ein Schauer, es überkam (mich) heiß
клонит в сон (ко сну)	es schläfert (mich)
шумит в голове	der Kopf saust (mir)
колет в груди	(ich habe) Bruststechen
дух захватывает	es benimmt den Atem
отлегло от сердца	(mir) wurde leichter ums Herz
в горле пересохло	(ich habe)eine trockene Kehle
сосёт под ложечкой	(ich habe) ein ziehendes Gefühl in der Herzgrube; der Magen zieht sich (einem) zusammen

8 *Lesen Sie die Sätze. Formen Sie die unpersönlichen Konstruktionen in persönliche um. Merken Sie sich: Die unpersönlichen Verben auf* **-ся** *unterscheiden sich von den entsprechenden persönlichen Verben dadurch, dass sie eine Neigung zu einem Zustand bzw. eine Abneigung gegen ihn bezeichnen, und zwar aus Gründen, die durch den physischen oder seelischen Zustand eines Menschen bedingt sind. Hierbei ist die Person, von der die Rede ist, durch ein Substantiv oder Pronomen im Dativ, das Prädikat durch ein unvollendetes Verb ausgedrückt.*

Muster: Как **тебе́** сего́дня **рабо́талось**? — Как **ты** сего́дня **рабо́тал**?

1. Вчера́ ве́чером мне осо́бенно хорошо́ рабо́талось. 2. Что тебе́ взду́малось идти́ так по́здно гуля́ть? 3. Бра́ту не ве́рится, что Ни́на ско́ро прие́дет. 4. Ему́ жило́сь на Ура́ле хорошо́. 5. Мне не ве́рится, что он вы́полнит рабо́ту в срок.

9 *Formen Sie die persönlichen Sätze in unpersönliche um.*

Muster: **Он** сего́дня **не мог чита́ть**. — **Ему́** сего́дня **не чита́лось.**

1. Он сего́дня не в состоя́нии рабо́тать. 2. После́днее вре́мя она́ не спит по ноча́м. 3. Па́вел не хо́чет ра́но встава́ть. 4. Ребёнок не хо́чет сиде́ть до́ма.

10 *Begründen Sie in der Antwort, warum das Subjekt so handelte. Gebrauchen Sie unpersönliche Sätze mit den in den Klammern stehenden Wörtern.*

Muster: — Почему́ вы пересе́ли? Ведь у окна́ светле́е: удо́бнее чита́ть. (дуть)
— От окна́ **ду́ет**.

1. Почему́ у тебя́ в тако́й хо́лод в ку́хне откры́то окно́? (па́хнуть, лук) 2. Почему́ ты не хо́чешь е́хать авто́бусом на экску́рсию? (па́хнуть, бензи́н) 3. Почему́ ты закры́ла дверь на вера́нду? (сквози́ть) 4. Мо́жет, посиди́м у реки́? Почему́ ты не хо́чешь? (тяну́ть, сы́рость)

11 *Erwidern Sie die Äußerung des Gesprächspartners, indem Sie einen ungünstigen physischen oder psychischen Zustand nennen. Gebrauchen Sie dabei die folgenden unpersönlichen Verben mit* ***-ся****:* ***нездоро́вится, взгрусну́лось, не чита́ется, не лежи́тся****.*

Muster: — Ты что́-то нева́жно вы́глядишь.
— Мне нездоро́вится.

1. Ты что така́я ску́чная? Вспо́мнила э́ту печа́льную исто́рию? 2. Переста́нь болта́ть по телефо́ну! У тебя́ ведь на днях экза́мен, а ты ещё не прочла́ весь материа́л. 3. Врач веле́л тебе́ лежа́ть в посте́ли, а ты встаёшь. Куда́ э́то годи́тся!? 4. Ви́ктор сего́дня был о́чень бле́ден и ка́шлял.

12 *Ergänzen Sie die Sätze durch die eingeklammerten Wörter im erforderlichen Fall und verbinden Sie sie, wenn notwendig, mit der passenden Präposition. Merken Sie sich: In unpersönlichen Sätzen, die einen Zustand des Menschen ausdrücken, in Wortverbindungen wie:* ***на се́рдце, на душе́, в голове́*** *wird die Person, von der die Rede ist, durch ein Substantiv oder Pronomen im Genitiv mit der Präposition* ***у*** *ausgedrückt:* ***У меня́ (у бра́та) тяжело́ на се́рдце.*** Mir (meinem Bruder) ist schwer ums Herz. *Vergleichen Sie:* ***Мне тяжело́.*** Mir ist schwer zumute.

1. С наступле́нием холодо́в (больно́й) станови́лось всё ху́же и ху́же. 2. (Ви́ктор) бы́ло неспоко́йно на душе́. 3. (Альпини́сты) станови́лось всё трудне́е идти́. 4. По́сле на́шего разгово́ра на се́рдце (я) бы́ло нехорошо́. 5. (Он) бы́ло ве́село и прия́тно в на́шем до́ме.

13 *Lesen Sie die Sätze. Beachten Sie die hervorgehobenen Konstruktionen, die einen durch andere Beschäftigungen verursachten Verzicht wiedergeben.*

1. Когда́ он рассказа́л обо всём, нам ста́ло **не до шу́ток.** 2. В то вре́мя нам бы́ло **не до сме́ху**. 3. Приди́ попо́зже, мне сейча́с **не до тебя́**. 4.— Ты пойдёшь в кино́? — Нет, сего́дня мне **не до э́того (= не до кино́)**. 5. Друзья́ пришли́ ве́чером поболта́ть, но ему́ бы́ло **не до них**. 6. Мать давно́ звала́ к столу́, но Пе́те бы́ло **не до обе́да**. 7. Когда́ я позвони́л сестре́, ей бы́ло **не до разгово́ров.**

Unpersönliche Sätze mit modaler Bedeutung

In unpersönlichen Sätzen mit modaler Bedeutung steht die Person, von der die Rede ist, im Dativ, und das Prädikat wird durch die Verben **случа́ться, надое́сть** in unpersönlicher Funktion in Verbindung mit einem unvollendeten Infinitiv sowie durch die Verben **остава́ться, уда́ться** in Verbindung mit einem vollendeten Infinitiv ausgedrückt. Die Verben **хоте́ться, сле́довать** werden, wenn verneint, mit einem unvollendeten Infinitiv gebraucht. Im Deutschen entsprechen solchen unpersönlichen Sätzen persönliche Sätze mit modalen Hilfsverben: **Мне не хо́чется де́лать э́того.** *Ich möchte das nicht tun.*

ÜBUNGEN

14 *Lesen Sie die Sätze. Suchen Sie die in unpersönlicher Funktion gebrauchten persönlichen Verben heraus.*

1. Нам случа́лось чита́ть об э́том учёном. 2. Э́то несча́стье случи́лось два дня наза́д. 3. Ма́льчик остаётся в де́тском ла́гере ещё на ме́сяц. 4. Мне остаётся подчини́ться ва́шему прика́зу. 5. Всем надое́ло слу́шать э́ту чепуху́. 6. Всё э́то мне стра́шно надое́ло.

15 *Formen Sie die persönlichen Sätze in unpersönliche um.*

Muster: Сестра́ **хоте́ла вы́ступить** на ми́тинге. — Сестре́ **хоте́лось вы́ступить** на ми́тинге.

1. Я не хоте́л ра́но встава́ть. 2. Я хоте́л позвони́ть тебе́. 3. Вчера́ Ве́ра вдруг взду́мала пое́хать за́ город. 4. Почему́-то он не хоте́л идти́ к Ни́не.

16 *Lesen Sie die Sätze. Merken Sie sich die Redewendungen mit dem Verb **сто́ить**: **Сто́ило ему́ войти́, как все оживи́лись. = Как то́лько (едва́) он вошёл, все оживи́лись.*** Kaum war er eingetreten, so wurden alle lebhaft. *Solche Konstruktionen sind Temporalsätzen mit den Konjunktionen **как то́лько, едва́** bedeutungsverwandt; zum Verb tritt stets ein vollendeter Infinitiv hinzu.*

1. Сто́ит ей то́лько сказа́ть, и мы придём ей на по́мощь. 2. Э́тот фильм сто́ит посмотре́ть. 3. Сто́ило ему́ переплы́ть ре́ку, как он оказа́лся в безопа́сности. 4. Мне сто́ило уси́лий не рассмея́ться. 5. Сто́ило ма́тери вспо́мнить о предстоя́щем полёте сы́на, как её охва́тывало волне́ние. 6. Сто́ило ему́ вы́йти на во́здух, как он почу́вствовал себя́ лу́чше.

17 *Formen Sie die persönlichen Sätze in unpersönliche mit dem Verb* ***сто́ить*** *um.*

Muster: 1) **Он без труда́ сде́лал** э́тот чертёж. — **Ему́ ничего́ не сто́ило сде́лать** э́тот чертёж. *Oder:* **Ему́ не сто́ило никако́го труда́ сде́лать** э́тот чертёж.
2) **Он с трудо́м сде́лал** э́тот чертёж. — **Ему́ сто́ило большо́го труда́ сде́лать** э́тот чертёж.

1. Я с трудо́м нашёл доро́гу к реке́. 2. Спортсме́н с больши́м трудом доби́лся побе́ды. 3. Она́ с трудо́м дозвони́лась туда́. 4. Они́ без больши́х уси́лий вы́полнили зада́ние.

18 *Ersetzen Sie die folgenden Sätze durch gleichbedeutende.*

Muster: 1) **Име́ет смысл** пойти́ на като́к. — **Сто́ит** пойти́ на като́к.
2) **Нет смы́сла** ходи́ть на като́к. — **Не сто́ит** ходи́ть на като́к.
3) **Как то́лько маши́на подошла́** к подъе́зду, мы тро́нулись в путь. — **Сто́ило маши́не подойти́** к подъе́зду, как мы тро́нулись в путь.

1. Име́ет смысл осмотре́ть э́то истори́ческое ме́сто. 2. Нет смы́сла обраща́ться к нему́ по э́тому вопро́су. 3. Име́ет смысл искупа́ться в таку́ю жару́. 4. Нет смы́сла бо́льше ждать их. 5. Мне ка́жется, име́ет смысл пообе́дать сего́дня пора́ньше. 6. Как то́лько профе́ссор зако́нчил свою́ речь, начала́сь диску́ссия. 7. Как то́лько по́езд подошёл к перро́ну, мы за́няли свои́ места́. 8. Как то́лько он улыбну́лся, я забы́ла все оби́ды. 9. Как то́лько ты прие́хал, мать успоко́илась.

19 *Lesen Sie die nachstehenden unpersönlichen Sätze und beachten Sie, dass als Prädikat in ihnen die prädikativen Adverbien:* ***на́до, мо́жно, невозмо́жно, ну́жно, нельзя*** *in Verbindung mit einem Infinitiv auftreten, die durch ein Substantiv oder Pronomen ausgedrückte handelnde Person soweit vorhanden, im Dativ steht und die die Zeit bestimmende Kopula* ***быть*** *den Wörtern:* ***на́до, мо́жно, невозмо́жно, ну́жно, нельзя́*** *nachgestellt ist:* ***Мне ну́жно бы́ло идти.*** Ich musste gehen. *Im Präsens wird die Kopula weggelassen. Im Deutschen entsprechen solchen Sätzen persönliche Konstruktionen mit modalen Hilfsverben:* ***Ему́ нельзя́ ходи́ть на лы́жах.*** Er darf nicht Ski laufen.

1. Ему́ на́до бу́дет зако́нчить статью́. 2. Мне ну́жно бы́ло вчера́ съе́здить в магази́н. 3. Еле́не нельзя́ бы́ло теря́ть вре́мени. 4. Нам мо́жно бы́ло споко́йно уйти́ отсю́да. 5. Нельзя́ входи́ть без сту́ка. 6. Тебе́ тут невозмо́жно до́льше остава́ться. 7. Здесь невозмо́жно бы́ло рабо́тать. 8. В ко́мнату нельзя́ бы́ло войти́: кто-то за́пер дверь.

20 *Vergleichen Sie die unten angeführten Satzpaare. Achten Sie darauf, wie das Prädikat in ihnen ausgedrückt ist. Merken Sie sich, dass die Kurzform des Adjektivs* ***возмо́жен, возмо́жна, возмо́жно*** *nur in einem persönlichen Satz, in Verbindung mit einem Verbalsubstantiv, das Prädikativ eines zusammengesetzten Prädikats darstellt:* ***Тепе́рь ста́ло возмо́жно изуче́ние ко́смоса***. Jetzt ist die Erforschung des Weltraums möglich geworden. *Das Wort* ***мо́жно*** *dagegen ist ein Adverb und wird nur in unpersönlichen Sätzen in Verbindung mit einem Infinitiv gebraucht.*

1. Тепе́рь ста́ло возмо́жно широ́кое примене́ние но́вых ме́тодов вы́плавки ста́ли. — Тепе́рь мо́жно широко́ примени́ть но́вые ме́тоды вы́плавки ста́ли. 2. В результа́те откры́тия гео́логов ста́ла возмо́жна разрабо́тка но́вых за́лежей руды́. — В результа́те откры́тия гео́логов мо́жно бы́ло нача́ть разрабо́тку но́вых за́лежей руды́. 3. Недалеко́ то вре́мя, когда́ бу́дет возмо́жен полёт к други́м плане́там. — Недалеко́ то вре́мя, когда́ мо́жно бу́дет лета́ть на други́е плане́ты.

21 *Lesen Sie die Sätze. Stellen Sie fest, in welchen Sätzen statt der hervorgehobenen Wörter das Prädikativ* ***невозмо́жно*** *gebraucht werden kann.*

1. Тебе́ **нельзя́** мно́го кури́ть. 2. Здесь **нельзя́** перейти́ че́рез доро́гу. 3. Дета́ль **мо́жно** обточи́ть за час. 4. Приме́рно так **мо́жно** сформули́ровать э́ту мысль. 5. Больно́му **мо́жно** встава́ть. 6. Его́ **нельзя́** узна́ть. 7. На заня́тия **нельзя́** опа́здывать.

22 *Ersetzen Sie die hervorgehobenen Wörter durch Wörter mit entgegengesetzter Bedeutung.*

1. Тебе́ **нельзя́** принима́ть э́то лека́рство. 2. Его́ **невозмо́жно** разыска́ть. 3. Сюда́ **нельзя́** входи́ть. 4. В ко́мнату **невозмо́жно** войти́: нет ключа́.

23 *Ergänzen Sie die Sätze durch die Wörter* ***мо́жно, возмо́жно, невозмо́жно, нельзя́*** *oder das Verb* ***мочь*** *in der richtigen Form. Nennen Sie die denkbaren Varianten.*

1. Вы́полнить э́то зада́ние вполне́ … . 2. Э́ту кни́гу ещё … доста́ть. 3. С э́тим реше́нием … примири́ться. 4. Э́ту мысль … вы́разить ина́че. 5. Он … помо́чь вам в э́том де́ле. 6. Прости́те, … здесь сесть? 7. Что вы! Э́то соверше́нно …! 8. Её … узна́ть в э́том костю́ме.

24 *Ersetzen Sie die prädikativen Adverbien durch bedeutungsverwandte unpersönliche Verben:* ***полага́ется, предстои́т, придётся, сле́дует****.*

Muster: Тебе́ **на́до** пойти́ в библиоте́ку. — Тебе́ **сле́дует** пойти́ в библиоте́ку.

1. Нам на́до сро́чно уе́хать. 2. Тебе́ нельзя́ полага́ться то́лько на свои́ зна́ния. 3. Ему́ на́до бу́дет мно́го рабо́тать. 4. Пре́жде чем нача́ть о́пыт, на́до прочита́ть инстру́кцию.

25 *Verneinen Sie die folgenden Sätze. Vergessen Sie nicht, dass nach den verneinten prädikativen Adverbien* ***не на́до, не ну́жно*** *ein unvollendeter Infinitiv stehen muss.*

Muster: Мне **на́до** у́тром **идти́** (**пойти́**) к врачу́. — Мне **не на́до** у́тром **идти́** к врачу́.

1. Мне ну́жно купи́ть себе́ но́вый костю́м. 2. Серге́ю ну́жно бы́ло написа́ть письмо́ дру́гу. 3. Ле́не на́до бы́ло оста́вить свой а́дрес. 4. И́горю на́до бу́дет пое́хать в командиро́вку. 5. Тебе́ ну́жно пойти́ в библиоте́ку. 6. Вам ну́жно бу́дет прове́рить э́ту рабо́ту. 7. На́до рассказа́ть ей об э́том. 8. Тебе́ ну́жно бы́ло вы́писать э́тот журна́л.

26 *Lesen Sie die Sätze. Beachten Sie, dass den unpersönlichen Sätzen, in denen als Prädikat der Infinitiv eines Verbs auftritt, das einen Wunsch, ein Müssen bzw. eine Unvermeidlichkeit ausdrückt, im Deutschen persönliche Sätze mit modalen Hilfsverben entsprechen. Die unpersönlichen Sätze, die eine kategorische Behauptung ausdrücken, beginnen in der Regel mit dem Verb* ***быть****:* ***Быть тебе героем!*** Du wirst bestimmt ein Held sein!

1. Мне идти на работу через час. 2. Всем прыгать с парашютом! 3. Быть грозе! 4. Быть ему учёным! 5. Нам только посмотреть на новую машину! 6. Мне бы повидать её!

27 *Formen Sie die persönlichen Sätze in unpersönliche mit einem unabhängigen Infinitiv als Prädikat um. Merken Sie sich, dass zur Bezeichnung einer Handlung, die auszuführen der Urheber außerstande ist, ein durch* ***не*** *verneinter vollendeter Infinitiv gebraucht wird. Im Deutschen entsprechen solchen Sätzen persönliche Konstruktionen.*

Muster: **Ты не можешь сделать** этот эскиз. — **Тебе не сделать** этого эскиза.

1. Сейчас я не смогу выполнить это задание. 2. Он не сможет прочитать эту статью, так как он плохо знает испанский язык. 3. Юра не сможет догнать Андрея. 4. Анна не сможет поднять этот чемодан.

28 *Lesen Sie die Sätze. Beachten Sie, dass alle diese unpersönlichen infinitivischen Fragesätze Zweifel, Schwankungen bzw. Überlegungen ausdrücken, in Sätzen mit der Partikel* ***ли*** *(****Не сыграть ли*** *мне с тобой в шахматы?* Sollte ich nicht Schach mit dir spielen?*) wird ein vollendetes Verb mit der ihm vorangestellten Verneinungspartikel* ***не*** *gebraucht. Solche Sätze sind Sätzen bedeutungsverwandt, in denen der Infinitiv nicht verneint ist:* ***Может быть,*** *мне* ***сыграть*** *с тобой в шахматы?* Vielleicht sollte ich mit dir Schach spielen? *Die beiden Konstruktionen drücken einen Wunsch, eine Bereitschaft aus, etwas zu tun, das Zweifel auslöst, im Gegensatz zur Konstruktion mit einem zwar durch* ***не*** *verneinten unvollendeten Verb, aber ohne die Partikel* ***ли****:* ***Может быть, мне не играть*** *с тобой в шахматы?* Vielleicht sollte ich nicht mit dir Schach spielen?

1. Не заняться ли мне музыкой? Может быть, мне заняться музыкой? Может быть, мне не заниматься музыкой? 2. Не пойти ли мне в кино? Может быть, мне пойти в кино? Может быть, мне не ходить в кино? 3. Не взять ли мне билеты в театр? Может быть, мне взять билеты в театр? Может быть, мне не брать билеты в театр? 4. Не послать ли нам брату телеграмму? Может быть, нам послать брату телеграмму? Может быть, нам не посылать брату телеграмму? 5. Не купить ли мне новый учебник? Может быть, мне купить новый учебник? Может быть, мне не покупать новый учебник? 6. Не покататься ли нам на лодке? Может быть, нам покататься на лодке? Может быть, нам не кататься на лодке? 7. Не пойти ли мне в библиотеку? Может быть, мне пойти в библиотеку?

29 *Lesen Sie die Sätze. Achten Sie darauf, welche Schattierung die Partikel **ли** den Sätzen verleiht. Beginnt ein unpersönlicher Fragesatz mit einem Substantiv oder einem Personalpronomen im Dativ und steht nach ihnen die Partikel **ли,** so bedeutet ein durch **не** verneinter unvollendeter Infinitiv eine Überzeugung von der Möglichkeit der Handlung bzw. ein Sollen. Lassen Sie die Partikel **не** in diesen Sätzen weg. Vergleichen Sie die entstandenen Sätze mit der ursprünglichen Fassung. Merken Sie sich, dass solche Sätze ohne **не** die entgegengesetzte Bedeutung haben und die Überzeugung des Sprechenden von der Unmöglichkeit der Handlung ausdrücken.*

Muster: **Вам ли не ду́мать** о нём? — **Вам ли ду́мать** о нём?

1. Вам ли не жале́ть об э́том? 2. Тебе́ ли не воспи́тывать дете́й? 3. Ей ли не учи́ться му́зыке? 4. Вам ли не знать об э́том? 5. Ему́ ли не говори́ть о свои́х чу́вствах?

30 *Lesen Sie die Sätze. Merken Sie sich, dass unpersönliche Infinitivsätze mit der Partikel **бы** eine Möglichkeit, einen Wunsch oder eine Befürchtung vor einer unerwünschten Handlung ausdrücken. Das Verb steht dabei im vollendeten Aspekt. Im Deutschen entsprechen solchen Sätzen unbestimmtpersönliche Konstruktionen mit modalen Verben im Konjunktiv: **Сказа́ть бы ей об э́том.*** Man müsste ihr das sagen.

1. Просну́ться бы за́втра пора́ньше. 2. Сде́лать бы скоре́е э́ту рабо́ту. 3. Сообщи́ть бы им об э́том. 4. Не простуди́ться бы. 5. Не слома́ть бы э́тот аппара́т. 6. Не наде́лать бы оши́бок в дикта́нте. 7. Дойти́ бы поскоре́е до ста́нции.

31 *Verneinen Sie die Sätze. Wie ändert sich ihre Bedeutung? Vergessen Sie nicht, die vollendeten Infinitive durch unvollendete zu ersetzen.*

1. Пойти́ бы на конце́рт сего́дня. 2. Взять бы с собо́й пала́тку. 3. Позвони́ть бы ему́ ве́чером по телефо́ну. 4. Посове́товать бы ей уча́ствовать в ве́чере. 5. Пое́хать бы в воскресе́нье на да́чу.

32 *Lesen Sie die Sätze. Achten Sie darauf, dass unpersönliche Infinitivsätze eine Befürchtung des Sprechenden ausdrücken, die auf ihn selbst bezogen ist, während persönliche Sätze mit einem verbalen Prädikat im Präteritum eine auf andere Personen bezogene Befürchtung wiedergeben. Eine Warnung wird durch Imperativsätze ausgedrückt: **Смотри́, не опозда́й!*** Sieh zu, dass du dich nicht verspätest!

1. Не забы́ть бы об э́том. Не забы́л бы ты об э́том. Смотри́, не забу́дь об э́том! 2. Не заболе́ть бы. Не заболе́л бы ты. Смотри́, не заболе́й! 3. Не подвести́ бы това́рищей. Не подвёл бы ты това́рищей. Смотри́, не подведи́ това́рищей!

33 *Übersetzen Sie ins Russische unter Verwendung der oben erwähnten unpersönlichen Konstruktionen.*

1. Bald wird es dunkel sein. 2. Mach die Tür zu, es zieht! 3. In einigen Tagen wird es kälter sein. 4. Das Boot wurde von einer starken Welle zerschlagen. 5. Nach dem Regen riecht es nach Gras. 6. Im April wurde es wärmer. 7. Vom Wasser her wehte es frisch. 8. Als ich aufwachte, war es schon hell. 9. Mich zog es nach Hause. 10. Es fröstelte ihn. 11. Mir wurde schwarz vor Augen. 12. Wie geht es Ihnen? 13. Heute bin ich zu Vergnügungen nicht aufgelegt. 14. Es war mir schwer ums Herz. 15. Ich würde gern mit Ihnen sprechen. 16. Du solltest nicht davon erzählen. 17. Sie sollten sich diesen Film ansehen. 18. Es lohnt sich nicht, mit ihm zu streiten. 19. Kaum hatte er angefangen zu sprechen, da wurden alle still. 20. Er wird diesen Artikel nicht übersetzen können. 21. Sie wird diese Rolle nicht spielen können. 22. Sollte ich nicht dieses Wörterbuch kaufen? 23. Vielleicht soll ich nicht mit dir gehen? 24. Wenn nicht du, wer sonst könnte diesen Zirkel leiten? 25. Soll ich vielleicht mit ihm sprechen? 26. Gib acht, dass du dich nicht erkältest! 27. Dass wir nur nicht zu spät kommen!

§ 6 Das Partizip und die Partizipialkonstruktionen

Partizipialkonstruktionen im Russischen und ihre Entsprechungen im Deutschen

Partizipien des Aktivs	Partizipien des Passivs
На́ши студе́нты, *рабо́тающие* на пра́ктике, приобрета́ют произво́дственный о́пыт.	Депута́ты ме́стных о́рганов вла́сти, *избира́емые* наро́дом, регуля́рно отчи́тываются пе́ред избира́телями.
Unsere Studenten, die ihr Produktionspraktikum ableisten, bekommen Produktionserfahrung. /	Die vom Volk gewählten Abgeordneten der örtlichen Organe erstatten regelmäßig vor ihren Wählern Bericht.
Die ihr Produktionspraktikum ableistenden Studenten bekommen Produktionserfahrung.	
Молода́я певи́ца, *испо́лнившая* наро́дные пе́сни, получи́ла мно́го цвето́в.	Но́вые города́, *со́зданные* в Сове́тском Сою́зе, ста́ли больши́ми индустриа́льными це́нтрами.
Die junge Sängerin, die Volkslieder gesungen hatte, bekam viele Blumen.	Neue Städte, die in der Sowjetunion gegründet wurden, wurden zu großen Industriezentren. /
	Die in der Sowjetunion gegründeten neuen Städte wurden zu großen Industriezentren.

Anmerkung:

Im Unterschied zum Deutschen bezeichnet das Partizip des Präsens im Russischen die Gleichzeitigkeit und das Partizip des Präteritums die Gleichzeitigkeit oder Vorzeitigkeit in Bezug auf die Haupthandlung, unabhängig davon, welche Zeitform das als Prädikat auftretende Verb hat:

Ка́ждый день я **встреча́л** своего́ дру́га, **ше́дшего (иду́щего)** в институ́т.	Jeden Tag traf ich meinen Freund, der ins Institut ging.

Das Partizip des Präteritums von unvollendeten Verben bezeichnet die Gleichzeitigkeit bei Verben, die einen Zustand schildern.

Я заме́тила де́вушку, **чита́вшую** кни́гу.	Ich bemerkte ein Mädchen, das ein Buch las.

Die Bildung der Partizipien (Zusammenfassende Übersicht)

Verben	Partizipien					Anmerkungen
	Aspekt	Aktiv		Passiv		
		Präsens	Präteritum	Präsens	Präteritum	
Transitiv	*Unvollendet*					Partizipien des Präteritums Passiv von unvollendeten Verben werden kaum mehr gebraucht. Von vollendeten Verben lassen sich keine Präsensformen ableiten.
	чита́ть	чита́ющий	чита́вший	чита́емый	чи́танный	
	ви́деть	ви́дящий	ви́девший	ви́димый	ви́денный	
	слу́шать	слу́шающий	слу́шавший	слу́шаемый	—	
	слы́шать	слы́шащий	слы́шавший	слы́шимый	слы́шанный	
	нести́	несу́щий	нёсший	несо́мый	—	
	петь	пою́щий	пе́вший	—	—	
	быть	бу́дущий	бы́вший	—	—	
	Vollendet					
	прочита́ть	—	прочита́вший	—	прочи́танный	
	уви́деть	—	уви́девший	—	уви́денный	
	прослу́шать	—	прослу́шавший	—	прослу́шанный	
	расколо́ть	—	расколо́вший	—	раско́лотый	
Intransitiv	*Unvollendet*					Partizipien des Passivs lassen sich von intransitiven Verben nicht ableiten.
	е́хать	е́дущий	е́хавший	—	—	
	Vollendet					
	прие́хать	—	прие́хавший	—	—	

Übungen

1 *Lesen Sie die Sätze. Suchen Sie die Partizipien heraus und bestimmen Sie deren Geschlecht, Genus und Zeitform.*

1. Ма́льчик следи́л за пролета́вшими пти́цами. 2. Я подошёл к ве́село игра́вшим во дворе́ де́тям. 3. Внеза́пно сверкну́вшая мо́лния освети́ла ночно́е не́бо. 4. Иссле́дуемый вопро́с привлёк внима́ние учёных ра́зных стран. 5. Выдвига́емый в депута́ты кандида́т рабо́тает сле́сарем на на́шем заво́де. 6. Со́зданные писа́телем Михаи́лом Шо́лоховым произведе́ния изве́стны во всём ми́ре.

2 *Bilden Sie von den folgenden Verben alle möglichen Partizipien.*

спать, ви́деть, есть (essen), встать, изуча́ть, изучи́ть, писа́ть, слу́шать, ходи́ть, е́хать, учи́ться, стать, прибы́ть, люби́ть, найти́, сказа́ть, говори́ть, отдыха́ть, лечь, купи́ть

3 *Schreiben Sie die Sätze ab. a) Ergänzen Sie die Sätze. Bilden Sie von den in Klammern stehenden Verben Partizipien des Präsens bzw. des Präteritums Aktiv und führen Sie die Kongruenz durch. Merken Sie sich: Unabhängig vom Aspekt des verbalen Prädikats wird das Partizip bei Gleichzeitigkeit mit der Haupthandlung von unvollendeten Verben abgeleitet. Bezeichnet das Partizip eine Vorzeitigkeit in Bezug auf das Prädikat, so wird es von vollendeten, seltener von unvollendeten Verben abgeleitet. Im letzteren Fall drückt es eine fortdauernde, nicht abgeschlossene bzw. sich wiederholende Handlung aus.*

1. (Прибы́ть) на съезд молодёжь рассказа́ла о свои́х достиже́ниях. 2. Авто́бус приближа́лся к (находи́ться) в це́нтре го́рода зда́нию гости́ницы. 3. (Созда́ть) э́ту карти́ну худо́жник живёт на Ура́ле. 4. Ты знако́м с (выступа́ть) учёным? 5. Все (рабо́тать) студе́нты получа́ют дополни́тельный о́тпуск для сда́чи экза́менов.

b) Bilden Sie von den in Klammern stehenden Verben Partizipien des Präsens bzw. des Präteritums Passiv und führen Sie die Kongruenz durch.

1. Мы во́время возврати́ли (взять в библиоте́ке) кни́ги. 2. (Вы́учить) пра́вило помогло́ нам ве́рно употребля́ть прича́стия. 3. (Выпуска́ть) проду́кция прохо́дит техни́ческий контро́ль. 4. (Вы́пустить) проду́кция была́ отли́чного ка́чества. 5. (Испо́льзовать в ми́рных це́лях) а́томная эне́ргия слу́жит прогре́ссу челове́чества.

Die Partizipialkonstruktion und der Attributsatz

Das Partizip mit den von ihm abhängigen Wörtern nennt man die Partizipialkonstruktion. Im Satz dient sie als ein erweitertes Attribut und kann vor oder nach ihrem Bezugswort stehen, wobei das Partizip stets an erster Stelle bleibt. Eine Partizipialkonstruktion, die ihrem Bezugswort nachgestellt ist, wird in Kommata eingeschlossen. Im Deutschen entsprechen den Partizipial- konstruktionen oft Attributsätze.

Übungen

4 *Suchen Sie die Partizipialkonstruktionen heraus und bestimmen Sie die Form des jeweiligen Partizips.*

1. Руководи́мый о́пытным дире́ктором заво́д из ме́сяца в ме́сяц выполня́ет план. 2. Руда́, на́йденная в э́том райо́не, о́чень бога́та желе́зом. 3. В за́ле собрало́сь мно́го строи́телей, преобража́ющих о́блик на́шей столи́цы. 4. Обуча́ющиеся в Москве́ иностра́нные студе́нты окружены́ забо́той и внима́нием росси́йской молодёжи. 5. Пассажи́ры, жда́вшие по́езд, могли́ отдохну́ть в специа́льном за́ле. 6. Впереди́ беле́ли берёзки, сгиба́вшиеся от ве́тра.

5 *Ergänzen Sie die Sätze durch die angegebenen Partizipialkonstruktionen, führen Sie die Kongruenz durch und setzen Sie die Kommas. Die einzusetzenden Konstruktionen sind:* посети́вший Росси́ю, отли́чно успева́ющий по всем предме́там, при́бывший из-за грани́цы, находя́щийся у Москвы́-реки́, чита́емый в планета́рии, постро́енный на Енисе́е, укра́шенный фла́гами и иллюмина́цией, доста́вивший гру́зы поля́рникам, выступа́вший по ра́дио.

1. Тури́сты … интересова́лись культу́рной жи́знью Москвы́. 2. Пра́здничные у́лицы столи́цы … понра́вились на́шим гостя́м. 3. Студе́нты … получа́ют повы́шенную стипе́ндию. 4. Мы ви́дим в па́рке … наря́дных и весёлых люде́й. 5. Ле́кции об освое́нии ко́смоса … привлека́ют мно́го слу́шателей. 6. Красноя́рская ГЭС … име́ет большу́ю мо́щность . 7. С парохо́да … спусти́ли шлю́пку. 8. … арти́ст исполня́л ру́сские наро́дные пе́сни.

6 *Ergänzen Sie die Sätze durch die rechts angegebenen Wortverbindungen. Bilden Sie aus den Verben dieser Verbindungen Partizipien in der nötigen Form.*

1. Лу́чше поговори́ть с инжене́рами, вчера́ …	прибы́ть из Петербу́рга
2. Я посове́товался с учёным …	вести́ экспериме́нты
3. На ве́чере выступа́л студе́нт …	написа́ть хоро́шие стихи́
4. Все проголосова́ли за …	приня́ть резолю́цию
5. Мы высоко́ оцени́ли проду́кцию…	выпуска́ть ура́льским предприя́тием
6. Вели́кий матема́тик и меха́ник Э́йлер, …, про́жил в ней бо́льшую часть жи́зни.	найти́ в Росси́и свою́ втору́ю ро́дину

7 *Redigieren Sie diesen Text, indem Sie hervorgehobene Sprachmittel durch sinnverwandte Partizipialgruppen ersetzen. Setzen Sie, wo nötig, Kommata.*

Мари́на Ива́новна – замеча́тельная ру́сская поэте́сса (1892–1941),

по слова́м Бори́са Пастерна́ка, была́ си́льной, реши́тельной же́нщиной, *кото́рая стреми́лась к соверше́нству.* Её тво́рчество, *кото́рое отлича́лось контра́стами*, бы́ло таки́м же противоречи́вым, как её вне́шность и хара́ктер. Мари́на родила́сь и вы́росла в семье́ изве́стного исто́рика иску́сства, профессора Ивана Цветаева, *который принадлежал к молодым русским интеллектуалам, которые выступали за демократию и фанатично любили свою профессию.* Всем делом его жизни было создание в Москве Музея искусства, *который в наши дни носит имя Пушкина.*

Ещё гимназисткой Цветаева опубликовала свой первый сборник стихов «Вечерний альбом», *который привлёк внимание литературной критики.* Мастер русской поэзии Валерий Брюсов, *который написал о нём рецензию*, считал Марину талантливой поэтессой.

Марина провела свою юность в кругу семьи и немногих друзей, *которые повлияли на её раннюю лирику, которая характеризуется фантазией, историческими и литературными героями.* Настоящая жизнь, *которая вошла в её поэзию и духовный мир с началом Первой мировой войны*, изменила и темы её стихотворений. В эти годы она пишет новые стихи, *которые отличаются эмоциональностью, темпераментом, умением одной-двумя деталями создать яркую картину.* За два года (1921–22) в Москве вышли четыре сборника её стихотворений.

В мае 1922 года М. Цветаева получила разрешение выехать со своей восьмилетней дочкой к мужу, *который жил в Чехословакии и учился в Пражском университете.* Они встретились в Берлине и поехали в Прагу, где жили три года, а затем переехали в Париж. Но Марина, *которая очень любила Родину*, хотела вернуться домой. Из её стихотворений уходит романтическая героиня, зеленоглазая Марина с золотистыми волосами, и появляется труженица, *которая рано поседела и ненавидит ложь и лицемерие.* У М. Цветаевой, *которая не принадлежала к какой-нибудь литературной школе*, остаётся романтика в поэзии. Но с середины двадцатых годов она меньше пишет стихи, *которые отличаются романтизмом*, и всё больше уходит в мир своих эмоций.

В июне 1939 года Марина, *которая очень страдала от ностальгии*, возвращается на Родину. Но её муж и старшая дочь, *которые уехали раньше*, репрессированы. У неё и сына нет денег и нет работы. Начинается война, и она эвакуируется в Елабугу, маленький татарский городок на реке Каме, *который находится в двухстах километрах от Казани.* Она согласна на любую работу, но работы нет. Никто из её друзей, *которые её любили*, не помогает ей. 31 августа 1941 года Марина Цветаева, *которая не видела выхода из этой ситуации*, покончила жизнь самоубийством.

Die Kurzform der Partizipien des Passivs

Die Kurzform der Partizipien des Passivs wird als Prädikativ des zusammengesetzten Prädikats gebraucht und stimmt mit dem Subjekt in Geschlecht und Zahl überein:

Работа **выполнена**.	Die Arbeit ist ausgeführt worden.
Работа **была выполнена**.	Die Arbeit war ausgeführt worden.
Работа **будет выполнена**.	Die Arbeit wird ausgeführt worden sein.

Im Deutschen entspricht dieser Form das Partizip II transitiver Verben.

Die Kurzform der Partizipien des Passivs wird in Passivkonstruktionen zum Ausdruck des Resultats einer Handlung (in Gegenwart, Vergangenheit oder Zukunft) gebraucht. Vergleichen Sie:

Заво́д **стро́ится**.	Das Werk wird gebaut.
Заво́д **постро́ен**.	Das Werk ist gebaut worden.

Eine Partizipialkonstruktion mit einem Partizip des Passivs, in der die handelnde Person nicht angegeben ist, kann durch einen unbestimmt-persönlichen Nebensatz oder einen Nebensatz mit einer Passivkonstruktion ersetzt werden:

Мы живём в до́ме, **постро́енном** год наза́д.	Wir wohnen in einem Haus, das vor einem Jahr gebaut worden ist.
Мы живём в до́ме, кото́рый **постро́или** год наза́д.	Wir wohnen in einem Haus, das vor einem Jahr gebaut worden ist.
Мы живём в до́ме, кото́рый **был постро́ен** год наза́д.	Wir wohnen in einem Haus, das vor einem Jahr gebaut worden war.

ÜBUNGEN

8 *Ergänzen Sie die Sätze durch das passende Prädikat und führen Sie die Kongruenz durch. Die einzusetzenden Prädikate sind:* проведён, со́здан, введён, покры́т, подде́ржан.

1. По́сле Октя́брьской револю́ции 1917 го́да в СССР была́ ... национализа́ция промы́шленности и бы́ло ... всео́бщее обяза́тельное обуче́ние. 2. В институ́те ... кружки́ для люби́телей му́зыки и теа́тра. 3. Ра́нним у́тром трава́ была́ ... росо́й. 4. Предложе́ние председа́теля собра́ния бы́ло ... все́ми прису́тствующими.

9 *Suchen Sie in den Sätzen die Lang- und Kurzformen der Partizipien des Passivs heraus. Welche deutschen Konstruktionen entsprechen ihnen?*

1. В магази́не, откры́том в но́вом райо́не Москвы́, име́ется большо́й вы́бор това́ров. 2. Сейча́с откры́ты но́вые пути́ для освое́ния ко́смоса в ми́рных це́лях. 3. Статья́, прочи́танная мно́й вчера́, дала́ мне бога́тый материа́л для докла́да. 4. Э́та статья́ была́ прочи́тана все́ми с больши́м интере́сом.

10 *Ergänzen Sie die Sätze. Bilden Sie von den Verben in Klammern die erforderlichen Formen der Partizipien des Passivs. Fügen Sie, wenn notwendig, die Kopula* ***быть*** *in passender Form ein. Vergessen Sie nicht, dass eine nach ihrem Bezugswort stehende Partizipialkonstruktion in Kommas eingeschlossen wird.*

1. Петербу́рг (располож́ить) в де́льте Невы́. 2. Он (основа́ть) 27 ма́я 1703 го́да. 3. Прекра́сные стари́нные зда́ния го́рода (постро́ить) лу́чшими ру́сскими и иностра́нными архите́кторами. 4. О́коло Петербу́рга мно́го дворцо́в, (окружи́ть) ста́рыми па́рками. 5. Когда́ пре́жняя власть в 1917 году́ (све́ргнуть), культу́рные це́нности Петербу́рга ста́ли наро́дным достоя́нием.

11 *Lesen Sie die Sätze. Beachten Sie, dass Partizipialkonstruktionen durch einen Attributsatz ersetzt werden können.*

1. Третьяко́в, цени́вший ру́сское иску́сство, основа́л в Москве́ карти́нную галере́ю. — Третьяко́в, кото́рый цени́л ру́сское иску́сство, основа́л в Москве́ карти́нную галере́ю. 2. Статья́, напи́санная молоды́м а́втором, соде́ржит интере́сные да́нные. — Статья́, кото́рую написа́л молодо́й а́втор, соде́ржит интере́сные да́нные. 3. Ску́льптор, горячо́ лю́бящий свой наро́д, со́здал замеча́тельные о́бразы совреме́нников. — Ску́льптор, кото́рый горячо́ люби́л свой наро́д, со́здал замеча́тельные о́бразы совреме́нников. 4. Мы ча́сто обсужда́ем поло́тна росси́йских худо́жников, регуля́рно выставля́емые в худо́жественных сало́нах. — Мы ча́сто обсужда́ем поло́тна росси́йских худо́жников, кото́рые регуля́рно выставля́ются в худо́жественных сало́нах.

§ 7 Aktive und passive Konstruktionen

Aktiv		Passiv	
Beispiele zu unvollendeten Verben			
Студе́нты изуча́ют ру́сский язы́к.	Studenten lernen die russische Sprache.	Ру́сский язы́к *изуча́ется студе́нтами.*	Die russische Sprache wird von Studenten gelernt.
Студе́нты изуча́ли ру́сский язы́к.	Studenten lernten die russische Sprache.	Ру́сский язы́к *изуча́лся студе́нтами.*	Die russische Sprache wurde von Studenten gelernt.
Студе́нты бу́дут изуча́ть ру́сский язы́к.	Studenten werden die russische Sprache lernen.	Ру́сский язы́к *бу́дет изуча́ться студе́нтами.*	Die russische Sprache wird von Studenten gelernt werden.
Beispiele zu vollendeten Verben			
Студе́нты изучи́ли ру́сский язы́к.	Studenten haben die russische Sprache erlernt.	a) Ру́сский язы́к *изу́чен* студе́нтами.	Die russische Sprache ist von Studenten erlernt worden.
		b) Ру́сский язы́к был изу́чен студе́нтами.	Die russische Sprache war von Studenten erlernt worden.
Студе́нты изу́чат ру́сский язы́к.	Studenten werden die russische Sprache erlernt haben.	Ру́сский язы́к *бу́дет изу́чен студе́нтами.*	Die russische Sprache wird von Studenten erlernt worden sein.

Anmerkungen:

1. Tritt im aktiven Satz ein vollendetes Verb als Prädikat auf, so entspricht ihm im passiven Satz die Kurzform eines Partizips des Passivs, die das Resultat der Handlung angibt. Die vollendeten Verben mit der Partikel -**ся** werden gebraucht, wenn die Rede von außerhalb des menschlichen Willens liegenden Handlungen oder Erscheinungen oder vom Übergang aus einem Zustand in einen anderen ist:

Земля́ **покры́лась** сне́гом.	Die Erde hat sich mit Schnee bedeckt.

2. Fehlt im aktiven Satz das präpositionslose Instrumentalobjekt, so sind die passiven Konstruktionen mit einem reflexiven Verb als Prädikat mit unbestimmt-persönlichen Sätzen gleichbedeutend. Das durch die Kurzform eines Partizips des Passivs ausgedrückte Prädikat gibt nicht einen Vorgang, sondern einen Zustand des Subjekts wieder. Vergleichen Sie:

Заво́д **стро́ится**.	Das Werk wird gebaut.
Заво́д **стро́ят**.	Man baut das Werk.
Заво́д **постро́ен**.	Das Werk ist gebaut.
Заво́д **был (бу́дет) постро́ен**.	Das Werk war (wird) gebaut worden (werden).
Заво́д **постро́или**.	Das Werk ist gebaut worden.

3. Ein durch die Kurzform des Partizips ohne die Kopula **быть** ausgedrücktes Prädikat deutet darauf hin, dass die Handlung zwar in der Vergangenheit vollzogen, ihr Resultat aber jetzt zu beobachten ist:

Рабо́та **вы́полнена** студе́нтами.	Die Arbeit ist von Studenten ausgeführt worden.

4. Tritt als Prädikat des aktiven Satzes ein unvollendetes Verb auf, so entspricht ihm im passiven Satz ein reflexives Verb:

Рабо́чие **стро́ят** дом.	Die Arbeiter bauen ein Haus.
Дом **стро́ится** рабо́чими.	Das Haus wird von Arbeitern gebaut.

ÜBUNGEN

1 *Formen Sie die aktiven Sätze in passivische um. Beachten Sie den Aspekt der Verben in den angegebenen Sätzen.*

a) 1. Кана́л и́мени Москвы́ соединя́ет пять море́й. 2 Строи́тели создава́ли прекра́сные ста́нции метро́ да́же в вое́нные го́ды. 3. Росси́йские изда́тельства выпуска́ют литерату́ру на языка́х наро́дов Росси́и. 4. Тума́н оку́тывает го́ры.

b) 1. Большо́й теа́тр поста́вил но́вый бале́т росси́йского компози́тора. 2. На́ши тури́сты соверша́т ле́том интере́сное путеше́ствие по Алта́ю. 3. На́ши вы́сшие уче́бные заведе́ния вы́пустили в э́том году́ мно́го молоды́х специали́стов. 4. В Москве́ откры́ли па́мятник Петру́ I.

2 *Lesen Sie die Sätze und formen Sie die passivischen Konstruktionen in aktive um. Merken Sie sich, dass Sätze mit der Kurzform eines Partizips des Passivs sich nicht in aktive persönliche Sätze umformen lassen, wenn ein Instrumentalobjekt fehlt.*

1. Пе́рвый иску́сственный спу́тник Земли́ был запу́щен сове́тскими учёными. 2. На́шими заво́дами выпуска́ются мо́щные тра́кторы. 3. Ви́ктор и́збран студе́нтами на́шего институ́та делега́том на профсою́зную конфере́нцию. 4. Барка́с перевёрнут волно́й.

3 *Ergänzen Sie die nicht abgeschlossenen Konstruktionen. Vergleichen Sie sie mit gleichbedeutenden Konstruktionen im Deutschen.*

1. Моско́вский университе́т осно́ван М.В. Ломоно́совым в 1755 году́. — Моско́вский университе́т, осно́ванный М. В. Ломоно́совым в 1755 году .... 2. Автомати́ческая ли́ния со́здана инжене́рами и рабо́чими. — Автомати́ческая ли́ния, со́зданная инжене́рами и рабо́чими, ... 3. Зада́ние вы́полнено студе́нтами. — Зада́ние, вы́полненное студе́нтами, ... 4. Поэ́ма напи́сана Мари́ной Цвета́евой. — Поэ́ма, напи́санная Мари́ной Цвета́евой, ...

§ 8 Adverbialpartizipien und Adverbialpartizipialkonstruktionen

Unvollendete Adverbialpartizipien	чита́я	возвраща́ясь
Eventuelle deutsche Entsprechungen	lesend	zurückkehrend
Vollendete Adverbialpartizipien	прочита́в	возврати́вшись
Eventuelle deutsche Entsprechungen	—	zurückgekehrt

Anmerkungen:

1. Das unvollendete Adverbialpartizip bezeichnet eine zusätzliche Handlung, die gleichzeitig mit der durch ein verbales Prädikat ausgedrückten Haupthandlung verläuft, und wird von Verben des unvollendeten Aspekts abgeleitet, unabhängig von Aspekt, Zeitform und Modus des Prädikats:

Мы **идём** по у́лице, **разгова́ривая**.	Wir gehen uns unterhaltend eine Straße entlang.
Мы **шли** по у́лице, **разгова́ривая**.	Wir gingen uns unterhaltend eine Straße entlang.
Мы **пошли́** по у́лице, **разгова́ривая**.	Uns unterhaltend, begannen wir die Straße entlang zu gehen.

2. Das vollendete Adverbialpartizip bezeichnet eine zusätzliche Handlung, die vor bzw. nach der durch ein verbales Prädikat ausgedrückten Haupthandlung verläuft, und wird von Verben des vollendeten Aspekts abgeleitet:

Попроща́вшись, мы разошли́сь.	Nachdem wir Abschied voneinander genommen hatten, gingen wir auseinander. (Vorzeitigkeit)

Маши́на останови́лась, **прегради́в** путь тра́нспорту.	Das Auto hielt und störte den Verkehr. (unmittelbar darauf folgende Nebenhandlung)

Das eine Vorzeitigkeit bezeichnende Adverbialpartizip bewahrt den vollendeten Aspekt, selbst wenn sich die Handlung wiederholt:

Зако́нчив рабо́ту, он обы́чно идёт гуля́ть.	Hat er die Arbeit beendet, so geht er gewöhnlich spazieren.

Bezeichnet ein Adverbialpartizip nicht eine Handlung, sondern den aus einer vorausgegangenen Handlung resultierenden Zustand, so wird es stets von Verben des vollendeten Aspekts abgeleitet und steht dann mit einem unvollendeten Verb der Bewegung oder des Zustands (**ходи́ть, лежа́ть, сиде́ть, стоя́ть**) als Prädikat:

Он стоя́л у окна́, **скрести́в** ру́ки.	Er stand mit verschränkten Armen am Fenster.

3. Ein Adverbialpartizip mit den von ihm abhängigen Wörtern bildet eine Adverbialpartizipialkonstruktion, die in Kommas eingeschlossen wird. Ebenso wie ein Adverbialpartizip bezeichnet eine Adverbialpartizipialkonstruktion eine Adverbialbestimmung der Zeit, der Art und Weise, der Ursache oder der Bedingung und wird ins Deutsche auf verschiedene Weise, je nach dem Zusammenhang, übersetzt.

Russische Adverbialpartizipialkonstruktionen und ihre deutschen Entsprechungen

1. **Возвраща́ясь** *из институ́та,* он встре́тил своего́ дру́га.	Aus dem Institut zurückkehend, traf er seinen Freund.
2. **Возврати́вшись** *домо́й,* он пообе́дал.	Nach Hause zurückgekehrt, aß er zu Mittag.
3. **Не поня́в** *вопро́са,* нельзя́ на него́ отве́тить.	Wenn man eine Frage nicht verstanden hat, kann man sie nicht beantworten.
4. *Система́тически* **занима́ясь**, он де́лал заме́тные успе́хи.	Da er regelmäßig studierte, machte er merkliche Fortschritte.
5. Ещё **бу́дучи** *студе́нтом,* он опубликова́л свою́ пе́рвую статью́.	Er veröffentlichte seinen ersten Artikel, als er noch Student war.
6. Он ушёл от нас, *ничего́* **не сказа́в**.	Er ging von uns, ohne etwas gesagt zu haben.
7. **Зако́нчив** *кни́гу,* он уе́дет в санато́рий.	Wenn er sein Buch beendet hat, fährt er in ein Sanatorium.
8. Он стои́т, **опусти́в** *го́лову.*	Er steht mit gesenktem Kopf da.
9. Студе́нты слу́шают ле́кцию, **запи́сывая**.	Die Studenten hören die Vorlesung und schreiben sie mit.

1 *Lesen Sie die Sätze. Verfolgen Sie, welche Rolle die Adverbialpartizipien in den Sätzen spielen und in welchem Aspekt sie vorkommen.*

1. Живя́ в Тбили́си, Го́рький написа́л свои́ пе́рвые расска́зы. 2. Создава́я о́бразы люде́й труда́, Го́рький положи́л нача́ло но́вому направле́нию в литерату́ре — социалисти́ческому реали́зму. 3. Рабо́тая над рома́ном «Мать», Го́рький стреми́лся воплоти́ть в нём о́бразы уча́стников Со́рмовской ста́чки. 4. Посети́в Льва́ Толсто́го, Го́рький был покорён обая́нием вели́кого писа́теля. 5. Зако́нчив рабо́ту над пье́сой, Го́рький обы́чно обсужда́л её в кругу́ друзе́й. 6. Он люби́л гуля́ть, заложи́в ру́ки за́ спину. 7. Воло́дя ушёл, не сказа́в ни сло́ва.

2 *Wählen Sie von je zwei in Klammern stehenden Verben eines im erforderlichen Aspekt und leiten Sie von ihm ein Adverbialpartizip ab. In einigen Sätzen lässt sich das Adverbialpartizip sowohl des vollendeten als auch des unvollendeten Aspekts gebrauchen. Wie wirkt sich das auf den Sinn des jeweiligen Satzes aus?*

1. (Приближа́ться, прибли́зиться) но́чью к Москве́, мы уви́дели мо́ре огне́й. 2. (Конча́ть, ко́нчить) свою́ речь, Та́ня ме́дленно шла на ме́сто. 3. (Отмеча́ть, отме́тить) 200-ле́тие Бороди́нской би́твы, россия́не с благода́рностью вспомина́ли геро́ев Оте́чественной войны́ 1812 го́да. 4. (Укрепля́ть, укрепи́ть) дру́жбу ме́жду наро́дами, мы стреми́мся сохрани́ть мир во всём ми́ре. 5. Пётр сиде́л (подпере́ть, подпира́ть) го́лову рука́ми.

3 *Ersetzen Sie den hervorgehobenen Teil der Sätze durch eine Adverbialpartizipialkonstruktion. Merken Sie sich, dass das nur dann möglich ist, wenn das durch ein Partizip ausgedrückte Resultat einer vollzogenen Handlung einen psychischen Zustand des Menschen bzw. die Lage der Körperteile eines Menschen oder eines Tieres sowie der Pflanzenteile bezeichnet.*

Muster: Он сиде́л **с закры́тыми глаза́ми**. — Он сиде́л, **закры́в глаза́**.

1. Ма́льчик смотре́л на со́лнце **прищу́ренными глаза́ми**. 2. Де́вушка слу́шала мать **с опу́щенной голово́й**. 3. **Широко́ откры́тыми глаза́ми** смотре́л он на лежа́вшую пе́ред ним доли́ну. 4. Чёрные ле́беди **с изо́гнутыми дли́нными ше́ями** пла́вают в пруда́х.

4 *a) Ergänzen Sie die Sätze. Merken Sie sich, dass eine Adverbialpartizipialkonstruktion in folgenden Fällen gebraucht wird: 1) Wenn sich das verbale Prädikat und das Adverbialpartizip auf dasselbe Subjekt der Handlung beziehen; 2) wenn als Prädikat eines unpersönlichen Satzes ein Verb auftritt und die den betreffenden Zustand erleidende Person (die gleiche für das Verb wie für das Adverbialpartizip) nicht angegeben oder durch ein Substantiv bzw. ein Pronomen im Dativ ausgedrückt ist, und 3) wenn die Haupt- und die Nebenhandlung sich zwar auf verschiedene Subjekte beziehen, aber die Adverbialpartizipialkonstruktion eine Redewendung ist: 1.* ***Узна́в об э́том, я опеча́лился.*** Diese Nachricht machte mich traurig. *2.* ***(Нам) прия́тно бы́ло***

гуля́ть по́ лесу, собира́я грибы́. Es war (uns) angenehm, durch den Wald zu gehen und Pilze zu sammeln. *3.* ***Мы должны́ бы́ли поступа́ть, смотря́ по обстоя́тельствам.*** Wir sollten je nach den Umständen handeln.

1. Прие́хав в Москву́, … 2. Приезжа́я в Москву́, … . 3. Дав бра́ту кни́гу, … . 4. …, дава́я бра́ту кни́гу. 5. Говоря́ с това́рищами, … . 6. Сказа́в това́рищам, … . 7. …, пригласи́в меня́ в теа́тр. 8. Приглаша́я меня́ в теа́тр, … .

b) Ergänzen Sie die Sätze durch Adverbialpartizipialkonstruktionen.
1. …, он рассказа́л нам о ва́жном собы́тии. 2. Мы чита́ли статью́, … . 3. …, преподава́тель вошёл в аудито́рию. 4. Она́ идёт, … . 5. …, на́до бы́ло оста́ться на ста́нции. 6. Мо́жно бы́ло искупа́ться, … . 7. …, хорошо́ смотре́ть с гор в доли́ну.

5 *Lesen Sie die Sätze. Merken Sie sich die hervorgehobenen Adverbialpartizipialkonstruktionen, die Redewendungen sind. Beachten Sie ihren verallgemeinernden Charakter.*

1. **Со́бственно говоря́**, програ́мма конце́рта была́ мне зара́нее изве́стна. 2. **Су́дя по всему́,** я не успе́ю верну́ться за́светло. 3. Вре́мени оста́лось ма́ло, по́мощи ждать не́откуда: де́йствуй(те), **смотря́ по обстоя́тельствам**. 4. **Мя́гко выража́ясь,** он немно́го преувели́чивал. 5. **Коро́че говоря́,** мы заблуди́лись.

6 *Ersetzen Sie das Prädikat, das in den folgenden Sätzen die Nebenhandlung bezeichnet, durch ein Adverbialpartizip bzw. eine Adverbialpartizipialkonstruktion.*

Muster: Профе́ссор чита́л ле́кцию о приро́дных бога́тствах Сиби́ри и **пока́зывал** месторожде́ния руд на ка́рте. — Профе́ссор чита́л ле́кцию о приро́дных бога́тствах Сиби́ри, **пока́зывая** месторожде́ния руд на ка́рте.

1. Он умы́лся и сел к столу́. 2. Они сда́ли все экза́мены и уе́хали на Байка́л. 3. Тури́сты е́хали по Москве́ и осма́тривали но́вые зда́ния. 4. Теплохо́д дал после́дний гудо́к и отошёл от при́стани. 5. Я прибежа́л на вокза́л и уви́дел уходя́щий по́езд. 6. Студе́нты сидя́т на уро́ке и внима́тельно слу́шают преподава́теля.

7 *Lesen Sie die Sätze und beachten Sie, dass sich die Temporal-, Kausal- und Konditionalsätze durch Adverbialpartizipialkonstruktionen ersetzen lassen. (Zu vermerken ist, dass Nebensätze die Zeit, Ursache oder Bedingung der Handlung genauer bestimmen.)*

1.Когда́ я изуча́л ру́сский язы́к, я стара́лся мно́го чита́ть. Изуча́я ру́сский язы́к, я стара́лся мно́го чита́ть. 2. Когда́ я изучи́л ру́сский язы́к, я на́чал его́ преподава́ть на ро́дине. Изучи́в ру́сский язы́к, я на́чал его́ преподава́ть на ро́дине. 3. Е́сли я сде́лаю уро́ки, то пойду́ в кино́. Сде́лав уро́ки, я пойду́ в кино́. 4. Как то́лько я получи́л письмо́, я с нетерпе́нием вскрыл конве́рт. Получи́в письмо́, я с нетерпе́нием вскрыл конве́рт. 5. Так как А́нна стреми́лась скоре́е уви́деть родны́х, она́ реши́ла лете́ть самолётом. Стремя́сь скоре́е уви́деть родны́х, А́нна реши́ла лете́ть самолётом.

8 *Ersetzen Sie die Nebensätze durch die sinnverwandten Adverbialpartizipialgruppen.*

1. Когда́ я возвраща́юсь с рабо́ты, я встреча́ю э́того челове́ка. 2. Когда́ Анто́н пришёл домо́й, он включи́л телеви́зор. 3. Когда́ де́ти уви́дели мать, они́ переста́ли игра́ть. 4. Когда́ Ни́на вспо́мнила об э́том,она́ позвони́ла мне. 5. Ка́ждый раз, когда́ я чита́л э́ту статью́, я вспомина́л друзе́й. 6. Когда́ друзья́ воэвраща́лись со стадио́на, они́ зае́хали к нам. 7. Когда́ Курт услы́шал об э́том, он улыбну́лся. 8. Когда́ тури́сты подошли́ к ста́нции, они́ взя́ли биле́ты на по́езд. 9. Когда́ мы прохо́дим ми́мо шко́лы, мы смо́трим на её о́кна. 10. Когда́ студе́нты поза́втракали, они́ пошли́ на экску́рсию.11. Когда́ вы чита́ете нау́чную статью́,поле́зно де́лать запи́си. 12. Е́сли вы хоти́те воспи́тывать други́х, бу́дьте са́ми приме́ром во всём. 13. Е́сли ты обеща́л что́-нибудь, вы́полни э́то. 14. Е́сли ты бу́дешь в э́том музе́е, не забу́дь посмотре́ть но́вую экспози́цию.

9 *Ersetzen Sie die hervorgehobenen Konstruktionen durch die sinnverwandten Adverbialpartizipialgruppen.*

1. При вхо́де в дом ну́жно включи́ть электри́чество. 2. *При сда́че* экза́мена поле́зно выска́зывать свою́ то́чку зре́ния по да́нному вопро́су. 3. *При составле́нии* рефера́та ну́жно по́льзоваться специа́льной литерату́рой. 4. *При изуче́нии* языкозна́ния он чита́л литерату́ру на трёх языка́х. 5. *При посеще́нии* музе́я И́нна покупа́ла катало́ги. 6. *По́сле посеще́ния* музе́я мы обменя́лись впечатле́ниями. 7. *По́сле созда́ния* э́того рома́на писа́тель до́лго ничего́ не публикова́л. 8. *Во вре́мя обе́да* он чита́л. 9. *По́сле перее́зда в друго́й го́род* мы год не ви́дели ста́рых друзе́й. 10. *Во вре́мя осмо́тра* карти́нной галере́и мы три часа́ провели́ в за́лах ико́нописи.

10 *Beenden Sie die Sätze,indem Sie Partizipien und Adverbialpartizipien gebrauchen,die von den russischen Äquivalenten der in Klammern stehenden Verben bilden.*

1. В газе́те (*veröffentlichen*) интере́сная статья́. 2. В статье́, (*veröffentlichen*) во вчера́шней газе́те, я нашёл це́нные фа́кты. 3. Больши́е успе́хи (*erreichen*) констру́кторами косми́ческих аппара́тов. 4. (*ankommen*) к нам в го́сти, Ле́на рассказа́ла о своём путеше́ствии. 5. (sein*)* уже́ изве́стной писа́тельницей, М. Цвета́ева остава́лась одино́кой и непо́нятой. 6. (*finden*) письмо́,мы отнесли́ его́ адреса́ту. 7. (*entstehen*) оши́бку легко́ испра́вить. 8. (*wollen*) встре́титься с Оле́гом, Ни́на написа́ла ему́ письмо́.

11 *Redigieren Sie den Text,indem Sie anstatt der hervorgehobenen Konstruktionen sinnverwandte Sprachmittel gebrauchen. Setzen Sie, wo nötig, Kommata.*

В 1863 году́ в жи́зни Петербу́ргской Акаде́мии худо́жеств, *кото́рая ста́ла уже́ изве́стной во всём ми́ре*, произошло́ необыкнове́нное собы́тие.

14 молоды́х худо́жников, *кото́рые зака́нчивали Акаде́мию*, отказа́лись писа́ть дипло́мную рабо́ту на те́му, *кото́рую им предложи́ла администра́ция. Когда́ они́ демонстрати́вно поки́нули зал*, они́ то́чно зна́ли свои́ це́ли. Э́то был знамени́тый «бунт четы́рнадцати», *кото́рый вы́разил проте́ст про́тив академи́ческого консервати́зма в иску́сстве. Так как академи́ческое иску́сство бы́ло далеко́ от жи́зни*, оно́ не вызыва́ло бо́льше интере́са у населе́ния. Мо-

лоды́х худо́жников объединя́ло стремле́ние акти́вно уча́ствовать в демократи́ческом движе́нии 60-ых годо́в, *кото́рое бу́рно развива́лось в то вре́мя.* Эпо́ха тре́бовала реалисти́ческого иску́сства, *кото́рое правди́во отража́ет жизнь.*

Худо́жники, *кото́рые бы́ли демократи́чески настро́ены*, ушли́ из Акаде́мии. Они́ объедини́лись в Това́рищество передвижны́х вы́ставок, *кото́рое ста́вило свое́й це́лью пропага́нду и созда́ние реалисти́ческого иску́сства, кото́рое подчинено́ интере́сам наро́да. Так как э́ти худо́жники стреми́лись познако́мить обще́ственность со свои́ми произведе́ниями*, они́ перевози́ли свои́ вы́ставки из го́рода в го́род. Поэ́тому чле́ны э́того объедине́ния получи́ли назва́ние «передви́жники».

Когда́ они́ приезжа́ли в како́й-нибудь го́род, они́ пре́жде всего́ спра́шивали у губерна́тора разреше́ния откры́ть вы́ставку и ча́сто получа́ли отка́з, *так как бы́ли о́чень крити́чески настро́ены.* Во главе́ передви́жников стоя́ли два замеча́тельных худо́жника – В. Г. Перо́в и И. Н. Крамско́й, *кото́рые вы́росли на ру́сской почве́ и хорошо́ зна́ли «боле́зни» ру́сского о́бщества.* Манифе́ст иску́сства, *кото́рый они́ созда́ли*, отлича́лся передовы́ми для того́ вре́мени иде́ями. В Росси́и бы́ли лю́ди, *кото́рые не признава́ли передви́жников и обвиня́ли их в том*, что они́ не лю́бят Ро́дину, *так как пока́зывают её в тако́м «отврати́тельном све́те».* Но большинство́ населе́ния называ́ет их че́стью и со́вестью свое́й эпо́хи.

12 *Übersetzen Sie ins Russische unter Verwendung von Partizipien und Adverbialpartizipien.*

1. Er kam zur angegebenen Zeit. 2. Der Zug, der vor einigen Minuten eingetroffen ist, wird auf dem Bahnhof 15 Minuten halten. 3. Die Frühjahrsaussaat, die im Süden des Landes schon vor langer Zeit eingesetzt hat, ist jetzt in vollem Gange. 4. Das Buch, das ich gelesen habe, hat auf mich einen tiefen Eindruck gemacht. 5. Viele junge Spezialisten, die Hochschulen absolviert haben, sind in die Region Altai gefahren. 6. Dieser Film berichtete uns von den Schätzen der Dresdener Gemäldegalerie, die von der ganzen Welt bewundert werden. 7. Das von einem erfahrenen Piloten geführte Flugzeug ist eben gelandet. 8. Das in unserem Klub veranstaltete Konzert gefiel allen. 9. Der von Sascha gestern abgesandte Brief wird dem Empfänger heute zugestellt werden. 10. Das Buch ist von einem bekannten Gelehrten geschrieben worden. 11. Am Sonntag war die Ausstellung den ganzen Tag geöffnet. 12. Unser Haus ist in zwei Monaten gebaut worden. 13. Dieses neue Stück wird vom Künstlertheater aufgeführt. 14. Im Zentrum von Moskau ist ein Karl-Marx-Denkmal errichtet worden. 15. Die Felder sind vom Schnee bedeckt. 16. Auf dem Heimweg vom Theater traf Dima seinen Freund. 17. Bei unserer Begegnung erzählte Olga mir von ihrer Familie. 18. Als Student verbrachte er 5 Jahre in Moskau. 19. Er fuhr fort, ohne einen Zettel zurückgelassen zu haben. 20. Wenn der Vater uns von seinen Reisen erzählte, ließ er sich dermaßen fortreißen, dass er alles ringsum vergaß.

■ ZUM GEBRAUCH DER PRONOMEN

§ 1 Gebrauch des Possessivpronomens *свой*

Das Possessivpronomen **свой (своя́, своё, свои́)** wird zum Ausdruck eines Besitzverhältnisses im Hinblick auf eine beliebige handelnde Person, d. h. für alle drei Personen des Singulars und Plurals, gebraucht. Im Satz tritt es als Attribut auf. Das Pronomen **свой** stimmt mit dem Substantiv, auf das es sich bezieht, in Geschlecht, Zahl und Fall überein und wird wie die Pronomen **мой, твой** dekliniert. Im Deutschen entsprechen dem Pronomen **свой** die Possessivpronomen *mein, dein, sein, unser, Ihr, ihr,* je nach dem durch das Pronomen bezeichneten Besitzer:

Я люблю́ **свою́** Ро́дину.	Ich liebe meine Heimat.
Ты лю́бишь **свою́** Ро́дину.	Du liebst deine Heimat.
Он (она́) лю́бит **свою́** Родину.	Er (sie) liebt seine (ihre) Heimat.
Мы лю́бим **свою́** Ро́дину.	Wir lieben unsere Heimat.
Вы лю́бите **свою́** Ро́дину.	Ihr liebt eure Heimat.
Они́ лю́бят **свою́** Ро́дину.	Sie lieben ihre Heimat.

Tritt als Subjekt ein Personalpronomen der 1. oder 2. Person (**я, ты, мы, вы**) auf, so kann das Pronomen **свой** durch ein entsprechendes Possessivpronomen der 1. oder 2. Person (**мой, твой, наш, ваш**) ersetzt werden:

Мы лю́бим **свою́** Ро́дину. = Мы любим **на́шу** Ро́дину.	Wir lieben unsere Heimat

Für die 3. Person ist das völlig ausgeschlossen, da der Satz sonst einen ganz anderen Sinn bekommt:

Он чита́ет **свою́** рабо́ту.	Er liest seine (eigene) Arbeit.
Aber: **Он** чита́ет **его́** рабо́ту.	Er liest seine Arbeit (die eines anderen).

Die deutschen Entsprechungen weisen äußerlich keinen Unterschied auf, der Sinn ergibt sich aus dem Zusammenhang.

Das Pronomen **свой** kann in der Regel nicht als Attribut zum Subjekt auftreten, d. h. es kann nicht im Nominativ stehen. Vergleichen Sie:

Молодо́й худо́жник **рабо́тал над свое́й карти́ной** пять лет.	Der junge Maler hat an seinem Gemälde fünf Jahre gearbeitet.
Его́ карти́на име́ла большо́й успе́х. (Man kann nicht sagen: своя́ карти́на.)	Sein Gemälde hat großen Erfolg gehabt.

Zuweilen steht das Pronomen **свой** im Nominativ, bedeutet dann aber kein Besitzverhältnis:

Он там **свой** челове́к.	Er ist dort kein Fremder (kein Unbekannter, geht dort aus und ein).
У них свой поря́док.	Sie haben ihre eigene (unterschiedliche) Ordnung.

Zu vermerken ist, dass Sätzen, in denen das Subjekt nicht Träger der Handlung ist, im Deutschen Sätze entsprechen, in denen das Subjekt in der Regel gleichzeitig Träger der Handlung ist:

1. Мне ну́жно зако́нчить **свою́** рабо́ту.	Ich muss meine Arbeit beenden.
2. У них есть долг **пе́ред свое́й Ро́диной.**	Sie sind ihrer Heimat verpflichtet.

Übungen

1 *Lesen Sie die Sätze. Suchen Sie die Possessivpronomen und die Wörter heraus, die sie bestimmen. Beachten Sie den Gebrauch des Pronomens* ***свой.***

1. Те́мой свое́й рабо́ты он избра́л почти́ не иссле́дованную о́бласть биоло́гии. Его́ рабо́та получи́ла пе́рвую пре́мию. 2. Мне хоте́лось поговори́ть со свои́м дру́гом, но мой друг ре́дко быва́ет в Москве́. 3. Всю свою́ созна́тельную жизнь Н.Черныше́вский боро́лся за освобожде́ние наро́да от нищеты́ и неве́жества. Его́ жизнь была́ гражда́нским по́двигом. 4. Мы ча́сто быва́ем у свои́х родны́х. На́ши родны́е живу́т под Москво́й. 5. Ири́на занима́ется в свое́й ко́мнате. В её ко́мнате светло́ и ую́тно. 6. Мно́гие свои́ стихи́ Пу́шкин посвяти́л ру́сской приро́де. Мно́гие из его́ стихо́в переложе́ны на му́зыку.

2 *Lesen Sie die Sätze. Beachten Sie den Gebrauch des Pronomens* ***свой*** *in den verschiedenen Fällen.*

1. В свои́х стиха́х М. Ломоно́сов прославля́л нау́ку. 2. Д. Менделе́ев оста́вил в свое́й табли́це не́сколько кле́ток пусты́ми для не откры́тых ещё элеме́нтов. 3. Геометри́ческие откры́тия Н. Лобаче́вского поража́ют свое́й гениа́льностью. 4. Бу́дущий иссле́дователь до́лжен учи́ться тому́, как распредели́ть своё вре́мя и свои́ си́лы. 5. Мы испо́льзуем бога́тства свое́й страны́ для сча́стья челове́ка.

3 *Beantworten Sie die folgenden Fragen. Setzen Sie dabei das Pronomen* ***свой*** *in die erforderlichen Formen des Geschlechts, der Zahl und des Falls.*

Muster: — *Чей* каранда́ш вы взя́ли? — Я взял **свой** каранда́ш.

1. Чьи журна́лы вы да́ли мне почита́ть? 2. Чью мать Пётр встре́тил на аэродро́ме? 3. В чьей кни́ге вы нашли́ э́то письмо́? 4. Чей биле́т вы о́тдали О́льге? 5. Чьи́ми конспе́ктами вы по́льзуетесь? 6. Над чьим докла́дом вы рабо́таете? 7. На чьём мотоци́кле вы е́здили в воскресе́нье за́ город?

4 *Lesen Sie die Sätze. Verfolgen Sie, wie sich der Sinn eines Satzes ändert, wenn man statt der Pronomen* ***мой, твой, наш, ваш, его́, её, их*** *das Pronomen* ***свой*** *gebraucht. In welchen Fällen lassen sie sich durch* ***свой*** *nicht ersetzen und warum?*

1. Возьми́те мою́ тетра́дь. 2. Преподава́тель разгова́ривает с мое́й сестро́й. 3. Ва́ши вопро́сы о́чень интере́сны. 4. Прие́хал твой брат. 5. Посети́тели вы́ставки столпи́лись вокру́г твое́й карти́ны. 6. Брат спра́шивал меня́ о на́шем дру́ге. 7. Друзья́ побыва́ли в мое́й родно́й дере́вне.

5 *Beenden Sie folgende Sätze, indem Sie anstatt der Punkte* ***свой*** *oder* ***его́,её,их*** *gebrauchen.*

1. Студе́нты второ́го ку́рса зако́нчили … экспериме́нты. … экспериме́нты име́ют большо́е значе́ние для промы́шленности.Результа́ты … экспериме́нтов уже́ опублико́ваны.». 2. На конфере́нции выступа́л профе́ссор Бело́в, … докла́д мне о́чень понра́вился. В … докла́де он говори́л об эколо́гии в Сиби́ри. 3. Мой друг – архите́ктор. В э́том году́ он дал на ко́нкурс … прое́кт совреме́нной гости́ницы. Нам … прое́кт нра́вится. Он то́же дово́лен … прое́ктом, но мы ду́маем, что … прое́кт не полу́чит пре́мии, потому́ что на ко́нкурс по́дано мно́го интере́сных рабо́т. 4. Ири́на пло́хо себя́ чу́вствует, но совсе́м не занима́ется … здоро́вьем. … здоро́вье беспоко́ит … роди́телей. 5. А.П.Че́хов писа́л: «Лю́ди лю́бят говори́ть о … боле́знях, хотя́ э́то са́мое неинтере́сное в … жи́зни.» 6. А. П. Че́хов утвержда́л в одно́м из … произведе́ний, что ну́жно рабо́тать для бу́дущего. Я запо́мнила … слова́ на всю жизнь. 7. А́нна и Артём обсужда́ли … пла́ны на ле́то. … пла́ны о́чень ску́чные. 8. Макси́м сдал … дипло́мную рабо́ту. … дипло́мная рабо́та предлага́ет но́вый ме́тод иссле́дований эколо́гии. 9. Ви́ктор расска́зывал о … командиро́вке в А́рктику. … командиро́вка продолжа́лась два ме́сяца. Он привёз из … командиро́вки це́нные да́нные. 10. Куда́ Са́ша положи́л … слова́рь? Это … слова́рь лежи́т на по́лке?

6 *Ergänzen Sie die Sätze durch das passende Pronomen* ***свой, его́, её, их.***

1. Я познако́мился с … роди́телями. 2. Худо́жник Васнецо́в писа́л … карти́ну «Богатыри́» о́коло двадцати́ лет. 3. Илья́ предложи́л … спо́соб обрабо́тки мета́лла. Большинство́ рабо́чих бы́ло за … предложе́ние. 4. Мой брат проси́л меня́ переда́ть … рабо́ту преподава́телю. 5. … впечатле́ния о Крыме соста́вили це́лый сбо́рник расска́зов. 6. За грани́цей он ни на мину́ту не забыва́л о … Ро́дине. 7. Ну́жно дели́ться … о́пытом с това́рищами.

7 *Ersetzen Sie die hervorgehobenen Wortverbindungen durch gleichbedeutende Konstruktionen mit dem Pronomen* ***свой.***

Muster: Я люблю́ **шко́лу, в кото́рой учу́сь**. — Я люблю́ **свою́ шко́лу**.

1. Мне хо́чется поскоре́е зако́нчить **рабо́ту, кото́рую я де́лаю**. 2. Он собра́л все **ве́щи, кото́рые ему́ принадлежа́т**. 3. Оте́ц вы́полнил **обеща́ние, кото́рое дал де́тям**. 4. Наш преподава́тель дал мне **а́дрес, по кото́рому его́ мо́жно найти́**.

8 *Lesen und merken Sie sich die folgenden Ausdrücke. Übersetzen Sie ins Deutsche.*

1. Свои́ лю́ди — сочтёмся. 2. Свой челове́к. 3. Своя́ но́ша не тя́нет. 4. Всяк кули́к своё боло́то хва́лит. 5. Доби́ться своего́. 6. Здесь все свои́. 7. Называ́ть ве́щи свои́ми имена́ми. 8. В своём ро́де. 9. Своего́ ро́да. 10. Стоя́ть на своём. 11. Свой глаз — алма́з. 12. Всему́ своё вре́мя. 13. Крича́ть не свои́м го́лосом. 14. Быть не в своём уме́.

§ 2 Gebrauch des Reflexivpronomens *себя́*

Das Reflexivpronomen **себя́** bezieht sich stets auf das Subjekt, das in beliebiger Person des Singulars und Plurals stehen kann. Das Pronomen **себя́** verändert sich weder nach Geschlecht noch Zahl und hat keine Form für den Nominativ. Im Satz tritt es als Objekt auf und zeigt, dass sich die Handlung auf den Urheber zurückbezieht.

Genitiv	**себя́**
Dativ	**себе́**
Akkusativ	**себя́**
Instrumental	**собо́й**
Präpositiv	**о себе́**

Im Deutschen entsprechen dem Reflexivpronomen **себя́** die Pronomen *mich, mir, dich, dir, uns, euch, sich,* je nach der handelnden Person:

Я купи́л **себе́** кни́гу.	Ich habe mir ein Buch gekauft.
Ты купи́л **себе́** кни́гу.	Du hast dir ein Buch gekauft.
Он (она́) купи́л(а) **себе́** кни́гу.	Er (sie) hat sich ein Buch gekauft.
Мы купи́ли **себе́** кни́гу.	Wir haben uns ein Buch gekauft.
Вы купи́ли **себе́** кни́гу.	Ihr habt euch ein Buch gekauft.
Они́ купи́ли **себе́** кни́гу.	Sie haben sich ein Buch gekauft.

Das Reflexivpronomen **себя́** kann im unpersönlichen Satz stehen, wenn die handelnde Person nicht Subjekt ist, und bezieht sich dann auf die Person, deren Handlung durch einen Infinitiv wiedergegeben ist. Solchen Sätzen entsprechen im Deutschen Sätze, in denen die handelnde Person zugleich Subjekt ist:

Нам ну́жно купи́ть **себе́** футбо́льный мяч.	Wir müssen uns Fußball kaufen.

Anmerkung: Ein Verb in Verbindung mit **себя́** ist bedeutungsmäßig dem entsprechenden reflexiven Verb verwandt, nur dass die Verbindung von Verb und **себя́** die Vorsätzlichkeit einer Handlung betont, während das reflexive Verb diese Schattierung nicht hat:

Он **тренирова́лся** ежедне́вно.	Er trainierte täglich.
Aber: Он **тренирова́л себя́** ежедне́вно.	Er legte Wert darauf, täglich zu trainieren.

Eine bedeutende Gruppe der reflexiven Verben hat jedoch keine Entsprechungen mit dem Pronomen **себя́** (**смея́ться** u. ä.).

Bezeichnet das Reflexivpronomen **себя́** eine gegenseitige Bezüglichkeit, so entspricht ihm im Deutschen ein reziprokes Pronomen:

Они́ должны́ **ме́жду собо́й** договори́ться.	Sie müssen sich miteinander verständigen.

Übungen

1 *Lesen Sie und merken Sie sich einige Ausdrücke mit dem Pronomen* ***себя́****.*

Мне не по себе́.	Mir ist nicht wohl.
Быть (находи́ться) у себя́.	Bei sich zu Hause, auf seinem Zimmer sein.
Прийти́ в себя́.	Zu sich kommen.
Ничего́ себе́.	Nicht übel, es geht.
Хоро́ш(а) собо́ю.	Hübsch, schön.
Како́в собо́ю?	Wie sieht er aus?
Чита́ть про себя́.	Leise, für sich lesen.
Быть не в себе́.	Nicht bei sich, verwirrt sein
Вы́йти из себя́.	Außer sich geraten.

2 *Lesen Sie die Sätze. Beachten Sie den Gebrauch des Pronomens* ***себя́****.*

1. Приучи́те себя́ к стро́гой после́довательности в накопле́нии фа́ктов. (*И. Павлов)* 2. Оте́ц взял меня́ с собо́й в экспеди́цию. 3. Ты дово́лен собо́й? 4. Ты ду́маешь то́лько о себе́. 5. Мы пригласи́ли к себе́ госте́й. 6. Наконе́ц я пришёл в себя́. 7. Нам хоте́лось скоре́е возврати́ться к себе́ на да́чу. 8. Возьми́ с собо́й бутербро́д!

3 *Ergänzen Sie die Sätze durch das Pronomen* ***себя́*** *im erforderlichen Fall.*

1. Я по́мню … с трёх лет. 2. Вы давно́ не́ были у … на ро́дине? 3. Что с тобо́й? Ты на … не похо́ж! 4. Мы купи́ли биле́ты в кино́ … и вам. 5. Она́ соверше́нно не уме́ет владе́ть … . 6. Рассчи́тывай то́лько на … и свои́ си́лы. 7. Расскажи́те мне, пожа́луйста, о … . 8. Ты чу́вствуешь за … каку́ю-нибу́дь вину́? 9. Зи́гфрид поста́вил пе́ред … цель овладе́ть ру́сским языко́м. 10. Вме́сто … он посла́л на совеща́ние своего́ помо́щника.

4 *Ergänzen Sie die Sätze durch die in Klammern stehenden Pronomen im erforderlichen Fall. Achten Sie darauf, wie die Sätze je nach dem gebrauchten Pronomen einen anderen Sinn bekommen.*

1. Они́ купи́ли (себе́, им) спорти́вную фо́рму. 2. Он положи́л ве́щи о́коло (себя́, него́). 3. Ве́ра пригласи́ла нас к (себе́, ней). 4. Соста́вьте (себе́, мне) развёрнутый план! 5. Ва́льтер был о́чень дово́лен (собо́й, им). 6. Он неда́вно был у (него́, себя́) на ро́дине. 7. Брат мно́го расска́зывал о (себе́, нём).

5 *Ergänzen Sie die Sätze durch Reflexiv- und Personalpronomen in der erforderlichen Form.*

1. Мы проси́ли поля́рников рассказа́ть о … . 2. Вы взя́ли докуме́нты с … ? 3. Я хоте́ла поздра́вить мать и привезла́ … буке́т цвето́в. 4. Мы с бра́том никогда́ не спо́рим ме́жду … . 5. Мы с Ни́ной росли́ вме́сте, я по́мню … с де́тства. 6. Вы по́мните … с пяти́ лет? 7. Мы взя́ли его́ с … к мо́рю. 8. Возьми́ … эти ма́рки!

6 *Beantworten Sie die Fragen in Sätzen.*

1. Как вы себя́ чу́вствуете? 2. Что вы себе́ купи́ли? 3. Уме́ете ли вы владе́ть собо́й? 4. Взя́ли ли вы с собо́й докуме́нты? 5. Вы бу́дете у себя́? 6. Кого́ вы пригласи́ли к себе́?

7 *Ersetzen Sie die reflexiven Verben* **успоко́иться, сдержа́ться, остана́вливаться, держа́ться** *durch die Verbindung von entsprechenden nichtreflexiven Verben und* **себя́**. *Bilden Sie Sätze mit diesen Verbindungen und bestimmen Sie den Unterschied zwischen ihnen und Verben.*

8 *Bilden Sie Sätze mit den folgenden Wortverbindungen.*

уве́рен в себе́, дово́лен собо́й, же́ртвовать собо́й, чу́вствовать себя́, купи́ть себе́, владе́ть собо́й, быть вне себя́, представля́ть себе́, ду́мать про себя́, быть у себя́, наде́яться на себя́

9 *Lesen Sie die Sätze. Merken Sie sich die hervorgehobenen Wortverbindungen. Suchen Sie deutsche Entsprechungen zu ihnen.*

1. От ра́дости он **не чу́вствовал под собо́й ног**. 2. Сего́дня **мне** ка́к-то **не по себе́**. 3. **Само́ собо́й разуме́ется,** роди́тели для него́ сде́лали всё, что могли́. 4. — Как твои́ дела́? — Та́к **себе.** 5. — **Какова́** она́ **собо́й**? — Ири́на о́чень **хороша́ собо́й**. 6. — У **вас** биле́т **при себе́**? — Нет, я не взял его́ **с собо́й**.

10 *Übersetzen Sie ins Russische.*

1. Ich erinnere mich nur dunkel an meinen Vater. 2. Sein Buch ist von der Leserschaft hoch eingeschätzt worden. 3. Ich liebe meinen Bruder sehr. 4. Ich interessiere mich stets für seine Angelegenheiten. 5. Erich lernte seine Eltern kennen. 6. Er traf seine Schulkameraden. 7. Ich muss meine Arbeit heute beenden. 8. Neben seinem Haus befindet sich ein Lebensmittelgeschäft. 9. Der Vater hat seinen Sohn in den Kindergarten gebracht. Sein Sohn ist vier Jahre alt. 10. Karl hat den ganzen Abend an seinem Artikel gearbeitet. Sein Artikel wird in der Zeitschrift „Sdorowje" gedruckt werden. 11. Ich fühle mich durchaus gesund. 12. Erzählen Sie mir bitte etwas über Ihr Land und über sich selbst! 13. Er hat mich ins Theater mitgenommen. 14. Sie haben sich rasch miteinander verständigt. 15. Ich habe die ganze Verantwortung für das Leben des Kranken auf mich genommen. 16. Der Verwundete kam zu sich. 17. Mir ist heute nicht sehr wohl. 18. Ich bin heute mit mir unzufrieden. 19. Das Mädchen legte ihre Schultasche neben sich hin. 20. Udo hat seine Dokumente (immer) bei sich.

§ 3 Gebrauch der negierenden Pronomen

Pronomen[1]	Beispiele	Funktion im Satz
1. **никто́ — niemand, keiner**	*Никто́* не ждал меня́. Niemand wartete auf mich. Я *никого́* не ждал. Ich wartete auf niemanden.	Subjekt oder Objekt
2. **ничто́ — nichts**	*Ничто́* не меша́ло мне. Nichts störte mich. *Ниче́м* он не интересова́лся. Er interessierte sich für nichts.	Subjekt oder Objekt
3. **никако́й — kein, keiner (= keinerlei)**	Там нет *никако́й* тетра́ди. Dort gibt es kein Heft. У него́ нет *никако́го* вку́са. Er hat überhaupt keinen Geschmack.	Attribut
4. **ниче́й — niemandes, kein**	*Ничьё* внима́ние её не тро́гало. Niemandes Aufmerksamkeit rührte sie.	Attribut
5. **не́кого** (keine Entsprechung im Deutschen)	Мне *не́кому* писа́ть. Ich habe niemanden, an den ich schreiben könnte.	Objekt
6. **не́чего** (keine Entsprechung im Deutschen)	Мне *не́чего* тебе́ сказа́ть. Ich habe dir nichts zu sagen.	Objekt

Anmerkungen:

1. Die negierenden Pronomen **никто́**, **ничто́**, **никако́й**, **ниче́й** werden nur in verneinten Sätzen gebraucht.
2. Mit dem als Subjekt auftretenden Pronomen **никто́** steht das verbale Prädikat in der männlichen, mit dem als Subjekt auftretenden Pronomen **ничто́** in der sächlichen Form des Präteritums.
3. Die Pronomen **не́кого, не́чего** haben keine Form für den Nominativ. Sie zeigen an, dass eine Handlung unmöglich ist, weil der Urheber oder das Objekt der Handlung fehlt, und werden stets in unpersönlichen Infinitivkonstruktionen gebraucht.[2]

   Sätzen mit den Pronomen **не́кого, не́чего** können im Deutschen sowohl einfache als auch zusammengesetzte Sätze entsprechen:

Мне **не́чего** (бы́ло) расска́зывать.	Ich habe (hatte) nichts zu erzählen.
Мне **не́чего** бу́дет расска́зывать.	Ich werde nichts zu erzählen haben.
Не́ с кем бы́ло говори́ть.	Es war niemand da, mit dem man hätte sprechen können.

[1] Ebenso wie die negierenden Pronomen werden auch die negierenden Adverbien gebraucht, die von Adverbien des Ortes, der Zeit, der Ursache und des Zweckes durch das Vorsetzen der Partikeln **не** und **ни** gebildet werden: Я **никуда́ не ходи́л.** *Ich ging nirgendwohin.*

[2] Im Präteritum tritt zum Infinitiv das Hilfsverb **быть** in der Form **бы́ло**, im Futur **бу́дет** hinzu.

4. Das Pronomen **ниче́й** (*niemandem gehörend*) erhält in verneinten Sätzen positive Bedeutung:

Ничья́ жизнь не интересова́ла его́.	Niemandes Leben interessierte ihn.

Verbindet man die Pronomen **никто́**, **ничто́**, **никако́й**, **ниче́й**, **не́кого** und **не́чего** mit einer Präposition, so wird diese zwischen die Partikel **не** bzw. **ни** und das Pronomen gesetzt, alle drei Bestandteile werden getrennt geschrieben:

Он **ни к кому́** не пошёл.	Er ging zu niemandem.
Мне идти́ **не́ к кому.**	Ich habe niemanden, zu dem ich gehen könnte.
Он ни о како́й (ни о чьей) кни́ге не говори́л.	Er sprach über kein (über niemandes) Buch.

Der Bedeutungswert und Gebrauch der Pronomen **не́кого, не́чего** und **никого́, ничего́** sind ebenso verschieden wie der grammatikalische Aufbau der Sätze mit diesen Pronomen.

Vergleichen Sie:

1. Я **никому́ не** писа́л.	Ich habe an niemanden geschrieben. *(Verneint wird das Objekt eines Verbs in einem persönlichen verneinten Satz.)*
2. Мне **не́кому** писа́ть.	Ich habe niemanden, an den ich schreiben könnte. *(Verneint wird das Vorhandensein eines Objekts in einem unpersönlichen bejahenden Satz.)*

Übungen

1 *Lesen Sie die Sätze. Beachten Sie den Gebrauch der negierenden Pronomen in persönlichen und in unpersönlichen Sätzen. Bestimmen Sie den Fall dieser Pronomen und ihre Funktion im Satz.*

1. Ничто́ не меша́ет молодо́му челове́ку вы́брать ту профе́ссию, кото́рую он захо́чет. 2. В ми́ре нет ничего́ вы́ше любви́ к Ро́дине. 3. Мне не́кому поручи́ть э́то де́ло. 4. Мне не́ во что бы́ло заверну́ть кни́гу. 5. Он не нужда́ется ни в чье́й по́мощи. 6. Тебе́ сего́дня не́чего бу́дет де́лать. 7. Почему́ вы ниче́м не интересу́етесь? 8. Мне не́ с кем бы́ло оста́вить сы́на. 9. Она́ ни с ке́м не поздоро́валась. 10. Профе́ссор никому́ не дове́рил проведе́ние э́той опера́ции. 11. Мне никто́ не звони́л? 12. До́ сих пор я не получи́ла никако́го отве́та.

2 *Ergänzen Sie die Sätze durch die eingeklammerten Pronomen im erforderlichen Fall mit bzw. ohne Präposition.*

a) 1. Я … (никто́) не ждал. 2. Он … (никто́) не пошёл. 3. И́горь никогда́ … (ничто́) не восхища́лся. 4. (Никакая кни́га) я у тебя́ не брал. 5. Това́рищ вчера́ … (никто́) не встреча́лся. 6. Он да́же … (никто́) из това́рищей не вспо́мнил.

b) 1. Мне ждать посы́лки (от, не́кого). 2. Ему́ (с, не́кого) посове́товаться. 3. Мне (о, не́чего) бу́дет вспо́мнить. 4. Петру́ (у, не́кого) было узна́ть мой а́дрес.

3 *Benutzen Sie bei der Beantwortung der folgenden Fragen negierende Pronomen.*

1. С каки́ми тру́дностями вы встре́тились при перево́де э́той статьи́? 2. Что вы купи́ли вчера́ в магази́не? 3. С кем вы познако́мились на ве́чере? 4. Кому́ вы посла́ли письмо́?5. У вас есть кому́ оста́вить ключ? 6. У вас был кто-нибудь вчера́? 7. В како́й по́мощи вы нужда́етесь? 8. У вас было к кому́ пойти́ во вре́мя кани́кул? 9. О чьём бра́те говори́ла Ната́ша?

4 *Ersetzen Sie die bejahenden Sätze durch verneinte nach dem Muster.*

Muster: 1) Он не ви́дел **э́того**. — Он **ничего́ не ви́дел**.
2) **Э́тих** рабо́т он не зна́ет. — **Никаки́х** рабо́т он **не** зна́ет.
3) Я не ви́дел **э́той** тетра́ди. — Я **не ви́дел ничье́й** тетра́ди.

1. Ни́на не занима́ется э́тим де́лом. 2. Я не зна́ю твоего́ а́дреса. 3. Я не подписа́лась на э́ти журна́лы. 4. Он не счита́ется с на́шими сове́тами. 5. Он не занима́ется э́тим ви́дом спо́рта. 6. Ири́на не отве́тила на мои́ пи́сьма.

5 *Ersetzen Sie die bejahenden Sätze durch verneinte, gebrauchen Sie dabei das Pronomen* ***никто́****. Achten Sie auch auf die Kongruenz zwischen Subjekt und Prädikat.*

a) Muster: **Все** ду́мали об э́той кни́ге. — **Никто́ не ду́мал** об э́той кни́ге.

1. Все занима́лись э́тим вопро́сом. 2. Мы обо всех расспра́шивали го́стя. 3. Он дру́жит со все́ми. 4. Че́рез не́сколько мину́т все бы́ли во дворе́. 5. Он всем рассказа́л о свое́й оши́бке. 6. Он всех поблагодари́л за пода́рки.

b) Muster: **Все** спортсме́ны приду́т за́втра на стадио́н. — **Никто́ из** спортсме́нов **не придёт** за́втра на стадио́н.

1. Он показа́л свой прое́кт студе́нтам. 2. Все шко́льники уча́ствуют в экску́рсии. 3. Я обсужда́л э́тот план со все́ми друзья́ми. 4. Он обрати́лся за по́мощью ко все́м знако́мым. 5. Ива́н сове́товался о здоро́вье ма́тери со все́ми врача́ми.

6 *Verwandeln Sie die persönlichen verneinten Sätze in unpersönliche bejahende, indem Sie die Pronomen* ***никто́, ничто́*** *durch die Pronomen* ***не́кого, не́чего*** *ersetzen.*

Muster: Я сего́дня **никого́ не жду**.. — Мне **не́кого** сего́дня **ждать**.

1. Я ни о чём не спори́л. 2. Я ни с ке́м не бу́ду говори́ть. 3. Никто́ не идёт со мной в кино́. 4. Она́ ни о ко́м не забо́тится. 5. Он ничего́ не чита́ет и ниче́м не занима́ется. 6. Она́ ничему́ не ра́дуется. 7. Она́ никому́ не пи́шет.

7 *Ersetzen Sie die zusammengesetzten Sätze durch einfache, indem Sie die Pronomen* ***не́кого, не́чего*** *gebrauchen.*

Muster: У меня́ нет **никого́, с кем** бы я мог посове́товаться.— Мне **не с кем** посове́товаться.

1. Не́ было никого́, кому́ мо́жно бы́ло бы отда́ть посы́лку. 2. Нет ничего́, чем мы могли́ бы здесь заинтересова́ться. 3. Не́ было никого́, кому́ бы я мог дать э́то зада́ние. 4. Нет ничего́, чем он горди́лся бы. 5. Нет никого́, на кого́ она́ могла́ бы обижа́ться. 6. Не́ было ничего́, чему́ бы он удиви́лся.

8 *Ergänzen Sie die Sätze durch passende negierende Pronomen im erforderlichen Fall.*

1. И́нна … не прости́лась пе́ред отъе́здом. 2. Об э́том ди́спуте мне вам … расска́зать. 3. Она́ не уделя́ет ребёнку … внима́ния и не слу́шает … сове́тов. 4. У меня́ пока́ нет … нау́чных рабо́т. 5. Сего́дня тебе́ ра́доваться … . 6. Мне … спроси́ть об э́том. 7. Почему́ ты меня́ … не спра́шиваешь? 8. А́ня не обраща́ет на него́ … внима́ния. 9. Ей … бы́ло посла́ть за мной. 10. Мне … чита́ть.

9 *Beenden Sie die Sätze, indem Sie anstatt der Punkte negierende Pronomen und Adverbien gebrauchen.*

1. Я то́лько ра́но у́тром прилете́л в Петербу́рг и ещё … не ви́дел, …, кро́ме университе́та, не́ был и ве́чером … не пойду́. 2. Макси́м … не ждёт пи́сем, потому́ что ему́ … писа́ть. 3. Мне … не звони́л, да и мне … ждать звонка́. 4. У Анто́на не оста́лось … фотогра́фий сестры́. 5. Ни́на … не расска́зывает о свое́й рабо́те. 6. Ты … не мог об э́том читать и … не мог получи́ть информа́цию. 7. Наш профе́ссор … не обсужда́л своё реше́ние.

§ 4 Gebrauch der Demonstrativpronomen *тот, тако́й*

Das Pronomen **тот** weist auf eine räumliche oder zeitliche Entfernung eines Gegenstandes oder einer Person hin. Außerdem wird **тот** in folgenden Fällen gebraucht:

a) mit der bekräftigenden Partikel **же**:

Ты всё **тот же.**	Du bleibst derselbe.

b) mit dem bestimmenden Pronomen **са́мый**:

Это **те са́мые** кни́ги.	Das sind dieselben Bücher.

c) in einem Satzgefüge, wo **тот (та, то, те)** im Hauptsatz steht, dessen Inhalt im Nebensatz enthalten ist. Es kann im Hauptsatz als Subjekt, Prädikat, Objekt und Attribut auftreten:

Сверши́лось **то,** о чём он мечта́л всю жизнь. *Что* сверши́лось?	Es geschah, wovon er sein ganzes Leben lang träumte.
В рома́не «Ти́хий Дон» Миха́ил Шо́лохов рассказа́л **о том**, что пережи́л сам вме́сте со свои́ми земляка́ми. *О чём* рассказа́л Миха́ил Шо́лохов?	Im Roman „Der stille Don" erzählte Michail Scholochow davon, was er selbst und seine Landsleute erlebt hatten.
Он рассказа́л **о том ме́тоде,** кото́рым я давно́ интересова́лся. *О како́м ме́тоде?*	Er erzählte von dem Verfahren, das mich schon lange interessierte.

Im Gebrauch von **тот** und **тако́й** muss unterschieden werden:

1. Das Pronomen **тот** im Hauptsatz bezieht sich auf das Pronomen **кото́рый** im Nebensatz, wenn auf einen konkreten Gegenstand hingewiesen wird:

Здесь **те** кни́ги, **кото́рые** вы проси́ли принести́.	Hier sind die Bücher, um die Sie gebeten haben.

2. Das Pronomen **тако́й** kann sich auf das Pronomen **кото́рый** in der Funktion eines Attributs beziehen:

Я проси́л **таку́ю** кни́гу, **кото́рую** мне интере́сно бы́ло бы чита́ть.	Ich habe um ein solches Buch gebeten, das ich mit Interesse lesen würde.

3. Das Pronomen **тако́й** kann sich auf das Pronomen **како́й** beim Vergleich beziehen (auch **тако́й …, как**):

Я куплю́ **таку́ю** же тетра́дь, как у Хе́льги.	Ich kaufe genau ein solches Heft, wie es Helga hat.
Я куплю́ **таку́ю** же тетра́дь, **каку́ю** купи́ла Хе́льга.	Ich kaufe ein genau solches Heft, wie Helga gekauft hat.

4. Um eine Person, einen Gegenstand, eine Erscheinung oder eine Qualität zu identifizieren, werden die Demonstrativpronomen **тот, та, то, те** und **тако́й, така́я, тако́е, таки́е** in folgenden Konstruktionen gebraucht: **тот (та, то, те) же …, что (как) и …** und **тако́й (така́я, тако́е, таки́е) же …, что (как) и … .** Dabei hängen Geschlecht, Zahl und Kasus des Demonstrativpronomens von der ganzen Struktur des Satzes ab:

Анто́н живёт **в том же до́ме, что и** я.	Anton wohnt in demselben Haus wie ich.
Анто́н живёт **в тако́м же до́ме, что и** я.	Anton wohnt im gleichen Haus wie ich.

1 *Bilden Sie aus zwei einfachen Sätzen ein Satzgefüge nach dem Muster: Он приéдет вéчером. Я увéрена в э́том. — Я увéрена **в том,** что он приéдет вéчером.*

1. Наступи́ли весéнние тёплые дни. Все ра́ды э́тому. 2. Он так мно́го путешéствовал. Он рассказа́л нам об э́том. 3. Ви́ктор хорошо́ сдал экза́мены. Его друзья́ бы́ли дово́льны э́тим. 4. Ахи́м написа́л друзья́м. Он откры́л но́вый минера́л. 5. Он не отвéтил на привéтствие. Дéло в э́том.

2 *Ergänzen Sie die Sätze durch die Pronomen **тот** oder **тако́й** in der entsprechenden Form.*

1. Зима́ в Заполя́рье до́лгая, не ..., как у нас в Москвé. 2. Мне удало́сь доста́ть ... рома́н Ю́рия Бо́ндарева, кото́рый ты хотéла прочéсть. 3. Он присла́л мне ... письмо́, на кото́рое нельзя́ бы́ло не отвéтить. 4. Он купи́л себé ... лы́жи, каки́е давно́ иска́л. 5. Вéчер был ..., каки́м он быва́ет то́лько на ю́ге. 6. Когда́ нас познако́мили, я поняла́: э́то ... Сергéй, кото́рого я встреча́ла в на́шем клу́бе. 7. У него́ бы́ли ... же голубы́е глаза́, как у ма́тери.

3 *Beenden Sie diese Sätze, gebrauchen Sie dabei entsprechende Pronomen.*

1. Макси́м подари́л мне ... же кни́гу, как моя́. 2. Анто́н познако́мил меня́ с ... же дéвушкой, кото́рую я ви́дел на факультéте. 3. Я занима́юсь в ... же семина́ре, что и Макси́м. 4. Ни́на занима́ется почти́ в ... же семина́ре, что и я . 5. В кино́ идёт ... же фильм, что и недéлю наза́д. 6. Это фильм на ... же тéму, что и извéстный италья́нский фильм. 7. На экза́мене я получи́л ... же вопро́с, что и на семина́ре. 8. Дирк получи́л за свой рефера́т ... же отмéтку, что и Штéфан. 9. Олéг интересу́ется ... же проблéмой,что и А́нна. 10. На́ша футбо́льная кома́нда вы́играла матч с ... же счётом,что и в про́шлом году́. 11. Ири́на сдéлала себé ... же причёску, как у Та́ни. 12. В моско́вском аэропорту́ она́ получи́ла почти́ ... же чемода́н, как сдава́ла в Ирку́тске. Но э́то был не ... же чемода́н, не её.

4 *Übersetzen Sie ins Russische.*

1. Er wohnt in dem Haus, wo er früher wohnte. 2. Irina wiederholt immer dasselbe. 3. Er gab mir einen solchen Füller, mit dem man nicht schreiben konnte, ich aber nahm den, der auf dem Tisch lag. 4. Zeigen Sie mir bitte ein solches Album, in dem ich diese Fotos unterbringen kann. 5. Olja stritt mit Nina, aber weder die eine noch die andere konnte beweisen, dass sie recht hatte. 6. Das Auto fuhr von jener Seite vor, von der wir es nicht erwarteten. 7. Ist das nicht der Siegfried, mit dem du studiert hast?

§ 5 Gebrauch der indefiniten Pronomen mit Partikeln

1. Mit der Partikel **-то: кто́-то, что́-то, како́й-то, че́й-то** (Bezeichnung eines bestimmten, aber nicht genannten Gegenstands oder Merkmals):

Кто́-то звони́л тебе́.	Jemand hat dich angerufen.
Он хо́чет тебе́ *что́-то* сказа́ть.	Er will dir etwas sagen.
Ей нужны́ *каки́е-то* газе́ты.	Sie braucht irgendwelche Zeitungen.
Здесь лежа́т *чьи́ -то* кни́ги.	Hier liegen Bücher von irgendjemandem.

2. Mit der Partikel **-нибу́дь (-ли́бо): кто́-нибудь, что́-нибудь, како́й-нибудь; кто́-либо** und **что́-либо**

a) Bezeichnung eines völlig unbestimmten Gegenstands oder Merkmals:

Кто́-нибудь звони́л мне?	Hat mich jemand angerufen? (einerlei, wer)
Да́йте мне *каку́ю-нибудь* кни́гу!	Geben Sie mir irgendein Buch (einerlei, welches)!

b) Bezeichnung einer Person oder eines Gegenstands, die für den Sprechenden nicht wichtig sind:

Расскажи́ нам *что́-нибудь!*	Erzähle uns etwas (einerlei, was)!
Сюда́ *кто́-нибудь* приходи́л?	War jemand da?
Что́-нибудь случи́лось?	Ist etwas passiert?

c) In Frage- und Aufforderungssätzen:

Дайте мне *че́й-нибудь* каранда́ш!	Geben Sie mir jemandes Bleistift (einerlei, wessen)!

d) Zum Ausdruck des Zweifels, der Vermutung:

Я не уве́рен, могу́ ли я тебе́ *че́м-либо́* помо́чь.	Ich bin nicht sicher, ob ich dir mit irgendetwas helfen kann.

3. Mit der Partikel **ко́е-**[3]**: ко́е-кто́, ко́е-что́, ко́е-како́й, ко́е-че́й** (Bezeichnung eines Gegenstands oder Merkmals, die dem Sprechenden bekannt, dem Angesprochenen jedoch nicht bekannt sind, sowie Gebrauch in der Bedeutung *mancher, ein gewisser*):

Мой брат вам *ко́е-что́* расска́жет.	Mein Bruder wird Ihnen einiges erzählen.
Я купи́л уже́ *ко́е-каки́е* кни́ги.	Ich habe einige Bücher bereits gekauft.
Ему́ нужны́ *ко́е-каки́е* ве́щи.	Er braucht manche Sachen.

Anmerkungen:

Zu den indefiniten Pronomen gehören ferner die Pronomen **не́кто, не́что, не́который, не́кий. Не́кто** wird nur im Nominativ, **не́что** im Nominativ und in dem dem Nominativ ähnlichen Akkusativ gebraucht.

[3] Ist ein mit der Partikel **кое-** gebildetes Pronomen mit einer Präposition verbunden, so wird diese nach der Partikel gesetzt, und alle drei Bestandteile werden getrennt geschrieben: **ко́е с кем**, **ко́е о чём**.

Das Pronomen **не́что** *(etwas)* ist sächlichen Geschlechts und dem Pronomen **что́-то** bedeutungsverwandt. Es wird immer mit einer ihm nachgestellten und durch ein sächliches Adjektiv, eine Partizipialkonstruktion oder einen Nebensatz ausgedrückten Bestimmung gebraucht:

Э́то бы́ло **не́что** прекра́сное.	Das war etwas Schönes.
Я расскажу́ вам **не́что** интере́сное.	Ich werde Ihnen etwas Interessantes erzählen.

Das Pronomen **не́кто** (*jemand*) ist dem Pronomen **кто́-то (како́й-то челове́к)** bedeutungsverwandt. Bei **не́кто** kann als Apposition ein Eigenname oder ein nichtkongruierendes Attribut stehen:

Вас спра́шивает **не́кто** Ивано́в.	Ein gewisser Iwanow fragt nach Ihnen.
Вдали́ показа́лся **не́кто** в шля́пе.	In der Ferne erschien jemand mit Hut.

Mit den Pronomen **что́-то, что́-нибудь, не́что** als Subjekt steht das verbale Prädikat in der sächlichen, mit den Pronomen **кто́-то, кто́-нибудь, не́кто** in der männlichen Form des Präteritums:

Что́-то произошло́.	Etwas ist passiert.
Кто́-то звони́л.	Jemand hat angerufen.

Die Pronomen **не́который** (*gewisser,* Pl: *einige*) und **не́кий** (*ein gewisser*) werden wie Adjektive dekliniert und sind im Satz Attribute. **Не́который**[4] bezeichnet eine unbestimmte Menge oder ein unbestimmtes Merkmal eines Gegenstands und wird mit Substantiven gebraucht, die meistens eine räumliche bzw. zeitliche Bedeutung haben oder einen Zustand bezeichnen, der eine Zeitlang währen kann:

Я чита́л **не́которые** расска́зы э́того писа́теля.	Ich habe einige Erzählungen dieses Schriftstellers gelesen.
Че́рез **не́которое** вре́мя он зако́нчит свою́ рабо́ту.	In einiger Zeit wird er seine Arbeit beenden.

Das Pronomen **не́кий** ist bedeutungsmäßig dem Pronomen **не́кто** bzw. **како́й-то** verwandt, wird aber mehr in der Schriftsprache und vorwiegend mit einem Eigennamen gebraucht:

Э́ту статью́ написа́л **не́кий (како́й-то)** Петро́в.	Diesen Artikel hat ein gewisser Petrow geschrieben.

Genauso wie die indefiniten Pronomen werden die indefiniten Adverbien gebraucht, die mit den Partikeln **-то, -ли́бо, -нибу́дь** und **ко́е-** von Adverbien des Ortes, der Zeit und der Ursache abgeleitet werden.

[4] Mit dem indefiniten Pronomen **не́который** darf das unbestimmte Zahlwort **не́сколько**, das mit zahlbaren Substantiven gebraucht wird, nicht verwechselt werden. Vergleichen Sie: **Не́которые** (*каки́е?*) кни́ги я уже́ просмотре́л. *Gewisse (welche?) Bücher habe ich schon durchgelesen.* На столе́ лежа́ло **не́сколько** *(ско́лько?)* книг. *Auf dem Tisch lagen einige (wie viele?) Bücher.*

Die indefiniten Adverbien mit der Partikel **ко́е-** bedeuten:

ко́е-где́	**Ко́е-где́** пробива́лась молода́я тра́вка (в не́которых места́х).	Hier und da kam junges Gras heraus.
ко́е-куда́	Мне ну́жно **ко́е-куда́** сходи́ть (в ме́сто, изве́стное говоря́щему).	Ich habe noch einen Gang vor.
ко́е-отку́да	**Ко́е-отку́да** уже́ присла́ли поздравле́ния (из не́которых мест).	Aus einigen Orten sind schon Glückwünsche eingetroffen.
ко́е-ка́к	Он вы́полнил рабо́ту **ко́е-ка́к** (небре́жно).	Er hat die Arbeit nachlässig gemacht.
	Я **ко́е-как** добра́лся до ста́нции (с трудо́м).	Ich kam mit Müh und Not am Bahnhof an.
ко́е-когда	Мы приезжа́ем сюда́ **ко́е-когда́** (иногда́, времена́ми).	Ab und zu kommen wir hierher.

Übungen

1 *Lesen Sie die Sätze. Verfolgen Sie den Unterschied im Gebrauch der einzelnen Pronomen und bestimmen Sie deren Fall.*

a) 1. — Кто́-нибу́дь звони́л мне? — Да, кто́-то звони́л ещё у́тром. 2. Ви́ктор ушёл с ке́м-то в теа́тр. В теа́тр я пойду́ с ке́м-нибудь из подру́г. 3. Препода́ватель уже́ прове́рил чью́-то рабо́ту. Покажи́те мне чью́-нибудь рабо́ту! 4. Да́йте мне что́-нибудь почита́ть! Он сиде́л у окна́ и что́-то чита́л. 5. Ему́ помо́г кто́-то из това́рищей. Ему́ помо́жет кто́-нибу́дь из това́рищей.

b) 1. Я хочу́ тебе́ ко́е-что́ сообщи́ть. Я хочу́ тебе́ что́-то сообщи́ть. 2. Он говори́л с ке́м-то по телефо́ну. Он уже́ говори́л ко́е с кем об э́том. 3. Она́ обеща́ла нам что́-то показа́ть. Она́ обеща́ла нам ко́е-что́ показа́ть. 4. Андре́й отпра́вился к кому́-то. Он зайдёт ко́е к кому́. 5. Я дам тебе́ ко́е-каки́е кни́ги. Он получи́л каки́е-то кни́ги. Вы чита́ли каки́е-нибудь кни́ги по исто́рии языка́?

2 *Ergänzen Sie die Sätze ,indem Sie anstatt der Punkte indefinite Pronomen und Adverbien gebrauchen.*

1. Эта же́нщина … мно́го лет наза́д была́ арти́сткой. 2. Я ви́дел … э́того челове́ка, но не по́мню в библиоте́ке и́ли в клу́бе. 3. Дирк и́щет … интере́сную статью́ по э́тому вопро́су. 4. Ште́фан принёс … паке́т. 5. А́нна вчера́ получи́ла от … письмо́. 6. Хо́чешь пойти́ на … вы́ставку импрессиони́стов? 7. Никола́й верну́лся из экспеди́ции и спра́шивал,звони́л ли ему́ … . Я сказа́л, что звони́ла … де́вушка. 8 … взял мой уче́бник, а он мне сейча́с ну́жен. 9. Заходи́те к нам … в конце́ неде́ли! – Спаси́бо, я сейча́с очень за́нят, но … зайду́. 10. Тебе́ звони́ла А́ня, хоте́ла тебя́ о … спроси́ть. 11. Если у вас бу́дут … вопро́сы, напиши́те мне. 12. Ты идёшь за проду́ктами? Купи́ и мне

… на у́жин, наприме́р, … колбасу́! 13. Почему́ ты тако́й гру́стный? Случи́лось …? 14. Мы е́дем отдыха́ть на юг, бу́дем жить … у мо́ря. 15. Тут лежа́т … газе́ты? Не твои́? 16. В университе́те со мной учи́лась … Макси́мова. 17. Самолёт пролета́л над … го́родом. 18. Познако́мь меня́ с … ру́сским студе́нтом!

3 *Lesen Sie die Sätze und achten Sie auf die Kongruenz zwischen dem Prädikat und dem durch ein indefinites Pronomen ausgedrückten Subjekt.*

1. В э́том челове́ке бы́ло что́-то симпати́чное. 2. Позади́ меня́ кто́-то бы́стро шёл. 3. С ней происходи́ло не́что стра́нное. 4. В ко́мнату вошёл не́кто Орло́в.

4 *Lesen Sie die Sätze. Bestimmen Sie den Fall und die Bedeutung der Pronomen* ***не́который*** *und* ***ко́е-како́й****. Beachten Sie, dass* ***ко́е-како́й*** *mit Substantiven, die Gefühlsregungen bezeichnen oder Suffixe des Verachtens haben, gebraucht wird und eine stärker ausgeprägte subjektive Einschätzung zum Ausdruck bringt.*

1. В прое́кте моего́ дру́га есть ко́е-каки́е недоста́тки. Не́которые недоста́тки в его́ рабо́те нам удало́сь бы́стро устрани́ть. 2. Че́рез не́которое вре́мя мы останови́лись на ночле́г. 3. Нау́чный рабо́тник в свое́й статье́ косну́лся не́которых вопро́сов киберне́тики. 4. Ко́е в каки́х вопро́сах он был прав. 5. Не́которые из прису́тствующих бы́ли про́тив моего́ предложе́ния. 6. По́сле не́которого разду́мья я согласи́лся с ни́ми.

5 *Ergänzen Sie die Sätze durch indefinite Pronomen im erforderlichen Fall.*

1. Бы́ло уже́ по́здно, но в … о́кнах ещё горе́л свет. 2. … вре́мя отря́д шёл по боло́тистой ме́стности. 3. … студе́нты увлека́ются бо́ксом. 4. При монта́же обору́дования рабо́чие примени́ли … но́вые ме́тоды. 5. Серге́й весь ве́чер занима́лся матема́тикой, но … зада́чи не реши́л. 6. По́сле на́шего разгово́ра у меня́ оста́лись … сомне́ния. 7. Он рабо́тает над … но́вым прое́ктом дви́гателя. 8. Почему́ ты не займёшься … де́лом?

6 *Ergänzen Sie die Sätze durch indefinite Pronomen und Adverbien mit der Partikel* ***ко́е-****.*

1. Вы́йди на мину́ту: я хочу́ тебе́ … сообщи́ть. 2. … уже́ сдал экза́мены. 3. Он так пло́хо говори́т по-ру́сски! Наве́рное, учи́лся … . 4. Мы вспомина́ем … о́бщих знако́мых. 5. Посиди́ здесь! Мне ну́жно … зайти́. 6. Больно́й … дошёл до ва́нной. 7. Прошло́ мно́го лет, и мы на́чали … забыва́ть.

7 *Übersetzen Sie ins Russische unter Verwendung indefiniter und negierender Pronomen.*

1. Ich habe nichts, womit ich ihr helfen könnte. 2. Keiner der Studenten konnte diese Aufgabe lösen. 3. Es war niemand in der Nähe. 4. Niemand half mir bei dieser Arbeit. 5. Keine Schwierigkeiten bei der Arbeit können uns aufhalten. 6. Er hat niemanden, mit dem er auf die Eisbahn gehen könnte. 7. Sie brauchte sich über nichts zu wundern. 8. Ich habe hier nichts zu tun. 9. Wir haben nichts, worüber wir streiten könnten. 10. Ich war schon lange bei keinem von ihnen. 11. Er braucht niemandes Ratschläge. 12. Er lässt sich durch niemanden ersetzen. 13. Sie haben versprochen, mir irgendein Buch zu geben. 14. Mein Bruder hat mir etwas Interessantes erzählt. 15. Sie nahm zufällig ein Heft von irgendjemandem. 16. Erzählen Sie mir bitte von irgendeinem russischen Komponisten. 17. Ich habe auf meinem Schreibtisch irgendeinen Brief gefunden. 18. Hätte mir jemand geholfen, so würde ich meine Arbeit schon längst beendet haben. 19. Heute wird jemand mich besuchen. 20. Einige Studenten unserer Gruppe interessieren sich für Schach. 21. Ich brauche gewisse Geschichtsbücher. 22. In einiger Zeit fahre ich in die Heimat. 23. In letzter Zeit habe ich mehrere deutsche Filme gesehen.

■ EINIGE FRAGEN DER SATZLEHRE

§1 Funktion der Kurzform der Adjektive im Satz

Die Kurzform der Adjektive wird als Prädikat in Verbindung mit Nominalergänzungen gebraucht. Diese Nominalergänzungen können meistens durch folgende Konstruktionen ausgedrückt werden:

1. Instrumental ohne Präposition: бога́т ле́сом, бе́ден водо́й, бо́лен гри́ппом, дово́лен жи́знью, горд успе́хами, интере́сен содержа́нием, опа́сен после́дствиями, великоле́пен кра́сками, сча́стлив успе́хами и т.д.:

Ура́л *бога́т поле́зными ископа́емыми.*	Der Ural ist reich an Bodenschätzen.

2. Präpositiv mit der Präposition **в**: уве́рен в побе́де, интере́сен в истори́ческом отноше́нии, иску́сен в рабо́те, добросо́вестен в расчётах, оригина́лен в интерпрета́ции, поспе́шен (торопли́в) в оце́нке, непра́в в вы́боре реше́ния, сча́стлив в любви́ и т.д.:

Мы *уве́рены в побе́де* миролюби́вых сил.	Wir sind des Sieges der Friedenskräfte sicher.

3. Dativ mit der Präposition **к**: спосо́бен[1] к самоана́лизу, скло́нен к возбужде́нию, (не)справедли́в к нему́, внима́телен к лю́дям, гото́в к испыта́ниям, глух к про́сьбам, бли́зок к це́ли, равноду́шен к кри́тике и т.д.:

Студе́нты *гото́вы к экза́мену.*	Die Studenten sind zur Prüfung bereit.

4. Dativ mit der Präposition **по**: интере́сен по содержа́нию, бли́зок по взгля́дам, разли́чен по исполне́нию, похо́ж по компози́ции, одина́ков по разме́ру, глубо́к по содержа́нию, безупре́чен по фо́рме, великоле́пен по оформле́нию, характе́рен по вку́су, ро́дствен по взгля́дам и т.д.:

Криста́ллы льда *безупре́чны по фо́рме.*	Die Eiskristalle sind der Form nach tadellos.

5. Nebensatz mit der Konjuktion **что**:

Я ра́да, *что мы сно́ва встре́тились.*	Ich bin froh, dass wir uns wieder trafen.

6. Infinitiv (einschränkend):

Он *обя́зан вы́полнить* э́ту рабо́ту.	Er ist verpflichtet, diese Arbeit auszuführen.

7. Ausdruck eines relativen Merkmals, das für das gegebene Objekt wichtig ist:

a) Dativ ohne Präposition (zur Angabe der Nichtübereinstimmung der Größen):

Э́то пла́тье *мне мало́.* Ср.: Э́то пла́тье *ма́ленькое.*	Dieses Kleid ist mir zu eng.

[1] Das Adjektiv **спосо́бен** wird auch in der Konstruktion Akkusativ + **на** (**спосо́бен на по́двиг**) ge-braucht, dazu gehören Substantive mit dem semantischen Merkmal **посту́пок**: **самопоже́ртвование**, **преступле́ние**, **реши́тельные де́йствия** usw.

b) Genitiv mit der Präposition **для** (Angabe anderer Nichtübereinstimmungen):

Эта мысль *для нас не нова́*. Ср.: Э́та мысль *не но́вая*.	Dieser Gedanke ist für uns nicht neu.

Übungen

1 *Ergänzen Sie die Sätze durch folgende Wörter und Wortverbindungen:* ***на по́двиг, по нату́ре, по компози́ции, к на́шим про́сьбам, к семина́ру, анги́ной, по содержа́нию, на бра́та, на мать, к аналити́ческому мышле́нию, в нау́чном отноше́нии****.*

1. Из на́шего разгово́ра я сде́лал вы́вод, что он спосо́бен … . 2. Его́ откры́тие бы́ло интере́сно … . 3. Как он похо́ж …! 4. Карти́ны изве́стного худо́жника В. Су́рикова интере́сны … . 5. Рома́н Ю. Бо́ндарева «Бе́рег» глубо́к … . 6. Молодёжь на́шей страны́ спосо́бна … . 7. Вы гото́вы …? 8. Он бо́лен … . 9. Ты се́рдит …? 10. Он оста́лся глух … . 11. Он о́чень добр … .

2 *Lesen Sie die Sätze. Beachten Sie den Gebrauch der Kurzform der Adjektive mit Nominalergänzungen. Merken Sie sich, welchen Fall diese Adjektive verlangen.*

1. Мы благода́рны вам за подде́ржку. 2. Ты не согла́сен с на́ми? 3. Он был знако́м с Влади́миром. 4. Космона́вты всегда́ должны́ быть споко́йны пе́ред полётом. 5. В реши́тельный моме́нт он был спосо́бен на по́двиг. 6. Принима́ть лека́рства без сове́та врача́ опа́сно для здоро́вья.

3 *Bilden Sie aus zwei einfachen Sätzen einen, dessen Prädikat durch die Kurzform eines Adjektivs ausgedrückt wird.*

Muster: Петербу́рг — краси́вейший го́род. В нём нахо́дятся шеде́вры архитекту́ры и жи́вописи. — Петербу́рг изве́стен шеде́врами архитекту́ры и жи́вописи.

1. Карти́ны ру́сского худо́жника-пейзажи́ста А. Куи́нджи о́чень своеобра́зны. Для них характе́рно необы́чное освеще́ние. 2. Анги́на — опа́сная боле́знь. По́сле неё быва́ют осложне́ния на се́рдце. 3. Третьяко́вская галере́я изве́стна во всём ми́ре. Там нахо́дятся выдаю́щиеся произведе́ния ру́сского и национа́льного иску́сства. 4. Он сего́дня сча́стлив. Результа́ты его́ рабо́ты превзошли́ все ожида́ния. 5. Оруже́йная пала́та—храни́лище ценне́йших произведе́ний прикладно́го иску́сства. Великоле́пно разнообра́зие э́тих произведе́ний.

4 *Bilden Sie aus zwei einfachen Sätzen ein Satzgefüge, ersetzen Sie dabei die Langform eines Adjektivs durch seine Kurzform.*

Muster: Это интере́сная статья́. В ней опи́саны но́вые археологи́ческие нахо́дки. — Э́та статья́ интере́сна тем, что в ней опи́саны но́вые археологи́ческие нахо́дки.

1. Я́сная Поля́на — изве́стное ме́сто. Там роди́лся и жил вели́кий ру́сский писа́тель Лев Толсто́й. 2. Карти́на ру́сского худо́жника А. Лактио́нова «Письмо́ с фро́нта» — замеча́тельное произведе́ние. Она́ полна́ оптими́зма. 3. Кни́га интере́сная. В ней со́браны малоизве́стные истори́ческие фа́кты. 4. Ревмати́зм — опа́сная боле́знь. Он поража́ет се́рдце.

5 *Vergleichen Sie die folgenden Satzpaare. Beachten Sie, wie sich die Lang- und Kurzformen der Adjektive sinngemäß voneinander unterscheiden.*

1. Э́ти сапоги́ ма́ленькие. — Сапоги́ мне малы́. 2. Пла́тье дли́нное: его́ мо́жно наде́ть на конце́рт. — Пла́тье мне длинно́, но сестре́ бу́дет хорошо́. 3. Э́тот зал ма́ленький. — Для ми́тинга зал мал. 4. Э́та у́лица у́зкая. — Для совреме́нного тра́нспорта э́та у́лица узка́.

6 *Ergänzen Sie die folgenden Sätze durch die Kurzfom der Adjektive:* ***ма́ленький, большо́й, у́зкий, коро́ткий, дли́нный,*** *die die Nichtübereinstimmung von Schuh-, Kleidungsgrößen usw. bezeichnen.*

1. Он вы́брал костю́м по вку́су, но не купи́л его́. Костю́м был ему́ … . 2. По́сле опера́ции больно́й похуде́л, и брю́ки ста́ли ему́ … . 3. За ле́то де́вочка подросла́, и пла́тье ста́ло ей … . 4. На́до подши́ть пла́тье: оно́ мне … . 5. Мать подари́ла мне кольцо́, но я не могу́ его́ наде́ть: оно́ … . 6. Ту́фли ей … .

7 *Ergänzen Sie die Sätze durch die Nominalergänzungen zur Einschränkung des im Satz genannten Merkmals.*

Muster: Э́тот текст интере́сный, но … он сло́жен. — Э́тот текст интере́сный, но **для вас** он сло́жен.

1. Э́тот костю́м краси́вый, но … он сли́шком наря́ден. 2. Э́то удо́бный зал, одна́ко … он мал. 3. Э́то краси́вые кре́сла, хотя́ … они́ велики́. 4. Чемода́н вмести́тельный, но … он тяжёл. 5. Упражне́ния поле́зные, но … они́ трудны́.

8 *Ergänzen Sie die Sätze durch eines der in Klammern stehenden Adjektive. Beachten Sie, dass die Kurzform einiger Adjektive: (****весёлый — ве́сел, здоро́вый — здоро́в, больно́й — бо́лен, споко́йный — споко́ен, сла́бый — слаб, внима́тельный — внима́телен*** *usw.) einen zeitweiligen Zustand bezeichnet, die Langform aber ein Merkmal, eine Eigenschaft.*

1. Он.., от него́ сло́ва не добьёшься. Сего́дня он был осо́бенно … . (молчали́вый — молчали́в) 2. Ви́ктор не был на ле́кции, потому́ что он … . А́нну постоя́нно наблюда́ет врач: она́ … . (больно́й — бо́лен) 3. По́сле боле́зни он ещё … . Наш де́душка ста́рый и … . (сла́бый — слаб) 4. Она́ … жизнера́достная же́нщина. По́сле разгово́ра с Хе́льмутом А́нна была́ … . (весёлый — ве́сел)

9 *Formen Sie die Sätze um, gebrauchen Sie dabei die Konjunktion* ***как ни****. Achten Sie darauf, dass das Adjektiv des zusammengesetzten nominalen Prädikats in diesem Fall in der Kurzform steht.*

Muster: Э́та зада́ча сло́жная, но студе́нт реши́л её. — **Как ни сложна́ зада́ча**, студе́нт реши́л ее.

1. Диску́ссия была́ интере́сной, но я поспеши́л на вокза́л. 2. Те́ма на́шего разгово́ра была́ гру́стной, но его́ ну́жно бы́ло довести́ до конца́. 3. В магази́не был бога́тый вы́бор га́лстуков, но я не нашёл того́, что иска́л. 4. У него́ больша́я кварти́ра, но гостя́м там неудо́бно: сли́шком мно́го ме́бели. 5. Пла́тье краси́вое, но мне оно́ ко́ротко.

10 *Bilden Sie aus zwei Sätzen ein Satzgefüge, dessen Prädikat im Hauptsatz die Kurzform des Adjektivs ist. Beachten Sie, dass zum Ausdruck der Nichtübereinstimmung zwischen dem Merkmal des Subjekts und der Handlung die Kurzform des einen Teil des zusammengesetzten nominalen Prädikats bildenden Adjektivs (****мо́лод, стар, мал, слаб, ва́жен, тру́ден, легкомы́слен*** *usw.) in Verbindung mit einem Infinitiv oder einer Infinitivgruppe mit der Konjunktion* ***что́бы*** *gebraucht wird und von Wörtern, die Maß und Grad bedeuten, begleitet wird (****уже́, сли́шком*** *usw.).*

Muster: Ле́кция о́чень интере́сная. Мы не мо́жем пропусти́ть её. — Ле́кция **сли́шком интере́сна, что́бы** пропусти́ть её.

1. Зада́ча тру́дная. Студе́нты не реша́т её на экза́мене. 2. Он о́чень рассе́янный. Он не мо́жет вести́ маши́ну. 3. Больно́й беспо́мощен. Его́ нельзя́ оста́вить одного́ в кварти́ре. 4. Она́ у́мная же́нщина. Она́ должна́ всё поня́ть. 5. Оле́г о́чень воспи́танный челове́к. Он не мо́жет не предупреди́ть нас об отъе́зде.

11 *Ergänzen Sie die Sätze. Erklären Sie den Gebrauch der Adjektive und Adverbien.*

Muster: Ве́чер был шу́мный. На ве́чере бы́ло **шу́мно**.

1. Докла́д для меня́ интере́сен. Слу́шать докла́д … . 2. Экску́рсия увлека́тельная. Уча́ствовать в экску́рсии … . 3. Ночь прохла́дна. Но́чью … . 4. Пого́да холо́дная. Сего́дня … .

12 *Bilden Sie Sätze mit den folgenden Adjektiven, die als Prädikate nur in der Kurzform gebraucht werden:*

благода́рен (кому́? за что?), **ви́ден** (кому́?), **винова́т** (в чём?), **гото́в** (+ инфинитив), **до́лжен** (+ инфинитив), **жив(** чем?), **знако́м** (с кем? с чем?), **необходи́м, ну́жен** (кому́? для кого́? для чего́?), **похо́ж** (на кого́? на что?), **прав** (в чём?), **рад** (чему́?), **рад** (+ инфинитив), **слы́шен** (кому́?), **согла́сен** (с кем? с чем?).

13 *Übersetzen Sie ins Russische.*

1. Nikolai Ostrowski war zu einer Heldentat fähig. 2. Er war zur Selbstanalyse fähig. 3. Der Anzug ist ihm zu eng. 4. Die Freundin ist mir böse. 5. Das neue architektonische Gesamtbild ist der Komposition nach interessant. 6. Wir waren dem Ziel nah. 7. Er ist noch zu schwach, um mit dem Flugzeug zu fliegen. 8. Wie angenehm es mit Ihnen auch ist, aber ich muss gehen. 9. Seine Rede war dadurch wertvoll, dass sie neue Tatsachen enthielt. 10. Dieser Schritt hat gefährliche Folgen. 11. Der Abend ist kühl. — Am Abend ist es kühl. — Heute ist ein kühler Abend. 12. Ist dieser Platz frei? — Ist das ein freier Platz? — Ist hier frei? 13. Als die Oma noch am Leben war, waren wir oft bei ihr im Dorf.

§ 2 Einige Maß- und Mengenangaben als Ausdruck quantitativer Beziehungen im Satz

1. Bezeichnung einer Strecke:

a) Ausdruck der Entfernung von einem Gegenstand durch die Fügung **Verb** (отойти́, отбежа́ть, отъе́хать, отскочи́ть, удали́ться usw.) + **на** + Akkusativ:

Он **отошёл от** от окна́ *на два ме́тра.*	Er trat um zwei Meter vom Fenster zurück.

b) Bezeichnung der Entfernung eines Ortes, zu dem die Bewegung gerichtet ist, durch ein Verb der Fortbewegung + **за** + Akkusativ:

Он **ходил** на свида́ние *за пять киломе́тров* от дома.	Er ging fünf Kilometer vom Haus zum Rendezvous.

c) Bezeichnung einer Strecke (oder der Zeit für ihre Überwindung) von einem Punkt bis zum anderen durch die Fügung **Verb** (жить, находи́ться, сиде́ть, стоя́ть, располага́ться usw.) + **в** + Präpositiv:

Шко́ла **нахо́дится** ***в*** *ста пяти́десяти ме́трах от до́ма (в пяти́ мину́тах ходьбы́).*	Die Schule liegt 150 Meter vom Haus entfernt (fünf Minuten zu Fuß).

d) Bezeichnung einer Handlung, wie sie sich auf einer bestimmten Strecke ausbreitet, durch die Fügung **на** + Akkusativ:

Дни стоя́ли я́сные: ви́дно бы́ло вокру́г ***на*** *три киломе́тра.*	Die Tage waren wolkenlos, es war ringsum auf drei Kilometer zu sehen.

e) Bezeichnung einer Strecke vom Punkt, von dem die Handlung (die Erscheinung) beginnt, durch die Fügung **за** + Akkusativ:

Мы уви́дели я́ркий свет ***за*** *киломе́тр* от дере́вни.	Wir bemerkten helles Licht einen Kilometer vor dem Dorf.

2. Bezeichnung einer Summe oder eines Preises:

a) der gesamten Summe der Ausgaben durch die Fügung **на** + Akkusativ:

Я **купи́л** лотере́йных биле́тов *на сто рубле́й.*	Ich habe Lotterielose für hundert Rubel gekauft.

b) des Preises jedes einzelnen Gegenstandes durch die Fügung **по** + Akkusativ:

Я купи́л лотере́йные биле́ты *по де́сять рубле́й (за шту́ку).*	Ich habe Lotterielose zu zehn Rubeln (pro Stück) gekauft.

Anmerkungen:

Fügungen, die im Satz Attribute sind:

1. **в** + Akkusativ:

О́зеро **глубино́й в** 1500 (**ты́сячу пятьсо́т**) **ме́тров** (*како́е* о́зеро?)	ein 1500 Meter tiefer See (welcher See?)
Круг **диа́метром в** 30 (**три́дцать**) **сантиме́тров** (*како́й* круг?)	ein Kreis von 30 cm Durchmesser (welcher Kreis?)
Ру́копись **в два печа́тных листа́** (*кака́я* ру́копись?)	das Manuskript im Umfang von zwei Druckbogen (welches Manuskript?)
Дом **в три этажа́** (*како́й* дом?)	ein zweistöckiges Haus (was für ein Haus?)

Merken Sie sich: Die Maßbezeichnungen **высото́й**, **давле́нием**, **пло́щадью**, **ширино́й**, **толщино́й**, **мо́щностью**, **напряже́нием**, **ве́сом**, **водоизмеще́нием**, **температу́рой** sind Substantive im Instrumental.

2. **из** + Genitiv:

Кварти́ра *из двух ко́мнат* (=двухко́мнатная кварти́ра)	die Wohnung aus 2 Zimmern (= eine Zweizimmerwohnung)

3. Die Fügung **на** + Akkusativ hat eine zusätzliche Bedeutung der Bestimmung:

Кварти́ра *на двух челове́к* (для кого́? кака́я кварти́ра?)	eine Wohnung für 2 Personen (für wen? was für eine Wohnung?)
Сто рубле́й *на двои́х* (для кого́? для како́й це́ли?)	100 Rubel für zwei Personen (für wen? zu welchem Zweck?)
Пригласи́тельный биле́т *на два лица́* (для кого́? для како́й це́ли?)	eine Einladungskarte für 2 Personen (für wen?, zu welchem Zweck?)

Übungen

1 *Ergänzen Sie die Sätze durch entsprechende Präpositionen.*

1. Бу́лочная перее́хала в ни́жний эта́ж до́ма … двух шага́х от нас. 2. … две остано́вки от це́нтра я вы́шел из тролле́йбуса. 3. Мы прие́хали на Вы́ставку проду́кции ме́стной промы́шленности из таёжного райо́на … пять ты́сяч киломе́тров от Москвы́. 4. … деся́тки киломе́тров простира́лось боло́то. 5. Маши́на отъе́хала от ста́нции … два киломе́тра, когда́ я вспо́мнил о забы́тых веща́х. 6. Его́ де́душка ходи́л в шко́лу … пять киломе́тров от села́.

2 *Ergänzen Sie die Sätze durch Fügungen zum Ausdruck der Entfernung.*

1. Волк отпры́гнул от огня́ … . 2. Во́здух был чи́стый, и голоса́ бы́ли слышны́ … . 3. Наш университе́т располо́жен … от ста́нции метро́. 4. Пло́тный тума́н распространя́лся … от аэродро́ма. 5. На по́чту гео́логи ходи́ли … от свое́й ба́зы.

3 *Beantworten Sie die Fragen, gebrauchen Sie dabei die in Klammern stehenden Wörter zum Ausdruck der Entfernung.*

Muster: Отку́да доноси́лся звук шаго́в? (два́дцать ме́тров) — Звук шаго́в доноси́лся **за два́дцать ме́тров**.

1. Отку́да слы́шались голоса́? (не́сколько ме́тров от нас) 2. Далеко́ ли нахо́дится село от ста́нции? (три киломе́тра) 3. Далеко́ ли ты е́здил за гриба́ми? (со́рок киломе́тров от Москвы́) 4. Как далеко́ простира́ется луг? (15 киломе́тров вокру́г) 5. Ты живёшь далеко́ от заво́да? (полчаса́ езды́)

4 *Bilden Sie aus zwei Sätzen einen, ersetzen Sie die hervorgehobenen Konstruktionen durch sinnverwandte, die Ausmaße ausdrücken.*

Muster: Кольцево́й железобето́нный фунда́мент Оста́нкинской телеба́шни име́ет ширину́ 9,5 ме́тра, высоту́ — 3 ме́тра, диа́метр — 74 ме́тра. Фунда́мент зало́жен на глубину́ 4,65 ме́тра. — Кольцево́й железобето́нный фунда́мент Оста́нкинской телеба́шни **ширино́й в 9,5 ме́тра, высото́й в 3 ме́тра, диа́метром в 74 ме́тра** зало́жен **на глубину́ 4,65 ме́тра**.

1. Железобето́нная ба́шня Моско́вского телевизио́нного це́нтра со́здана по прое́кту инжене́ра Н. Ники́тина. Ба́шня име́ет высоту́ 535 ме́тров. 2. В Ти́хом океа́не обнару́жена впа́дина. Глубина́ впа́дины — 11 ты́сяч ме́тров. 3. Караку́мский кана́л на́чали стро́ить в 50-е го́ды. Он име́ет длину́ свы́ше 1000 киломе́тров. 4. На реке́ Ангаре́ в Сиби́ри со́здан энергети́ческий каска́д из четырёх гидроста́нций. Их о́бщая мо́щность — 13 580 ты́сяч килова́тт. 5. Студе́нт защити́л дипло́мную рабо́ту. Её объём — 100 страни́ц.

5 *Beantworten Sie die Fragen, gebrauchen Sie dabei in der Konstruktion zur Bezeichnung einer Summe, eines Preises die Wortverbindung* ***три рубля́.***

Muster: — На каку́ю су́мму ты купи́л ру́чки? — **На три рубля́.**
— Каку́ю ру́чку ты купи́л? — **За три рубля́.**
— Каки́е ру́чки ты купи́л? — **По три рубля́.**

1. Каки́е биле́ты и по како́й цене́ вы купи́ли? 2. На каку́ю су́мму вы купи́ли биле́ты? 3. За ско́лько вы купи́ли биле́т? 4. Ско́лько сто́ит биле́т? 5. Како́й биле́т ты купи́л?

6 *Übersetzen Sie ins Russische.*

1. Wir wohnten im Hotel in einem Zweibettzimmer. 2. Die Familie bekam eine bequeme Wohnung für vier Personen. 3. Wegen des dichten Nebels konnte man nicht drei Schritt weit sehen. 4. Wir fahren zum See baden, der von der Datscha fünf Kilometer entfernt liegt. 5. Der Hund lief auf zwei Meter vom Herrn weg. 6. Einen Kilometer vor dem Haus sahen wir helles Licht. 7. Der Brandgeruch verbreitete sich auf zehn Kilometer: Der Wald brannte. 8. Von unserem Studentenheim gehen wir fünf Minuten zu Fuß bis zum Hauptgebäude der Universität.

§ 3 Zusammenfassung der häufigsten Bedeutungen und des Gebrauchs der Konjunktionen *и, а, но*

	а — und; aber; sowie	
1a. Beiordnend, in einer Satzreihe	Ни́на у́чится в университе́те, *а* её муж — в на́шем институ́те.	Nina studiert an der Universität, und ihr Mann studiert an unserem Institut.
1b. Beiordnend, in Sätzen mit gleichartigen Satzgliedern	У́тром я был на вы́ставке, *а* ве́чером в теа́тре.	Am Vormittag war ich in einer Ausstellung und am Abend im Theater.
	а — sondern; aber; jedoch	
2a. Entgegensetzend	Все говори́ли, *а* он молча́л.	Alle sprachen, er aber schwieg (= und er schwieg).
	Не Со́лнце враща́ется вокру́г Земли́, *а* Земля враща́ется вокру́г Со́лнца.	Nicht die Sonne dreht sich um die Erde, sondern die Erde dreht sich um die Sonne.
2b. Entgegensetzend, in Sätzen mit gleichartigen Satzgliedern	Она не спит, *а* читает.	Sie schläft nicht, sondern sie liest.
	Я чита́ю кни́гу, *а* не журна́л.	Ich lese ein Buch und nicht eine Zeitschrift.
	Туда́ идёт не тролле́йбус, *а* авто́бус.	Nicht ein Trolleybus, sondern ein Autobus fährt dorthin.
	Oder: Туда́ идёт тролле́йбус, *а* не авто́бус.	Dorthin fährt ein Trolleybus und kein Autobus
3a. Kopulativ (**und**)	Учи́тель писа́л на доске́, *а* ученики́ писа́ли в тетра́дях.	Der Lehrer schrieb an die Tafel, und die Schüler schrieben in ihre Hefte.
3b. Kopulativ, in elliptischen Fragesätzen	Что ты бу́дешь де́лать сейча́с? – Чита́ть. – *А* ве́чером?	Was wirst du jetzt machen? – Lesen. – Und abends?
	но — aber	
Entgegensetzend, in einer Satzreihe	Ле́кция ко́нчилась, *но* все оста́лись на места́х.	Die Vorlesung war zu Ende, alle blieben aber auf ihren Plätzen.
In Sätzen mit gleichartigen Satzgliedern	Де́вочка говори́т ещё ма́ло, *но* чи́сто.	Das Mädchen spricht noch wenig, aber deutlich.
Mit einem verneinten substantivischen Subjekt bzw. Prädikat	Это не чита́льный зал, *но* здесь мо́жно занима́ться.	Das ist (zwar) kein Lesesaal, aber man kann hier arbeiten.

и — und; auch		
1a. Kopulativ (**und**), in einer Satzreihe: Gleichzeitigkeit	Я читал кни́гу, *и* сын что́-то чита́л.	Ich las ein Buch, und mein Sohn las auch etwas.
1b. Kopulativ (**und**), in einer Satzreihe: Aufeinanderfolge	По́езд останови́лся, *и* пассажи́ры вы́шли.	Der Zug hielt, und die Fahrgäste stiegen aus.
1c. Kopulativ (**und**), in einer Satzreihe: Folge bzw. ein Ergebnis dessen, wovon im ersten Satz die Rede war	О́льги не́ было до́ма, *и* я оста́вил ей запи́ску.	Olga war nicht zu Hause, und ich hinterließ einen Zettel für sie.
2. Im einfachen Satz (**auch**)	Я говори́л *и* с бра́том.	Ich habe auch mit meinem Bruder gesprochen.

Anmerkungen:

1. Im Russischen stehen die Konjunktionen **и, а, но** in einer Satzreihe gleich nach dem ersten einfachen Satz, d. h. sie leiten den zweiten Satz ein, während ihre deutschen Entsprechungen auch mitten im zweiten einfachen Satz stehen können:

Ма́льчику два го́да, *а* де́вочке пять лет.	Der Junge ist zwei, das Mädchen aber fünf Jahre alt.

2. Die Konjunktion **а** verbindet gleichartige Satzglieder, die einander ausschließen. Vor die gleichartigen Satzglieder, die ausgeschlossen werden, wird die Verneinungspartikel **не** gesetzt. In dieser Bedeutung entspricht **а** der deutschen Konjunktion *nicht ... sondern,* wenn die Verneinung im ersten Teil des Satzes steht und der Konjunktion *aber (und nicht),* wenn die Verneinung in seinem zweiten Teil steht. In Satzreihen mit einer Verneinung ist **а** = *aber,* wird jedoch das Subjekt verneint, so ist **а** = *sondern:*

Я не чита́ю кни́гу, *а* то́лько просма́триваю её.	Ich lese das Buch nicht, sondern ich sehe es nur durch.
Все получи́ли пи́сьма от родны́х, *а* я не получи́л.	Alle haben Briefe von ihren Verwandten bekommen, ich aber nicht.
Он винова́т в э́том, *а* не я.	Er ist daran schuld, und nicht ich.

3. In Sätzen mit der Konjunktion **а** wird mehr der Vergleich, in Sätzen mit der Konjunktion **но** die Entgegenstellung hervorgehoben:

Была́ уже́ по́здняя о́сень, *а* дере́вья ещё остава́лись зелёными.	Es war schon Spätherbst, aber die Bäume waren noch grün.
Была́ уже́ по́здняя о́сень, *но* дере́вья ещё остава́лись зелёными.	Es war schon Spätherbst, aber die Bäume waren noch grün.

Übungen

1 *Lesen Sie die Sätze und übersetzen Sie sie ins Deutsche. Merken Sie sich, dass der Konjunktion* ***a*** *im Deutschen die Konjunktionen* aber, sondern *und* und *entsprechen können.*

1. Я НЕ спал, а дрема́л. 2. Во вре́мя кани́кул мой друг пое́хал в Москву́, а его́ брат отпра́вился в Волгогра́д. 3. Он не помога́л мне, а то́лько меша́л. 4. По вечера́м Ви́ктор чита́л, а мы внима́тельно слу́шали.

2 *Ergänzen Sie die Sätze durch die passende Konjunktion* ***a*** *oder* ***и.***

1. Вчера́ у нас в гостя́х бы́ли брат с жено́й … мои́ шко́льные друзья́. Вчера́ у нас в гостя́х бы́ли брат с жено́й, … сего́дня приду́т мои́ шко́льные друзья́. 2. В час дня я обы́чно обе́даю, … в 5 часо́в пью чай. Сего́дня я пообе́даю по́зже … уже́ в 3 часа́ я бу́ду у вас. 3. Весь день тури́сты е́здили по Москве́, … ве́чером отпра́вились в теа́тр. Весь день тури́сты е́здили по Москве … ве́чером бы́ли полны́ впечатле́ний. 4. Ле́том в Суху́ми у мо́ря жа́рко и ду́шно, … то́лько в эвкали́птовой ро́ще ве́ет прохла́дой.

3 *Ergänzen Sie die Sätze nach folgendem Muster.*

Muster: Я пишу́ **не** карандашо́м, **а** автору́чкой.

1. Экспеди́ция отпра́вилась не на юг, а … . 2. Он лю́бит не опе́ру, а … . 3. Ле́то бы́ло не жа́ркое, а … . 4. Ди́тер пи́шет не бра́ту, а … .

4 *a) Formen Sie die einfachen Sätze in Satzreihen mit der Konjunktion* ***и*** *oder* ***a*** *um. Merken Sie sich, dass die kopulativ gebrauchte Konjunktion* ***a*** *(*und*) der verstärkenden Konjunktion* ***же*** *bedeutungsverwandt ist. Die Konjunktion wird dem ersten Wort des nächsten Satzes nachgestellt: В гора́х уже́ наступи́ла ночь,* ***в доли́не же*** *бы́ло ещё светло́. = В гора́х уже́ наступи́ла но́чь,* ***а в доли́не*** *бы́ло ещё светло́.* In den Bergen brach bereits die Nacht herein, während es im Tal noch hell war.

1. Мы зашли́ за Гу́ставом. Он уже́ ушёл. 2. Прошло́ не́сколько лет. Он сно́ва прие́хал в Москву́. 3. Ко́нрад лю́бит матема́тику. Ральф увлека́ется хи́мией. 4. Прозвене́л звоно́к. Студе́нты вошли́ в аудито́рию. 5. Бы́ло по́здно. Отца́ ещё не́ бы́ло до́ма. 6. Он сове́тует мне бро́сить кури́ть. Сам выку́ривает по па́чке сигаре́т в день.

b) Ergänzen Sie die Sätze durch die passende Konjunktion ***a*** *bzw.* ***и.***

1. Сего́дня я е́хал в институ́т не трамва́ем, … тролле́йбусом. 2. Он не дожда́лся меня́ … ушёл. 3. Мы собрали́сь в клу́бе не развлека́ться, … репети́ровать но́вый спекта́кль. 4. Он не зако́нчил о́пыт … реши́л отложи́ть рабо́ту до за́втра.

5 *Ersetzen Sie die Konjunktion* ***же*** *durch die Konjunktion* ***а****.*

1. Все пришли́ во́время, он же опозда́л. 2. Это был небольшо́й городи́шко, тепе́рь же его́ с трудо́м мо́жно узна́ть. 3. Все гео́логи улетя́т сего́дня на вертолёте, нача́льник же экспеди́ции заде́ржится здесь ещё на два дня.

6 *Lesen Sie die Sätze. Verfolgen Sie, wodurch die Entgegenstellung ausgedrückt ist.*

1. Ве́чером я пошёл к дру́гу, но не заста́л его́ до́ма. 2. Он написа́л письмо́, но забы́л опусти́ть его́ в я́щик. 3. Мы уже́ хоте́ли вы́ехать на прогу́лку, но пото́м переду́мали.

7 *a) Ergänzen Sie die Sätze durch gleichartige Satzglieder.*

1. Студе́нт Петро́в — спосо́бный челове́к, но … . 2. Э́то был тру́дный экспериме́нт, но … . 3. Он был небольшо́го ро́ста, но … . 4. Рома́н был дли́нный, но … .

b) Ergänzen Sie die folgenden Satzreihen.

1. С утра́ был тума́н, но … . 2. Сего́дня по телеви́дению бу́дет интере́сная переда́ча, но … . 3. Меня́ не́ было на заня́тиях, но … . 4. Мне принесли́ у́тром газе́ту, но … .

8 *Ergänzen Sie die Sätze durch die passende Konjunktion* ***а, но*** *bzw.* ***и.*** *Merken Sie sich, dass sich die Konjunktion* ***но*** *durch die Konjunktion* ***а*** *nicht ersetzen lässt: a) in Verbindung mit der Konjunktion* ***и****: Сейча́с не темно́,* ***но и*** *не светло́.* Es ist jetzt nicht dunkel, aber auch nicht hell; *b) in Sätzen mit gleichartigen entgegengestellten adverbialen und anderen Bestimmungen sowie in Sätzen ohne Verneinung, in denen nominale durch Adjektive oder Substantive ausgedrückte Prädikate entgegengestellt werden: 1. Он говори́т ме́дленно,* ***но*** *без оши́бок.* Er spricht langsam, aber fehlerfrei; *2. Э́то тру́дная,* ***но*** *интере́сная зада́ча.* Das ist eine schwierige, aber interessante Aufgabe. 3. Э́тот слова́рь ма́ленький, **но** хоро́ший. Dieses Wörterbuch ist klein, aber gut.

a) 1. Он сме́лый … хорошо́ трениро́ванный спортсме́н. Он сме́лый, … недоста́точно подгото́вленный спортсме́н. Он не сме́лый челове́к, … ро́бкий. 2. Я не зна́ю э́ту де́вушку, … слы́шала о ней. Я не зна́ю э́ту де́вушку … не слы́шала о ней. Я не зна́ю э́ту де́вушку, … она́ меня́ зна́ет.

b) 1. Зи́гфрид пи́шет по-ру́сски ме́дленно, … гра́мотно. 2. Мета́ллы применя́ются в те́хнике гла́вным о́бразом не в чи́стом ви́де, … в ви́де спла́вов. 3. Мы собира́лись (бы́ло) разобра́ть ста́рые за́писи, … не́ было вре́мени. 4. Желе́зо пла́вится при температу́ре 1539 гра́дусов, … соедине́ние желе́за с кислоро́дом происхо́дит при гора́здо бо́лее ни́зкой температу́ре. 5. Э́тот чертёж на́до вы́полнить не карандашо́м, … ту́шью. 6. Послы́шался шум, … из-за поворо́та показа́лся грузови́к. 7. Альбе́рт — до́брый, … необщи́тельный челове́к. 8. Крановщи́ца включи́ла управле́ние, … стрела́ кра́на то́тчас пошла́ вверх.

9 *Schreiben Sie die folgenden Sätze zu Ende.*

1. Она́ должна́ была́ прилете́ть на сле́дующей неде́ле, и… . 2. Она́ должна́ была́ прилете́ть на сле́дующей неде́ле, но … . 3. Она́ должна́ была́ прилете́ть на сле́дующей неде́ле, а … . 4. Он роди́лся в Москве́, но … . 5. Он роди́лся в Москве́, а … . 6. Он роди́лся в Москве́ и … .

10 *Formen Sie die folgenden Sätze mit Hilfe der Konjunktionen **и, а, но** in Satzreihen um.*

1. Брат изуча́ет исто́рию родно́го кра́я. Я рабо́таю в краеве́дческом музе́е. 2. В Сиби́ри создана́ но́вая энергети́ческая ба́за. Са́мые отдалённые райо́ны снабжа́ются электроэне́ргией. 3. Среди́ населе́ния Яку́тии до 1917 го́да бы́ло 99 проце́нтов негра́мотных. Тепе́рь там име́ются национа́льные нау́чные ка́дры и нау́чно-иссле́довательские институ́ты. 4. Мой друг хоте́л пойти́ сего́дня на конце́рт. Неожи́данно заболе́ла его́ дочь. Он не пошёл. 5. Наступи́л ве́чер. Он не принёс жела́нной прохла́ды.

§ 4 Die Konjunktionen *то́же* und *та́кже*

Zum Ausdruck der Identität gleichartiger Satzglieder oder Sätze dienen die kopulativen Konjunktionen **то́же** und **та́кже** (*auch, ebenfalls, gleichfalls, sowie*).

Die Konjunktion **то́же** verbindet den vorhergehenden Gedanken mit dem darauffolgenden, hebt seine Analogie hervor und wird in der Umgangssprache gebraucht. Die Konjunktion **та́кже** in dieser Bedeutung wird in sachlich gehaltenen Texten gebraucht. Oft ersetzt **то́же** Wörter und Wortverbindungen, mit denen es direkt verbunden ist, indem es als Prädikat auftritt:

Она́ занима́ется лёгкой атле́тикой, муж **то́же**.	Sie treibt Leichtathletik, ihr Mann auch.

Wenn **то́же** zum Prädikat gehört, kann es vor oder nach ihm stehen, wenn es aber zu anderen Satzgliedern gehört, so steht es nur vor diesem Satzglied:

Он был у нас вчера́ у́тром и придёт за́втра **то́же у́тром**.	Er war gestern früh bei uns und kommt morgen früh wieder.

In einer Satzreihe stehen **то́же** und **та́кже** nicht am Anfang, sondern in der Regel vor dem Prädikat des zweiten Satzes:

Снег прекрати́лся, ве́тер **то́же (та́кже) стиха́л**.	Der Schnee hörte auf zu fallen, auch der Wind legte sich allmählich.

Die Konjunktionen **то́же** und **та́кже** können oft einander ersetzen. Diese Regel gilt aber nicht, wenn die Konjunktion **та́кже** mit den Konjunktionen **и, а, но (а та́кже, та́кже и…, но та́кже)** verbunden wird und somit eine zusammengesetzte Konjunktion bildet:

В конфере́нции уча́ствовали росси́йские, неме́цкие, **а та́кже** че́шские учёные.	An der Konferenz nahmen russische, deutsche sowie tschechische Wissenschaftler teil.

Die Konjunktion **та́кже** wird vorwiegend im buchsprachlichen Stil verwendet. Sie hat im Gegensatz zu **то́же** die zusätzliche Bedeutung **кро́ме того́, ещё, поми́мо чего́-либо**:

У него́ пе́рвый разря́д по пла́ванию, он име́ет та́кже второ́й разря́д по те́ннису.	Er hat die Leistungsklasse 1 im Schwimmen, außerdem noch die Leistungsklasse 2 im Tennis.

In dieser Bedeutung kann die Konjunktion **та́кже** nicht durch **то́же** ersetzt werden.

ÜBUNGEN

1 *Lesen Sie die Sätze und achten Sie auf den Gebrauch der Konjunktionen **то́же** und **та́кже**.*

1. Ле́на сего́дня наде́ла демисезо́нное пальто́, я за́втра то́же оде́нусь по-весе́ннему. 2. В конце́рте уча́ствовали росси́йские пиани́сты и скрипачи́, а та́кже изве́стный болга́рский певе́ц. 3. Мы осмотре́ли в Петербу́рге музе́и, за́городные па́рки, побыва́ли та́кже в о́пере. 4. О́льга занима́ется не то́лько неме́цким, но та́кже и да́тским языко́м.

2 *Ergänzen Sie die Sätze durch die passende Konjunktion **та́кже** bzw. **то́же**. Wann sind beide Konjunktionen möglich?*

1. В магази́не я купи́л слова́рь, разгово́рник, а ... не́сколько книг на ру́сском языке́. 2. Зо́я собира́ется побыва́ть в Большо́м теа́тре, в Музе́е Че́хова, а ... в консервато́рии. 3. В экспеди́ции мы записа́ли не то́лько посло́вицы и погово́рки, но ... мно́го наро́дных пе́сен. 4. — Ты е́дешь в го́род? — Да. — Я ... . 5. Я зайду́ за Та́ней: она́ ... идёт в теа́тр.

3 *Übersetzen Sie ins Russische.*

1. Er ist ein guter, kluger, aber willenloser Mensch. 2. Alle wussten, dass nicht Viktor, sondern sein Bruder daran schuld war. 3. Er schläft nicht, sondern er liegt und liest. 4. Abends war es kalt, und ich musste den Mantel anziehen. 5. Jelena hat eine dünne, aber angenehme Stimme. 6. Als ich zum Bahnhof fuhr, um meinen Bruder abzuholen, fuhr Anna auch mit. 7. Puschkin, Lermontow, Tjutschew sowie andere russische Dichter besangen die Natur. 8. Turgenjew schrieb nicht nur Romane, Erzählungen und Novellen, sondern auch Gedichte. 9. Gehst du nach Hause? Ich auch. 10. Wir hoffen, dass auch du mitkommst.

§ 5 Zum Gebrauch der unechten Konjunktion *который* im Attributsatz

Übungen

1 *Lesen Sie die Sätze. Beachten Sie, dass der Attributsatz stets nach dem Wort des Hauptsatzes steht, auf das er sich bezieht.* ***кото́рый*** *kongruiert mit dem zu bestimmenden Wort des Hauptsatzes in Geschlecht und Zahl, und der Fall hängt davon ab, was für ein Satzglied des Nebensatzes die unechte Konjunktion darstellt.*

1. Мы ходи́ли в теа́тр, кото́рый нахо́дится в но́вом зда́нии. 2. Неда́вно я купи́л свое́й жене́ стира́льную маши́ну, кото́рой она́ о́чень дово́льна. 3. По телеви́зору передава́ли конце́рт певца́, кото́рого я давно́ уже́ не слы́шал. 4. Со́лнце освеща́ло верши́ны лип, кото́рые уже́ пожелте́ли. 5. Дере́вня, в кото́рой мы жи́ли, называ́лась Берёзовка. 6. Ви́ктор купи́л после́дний но́мер журна́ла, в кото́ром бы́ли напеча́таны его́ стихи́. 7. Одна́ из наибо́лее сло́жных зада́ч, кото́рые выполня́ли космона́вты при полёте косми́ческих корабле́й, была́ свя́зана с вы́ходом в откры́тый ко́смос. 8. Моско́вский метрополите́н, кото́рым гордя́тся жи́тели столи́цы, перевёз за 75 лет своего́ существова́ния почти́ 90 миллиа́рдов пассажи́ров.

2 *Verbinden Sie folgende Sätze, wenn möglich, durch* ***кото́рый*** *und bilden Sie Satzgefüge. Beachten Sie, dass* ***кото́рый*** *nicht als Subjekt eines Attributsatzes auftreten kann, wenn das Prädikat ein zusammengesetztes Nominalprädikat im Präsens ist, d. h. wenn die Kopula* ***есть*** *weggelassen wird und das Prädikatsnomen im Nominativ steht: Я получи́л письмо́* ***от своего́ дру́га, кото́рый*** *явля́ется дире́ктором шко́лы. Ich* habe einen Brief von meinem Freund bekommen, der Direktor einer Schule ist. *Man kann nicht sagen: «кото́рый дире́ктор шко́лы».*

1. Мы с интере́сом слу́шаем ле́кции профе́ссора Гри́шина. a) Он кру́пный специали́ст по гидроте́хнике. b) Он явля́ется кру́пным специали́стом по гидроте́хнике. 2. К нам в го́сти пришёл знако́мый отца́. a) Он филатели́ст. b) Он оказа́лся филатели́стом. 3. Я познако́милась в до́ме о́тдыха с интере́сным челове́ком. a) Он литерату́рный кри́тик. b) Он был литерату́рным кри́тиком. 4. Вчера́ по телеви́дению изве́стный литературове́д расска́зывал о совреме́нной поэ́зии. a) Совреме́нная поэ́зия — те́ма его́ до́кторской диссерта́ции. b) Совреме́нная поэ́зия явля́ется те́мой его́ до́кторской диссерта́ции. 5. Сестра́ получи́ла письмо́ от дру́га по шко́ле. a) Он хиру́рг. b) Он рабо́тал хиру́ргом.

3 *Lesen und vergleichen Sie die Sätze in der linken und rechten Spalte. Merken Sie sich: Wenn* ***кото́рый*** *als Subjekt oder als Nebenglied eines Nebensatzes auftritt und vom Verb abhängt, steht es immer am Anfang des Nebensatzes; wenn* ***кото́рый*** *aber im Nebensatz ein Nebenglied ist und von einem Substantiv, einem Adjektiv oder von einem Verb im Infinitiv abhängt, steht es nach dem Wort, von dem es abhängig ist.*

1. Лаборато́рия, в кото́рой мы неда́вно установи́ли но́вое обору́дование, прово́дит интере́сные экспериме́нты.	1. Лаборато́рия, но́вое обору́дование кото́рой мы неда́вно установи́ли, прово́дит интере́сные экспериме́нты.
2. Карти́ну «Боя́рыня Моро́зова» написа́л худо́жник Су́риков, кото́рый явля́ется выдаю́щимся представи́телем реали́зма в истори́ческой жи́вописи.	2. Карти́ну «Боя́рыня Моро́зова» написа́л худо́жник Су́риков, и́мя кото́рого свя́зано с истори́ческой жи́вописью.
3. Я был на ле́кции профе́ссора Ивано́ва, кото́рого я всегда́ слу́шаю с больши́м удово́льствием.	3. Я был на ле́кции профе́ссора Ивано́ва, слу́шать кото́рого доставля́ет мне всегда́ большо́е удово́льствие.
4. Ва́льтер познако́мился с челове́ком, кото́рый был интере́снее и умне́е всех его́ знако́мых.	4. Ва́льтер познако́мился с челове́ком, интере́снее и умне́е кото́рого он до сих пор не встреча́л.
5. Госуда́рственный музе́й изобрази́тельных иску́сств и́мени А. С. Пу́шкина, в кото́ром экспони́руются произведе́ния жи́вописи и скульпту́ры, посеща́ет за год о́коло миллио́на челове́к.	5. Госуда́рственный музе́й изобрази́тельных иску́сств и́мени А. С. Пу́шкина, в за́лах кото́рого экспони́руются произведе́ния жи́вописи и скульпту́ры, посеща́ет за год о́коло миллио́на челове́к.
6. Моско́вский госуда́рственный университе́т и́мени М. В. Ломоно́сова, кото́рый игра́ет большу́ю роль в разви́тии на́шей нау́ки, выпуска́ет квалифици́рованных специали́стов.	6. Моско́вский госуда́рственный университе́т и́мени М. В. Ломоно́сова, больша́я роль кото́рого в разви́тии на́шей нау́ки бесспо́рна, выпуска́ет квалифици́рованных специали́стов.

4 *Verbinden Sie jedes Paar der einfachen Sätze zu einem Satzgefüge mit dem Wort* ***кото́рый*** *in der erforderlichen Form (mit oder ohne Präposition).*

Muster: Я прочита́л кни́гу. Об э́той кни́ге мне говори́л брат. — Я прочита́л кни́гу, **о кото́рой** мне говори́л брат.

1. Сейча́с в Москве́ свы́ше 600 ты́сяч студе́нтов. Студе́нты у́чатся в 96 ву́зах столи́цы. 2. Зри́тельный зал Госуда́рственного Кремлёвского Дворца́ вмеща́ет 6 ты́сяч челове́к. В э́том за́ле мо́жно слу́шать выступле́ния ора́торов в перево́де на 29 языко́в. 3. Я ча́сто ду́мал о своём отце́. Сове́ты отца́ всегда́ помога́ли мне в жи́зни. 4. Наконе́ц Ни́на уви́дела мать. Бли́же ма́тери у неё никого́ не́ было. 5. Возвраща́ясь с рабо́ты, я встре́тил челове́ка. Лицо́ э́того челове́ка показа́лось мне знако́мым. 6. Во́лны мо́ря ти́хо плеска́лись. На волна́х беле́ла пе́на. 7. Пу́тники вы́шли к реке́. Ни́зкие боло́тистые берега́ реки́ заросли́ камышо́м. 8. Дом стоя́л на краю́ ле́са. В до́ме жил лесни́чий со свое́й семьёй. 9. Кла́ус получи́л письмо́ от бра́та. Брат живёт в Дре́здене. 10. И вот мы уви́дели го́ры. Го́ры бы́ли покры́ты сне́гом.

5 *Ersetzen Sie* ***где*** *durch* ***кото́рый*** *in der erforderlichen Form.*

Muster: Вы бы́ли на пло́щади, **где** нахо́дится па́мятник Ле́рмонтову? — Вы бы́ли на пло́щади, **на которой** нахо́дится па́мятник Ле́рмонтову?

1. Мы обсужда́ли статью́, где говори́тся о скоростно́м ме́тоде строи́тельства. 2. Хорст записа́л но́вые слова́ в тетра́дь, где он бу́дет де́лать дома́шнее зада́ние. 3. Мы пошли́ в библиоте́ку, где всегда́ есть нови́нки техни́ческой литерату́ры. 4. По доро́ге из институ́та я зашла́ в магази́н, где всегда́ покупа́ю проду́кты на у́жин. 5. Ло́тар спеши́т на стадио́н, где до́лжен состоя́ться футбо́льный матч. 6. Куро́рт, где я лечи́лся, нахо́дится на берегу́ Чёрного мо́ря. 7. Воробьёвы го́ры, где нахо́дятся но́вые зда́ния Моско́вского университе́та, протяну́лись вдоль Москвы́-реки́.

6 *Führen Sie folgende Sätze zu Ende.*

1. Я зна́ю писа́теля, о кото́ром … . 2. Он ча́сто быва́ет у дру́га, сестра́ кото́рого … . 3. Мы е́здили в страну́, населе́ние кото́рой … . 4. Я ви́дел но́вый фильм, геро́й кото́рого … . 5. Я прочита́л расска́з, о кото́ром … . 6. Мы слу́шали о́перу, в кото́рой … .

7 *Übersetzen Sie ins Russische, gebrauchen Sie dabei Satzgefüge mit dem Wort* ***который****.*

Das Ballett „Die Fontäne von Bachtschissarai“, zu dem der Komponist Boris Assafjew die Musik geschrieben hat, wird mit großem Erfolg gegeben. Die Heldin des Balletts ist Maria, ein polnisches Mädchen, das von einem Tataren-Khan entführt wurde. Im Mittelpunkt des Balletts steht das tragische Schicksal Marias, die von einer Frau des Khans aus Eifersucht getötet wird. Maria, deren Denken und Fühlen von Heimweh erfüllt ist, stirbt. Der Khan, der Maria nicht vergessen kann, errichtet zum Gedenken an sie eine „Fontäne der Tränen“. Diese Fontäne, mit der viele Legenden verbunden sind, kann man auf der Krim auch heute noch sehen.

§ 6 Zum Gebrauch der Konjunktionen *что* und *чтобы* in Objektsätzen

In den durch die Konjunktion **что́бы** eingeleiteten Nebensätzen handelt es sich um etwas Erforderliches, Mögliches, Erwünschtes, aber vorläufig nicht Verwirklichtes. Das Prädikat des Hauptsatzes wird gewöhnlich durch die Verben: **хоте́ть, жела́ть, сказа́ть, говори́ть, стреми́ться, добива́ться, боро́ться, проси́ть, тре́бовать, прика́зывать, веле́ть, предлага́ть, сове́товать, стара́ться, забо́титься, смотре́ть, следи́ть, гото́виться, запреща́ть, распоряди́ться, люби́ть, нра́виться** u.a. oder ihnen sinnverwandte Konstruktionen mit Verbalsubstantiven oder den Wörtern: **прика́зано, на́до, необходи́мо, ну́жно** ausgedrückt.

In den Nebensätzen mit der Konjunktion **что** wird eine reale Mitteilung wiedergegeben, und das Prädikat des Hauptsatzes ist durch die Verben: **говори́ть, сообща́ть, ду́мать, писа́ть, заявля́ть, понима́ть, ви́деть, слы́шать, замеча́ть, чу́вствовать, ра́доваться, удивля́ться, полага́ть** sowie durch die Verben **ка́жется, чу́вствуется** ausgedrückt.

Weist der Hauptsatz Verben auf, die eine Befürchtung, Angst oder Unruhe wiedergeben **(боя́ться, пуга́ться, опаса́ться, беспоко́иться),** so wird das durch ein vollendetes Verb ausgedrückte Prädikat des Nebensatzes nach den Konjunktionen **что́бы** und **как бы** durch die Partikel **не** verneint. Ist aber ein solcher Satz durch **что** eingeleitet, so wird das Prädikat nicht verneint. Allen drei Konstruktionen entsprechen im Deutschen nicht verneinte dass-Sätze:

Я бою́сь, **что** он просту́дится. = Я бою́сь, **что́бы (как бы)** он не простуди́лся.	Ich fürchte, dass er sich erkältet (erkälten wird).

In den nach den Verben des Befehlens stehenden Objektsätzen mit der Konjunktion **что́бы** werden verneinte vollendete Verben gebraucht, wenn eine Warnung zum Ausdruck kommen soll, und verneinte unvollendete Verben zur Bezeichnung eines Rates bzw. einer Bitte, eine Handlung zu unterlassen:

Я сказа́л ему́, **что́бы** он случа́йно **не написа́л** ей об э́том.	Ich sagte ihm, er solle sich vorsehen, dass er ihr nicht zufallig davon schreibt.
Я сказа́л ему́, **что́бы** он не писа́л ей об э́том.	Ich sagte ihm, er soll ihr nicht davon schreiben.

Übungen

1 *Lesen Sie die Sätze und übersetzen Sie sie mündlich ins Deutsche.*

1. Врач тре́бует, что́бы больно́й соблюда́л стро́гую дие́ту. 2. Дире́ктор распоряди́лся, что́бы рабо́ты бы́ли вре́менно приостано́влены. 3. Мы бо́ремся за то, что́бы лю́ди жи́ли сча́стливо на Земле́. 4. Преподава́тель забо́тился о том, что́бы уча́щиеся получи́ли про́чные и глубо́кие зна́ния. 5. Ну́жно, что́бы ты помо́г нам. 6. По ра́дио сообщи́ли, что рыбаки́ Да́льнего Восто́ка вы́полнили план досро́чно. 7. Хиру́рг сказа́л, что опера́ция прошла́ успе́шно. 8. Курт сказа́л, что́бы ты ве́чером к нему́ зашёл. 9. По́мните, что нау́ка тре́бует от челове́ка всей его́ жи́зни. (И. *Павлов)* 10. Он написа́л нам, что уже́ здоро́в. 11. Мне ка́жется, что ты уста́л.

2 *Lesen Sie die Sätze. Ersetzen Sie die Konjunktion* ***что*** *durch die Konjunktion* ***что́бы*** *und verfolgen Sie, wie sich der Sinn der Sätze ändert. Merken Sie sich, dass das nur möglich ist, wenn der Haupt- und der Nebensatz verschiedene Subjekte haben und das Prädikat des Hauptsatzes durch Verben des Sagens (****предупрежда́ть, наста́ивать, напомина́ть, передава́ть, возража́ть, догова́риваться, постановля́ть*** *u.ä.) sowie das Verb* ***ждать*** *ausgedrückt ist. Besonders zu vermerken ist, dass die Konjunktion* ***что́бы*** *dann steht, wenn als Prädikat des Hauptsatzes das unvollendete Verb* ***добива́ться*** *auftritt. Steht aber im Hauptsatz das vollendete Verb* ***доби́ться,*** *so kann sowohl die Konjunktion* ***что*** *als auch die Konjunktion* ***что́бы*** *gebraucht werden: 1. Он* ***добива́лся, что́бы*** *ему́ разреши́ли пры́гать с парашю́том.* Er wollte erreichen, dass man ihm das Fallschirmspringen erlaubt. *2. Он* ***доби́лся, что (что́бы)*** *ему́ разреши́ли пры́гать с парашю́том.* Er hat es durchgesetzt, dass man ihm das Fallschirmspringen erlaubt hat.

1. На заседа́нии кружка́ говори́ли, что студе́нты уча́ствовали в нау́чной рабо́те ка́федры. 2. Нам сообщи́ли, что пять лу́чших студе́нтов получи́ли туристи́ческие путёвки на Кавка́з. 3. Преподава́тель сказа́л, что мы сда́ли рабо́ту во́время. 4. Меня́ предупрежда́ли, что Ви́ктор не ходи́л на трениро́вки. 5. Я ждал, что он вы́ступит. 6. Он доби́лся, что ему́ разреши́ли испыта́ть свой стано́к. 7. Нам переда́ли, что он не приходи́л. 8. Мы договори́лись, что Ми́ша прие́дет за́втра.

3 *Formen Sie die hervorgehobenen Satzteile in Objektsätze mit der Konjunktion* ***что́бы*** *um. Merken Sie sich: Bei verschiedenen Subjekten im Haupt- und Nebensatz steht das verbale Prädikat des Nebensatzes mit der Konjunktion* ***что́бы*** *stets im Präteritum und nach dem Subjekt: Преподава́тель* ***хо́чет, что́бы*** *студе́нты хорошо́* ***зна́ли*** *ру́сский язы́к. Der Lehrer will, dass die Studenten die russische Sprache gut kennen. Haben der Haupt- und der Nebensatz das gleiche Subjekt, so steht im Nebensatz mit* ***что́бы*** *ein Infinitiv. Im Deutschen entspricht solchen Sätzen die Konstruktion (um) ... zu + Infinitiv. Студе́нты стремя́тся* ***к тому́, что́бы*** *хорошо́* ***овладе́ть*** *ру́сским языко́м. Die Studenten streben danach, die russische Sprache gut zu beherrschen.*

Muster: 1) Мать проси́ла сы́на купи́ть биле́ты в кино́. — Мать **проси́ла** сы́на, **что́бы** он **купи́л** биле́ты в кино́. // 2) Рабо́чие на́шего заво́да **стремя́тся к овладе́нию** но́вой те́хникой.—Рабо́чие на́шего заво́да **стремя́тся к тому́, что́бы овладе́ть** но́вой те́хникой.

1. Председа́тельствующий проси́л ора́торов приде́рживаться регла́мента. 2. Оте́ц **проси́л** меня́ **купи́ть** газе́ту. 3. Да́льний тури́стский похо́д **тре́бует** от челове́ка хоро́шей физи́ческой **зака́лки.** 4. Дире́ктор **проси́л** секретаря́ **заказа́ть** ему́ биле́т на самолёт. 5. Врач **наста́ивал на** сро́чной **опера́ции** больно́го.

4 *Merken Sie sich die folgenden Wortverbindungen, die mit der Konjunktion* ***что́бы*** *gebraucht werden, und bilden Sie Sätze mit ihnen.*

1. Зада́ча заключа́ется в том, что́бы … . 2. Зада́ча состои́т в том, что́бы … . 3. Принима́ть все ме́ры для того́, что́бы … . 4. Приложи́ть все си́лы к тому́, что́бы … . 5. Сде́лать всё возмо́жное (необходи́мое) для того́, что́бы … . 6. Счита́ть ну́жным (жела́тельным), что́бы … . 7. Вме́сто того́, что́бы … . 8. Ну́жно, что́бы … .

5 *Lesen Sie die Sätze und beachten Sie ihre Konstruktion.*

1. Пассажи́ры опаса́лись, что́бы (как бы) самолёт не задержа́лся в пути́. 2. Мы беспоко́ились, что́бы (как бы) пого́да не испо́ртилась. 3. Мы боя́лись, что вода́ в реке́ к утру́ подни́мется ещё бо́льше. 4. Брат проси́л, что́бы я не сказа́ла случа́йно о его́ пла́нах.

6 *Ergänzen Sie die Sätze durch die passende Konjunktion* ***что*** *bzw.* ***что́бы****. Merken Sie sich Folgendes: Tritt als Prädikat des Hauptsatzes ein Verb des Zweifels, der Unsicherheit auf (****не ду́мать, не наде́яться, не по́мнить, сомнева́ться, не ве́рить****), so kann der Nebensatz sowohl durch* ***что*** *als auch durch* ***что́бы*** *eingeleitet werden: Я сомнева́юсь,* ***что́бы*** *он меня́ по́нял. = 1. Я сомнева́юсь,* ***что*** *он меня́ по́нял.* Ich bezweifle, dass er mich verstanden hat. *2. Я сомнева́юсь,* ***что*** *он меня́ поймёт.* Ich bezweifle, dass er mich verstehen wird.

1. Уча́стники чита́тельской конфере́нции ду́мали, … а́втор обсужда́емой кни́ги обяза́тельно вы́ступит. 2. На́до стреми́ться к тому́, … в жи́зни сде́лать как мо́жно бо́льше хоро́шего. 3. Все вы́сказались за то, … сего́дня же присту́пить к рабо́те. 4. Она́ опаса́лась, … молодо́й портно́й не испо́ртил её пальто́. 5. Мы не наде́ялись, … он запо́мнил наш а́дрес. 6. Он тре́бует, … мы беспрекосло́вно ему́ подчиня́лись.

7 *Ergänzen Sie die folgenden Sätze unter der Verwendung der Objektsätze.*

1. Учи́тель забо́тится о том, … . 2. Экскурсово́д рассказа́л тури́стам, … . 3. На соревнова́ниях все опаса́лись … . 4. Мы прочли́ в газе́те, … . 5. Ви́ктор проси́л, … . 6. Он сказа́л, … . 7. Ге́рберт тре́бует, … . 8. На́ша зада́ча состоя́ла в том, … .

8 *Formen Sie die Sätze in Satzgefüge mit Objektsätzen um.*

Muster: Он боя́лся от волне́ния перепу́тать слова́. — Он боя́лся, **как бы** от волне́ния **не** перепу́тать слова́.

1. Я о́чень боя́лся опозда́ть на по́езд. 2. Он писа́л о́чень ме́дленно, опаса́ясь наде́лать оши́бок. 3. Больно́й лежа́л неподви́жно, боя́сь повторе́ния при́ступа.

9 *Ersetzen Sie die Konjunktion* ***что*** *in den folgenden Sätzen durch die Konjunktion* ***что́бы (= как бы)****. Vergessen Sie nicht, dass sich die Zeitform des verbalen Prädikats des Nebensatzes in der neuen Konstruktion verändert und dass das Verb verneint wird.*

Muster: Мать боя́лась, **что** ребёнок упадёт. — Мать боя́лась, **что́бы (= как бы)** ребёнок **не упа́л** .

1. Ни́на беспоко́илась, что на́ше отноше́ние к ней изме́нится. 2. Уходя́ домо́й, он ещё раз прове́рил все прибо́ры, боя́сь, что о́пытная устано́вка прекрати́т рабо́ту. 3.Крестья́не вы́копали широ́кий ров, опаса́ясь, что пожа́р переки́нется на хле́бные посе́вы.

§ 7 Objektsätze mit der Konjunktion *ли*, die eine indirekte Frage ausdrücken

Übungen

1 *Lesen Sie die Sätze. Achten Sie darauf, dass die Konjunktion* **ли,** *die eine indirekte Frage, Unsicherheit oder Zweifel an der Realität der Handlung des Hauptsatzes wiedergibt, nach dem in Frage gestellten Wort gesetzt wird, im Unterschied zum Deutschen, wo die Konjunktion* **ob** *den Nebensatz stets einleitet. Die Konjunktion* **ли** *kann auch weggelassen werden, dann steht aber im Satz die Verbindung* **и́ли нет***.*

1. Мы не зна́ли, успе́ет ли на́ша брига́да зако́нчить отде́лочные рабо́ты. 2. Алексе́й сомнева́лся, пра́вильно ли он реши́л зада́чу. 3. Та́ня не зна́ла, полу́чит ли она́ биле́ты на конце́рт. 4. Экскурса́нты поинтересова́лись, мо́жно ли в понеде́льник посети́ть Музе́й наро́дного тво́рчества. 5. Он спроси́л, смотре́л ли брат но́вую пье́су.

2 *Bilden Sie Hauptsätze mit den Verben* **сомнева́ться, беспоко́иться, спроси́ть, узна́ть, колеба́ться, не по́мнить** *als Prädikat und verbinden Sie diese Sätze mit den angegebenen, die Sie mithilfe der Konjunktion* **ли** *zu Objektsätzen gestalten sollen.*

Muster: Он око́нчил университе́т. — **Я сомнева́юсь, око́нчил ли** он университе́т.

1. Э́рих отпра́вил телегра́мму роди́телям. 2. Её встре́тят на ста́нции. 3. Га́ля сдала́ успе́шно все экза́мены. 4. Ни́на хо́чет провести́ ле́то на Во́лге. 5. Э́ту кни́гу сто́ит проче́сть. 6. У неё есть сын.

3 *Formen Sie die direkte Rede mit Hilfe passender Konjunktionen in indirekte Rede um.*

1. Ста́роста гру́ппы объяви́л о лы́жном похо́де и предупреди́л: «Всем прийти́ во́время на вокза́л!» 2. Когда́ я уезжа́л, Ири́на принесла́ чертежи́ и попроси́ла: «Переда́й их гла́вному техно́логу». 3. Руководи́тель экспеди́ции спроси́л гео́логов: «Все инструме́нты удало́сь перевезти́ в ла́герь?» 4. Хозя́йка до́ма любе́зно нас спроси́ла: «Вы не хоти́те обе́дать с на́ми?» 5. Мой друг ча́сто про́сит меня́: «Приезжа́й ле́том ко мне на Байка́л». 6. Алёша спроси́л: «Интере́сная была́ ле́кция в планета́рии?»

§ 8 Zum Gebrauch der Konjunktionen *когда́, пока́* und *пока́ не* in Temporalsätzen

Gebrauch der Konjunktion *когда́*

Verbalaspekt im Haupt- und Nebensatz	Gleichzeitigkeit im Haupt- und Nebensatz	Aufeinanderfolge im Haupt- und Nebensatz
Unvollendet im Haupt- und Nebensatz (Bezeichnung der Fortdauer)	*Когда́* мы *е́хали* на экску́рсию, *всходи́ло* со́лнце. Als wir zum Ausflugsort fuhren, ging die Sonne gerade auf.	
Unvollendet im Haupt- und Nebensatz (Bezeichnung der Wiederholung)	*Когда́* я *чита́ю* но́вый текст, то обы́чно *выпи́сываю* незнако́мые слова́. Wenn ich einen neuen Text lese, so schreibe ich gewöhnlich alle unbekannten Wörter heraus.	*Когда́* я по воскресе́ньям *выезжа́ю* за́ город, то *возвраща́юсь* домо́й о́чень по́здно. Wenn ich sonntags hinausfahre, so kehre ich sehr spät heim.
Vollendet im Haupt- und Nebensatz (die Handlung des Hauptsatzes vollzieht sich nach der des Nebensatzes)		*Когда́* я *прие́хал* в Москву́, я сра́зу же *позвони́л* домо́й. Als ich in Moskau ankam, telefonierte ich gleich nach Hause.
Vollendet (die Handlung des Hauptsatzes vollzieht sich vor der des Nebensatzes)		*Когда́* мы *вы́ехали* из го́рода, со́лнце уже́ *взошло́*. Als wir die Stadt verließen, war die Sonne bereits aufgegangen.
Vollendet im Haupt-, unvollendet im Nebensatz (die Handlung des Hauptsatzes wird während der fortdauernden Handlung des Nebensatzes abgeschlossen)	*Когда́* мы *подходи́ли* к до́му, мы *встре́тили* Андре́я. Als wir uns dem Hause näherten, begegneten wir Andrei.	
Unvollendet im Haupt-, vollendet im Nebensatz (die Handlung des Nebensatzes wird während der fortdauernden Handlung des Hauptsatzes abgeschlossen)	*Начина́лся* дождь, когда́ мы *подошли́* к до́му. Es fing an zu regnen, als wir uns dem Hause näherten.	*Когда́* он *вошёл* в ко́мнату, мы уже́ *сади́лись* за стол. Als er das Zimmer betrat, waren wir schon dabei, uns an den Tisch zu setzen.

Anmerkungen:

Der Konjunktion **когда́** entsprechen im Deutschen:

1. die Konjunktion *als*, wenn die Handlung im Haupt- und Nebensatz, gleichviel, ob gleichzeitig oder nicht, in der Vergangenheit vollzogen wurde;
2. die Konjunktion *wenn,* wenn das Prädikat des Nebensatzes im Präsens oder Futur sowie im Präteritum der Wiederholung steht;
3. die Konjunktion *wann* in der indirekten Frage.

Übungen

1 *Ersetzen Sie im Haupt- und Nebensatz: a) die unvollendeten Verben durch vollendete. Übersetzen Sie die Sätze ins Deutsche und verfolgen Sie, welchen deutschen Konjunktionen die Konjunktion* ***когда́*** *in beiden Fällen entspricht.*

1. Когда́ И́горь прихо́дит к нам, он расска́зывает интере́сные ве́щи. 2. Когда́ я открыва́л о́кна, в ко́мнату залета́ли сухи́е дубо́вые ли́стья. (К. *Паусто́вский).* 3. Когда́ от желе́зной доро́ги доноси́лся стук колёс после́днего по́езда, его́ рабо́чий день зака́нчивался.

b) die vollendeten Verben durch unvollendete und achten Sie darauf, welcher Unterschied in der Bedeutung des verbalen Prädikats sich daraus ergibt.

1. Когда́ больно́й усну́л, ста́ло уже́ светло́. 2. Когда́ мой друг пришёл к нам, ста́ло ве́село. 3. Когда́ Алёша рассказа́л о свое́й жи́зни на о́строве, мы за́дали ему́ мно́го вопро́сов. 4. Когда́ с у́лицы донёсся шум, медици́нская сестра́ закры́ла окно́.

2 *Ergänzen Sie die Sätze durch das passende der eingeklammerten Verben.*

1. Когда́ эле́ктрик дал ток, в ко́мнате (разлива́лся, разли́лся) голубо́й свет. 2. Когда́ он пришёл в чита́льный зал, он (сади́лся, сел) в углу́ и (погружа́лся, погрузи́лся) в чте́ние. 3. Когда́ мой друг (уезжа́л, уе́хал), мы зашли́ к нему́ прости́ться. 4. Когда́ судья́ дал сигна́л, спортсме́ны (плы́ли, поплы́ли). 5. В тот день,когда́ я (улета́л, улете́л) из Москвы́, я реши́л ещё раз пройти́сь по го́роду.

3 *Ergänzen Sie die Sätze.*

1. Бы́ло ещё совсе́м ра́но, когда́ … . 2. Когда́ …, пошёл снег. 3. Когда́ …, они́ уви́дели равни́ну, лежа́щую в уще́лье. 4. Мете́ль прекрати́лась, но моро́з уси́лился, когда́ … . 5. На поля́х уже́ шуме́ли тра́кторы, когда́ … . 6. Когда́ начина́ется ледохо́д, … . 7. Когда́ я перечи́тываю ста́рые журна́лы, … . 8. В понеде́льник, когда́ мы рабо́тали в хими́ческой лаборато́рии, … .

Gebrauch der Konjunktionen *пока́* und *пока́ не …*

Verbalaspekt im Haupt- und Nebensatz	Gleichzeitigkeit im Haupt- und Nebensatz	Vorzeitigkeit im Hauptsatz
Unvollendet im Haupt- und Nebensatz (Bezeichnung der Fortdauer beider Handlungen, die zur gleichen Zeit realisiert werden)	*Пока́ шёл* дождь, я *сиде́л* до́ма. Solange es regnete, saß ich zu Hause.	Она́ всегда́ *волнова́лась, пока́ не приходи́ло* письмо́ из до́ма. Sie war immer unruhig, bis ein Brief von zu Hause kam.
Bezeichnung der Wiederholung		Вечера́ми я *гуля́л, пока́ не сади́лось* со́лнце. Abends ging ich spazieren, bis die Sonne untergegangen war.
Vollendet im Haupt-, unvollendet im Nebensatz	*Пока́* мы *разгова́ривали*, брат *написа́л* письмо́. Während wir uns unterhielten, schrieb mein Bruder einen Brief fertig.	
Vollendet im Haupt- und Nebensatz	*Пока́* мы *оде́лись, пошёл* дождь. Bis wir uns angezogen hatten, regnete es bereits.	
Unvollendet im Haupt-, vollendet im Nebensatz		Он *повторя́л* но́вые слова́ мно́го раз, *пока́ не* запо́мнил их. Er wiederholte die neuen Wörter viele Male, bis er sie behielt.
		Мы *жда́ли, пока́* сестра́ не *верну́лась* с рабо́ты. Wir hatten gewartet, bis die Schwester von der Arbeit kam.

ÜBUNGEN

4 *Ersetzen Sie die einfachen Sätze mit den Adverbialbestimmungen der Zeit durch zusammengesetzte mit Temporalsätzen.*

Muster: **С наступле́нием** холодо́в … — **Когда́ наступи́ли** холода́ …

1. С наступле́нием холодо́в бу́рная река́ Ангара́ покры́лась торо́сами. 2. С нача́лом кани́кул он уе́хал к ма́тери в Украи́ну. 3. По оконча́нии институ́та он пое́хал рабо́тать инжене́ром в Омск. 4. Мы прие́хали на вокза́л за де́сять мину́т до отхо́да по́езда.

5 *Lesen Sie die Sätze. Beachten Sie das Verhältnis zwischen der Handlung im Haupt- und der im Nebensatz sowie den Aspekt der Verben. Merken Sie sich, dass die Verneinungspartikel* ***не*** *in der Konjunktion* ***пока́ не*** *ihre Bedeutung einbüßt.*

1. Пока́ бы́ло светло́, мо́жно бы́ло чита́ть. Пока́ не стемне́ло, мо́жно бы́ло чита́ть. 2. Пока́ он конча́л институ́т, его́ брат рабо́тал на на́шем заво́де. Его брат рабо́тал на на́шем заво́де, пока́ он не око́нчил институ́т. 3. Пока́ он чита́л письмо́, мы сиде́ли и жда́ли. Мы сиде́ли и жда́ли, пока́ он не прочита́л письмо́. 4. Пока́ идёт дождь, придётся побы́ть до́ма. Придётся побы́ть до́ма, пока́ не пройдёт дождь.

6 *Ergänzen Sie die Sätze durch das passende der eingeklammerten Verben.*

a) 1. Тебе́ придётся подожда́ть, пока́ я не (конча́ю, ко́нчу) свою́ рабо́ту. 2. Все сиде́ли у телеви́зора, пока́ (передава́ли, пере́дали) футбо́льный матч. 3. Он лежа́л в больни́це, пока́ не (выздора́вливал, вы́здоровел). 4. Электро́нная маши́на рабо́тала, пока́ лабора́нт её не (выключа́л, вы́ключил). 5. Пока́ мы (смотре́ли, посмотре́ли) фильм, друзья́ пригото́вили нам сюрпри́з.

b) 1. Пока́ тури́сты … Эрмита́ж, руководи́тель гру́ппы … биле́ты на парохо́д (осма́тривать — осмотре́ть, зака́зывать-заказа́ть). 2. Пока́ я … ве́щи, друзья́ … меня́ проводи́ть (укла́дывать — уложи́ть, собира́ться —собра́ться). 3. Карти́ны Дре́зденской галере́и не … для посети́телей, пока́ их по́лностью не … (выставля́ть — вы́ставить, восстана́вливать — восстанови́ть). 4. Пока́ мы … контро́льную рабо́ту, преподава́тель … дома́шние зада́ния (писать — написа́ть, проверя́ть — прове́рить). 5. Он не́сколько раз … свой но́мер телефо́на, пока́ я его́ не … (повторя́ть — повтори́ть, запомина́ть — запо́мнить). 6. Она́ до́лго … взять её с собо́й, пока́ мы не … (проси́ть — попроси́ть, соглаша́ться — согласи́ться).

7 *Bilden Sie aus den einfachen Sätzen Satzgefüge mit der Konjunktion* ***пока́ не****.*

Muster: Пришло́сь сиде́ть до́ма до его́ звонка́.— Пришло́сь сиде́ть до́ма, **пока́** он **не позвони́л**.

1. Мы провели́ весь день в Третьяко́вской галере́е до её закры́тия. 2. Мы стоя́ли на перро́не до са́мого отхо́да по́езда, увози́вшего Зи́гфрида на ро́дину. 3. Он повторя́л о́пыт сно́ва и сно́ва до са́мого конца́ рабо́чего дня. 4. Мы ча́сто быва́ли в дере́вне до перее́зда ма́тери в го́род.

8 *Bilden Sie anhand der angegebenen Situationen Sätze mit* ***пока́ не****, in denen der Abschluss einer Handlung ausgedrückt wird.*

Muster: Он спо́рил с на́ми. Пото́м осозна́л на́шу правоту́. — Он спо́рил с на́ми, **пока́ не осозна́л** на́шу правоту́.

1. Пе́тра до́лго возража́ла. Наконе́ц поняла́ справедли́вость на́ших слов. 2. Вы́йти на у́лицу нельзя́ бы́ло. Мела́ пурга́. 3. До нача́ла спекта́кля остава́лось не́сколько мину́т, и я зашёл в буфе́т вы́пить воды́. 4. Э́тот вопро́с невозмо́жно реши́ть без дека́на. Дека́н ско́ро прие́дет. 5. Дека́н ско́ро прие́дет. А сейча́с мы подгото́вим необходи́мые материа́лы. 6. Аспира́нт изуча́л э́ту пробле́му со всех сторо́н. Наконе́ц обобщи́л полу́ченные результа́ты.

§ 9 Bedingungssätze

Die Nebensätze mit der Konjunktion **если** bezeichnen eine reale Bedingung, die im Deutschen im Indikativ wiedergegeben wird:

Е́сли ты мне помо́жешь, я бу́ду тебе́ благода́рен	Wenn du mir hilfst, werde ich dir dankbar sein.

Die Nebensätze mit der Konjunktion **если бы** bezeichnen dagegen eine irreale Bedingung, die im Deutschen im Konjunktiv bzw. Konditionalis wiedergegeben wird:

Е́сли бы ты мне помо́г, я был бы тебе́ благода́рен.	Würdest du mir helfen, so würde ich dir dankbar sein.

Besitzt ein Bedingungssatz ein Prädikat im Infinitiv und kein Subjekt, so hat er eine verallgemeinernde Bedeutung:

Е́сли говори́ть пря́мо, вы не пра́вы.	Wenn ich ohne Umschweife sagen darf, so haben Sie nicht recht.

Ist ein irrealer Bedingungssatz konjunktionslos, so beginnt er mit einem Prädikat im Imperativ Singular, das Prädikat des Hauptsatzes aber steht im Konjunktiv:

Приди́ вы во́время, вы бы успе́ли купи́ть биле́ты в теа́тр.	Wären Sie rechtzeitig gekommen, hätten Sie die Theaterkarten noch kaufen können.

Beachten Sie, dass den Konjunktionen **если** und **если бы** im Deutschen oft die Konjunktion *wenn* entspricht.

Übungen

1 *Lesen Sie die Sätze. Beachten Sie den Modus der Verben.*

1. Е́сли не поддержа́ть ростки́ но́вого, то они́ поги́бнут.2. Е́сли ты пойдёшь на вы́ставку жи́вописи, зайди́ за мной.3. Е́сли бы у меня́ бы́ло свобо́дное вре́мя, я бы зашёл к вам. 4.Е́сли бы не́ было дождя́, мы могли́ бы погуля́ть. 5. Приди́ я на пять мину́т ра́ньше, я бы заста́л его́ до́ма. 6. Не будь она́ больна́, она́ пое́хала бы с на́ми.

2 *Ersetzen Sie die folgenden einfachen Sätze durch Satzgefüge mit Bedingungssätzen.*

Muster: a) В слу́чае своего́ отъе́зда сообщи́ мне. — **Е́сли ты уе́дешь,** сообщи́ мне. // b) Прочита́в_э́ту статью́, я смогу́ отве́тить на твой вопро́с. — **Е́сли я прочита́ю э́ту статью́**, то смогу́ отве́тить на твой вопро́с.

a) 1. При охлажде́нии те́ла уменьша́ются в объёме. 2. При жела́нии она́ могла́ бы помо́чь нам. 3. При внима́тельном рассмотре́нии пове́рхности мета́лла вы уви́дите на ней неро́вности. 4. В слу́чае перее́зда на но́вую кварти́ру я сообщу́ тебе́.

b) 1. Встре́тившись с сестро́й, я смогу́ переда́ть ей ва́шу про́сьбу. 2. Получи́в необходи́мые указа́ния, лабора́нт смо́жет записа́ть результа́ты о́пыта. 3. Никогда́ не бери́тесь за после́дующее, не усво́ив предыду́щего. (*И. Па́влов*)

3 *a) Bilden Sie aus den angegebenen Satzpaaren Satzgefüge mit durch die Konjunktion* ***если*** *eingeleiteten Bedingungssätzen.*

1. Вы заде́ржитесь. Нам придётся уе́хать. 2. Ты вернёшься ра́но. Мы пойдём в кино́. 3. Ты подведёшь нас. Мы бо́льше не пове́рим тебе́. 4. Ты не смо́жешь реши́ть зада́чу. Позвони́ мне.

b) Die im Teil a) gebildeten Sätze ersetzen Sie durch Sätze mit der Konjunktion ***е́сли бы****, verändern Sie entsprechend den Modus der Verben. Wie ändert sich die Bedeutung der Sätze?*

Muster: **Если** я опублику́ю статью́,то пришлю́ её тебе́. – **Если бы я опубликова́л** статью́, то **присла́л бы** её тебе́.

4 *Bilden Sie aus den folgenden Satzpaaren Satzgefüge mit einem Bedingungssatz.*

Muster: Он бу́дет уча́ствовать в трениро́вках. Врач разреши́т ему́. — Он бу́дет уча́ствовать в трениро́вках, **е́сли** врач разреши́т ему́. Он пошёл бы на трениро́вки … Врач разреши́л ему́. — Он пошёл бы на трениро́вки, **е́сли бы** врач разреши́л ему́.

1. У меня́ бу́дет свобо́дное вре́мя. Я приду́ к вам ве́чером. 2. Я бы пошёл в теа́тр. У меня́ нет биле́та. 3. Я куплю́ пласти́нку. Я найду́ пласти́нку в магази́не. 4. Я бы купи́л э́ту пласти́нку. Я не могу́ найти́ э́ту пласти́нку в магази́нах. 5. Мы бы поката́лись на ло́дке. К сожале́нию, пошёл дождь.

5 *Bestimmen Sie die reale oder irreale Bedingung der Handlung, indem Sie anstatt der Punkte Konjunktionen* ***если*** *oder* ***если бы*** *gebrauchen.*

1. … Анто́н был на 20 лет моло́же,его́ уро́ки с А́стой бы́ли бы успе́шнее. 2. … Анто́н не знал слов,он не мог говори́ть с А́стой. 3. … у Анто́на бы́ло мно́го свобо́дного вре́мени,он занима́лся бы иностра́нным языко́м. 4. … Макси́м опублику́ет свою́ статью́,ты полу́чишь её. 5. … Ви́ктор встре́тился с Ни́ной,я знал бы об э́том. 6. Анто́н не прие́хал бы в Герма́нию, … не знал неме́цкий язы́к. 7. А́нна прочита́ла бы э́тот рома́н, … слы́шала,что он интере́сный. 8. Я бы отве́тил на твой вопро́с, … чита́л э́ту книгу. 9. … Алёша был здоро́в, он пришёл бы к нам. 10. Дирк познако́мится с тобо́й, … ты бу́дешь ве́чером в клу́бе.

6 *Ersetzen Sie die durch Konjunktionen eingeleiteten Nebensätze durch konjunktionslose.*

Muster: **Если бы** он **был** на заво́де, э́тот вопро́с бы́ло бы легко́ реши́ть. — **Будь** он на заво́де, э́тот вопро́с бы́ло бы легко́ реши́ть.

1. Е́сли бы я не. нашёл э́той тетра́ди, все мои́ пла́ны бы́ли бы нару́шены. 2. Е́сли бы он не был таки́м самоуве́ренным, он бы мне бо́льше нра́вился. 3. Е́сли бы ты сказа́л мне об э́том ра́ньше, я бы ещё успе́л что́-нибудь предприня́ть. 4. Е́сли бы здесь не́ было так хо́лодно, я бы не простуди́лся.

7 *Vergleichen Sie die Bedeutung der angegebenen Satzpaare. Beachten Sie, dass der Konjunktion* ***когда́*** *in Nebensätzen mit einem im Präsens oder Futur stehenden verbalen Prädikat und der Konjunktion* ***е́сли*** *im Deutschen sehr oft die Konjunktion* wenn *entspricht.*

1. Когда́ ты придёшь, мы зако́нчим свою́ рабо́ту. Е́сли ты придёшь, мы зако́нчим свою́ рабо́ту. 2. Я пое́ду в дом о́тдыха, когда́ у меня́ бу́дет отпуск. Я пое́ду в дом о́тдыха, е́сли у меня́ бу́дет отпуск. 3. Е́сли ты пое́дешь к Алёше, возьми́ у него́ журна́л. Когда́ ты пое́дешь к Алёше, возьми́ у него́ журна́л.

8 *Lesen Sie die folgenden Sätze mit den Konjunktion* ***е́сли*** *und* ***когда́.*** *Bestimmen Sie den Unterschied in ihrer Bedeutung. Ersetzen Sie, wenn möglich, die eine Konjunktion durch die andere und verfolgen Sie, wie sich der Sinn der Sätze verändert. Merken Sie sich, dass ein Bedingungssatz die Möglichkeit einer Handlung erwägt (die Konjunktionen* ***е́сли, е́сли бы****), während ein Temporalsatz eine real sich vollziehende oder vollzogene Handlung angibt (die Konjunktion* ***когда́****). Die Konjunktion* ***е́сли*** *lässt sich durch die Konjunktion* ***когда́*** *ersetzen, wenn temporale und konditionale Bedeutung zusammenfallen:* ***Когда́ (е́сли)*** *не́ было дождя́, семья́ пила́ чай на вера́нде.* Wenn (= vorausgesetzt, dass) es nicht regnete, nahm die Familie ihren Tee auf der Veranda.

1. Е́сли ну́жно, больно́й мо́жет вы́звать врача́. 2. Е́сли ты бу́дешь свобо́ден, зайди́ ко мне. 3. Э́ккехард пое́дет в Ро́сток, когда́ бу́дут кани́кулы. 4. Он отпра́вился на заво́д, когда́ там шло совеща́ние. 5. Когда́ мы вме́сте е́хали на рабо́ту, Ири́на расска́зывала о своём сы́не.

9 *Beantworten Sie die Fragen, gebrauchen Sie die Konjunktionen* ***когда́*** *und* ***е́сли.***

1. В каки́х слу́чаях вы по́льзуетесь словарём? 2. Когда́ мы пойдём на стадио́н? 3. В како́м слу́чае вы пришлёте нам телегра́мму? 4. Когда́ ты напи́шешь нам? 5. В како́м слу́чае (при како́м усло́вии) вода́ превраща́ется в пар?

10 *Übersetzen Sie ins Russische.*

1. Ich glaube, dass dich eine interessante Arbeit erwartet. 2. Wir bestanden darauf, dass Wadim auf diese Reise verzichten soll. 3. Ich zweifele daran, dass er dieses Buch gekauft hat. 4. Hans befürchtete, dass der Zug sich verspäten würde. 5. Meine Aufgabe besteht darin, Ihnen von diesem schönen Land zu erzählen. 6. Er hat sehr viel getan, um deine Bitte zu erfüllen. 7. Er hat es durchgesetzt, dass wir ihn mitgenommen haben. 8. Ich fragte den Briefträger, ob es für mich Briefe gab. 9. Aljoscha weiß nicht, ob er heute Abend zu Hause sein wird oder nicht. 10. Ich kann mich jetzt nicht entsinnen, ob ich diesen Mann vorher gesehen habe. 11. Wenn Anna bei mir ist, singen wir zusammen von Kindheit her geliebte Lieder. 12. Ich will wissen, wann wir (du und ich) ins Theater gehen. 13. Als er den Brief zu Ende geschrieben hatte, waren alle schon eingeschlafen. 14. Er arbeitete, solange es hell war. 15. Es war schwül im Zimmer, solange man nicht das Fenster aufmachte. 16. Während die Mutter das Mittagessen kocht, spielen

die Kinder im Garten. 17. Wenn du zu uns kommst, werde ich dir unsere wunderbare Stadt zeigen. 18. Ich werde nach Hause kommen, wenn es schon dunkel sein wird. 19. Wenn wir uns sehen, werde ich dir davon erzählen. 20. Hätte ich Zeit, so würde ich mit dir ins Theater gehen. 21. Ich hätte die Arbeit nicht rechtzeitig beendet, hättest du mir nicht geholfen. 22. Hättest du mich nicht aufgehalten, wäre ich schon längst zu Hause.

LÖSUNGSSCHLÜSSEL

Zur Aussprache

§1

8 Бы́стро, бе́дно, сло́жно, сла́бо, о́стро, бле́дно, си́льно, мно́го, дли́нно.

10 Но́во, си́льно, сла́бо, ту́по, дли́нно, ти́хо, мо́лодо, изве́стно, до́лго, бы́стро, хо́лодно.

11 Стра́ны, кула́к, враг, дать, узна́ть, вал, ска́зка; гро́зы, сло́во, го́ры, во́ды, во́лны.

§2

3 Луг, сад, зуб, пруд, глаз, наро́д, рука́в, лоб, рог, обе́д, моро́з, груз, го́лубь, ло́шадь, связь, нож.

5 Будь, сядь, ляг, влезь, прибу́дь, переся́дь, приля́г, мажь, режь.

§3

9 Си́льный, мы́льный, материа́льный, криста́льный, глаго́льный, сканда́льный, де́льный; строи́тельный, де́ятельный, у́гольный, роди́тельный, да́льний, мора́льный.

§6

7 Рубля́, руля́, журавля́, киселя́, корабля́, сте́бля, февраля́.

§7

5 Пи́шешь, говори́шь, шуми́шь, спеши́шь, слы́шишь, ду́маешь.

6 Говори́вший, писа́вший, чита́вший, ви́девший, шуме́вший, спеши́вший, ду́мавший, изуча́вший, нача́вший.

§8

5 Слу́шающий, посеща́ющий, проща́ющий, скуча́ющий, стоя́щий, иду́щий, пи́шущий, и́щущий, смотря́щий.

Zum Gebrauch der Fälle mit und ohne Präposition

§1

3 1. Да, в мое́й стране́ есть моря́. Нет, в мое́й стране́ нет море́й. 2. Да, в моём го́роде есть высо́тные зда́ния. Нет, в моём го́роде нет высо́тных зда́ний. 3. Да, в моём до́ме есть лифт. Нет, в моём до́ме нет ли́фта. 4. Да, у меня́ есть де́ти. Нет, у меня́ нет дете́й. 5. Да, у меня́ есть фотоаппара́т. Нет, у меня́ нет фотоаппара́та.

4 1. … есть конве́рт? 2. … есть но́вый а́дрес Ку́рта? 3. … есть э́та статья́? 4. … есть откры́тка? 5. … есть ка́рточка для таксофо́на?

5 1. У них гости. 2. У него грипп. 3. У меня хорошая новость. 4. У неё высокая температура. 5. У тебя экзамены. 6. У нас новая квартира.

6 a) 1. Его мать — известный химик. 2. Это его дипломная работа. Тема его дипломной работы — «Крестьянское движенис в России XVIII века». 3. Александр Пушкин — великий русский поэт. (Александр Пушкин является великим русским поэтом). 4. Алмаз — ценный минерал. (Алмаз является ценным минералом.) 5. Труд есть источник богатств человечества. 6. Художественный театр — лучший интерпретатор драматургии Чехова.

b) 1. В университете большая библиотека. 2. В городе много театров. 3. У меня есть статья о творчестве Василия Шукшина. 4. У тебя есть словарь? 5. У него есть лишний билет в театр. 6. У Клауса красивая жена. 7. У Петры новая юбка.

§2

1 b) 1. Володи. 2. Моей соседки. 3. Писателя Фадеева. 4. Известного хирурга. 5. Ближайшей деревни. 6. Композитора Бородина.

3 1. невысокого роста. 2. старинной ручной работы. 3. редкой красоты. 4. новой конструкции. 5. отличного качества. 6. высокой квалификации.

4 1. Раствор красноватого цвета. 2. … площадь прямоугольной формы. 3. … приборы разных размеров. 4. Облака были необычно жёлтого цвета.

5 1. Николая Островского; писателя. 2. Менделеева. 3. Рахманинова. 4. Металлургического завода; работы; Крайнего Севера. 5. Николая Островского. 6. Осеннего солнца; домов.

6 1. В день рождения мне подарили много цветов. 2. Подожди меня на остановке трамвая (на трамвайной остановке)! 3. У моего друга «Москвич» нового образца. 4. Лучи солнца красиво освещали всю местность. 5. Зигфрид любит стихи Шиллера. 6. Фильм «Первый учитель» создан по повести Чингиза Айтматова. 7. В Музее М. Горького было много посетителей. 8. Балет С.Прокофьева «Ромео и Джульетта» принадлежит к лучшим произведениям русской музыки.

8 1. Много препятствий стояло на пути русского изобретателя Яблочкова. 2. Несколько старых знакомых соберутся … 3. Большинство новых домов выросло … 4. Сколько лет прошло … 5. Несколько новых электростанций уже дало …

9 1. Новых микрорайонов. 2. Железнодорожных вокзала. 3. Моих старших брата. 4. Трактористов. 5. Опытный врач.

10 Лет, лет. Лет. Года. Лет. Года. Лет.

11 1. Человек, людей. 2. Людей. 3. Человек. 4. Людях.

12 1. Кефиру. 2. Хлеба. 3. Супу и каши; молока. 4. Перцу, луку и соли.

13 1. Гордости. 2. Высших наград. 3. Надежд. 4. Зависти.

15 1. Завтра в клубе не будет вечера песни. 2. Вчера меня весь день не было дома. 3. В читальном зале нет свободных мест. 4. У меня нет сейчас свободного времени. 5. Вчера в Москве не было дождя. 6. У меня нет кашля и насморка.

16 1. У меня нет лыжного костюма и лыж. 2. У меня нет вопросов к докладчику. 3. Я не был на лекции по эстетике. 4. У меня нет брата. 5. У меня нет замечаний и предложений. 6. Этим летом в Москве не было жарких дней. 7. В этом магазине нет отдела фруктов. 8. В субботу меня не будет дома. 9. Тани не было вчера в школе. 10. Она (её) не будет на диспуте.

17 1. У меня не было билета. 2. У меня не было спортивного костюма. 3. У меня не было тетради. 4. У меня не было записной книжки. 5. У меня не было времени.

18 a) 1. В чита́тельской конфере́нции уча́ствовало мно́го рабо́чих на́шего заво́да. 2. На на́шей у́лице постро́или 3 но́вых дома́. 3. Он провёл 4 го́да в Арме́нии и 6 лет в Казахста́не. 4. Ско́лько челове́к вчера́ отсу́тствовало? 5. Больно́й вы́пил (немно́го) воды́. 6. Он наре́зал хлеб, колбасу́ и сыр. 7. На Кра́йнем Се́вере зима́ продолжа́ется 9 до́лгих ме́сяцев.

b) 1. Зо́лото доро́же серебра́. 2. Ва́льтер моло́же меня́. 3. Го́рькая пра́вда лу́чше краси́вой лжи. 4. Зи́мний день коро́че ле́тнего дня. 5. Я люблю́ апельси́ны бо́льше, чем мандари́ны.

c) 1. Я ещё не написа́л ей письма́. 2. Он не ви́дел па́мятника Го́голю. 3. У меня́ нет семьи́. 4. За́втра у меня́ не бу́дет (ни одно́й) свобо́дной мину́ты. 5. Вчера́ не́ было профсою́зного собра́ния. 6. Вокру́г никого́ не́ было ви́дно.

20 1. Большо́го напряже́ния и вели́кой стра́сти. 2. Плохо́го произноше́ния. 3. Высо́кого у́ровня. 4. Здоро́вья, больши́х успе́хов и сча́стья. 5. Свою́ знако́мую. 6. Письма́.

21 1. Доби́лся дове́рия. 2. Дости́гла сорока́ гра́дусов. 3. Доби́лась побе́ды. 4. Доби́ться её согла́сия. 5. Доби́лся отве́та. 6. Дости́гнуть договорённости. 7. Дости́гли бе́рега. 8. Доби́лся приёма.

22 1. Да, я доби́лся положи́тельных результа́тов. 2. Да, альпини́сты дости́гли верши́ны горы́. 3. Да, мо́щность дви́гателя дости́гла шести́десяти ты́сяч килова́тт. 4. Да, догова́ривающиеся сто́роны дости́гли соглаше́ния. 5. Да, же́нщины в не́которых развива́ющихся стра́нах Азии и Африки доби́лись равнопра́вия. 6. Да, на́ши баскетболи́сты доби́лись побе́ды в э́том ма́тче. 7. Да, кри́тика дости́гла це́ли. 8. Да, освети́тель доби́лся ну́жного эффе́кта в э́той сце́не.

23 1. Ва́жного вопро́са. 2. Успе́ха в рабо́те. 3. Большо́й перестро́йки. 4. Свое́й це́ли. 5. Бе́рега реки́. 6. Пре́жнего мне́ния. 7. Мать. 8. Результа́та о́пыта.

24 1. Дире́ктор заво́да косну́лся в своём докла́де вопро́са чрезвыча́йной ва́жности. 2. Я жду свою́ подру́гу. 3. Я написа́л родны́м о своём реше́нии и тепе́рь жду отве́та. 4. Он доби́лся лу́чшего результа́та в бе́ге на сто ме́тров. 5. Я не мог избежа́ть э́того неприя́тного разгово́ра. 6. Он стыди́тся свои́х пре́жних оши́бок.

§3

2 Моско́вский университе́т нахо́дится у Москвы́-реки́. Во́зле гла́вного зда́ния университе́та располо́жен Ботани́ческий сад. Вокру́г зда́ния разби́т большо́й парк. Посреди́ пло́щади возвыша́ется па́мятник Ломоно́сову. В гла́вном зда́нии располага́ются аудито́рии, лаборато́рии и прекра́сный спорти́вный зал с бассе́йном, столо́вые и студе́нческие общежи́тия. У гла́вного вхо́да остана́вливаются авто́бусы, кото́рые приво́зят сюда́ студе́нтов и преподава́телей. Напро́тив гла́вного зда́ния нахо́дятся корпуса́ биологи́ческого факульте́та. Недалеко́ от них постро́ены но́вые корпуса́ гуманита́рных факульте́тов. Здесь у́чатся молоды́е лю́ди мно́гих национа́льностей. Среди́ студе́нтов есть мно́го тала́нтливых люде́й.

3 Вы́йти из за́ла, вы́ехать из-за угла́, ввезти́ из-за грани́цы, прие́хать из Украи́ны, прие́хать с куро́рта, верну́ться с о́строва, прийти́ со стадио́на, уйти́ из университе́та, привезти́ ребёнка с да́чи.

4 1. С ле́кции, из университе́та, с фа́брики, с предприя́тия, из командиро́вки, от дру́га, от дире́ктора. 2. Из посо́льства, с ро́дины, из Кры́ма, с куро́рта, из дере́вни, с Да́льнего Восто́ка. 3. Из Фра́нции, с Кавка́за, с о́строва Рю́ген, с Ура́ла. 4. Со стро́йки, с заво́да, из це́ха. 5. Из больни́цы, от больно́й подру́ги. 6. Из-за облако́в, из-за ле́са. 7. Из-под сне́га. 8. С Белору́сского вокза́ла, от платфо́рмы, от перро́на. 9. Из ла́геря, из го́рода, с ба́зы. 10. Из Подмоско́вья, с Байка́ла, с Карпа́т, из о́тпуска.

5 1. Выхо́дят. 2. Дохо́дят. 3. Прохожу́ (проезжа́ю). 4. Снять. 5. Отста́л.

6 1. Мимо этой станции поезд проходит без остановки. 2. Уже много лет мы живём здесь. Это совсем близко от Петербурга. 3. Из-за дома неожиданно выехала машина. 4. Пассажиры вышли из автобуса на конечной остановке. 5. До театра я доехал трамваем. 6. Из-под снега показались первые цветы. 7. Поезд медленно отошёл от станции. 8. Он быстро сбежал с лестницы.

7 1. С … до. 2. С. 3. С. 4. От. 5. С … до. 6. С.

8 1. До Октября 1917 года. 2. До отхода. 3. С часу до двух. 4. С пятнадцатого апреля. 5. До шести часов.

9 1. После смерти отца Виктор начал работать. 2. С детства он мечтал о профессии лётчика. 3. Накануне праздников мы организовали большой концерт самодеятельности. 4. Он обычно приходит на работу около девяти часов утра. 5. Я жду автобус около трёх минут (минуты три). 6. Среди урока он вспомнил, что оставил тетрадь дома. 7. Перед полётом он всё рассказал мне. 8. Он был в кино с восьми до десяти часов вечера.

11 1. Из-за грозы. 2. Из вежливости. 3. Из-за шума. 4. От шума. 5. Из скромности. 6. От жары. 7. Из-за нелётной погоды. 8. Из любопытства. 9. От засухи.

12 1. От сильной жары я совсем потерял аппетит. 2. Он сделал много ошибок из-за невнимательности. 3. Ребёнок начал дрожать от холода. 4. От волнения студент не мог сразу ответить на мой вопрос. 5. Из-за проливного дождя мы остались дома. 6. Из-за пурги самолёт не смог вылететь к зимовщикам. 7. Он продолжал настаивать на своём из упрямства. 8. Из-за шума в зале он не слышал ни слова. 9. Зина похудела от тоски по дому.

13 1. От боли. 2. Из-за тебя. 3. От волнения. 4. Из-за обильных дождей. 5. От зноя. 6. Из деликатности. 7. Из-за болезни. 8. От страха.

14 1. Врач пожертвовал собой из любви к людям и из желания спасти их от страшной болезни. 2. От радости он не мог говорить. 3. Он сделал это со злости. 4. Из-за болезни он не мог ко мне прийти. 5. Несчастный случай произошёл из-за небрежности этого работника.

16 1. Чёткая работа завода зависит от хорошей организации труда. 2. Врач советует Павлу воздержаться от участия в спортивных соревнованиях. 3. Велосипедист не отстаёт от своего соперника. 4. Корабль отклонился от курса … 5. Он с трудом удержался, чтобы … 6. Писатели Чехов и Короленко отказались от дипломов академиков…

17 1. У (возле, около) станции. 2. От университета. 3. У космонавта. 4. От ста. 5. У сестры. 6. От старосты. 7. От матери. 8. У сборной города. 9. У своих школьных друзей.

21 1. взять у соседа. 2. получил билеты от секретаря. 3. взял журнал у него. 4. отнять их у него. 5. услышал об этом от него. 6. я у него узнаю. 7. получил от него совет.

22 1. Нет, он отстал от нас. 2. Нет, он отказался от билетов. 3. Нет, его решения зависят от мнения подруги. 4. Нет, он отстранён от исполнения своих обязанностей. 5. Нет, он уклонился от прямого ответа.

23 1. Из, у. 2. Из. 3. Из. 4. Для. 5. Для. 6. Для. 7. Среди. 8. Среди. 9. Среди. 10. Посреди.

25 1. Для защиты от солнца мы натянули (поставили) тент из белой материи. 2. С прошлого года в городе работает новый театр. 3. У Володи много друзей среди иностранных студентов. 4. У аспиранта много времени для самостоятельной научной работы. 5. Наш народ борется против атомной войны. 6. Брат лечится от ревматизма у известного профессора. 7. Из-за большой занятости я вынужден был отказаться от интересной поездки. 8. С раннего утра до позднего вечера лил дождь. 9. Это отрывок из Седьмой симфонии Шостаковича. 10. Его жена среднего роста, у неё красивые голубые глаза.

§4

7 1. Мне нужна́ бума́га … 2. Ва́льтеру ну́жен катало́г … 3. Мо́нике ну́жно взять журна́л … 4. Наро́дам ну́жен мир. 5. Ему́ нужна́ на́ша подде́ржка…

8 1. Лётчику-космона́вту. 2. Ро́дственникам. 3. Вам. 4. Мне. 5. Нам. 6. Мне. 7. Больно́му. 8. Ему́.

10 1. … моему́ дру́гу живётся … 2. Нам пришло́сь пробива́ться. 3. Ри́те хо́чется … 4. … и ей не спи́тся.

11 a) Выдаю́щийся ру́сский компози́тор Пётр Ильи́ч Чайко́вский с четырёх лет на́чал сочиня́ть пе́сни. Когда́ Чайко́вскому был 21 год, он поступи́л в Петербу́ргскую консервато́рию. В 25 лет он око́нчил консервато́рию. Ему́ пошёл два́дцать шесто́й год, когда́ он получи́л ме́сто профе́ссора в Моско́вской консервато́рии. В 36 лет он написа́л свой лу́чший бале́т «Лебеди́ное о́зеро».

b) 1. Я о́чень благода́рен тебе́ за внима́ние. 2. Она́ обра́довалась моему́ прие́зду. 3. В э́той рабо́те мне нужна́ твоя́ по́мощь. 4. Мо́жно мне написа́ть Вам? 5. Вам нельзя́ ничего́ жи́рного и о́строго. 6. Тебе́ пора́ встава́ть. 7. Мне ка́жется, ему́ бы́ло бо́льно. 8. За́втра дежу́рить до́ктору Па́влову. 9. Мне хо́чется зако́нчить свою́ рабо́ту во́время. 10. Ему́ не спало́сь на но́вом ме́сте. 11. Мне хо́чется пить. 12. Трём рабо́чим тру́дно бы́ло собра́ть э́ту маши́ну.

13 1. Мла́дшей сестре́. 2. Моему́ внеза́пному появле́нию. 3. Знако́мой де́вушке. 4. Нам. 5. Письму́ с ро́дины. 6. Игре́ в те́ннис.

14 1. помеша́л экску́рсии. 2. сопротивля́ется ата́кам. 3. подража́ет ста́ршему бра́ту. 4. зави́дуем её вы́держке. 5. удиви́лся его́ неожи́данному возвраще́нию. 6. написа́ли… профе́ссору. 7. приказа́л полку́.

15 1. Мы удивля́лись его́ выступле́нию. 2. Оте́ц ра́дуется успе́хам сы́на. 3. Ни́на не́сколько раз напомина́ла о предстоя́щем собра́нии. 4. Ви́ктор позвони́л мне, когда́ я у́жинал. 5. Балери́на Никола́ева обуча́ет класси́ческому бале́ту в заводско́м Дворце́ культу́ры. 6. Телефо́нные звонки́ меша́ли на́шей рабо́те. 7. Она́ во всём подража́ет своему́ учи́телю. 8. Мне ну́жно позвони́ть Ви́ктору. 9. Мне надое́ло слу́шать одно́ и то же.

18 1. Э́тот па́мятник принадлежи́т молодёжной организа́ции. 2. Когда́ я быва́ю в Москве́, я в пе́рвые же дни иду́ к па́мятнику Пу́шкину. 3. Куре́ние вреди́т здоро́вью. 4. Си́льный ве́тер меша́л нам идти́. 5. Де́ти ра́довались нового́дним пода́ркам. 6. Я позвоню́ тебе́ за́втра. 7. У́тренняя заря́дка спосо́бствует укрепле́нию здоро́вья. 8. Моя́ учи́тельница ру́сского языка́ у́чит меня́ пра́вильному произноше́нию. 9. Помоги́ мне в реше́нии э́того тру́дного вопро́са.

§5

2 a) 1. Стремя́тся. 2. Привы́к, научи́лся. 3. Относи́лся. 4. Гото́вилась. 5. Тоску́ет (тоскова́л).

b) 1. Тре́бователен. 2. Строг, справедли́в. 3. Спосо́бных. 4. Гото́вые. 5. Равноду́шен.

c) 1. Интере́с. 2. Любо́вь. 3. Дове́рие. 4. Не́нависть. 5. Сочу́вствие.

3 1. … обрати́лась с приве́тствием ко всем лю́дям … 2. … обрати́лся с ре́чью к наро́ду. 3. … обраща́ться с э́тим прибо́ром. 4. … обраща́ется с тобо́й? 5. Ве́рнер обрати́лся к врачу́ …

4 1. По рассе́янности. 2. По недоразуме́нию. 3. По привы́чке. 4. По распоряже́нию дека́на. 5. По близору́кости.

5 1. К сожале́нию, … 2. К сча́стью, … 3. К сча́стью, … 4. К сожале́нию (к моему́ огорче́нию), … 5. К сча́стью, …

6 1. Я привы́кла к его́ внима́нию и забо́те. 2. Анна тоску́ет по родны́м места́м. 3. Мы прислу́шались к шага́м: к до́му кто́ -то подходи́л. 4. Самоде́ятельный хор гото́вится к выступле́нию. 5. У Па́вла больши́е спосо́бности к му́зыке. 6. У него́ заболе́ли зу́бы, и ему́ пришло́сь обрати́ться к врачу́. 7. Оте́ц строг к своему́ сы́ну.

7 1. по у́зкой тропи́нке. 2. по магази́нам. 3. по бпблиоте́кам. 4. по суббо́там. 5. по вечера́м. 6. по вто́рникам и пя́тницам. 7. по рассе́янности. 8. по недоразуме́нию. 9. специали́ст по машинострое́нию. 10. мой това́рищ по университе́ту. 11. дя́де по ма́тери. 12. по медици́нскому заключе́нию. 13. по сообще́нию бюро прогно́зов. 14. со́здан по рома́ну.

8 1. По́езд приближа́ется (подъезжа́ет) к Москве́ ра́но у́тром. 2. По шоссе́ шли маши́ны. 3. Коло́нны демонстра́нтов иду́т по Тверско́й у́лице. 4. Благодаря́ по́мощи ста́ршего бра́та Лотар стал инжене́ром. 5. Пара́д 9 ма́я на Кра́сной пло́щади ви́дят по телеви́дению наро́ды ра́зных стран. 6. Эккехард по вечера́м обы́чно чита́ет. 7. Но́вый си́ний костю́м ему́ к лицу́ (идёт ему́). 8. К моему́ большо́му разочарова́нию, она́ не пришла́. 9. У Ири́ны больши́е спосо́бности к му́зыке.

§6

3 Наре́зать ветчины́, навари́ть щей, напе́чь карто́феля, нарва́ть цвето́в; налови́ть ры́бы, настреля́ть ди́чи, наруби́ть дров, насобира́ть я́год, накопи́ть де́нег, накупи́ть книг.

4 Воды́, фру́кты, горчи́цу, хле́ба, пирога́, со́ли, вино́, лимона́да.

5 1. Я не ви́дел но́вого фи́льма о молодёжи. 2. Ты не купи́л слова́рь? 3. Пиани́ст не испо́лнил мой люби́мый ноктю́рн Шопе́на. 4. Он не по́нял письма́ (письмо́). 5. Дирк не ви́дел Ни́ну (Ни́ны).

6 1. встреча́ют зарубе́жных госте́й. 2. благодаря́т на́ших студе́нтов. 3. благода́рны танцо́рам и певца́м. 4. вспомина́ет эпизо́ды. 5 ждёт самолёт. 6. поздравля́ет констру́кторов, инжене́ров, те́хников и рабо́чих. 7. упрека́ют студе́нта Петро́ва.

7 1. Це́лый день он ждал свою́ сестру́. 2. Я поблагодари́л Та́ню за пода́рок. 3. Я встре́тил его́ вчера́ случа́йно. 4. Боле́знь лиши́ла отца́ сил. 5. Я поздравля́ю Вас с рожде́нием сына. (Поздравля́ю Вас с сы́ном.) 6. Мы с нетерпе́нием жда́ли нача́ла конце́рта. 7. Не упрека́й меня́ за до́лгое молча́ние! 8. Он и́щет подде́ржки друзе́й. 9. Ты и́щешь ключ? 10. Я ча́сто вспомина́ю свои́х друзе́й.

§7

1 1. На второ́й курс, на истори́ческий факульте́т. 2. На произво́дство, на стро́йки, на заво́ды, на фа́брики. 3. На ро́дину. 4. На Ура́л, на экску́рсию, в экспеди́цию. 5. На ле́кцию, на стадио́н, в посо́льство. 6. В о́тпуск, на о́тдых, в командиро́вку. 7. В университе́т, в акаде́мию, на ку́рсы. 8. В аэропо́рт, на аэродро́м. 9. В спорти́вный зал, на спорти́вную площа́дку. 10. В Украи́ну, на Да́льний Восто́к, на Алта́й, в Сиби́рь, на Кавка́з.

2 1. сквозь дно ло́дки. 2. че́рез ро́щу. 3. сквозь тума́н. 4. че́рез перева́л. 5. сквозь (че́рез) увеличи́тельное стекло́. 6. че́рез грани́цу. 7. че́рез всю страну́.

3 1. Сквозь тума́н мо́жно бы́ло различи́ть (уви́деть) ло́дку. 2. На углу́ он перешёл (че́рез) у́лицу. 3. Мы ме́дленно шли по у́лице. 4. По́езд прое́хал че́рез всю Гру́зию. 5. Уже́ два дня мы е́хали (плы́ли) по Чёрному мо́рю. 6. Спортсме́н пры́гнул че́рез барье́р (пла́нку). 7. Со́лнечный свет прони́к сквозь гарди́ны. 8. Гря́зная вода́ выво́дится по специа́льным тру́бам (че́рез специа́льные тру́бы). 9. Он отве́тил сквозь зу́бы.

5 1. Год. 2. Три дня. 3. Ме́сяц. 4. Це́лую неде́лю.

7 1. Пятьдеся́т лет … 2. Год … 3. Всю жизнь … 4. … за неде́лю. 5. Су́тки … 6. Два часа́ … 7. … ме́сяц.

8 1. за полчаса́ дое́хали. 2. за 15 мину́т прослу́шал. 3. за час сде́лал. 4. за две мину́ты пробежа́л. 5. за 2 часа́ 30 мину́т пролете́л. 6. за час прослу́шал.

10 1. … писа́ли… два часа́. 2. … обраба́тывал… пять мину́т. 3. … де́лала … четы́ре часа́. 4. … собира́лся… три часа́. 5. … обе́дал полчаса́. 6. … гото́вились … неде́лю. 7. … стро́или полтора́ ме́сяца. 8. … переводи́л … час.

11 1. три часа́. 2. семь часо́в. 3. за час. 4. полчаса́. 5. два часа́. 6. полтора́ часа́ (за полтора́ часа́).

12 1. Собира́л. Собра́л. 2. Выполня́ли. Вы́полнили. 3. Проводи́л, провёл. 4. Доезжа́ли. Дое́хали.

15 1. Схо́дит. 2. Сойдёт. 3. Выхо́дит, прихо́дит. 4. Передаю́т. 5. Передаду́т. 6. Углуби́лся.

18 1. Че́рез неде́лю. 2. Неде́лю. 3. Три го́да. 4. Че́рез три го́да. 5. Че́рез полчаса́. 6. Полчаса́.

19 1. На ме́сяц. 2. Че́рез ме́сяц. 3. На неде́лю. 4. Че́рез неде́лю. 5. На пять мину́т. 6. Че́рез пять мину́т. 7. Час.

21 1. … че́рез три го́да. 2. … по́сле трёх лет … 3. … че́рез две неде́ли. 4. По́сле двух неде́ль … 5. … по́сле пяти́ часо́в. 6. … по́сле ча́са …

22 1. Че́рез неде́лю … 2. По́сле неде́ли разду́мий … 3. Че́рез не́сколько лет … 4. По́сле не́скольких лет напряжённой учёбы … 5. Че́рез две мину́ты …

23 1. В сре́ду. 2. В свобо́дное вре́мя. 3. В перио́д расцве́та его́ тво́рчества. 4. В дождли́вую пого́ду. 5. В эпо́ху Возрожде́ния. 6. В дни Олимпиа́ды.

24 1. В кани́кулы (во вре́мя кани́кул). 2. На про́шлой неде́ле, в переры́ве (во вре́мя переры́ва), в сре́ду. 3. В сле́дующий вто́рник, на переме́не, на уро́ке, в конце́ неде́ли. 4. В моро́зный день, в дождь, в су́мерки. 5. Но́чью, на рассве́те, в середи́не дня (в по́лдень). 6. Во вре́мя боле́зни, на э́той неде́ле, ра́нним у́тром.

25 1. В блока́дную о́сень 1941 го́да. 2. В пе́рвые дни существова́ния нашей Респу́блики. 3. В эпо́ху феодали́зма. 4. В моро́з.

26 1. На, че́рез. 2. На. 3. Че́рез. 4. На. 5. За. 6. За. 7. По́сле.

27 1. За полчаса́ до отхо́да. 2. … че́рез две мину́ты по́сле звонка́. 3. за час до закры́тия. 4. … за полчаса́ до отъе́зда.

28 1. … за 40 мину́т до нача́ла. 2. … за пять мину́т до нача́ла. 3. … за три мину́ты до нача́ла. 4. … за два часа́ до отъе́зда … 5. … за две мину́ты до встре́чи. 6. … за два часа́ до вы́лета самолёта.

29 1. Я прие́хал в аэропо́рт че́рез две мину́ты по́сле вы́лета самолёта. 2. Мой друг прие́хал че́рез 30 мину́т по́сле назна́ченного вре́мени встре́чи … 3. Я пришёл в аудито́рию че́рез 10 мину́т по́сле нача́ла ле́кции. 4. … мы пришли́ че́рез 5 мину́т по́сле закры́тия магази́на. 5. Я включи́л телеви́зор че́рез пять мину́т по́сле нача́ла фи́льма.

30 1. за полчаса́ до нача́ла. 2. че́рез час по́сле ва́шего ухо́да (за час до ва́шего возвраще́ния). 3. че́рез день по́сле ва́шего отъе́зда. 4. за неде́лю до прибы́тия (прие́зда).

32 1. … попа́ла в цель. 2. … похо́ж на цили́ндр. 3. … тро́нул Андре́я за́ руку. 4. … прие́хали в дере́вню. 5. … хвали́л моего́ дру́га. 6. … вступи́л в чле́ны нау́чно-техни́ческого о́бщества.

33 1. … возьмёмся (при́мемся) за о́пыты … 2. … взя́лся (приня́лся) за экспериме́нты. 3. … сесть занима́ться. 4. … сажу́сь (принима́юсь) за кни́ги.

34 1. … пожа́ловался на головну́ю боль. 2. … наде́ялась на прие́зд Оле́га. 3. … на успе́шное оконча́ние экспериме́нта. 4. … на получе́ние но́вого прика́за руково́дства. 5. … на мою́ невнима́тельность.

35 1. Я наде́юсь, что смогу́ упакова́ть весь бага́ж. 2. Мяч не попа́л в воро́та. 3. Я сосла́лся в свое́й статье́ на рабо́ту профе́ссора Виногра́дова. 4. Я пожа́ловался врачу́ на боль в ноге́. 5. Я оби́делся на Ната́шу. 6. Я уча́ствую в ша́хматном турни́ре. 7. Я взя́лся за перево́д.

36 1. … в счастли́вое бу́дущее челове́чества. 2. … в ша́хматы. 3. … в волко́в. 4. … в корзи́ну. 5. … на ра́вные ча́сти. 6. … на дугу́. 7. … за легкомы́слие. 8. … на во́семьдесят проце́нтов. 9. … в три ра́за.

37 1. Литерату́ра ока́зывает большо́е влия́ние на воспита́ние молодёжи. 2. Де́вушка пожа́ловалась на головну́ю боль. 3. Лётчик наде́ялся на благоприя́тную пого́ду. 4. По́здним ве́чером мы прие́хали в сиби́рский го́род Анга́рск. 5. (Я) благодарю́ вас за приглаше́ние. 6. А́втора статьи́ критикова́ли за нето́чные формулиро́вки. 7. Не серди́сь на меня́! 8. Ве́ра оби́делась на бра́та за невнима́ние к ней. 9. Ма́льчик приня́лся (взя́лся, сел) за уро́ки. 10. Мой брат вступи́л в спорти́вное о́бщество.

38 1. на семна́дцать мину́т ра́ньше сро́ка. 2. на два этажа́ вы́ше ста́рой. 3. на неде́лю ра́ньше сро́ка. 4. моло́же своего́ му́жа на год. 5. на два часа́ по́зже сестры́.

39 1. на́ день ра́ньше нас. 2. на эта́ж вы́ше нас. 3. на неде́лю ра́ньше. 4. на́ день по́зже. 5. на́ три дня по́зже. 6. на́ день ра́ньше.

41 1. Дня на три (приме́рно, приблизи́тельно на три дня). 2. Часо́в в во́семь (приме́рно, приблизи́тельно в 8 часо́в). 3. Мину́т че́рез пять (приблизи́тельно, приме́рно че́рез 5 мину́т). 4. Часо́в в во́семь ве́чера (приме́рно, приблизи́тельно в 8 часо́в ве́чера). 5. Приме́рно (приблизи́тельно) на неде́лю. 6. Мину́т два́дцать (приме́рно, приблизи́тельно 20 мину́т; о́коло двадцати́ мину́т).

42 1. о́коло ме́сяца. 2. почти́ год. 3. киломе́тра три. 4. часа́ три. 5. дней де́сять-оди́ннадцать.

44 1. Для диссерта́ции. 2. В перепеча́тку. 3. На прове́рку. 4. В ремо́нт. 5. Для серьёзного разгово́ра. 6. На реце́нзию.

45 1. Для статьи́ … на статью́ … 2. Для подгото́вки … 3. … на пла́тье. 4. … для книг. 5. … на кни́ги. 6. … в переплёт. 7. … на прогу́лку.

46 1. Под. 2. По. 3. По. 4. На. 5. За. 6. Под.

47 1. Че́рез. 2. Че́рез (сквозь). 3. Сквозь. 4. Че́рез. 5. Сквозь (че́рез). 6. Че́рез. 7. Сквозь.

49 1. Встре́ча с ветера́нами труда́ состои́тся в пя́тницу, в семь часо́в ве́чера. 2. Мы (по)е́дем на два ме́сяца на юг. 3. Э́то зда́ние бы́ло постро́ено за́ год. 4. Ка́ждый вто́рник по вечера́м (по вто́рникам ве́чером) я хожу́ в библиоте́ку. 5. Мы купи́ли биле́ты за пять мину́т до нача́ла спекта́кля. 6. У мое́й сестры́ мно́го дел (рабо́ты). 7. По́сле пяти́ лет учёбы в Москве́ студе́нт хорошо́ знал го́род. 8. Че́рез пять лет Ко́нрад возврати́лся на ро́дину. 9. Неде́ли три мы ничего́ о нём не слы́шали. 10. По́езд пришёл де́сять мину́т девя́того. 11. Влади́мир пришёл к нам на полчаса раньше, чем его брат (на полчаса раньше своего брата). 12. Иногда мы сидели за домашними заданиями целый вечер. 13. После окончания университета мы разъехались: Марина — в Белоруссию, Саша — в Украину, а я — на Дальний Восток. 14. Я зайду на пятнадцать минут на почту. 15. Несколько минут мы шли через рощу. 16. Мы купили три тетради по два рубля. 17. Мой сын уже ростом с меня. 18. Он жил в маленькой квартире в двадцать квадратных метров. 19. Я заснул только под утро. 20. В то время мы услышали по радио о полёте в космос интернационального экипажа. 21. Маша недавно вышла замуж за моего брата.

§8

2 1. экскаватором. 2. чёрной тушью. 3. химическими удобрениями. 4. электронными машинами. 5. тонкими ровными ломтиками. 6. безлюдной снежной пустыней. 7. горным перевалом. 8. берегом. 9. ранней весной. 10. будущим летом. 11. поздним вечером.

3 1. Зимой. 2. Зимним утром. 3. Вечерами. 4. Берёзовой рощей. 5. Кратчайшим путём. 6. Колоннами.

4 1. Ясными лунными ночами … 2. Ранним летним утром … 3. Дождливыми осенними вечерами … 4. Суровой полярной ночью … 5. … ранним безоблачным утром. 6. … морем. 7. … опасными ледяными тропами. 8. … длинным коридором.

5 1. … вечерами (по вечерам). 2. … неделями… 3. … месяцами … 4. целыми днями … 5. Зимними вечерами …

7 1. вёл. 2. собирались. 3. работал. 4. просидел. 5. катались. 6. подготовился. 7. провели. 8. просиживали.

8 1. всем сердцем. 2. доходчивым, простым языком. 3. красивым почерком. 4. быстрыми темпами. 5. точными, уверенными движениями. 6. глубоким, спокойным сном.

9 1. друзьями. 2. двуглавым великаном. 3. камнем. 4. переводчиком. 5. помощником сталевара.

10 1. На выставку мы ехали сначала автобусом, а потом трамваем. 2. На работу я обычно езжу на велосипеде. 3. Заявление было написано карандашом. 4. Медицинская сестра перевязала рану стерильным бинтом. 5. Мы шли на станцию берёзовой рощей. 6. Поезд несколько километров шёл туннелем. 7. Она слегка коснулась платья утюгом. 8. Поезд пришёл (прибыл) в Москву ранним утром. 9. Будущим летом мы (по)едем в Крым. 10. Зимними вечерами я часто ходил на каток. 11. Врач принимает по вторникам и пятницам. 12. Вечерами вся семья собирается за столом. 13. Целый вечер мы провели в парке. 14. Он неделями не писал писем домой. 15. Часами он мог заниматься своим любимым делом. 16. Профессор закончил лекцию пятнадцатью минутами позже (на пятнадцать минут позже). 17. Мой брат тремя годами старше меня (на три года старше). 18. Мальчик читал стихи громким голосом. 19. В молодости Максим Горький работал пекарем и грузчиком. 20. Великий учёный Циолковский работал учителем в маленьком городе Калуге. 21. Он стоял ко мне спиной и не видел меня. 22. С самолёта дома выглядели чёрными точками. 23. Целый день дождь льёт ручьём.

11 1. международными экипажами космонавтов. 2. молодёжью. 3. водолазами. 4. нашими инженерами. 5. дипломной работой. 6. предприятием. 7. авиационной части. 8. звеном самолётов.

12 1. Столи́ца Росси́и свя́зана кана́лом и́мени Москвы́ с пятью́ моря́ми. 2. Пье́сы Че́хова ста́вятся Моско́вским Худо́жественным теа́тром. 3. Прекра́сная пье́са Че́хова «Вишнёвый сад» была́ впервы́е поста́влена Константи́ном Станисла́вским. 4. Пье́са «Меща́не» была́ напи́сана Го́рьким для Худо́жественного теа́тра. 5. Для Худо́жественного теа́тра создава́лись произведе́ния и други́ми росси́йскими драмату́ргами: Все́володом Ива́новым, Никола́ем Пого́диным, Михаи́лом Булга́ковым.

13 1. Моро́зом … 2. Волно́й … 3. Сне́гом … 4. Водо́й … 5. Гра́дом …

15 1. витами́нами. 2. алма́зами, зо́лотом, пушни́ной и ле́сом. 3. учёными, инжене́рами, те́хниками и рабо́чими. 4. рабо́той. 5. свои́ми пита́тельными сво́йствами. 6. свои́ми скаковы́ми лошадьми́.

16 1. изве́стные. 2. знамени́т. 3. горд. 4. дово́лен. 5. бога́ты. 6. знамени́ты. 7. сла́вен. 8. бо́лен.

17 1. боли́т. 2. бо́лен, боли́т. 3. боли́т, бо́льно. 4. заболе́л. 5. бо́лен (заболе́л, боле́ет).

18 1. Существова́ние светово́го давле́ния бы́ло дока́зано ру́сским фи́зиком Ле́бедевым. 2. Материа́лы для э́того о́черка собира́лись мной в тече́ние до́лгого вре́мени. 3. Мы вошли́ в лес, кото́рый был освещён восходя́щим со́лнцем. 4. Соревнова́ния по бе́гу бы́ли вы́играны петербу́ргским спортсме́ном. 5. Кни́га чита́ется с интере́сом как взро́слыми, так и детьми́. 6. Весно́й доро́гу размы́ло водо́й. 7. Не́сколько домо́в бы́ло разру́шено урага́ном. 8. О́сенью алле́и па́рка покры́ты жёлтыми ли́стьями. 9. Го́ры оку́тало тума́ном. 10. Гра́дом разби́ло стёкла о́кон. 11. Оте́ц горд успе́хами свои́х дете́й. 12. Ве́ра больна́ анги́ной. 13. Мы о́чень дово́льны пое́здкой в Клин. 14. Музе́й Чайко́вского в Клину́ бога́т це́нными докуме́нтами о тво́рчестве компози́тора. 15. Прекра́сный роя́ль до́рог нам тем, что на нём игра́л сам Чайко́вский …

19 a) 1. Воло́дя Жу́ков был (бу́дет) специали́стом … 2. Мой сосе́д был (бу́дет) фи́зиком. 3. Жена́ бра́та была́ (бу́дет) де́тским врачо́м. 4. То́ля был (бу́дет) инжене́ром-экономи́стом. 5. Э́то бы́ло (бу́дет) большо́й неожи́данностью.

b) 1. Ви́ктор Фёдоров — судья́. 2. Труд — де́ло че́сти ру́сского челове́ка. 3. А́нна Голу́бкина — тала́нтливый ску́льптор. 4. Оди́н из мои́х друзе́й — эле́ктрик, а друго́й — то́карь. 5. Ты студе́нт? 6. Э́то оши́бка. 7. Э́то хоро́ший ве́чер.

20 Был. Явля́ется. Счита́ется. Станови́лся. Остава́лся.

22 1. … зову́т Ива́н(ом) Яковлевич(ем). 2. … называ́ется «Маяко́вская». 3. … зову́т Па́вел (Па́влом) Вла́сов(ым). 4. … называ́ется кислото́й. 5. … называ́ется на́триевая соль (на́триевой со́лью). 6. … называ́ется э́тот предме́т? 7. … зову́т э́ту де́вушку? — Её зову́т Тама́ра.

24 1. Во́лга — одна́ из крупне́йших рек в ми́ре. 2. … Ломоно́сов — созда́тель … и состави́тель … 3. Произведе́ния Льва Толсто́го — достоя́ние … 4. Рома́н Пу́шкина … — выдаю́щееся произведе́ние … 5. Луна́ — спу́тник Земли́.

25 1. Архите́ктор Алексе́й Щу́сев явля́ется а́втором прое́кта зда́ния Каза́нского вокза́ла в Москве́. (А́втором прое́кта зда́ния Каза́нского вокза́ла явля́ется архите́ктор Алексе́й Щу́сев.) 2. Михаи́л Васи́льевич Ломоно́сов явля́ется основа́телем Моско́вского университе́та. (Основа́телем Моско́вского университе́та явля́ется Михаи́л Васи́льевич Ломоно́сов.) 3. Амперме́тр явля́ется прибо́ром для измере́ния си́лы то́ка. (Прибо́ром для измере́ния си́лы то́ка явля́ется амперме́тр.) 4. Архитекту́ра явля́ется одно́й из форм обще́ственного созна́ния. (Одно́й из форм обще́ственного созна́ния явля́ется архитекту́ра.) 5. Движе́ние явля́ется фо́рмой существова́ния мате́рии. (Фо́рмой существова́ния мате́рии явля́ется движе́ние). 6. Железобето́н явля́ется совреме́нным строи́тельным материа́лом. (Совреме́нным строи́тельным материа́лом явля́ется желе́зобетон).

28 1. руководи́т. 2. управля́ет. 3. руководи́т. 4. управля́ет. 5. заве́дует. 6. кома́ндует.

29 1. … руководи́т собра́нием. 2. По́ездом управля́ет … 3. — 4. … управля́ет самолётом. 5. Кружко́м наро́дного та́нца руководи́т …

30 1. испо́льзуется. 2. по́льзуются. 3. воспо́льзоваться. 4. по́льзуются. 5. испо́льзовать. 6. воспо́льзоваться. 7. по́льзуются.

31 1. … владе́ет огро́мными масси́вами … 2. … облада́ет прия́тным го́лосом, … владе́ет им. 3. … облада́ет большо́й мо́щностью. 4. … владе́ет ру́сским языко́м. 5. … облада́ет прекра́сной па́мятью. 6. Все́ми сре́дствами произво́дства … владе́ет … 7. … овладе́ли им … 8. … облада́ет прекра́сным ка́чеством …

32 1. Наш дире́ктор облада́ет больши́м о́пытом … 2. Йод облада́ет спосо́бностью … 3. Пеницилли́н облада́ет бактерици́дными сво́йствами.

33 1. электри́ческими прибо́рами. 2. о́пыта. 3. сосе́дних дереве́нь. 4. го́лосом. 5. тала́нтом.

34 У́чится. Изуча́ют. Изуча́ют. У́чит. У́чится. Занима́емся. Занима́ется спо́ртом. У́чится, у́чит. У́чится.

35 1. дорожи́м. 2. восхища́юсь. 3. наслажда́емся. 4. интересова́лся. 5. увлека́ется. 6. ра́дует.

36 1. … студе́нты дорожа́т вре́менем. 2. Он ограни́чился то́лько ча́стью … 3. … он по́льзовался ка́ждой свобо́дной мину́той. 4. … обменя́лись адреса́ми. 5. … снабди́л уче́бник словарём.

37 1. … выступле́нием (с выступле́ния) де́тского хо́ра. 2. … стиха́ми. 3. … с пла́на экску́рсий. 4. … с обраще́ния (обраще́нием) к молодёжи. 5. … возвраще́нием геро́я … 6. … с осмо́тра па́мятников архитекту́ры. 7. … подведе́нием ито́гов соревнова́ний. 8. … с вопро́са (вопро́сом).

38 1. ве́сом в 30 тонн. 2. высото́й в 3000 ме́тров. 3. был длино́й в полтора́ ме́тра. 4. мо́щностью в 44 ты́сячи лошади́ных сил. 5. длино́й в 134 ме́тра.

39 1. Он счита́ется хоро́шим арти́стом. 2. Он счита́ет себя́ настоя́щим учёным. 3. Ве́рнер обы́чно явля́ется в институ́т в 9 часов. 4. Все трудя́щиеся э́той фа́брики явля́ются чле́нами профсою́за. 5. Содержа́ние письма́ бы́ло для меня́ соверше́нно неожи́данным. 6. Он пришёл домо́й по́здно ве́чером. 7. Мой друг владе́ет англи́йским языко́м. 8. Э́то вещество́ облада́ет о́чень це́нным сво́йством. 9. Э́тот крестья́нин владе́ет больши́м фрукто́вым са́дом. 10. Облада́ние хоро́шей па́мятью не освобожда́ет его́ от повседне́вных заня́тий языко́м. 11. Горя́чая вода́ электроста́нции испо́льзуется для отопле́ния жилы́х домо́в. 12. При подгото́вке к экза́мену я по́льзовался э́той кни́гой. 13. Э́тот учи́тель по́льзуется любо́вью свои́х ученико́в. 14. Он с де́тства занима́ется спо́ртом. 15. Пье́са конча́ется моноло́гом геро́я. 16. Уро́к начина́ется повторе́нием (с повторе́ния) про́йденного. 17. Мы обменя́лись фотока́рточками. 18. Весь мир восхища́лся герои́ческим полётом му́жественных космона́втов. 19. Все интересу́ются подгото́вкой космона́втов к косми́ческому полёту. 20. Во вре́мя полёта космона́вты пита́ются натура́льными проду́ктами. 21. На́ша электроста́нция снабжа́ет электроэне́ргией и сосе́дние райо́ны. 22. В лесу́ он наслажда́лся све́жим во́здухом и тишино́й.

§9

1 1. Над Кремлём. 2. Под землёй. 3. Над реко́й. 4. … пе́ред вхо́дом. 5. Ме́жду космона́втами и Землёй … 6. … под Ки́евом. 7. … за ле́сом.

2 1. Пе́ред едо́й. 2. Пе́ред отъе́здом. 3. … до войны́ (пе́ред войно́й). 4. До октября́. 5. Пе́ред нача́лом (до нача́ла) конце́рта. 6. Пе́ред ухо́дом из до́ма.

3 1. … пе́ред са́мой войно́й. 2. … до заму́жества. 3. Пе́ред ста́ртом … 4. … до поступле́ния в шко́лу. 5. Пе́ред рассве́том … 6. … до рассве́та. 7. Пе́ред вы́ездом …

4 1. Ме́жду. 2. Пе́ред. 3. За. 4. Пе́ред. 5. Пе́ред. 6. С. 7. Пе́ред. 8. Пе́ред.

6 a) 1. Мы с Ле́ной. 2. А́нна с Андре́ем. 3. Мы с жено́й. 4. Де́ти с отцо́м. 5. Мы с Ви́ктором. 6. Мы с Та́ней.

b) 1. гуля́л. 2. встреча́лись. 3. говори́л. 4. опозда́ли.

7 1. с му́зыкой и цвета́ми. 2. с киломе́тр. 3. с большо́й любо́вью. 4. с го́ря.

8 1. За до́мом. 2. За едо́й. 3. За недоста́тком вре́мени. 4. За шитьём. 5. За неиме́нием свобо́дных мест в гости́нице. 6. За у́жином. 7. Я́сными ле́тними дня́ми. 8. С захо́дом со́лнца. 9. За рабо́той.

9 1. с увлече́нием. 2. с удово́льствием. 3. с вдохнове́нием. 4. с интере́сом. 5. с переса́дкой. 6. с трудо́м. 7. с оши́бками.

10 1. хоро́шим по́черком, но с оши́бками. 2. с подъёмом, … уско́ренными те́мпами. 3. уве́ренными движе́ниями, но с большо́й осторо́жностью. 4. с ма́лой ско́ростью. 5. с акце́нтом.

11 1. … извини́ться пе́ред ним. 2. … согласи́ться с э́тим предложе́нием. 3. … расста́ться с родны́м го́родом. 4. … знако́миться с но́вой литерату́рой. 5. … рабо́тает над диссерта́цией. 6. … он хорошо́ обраща́ется с живо́тными. 7. … спра́виться с э́той рабо́той?

12 1. Бью́тся над реше́нием … 2. … тру́дятся над реставра́цией … 3. … смею́тся над мое́й рассе́янностью. 4. … заду́мывается над усоверше́нствованием … 5. … бо́рется с врага́ми прогре́сса … 6. … де́лятся свои́ми достиже́ниями с наро́дами … 7. … здоро́вается со мной. 8. … прости́ться с това́рищами … 9. … переписываются с погранични́ками. 10. … следи́м за хо́дом … 11. … го́нится за зве́рем. 12. … посла́ла … за хле́бом.

13 1. Пе́ред вы́ходом на сце́ну я всегда́ волну́юсь. 2. Пе́ред дождём в лесу́ бы́ло ти́хо. 3. После́дний раз я ви́дел его́ пе́ред отъе́здом на ро́дину. 4. Де́ти верну́лись из́ лесу до темноты́. 5. Когда́ мы с тобо́й уви́димся? 6. Мы с Зи́гфридом рабо́таем над интере́сной пробле́мой. 7. Он е́дет со свое́й жено́й в санато́рий. 8. Же́нщина говори́ла высо́ким дрожа́щим го́лосом. 9. Она́ вошла́ в ко́мнату со слеза́ми на глаза́х. 10. Мать смотре́ла на сы́на с не́жностью н любо́вью. 11. Письмо́ бы́ло напи́сано краси́вым по́черком. 12. Перескажи́те текст свои́ми слова́ми. 13. Во вре́мя дежу́рства Оле́г наблюда́л за рабо́той измери́тельных прибо́ров. 14. Меня́ посла́ли за лека́рством. 15. Оте́ц прости́лся со мной и уе́хал. 16. Мно́гие росси́йские де́ти перепи́сываются с детьми́ из ра́зных стран. 17. Серде́чно поздравля́ю вас с пра́здником! 18. Инжене́р рабо́тает над прое́ктом. 19. Эски́з сде́лан карандашо́м. 20. Больни́цей заве́дует о́пытный врач. 21. Делега́ты бы́ли согла́сны с мои́м предложе́нием. 22. Э́то была́ краси́вая де́вочка с больши́ми голубы́ми глаза́ми. 23. Ма́льчик был ро́стом с меня́ (приме́рно тако́го же ро́ста, как я).

§ 10

2 1. При обсужде́нии … 2. При посеще́нии … 3. При Ю́рии Долгору́ком … 4. При расстава́нии … 5. При росси́йских … 6. На ле́кции … 7. При встре́че …

3 1. При лу́нном све́те … 2. При освобожде́нии … 3. … при охлажде́нии. 4. … в ста́рости … 5. … при уча́стии … 6. … при посторо́нних лю́дях.

4 1. себе́. 2. тебе́. 3. мне. 4. мне.

5 1. В Музе́е исто́рии и реконстру́кции Москвы́ … 2. На стадио́не … 3. В Росси́и … 4. На наш факульте́т … 5. … в Сиби́рь … на Да́льний Восто́к. 6. На Да́льнем Восто́ке и в Сиби́ри …

6 1. В инжене́рно-экономи́ческом институ́те, на энергети́ческом факульте́те. 2. На машинострои́тельном заво́де. 3. В дере́вне. 4. На Кавка́з. 5. На куро́рт. 6. На Центра́льном почта́мте. 7. В магази́не на Тверско́й у́лице. 8. В университе́те, на факульте́те журнали́стики.

7 1. … в но́вом до́ме. 2. … на второ́м этаже́. 3. … в но́вые кварти́ры. 4. … на конце́рт в Большо́й зал … 5. На куро́рте в Крыму́ … 6. … на Белору́сском вокза́ле в Москве́. 7. … на Чуко́тку. На Чуко́тке … 8. … в о́бласти …

8 1. в 1828-м году́, в 1910-м году́. 2. в 1755-м году́. 3. на сле́дующей неде́ле. 4. в нача́ле. 5. В конце́…

11 1. На днях … 2. … в э́ти дни …

14 1. Об экза́мене. … Его́ стихи́. 2. О свое́й жени́тьбе. Свой но́мер телефо́на. 3. О его́ побе́де на Олимпиа́де. На́ших спортсме́нов. 4. Её фами́лию. О приглаше́нии на у́жип. 5. Содержа́ние фи́льма. 6. Об отце́.

15 1. о предстоя́щих экза́менах. 2. о трудово́м воспита́нии. 3. о свои́х друзья́х (свои́х друзе́й). 4. о жи́зни. 5. о больно́м сы́не. 6. об опа́сности. 7. о ро́дине. 8. о по́мощи.

16 1. … предупреди́л … о круто́м обледене́вшем спу́ске. 2. … вспомина́ют о пе́рвых ме́сяцах … 3. … беспоко́ился о состоя́нии здоро́вья … 4. … договори́лись о встре́че … 5. … ду́маю о тебе́. 6. … доложи́л о результа́тах …

17 1. Я оши́бся в расчётах. 2. Да, я наста́иваю на своём. 3. Да, он нужда́ется в на́шей по́мощи. 4. Да, я убеди́лся в оши́бочности свое́й то́чки зре́ния. 5. Его́ предупрежда́ли (предупреди́ли) о возмо́жных осложне́ниях. 6. Да, я сожале́ю о поте́рянном вре́мени.

19 1. … справля́ется о тебе́. 2. Мы согласи́лись с тем, что … 3. … справля́ется со свое́й рабо́той. 4. Я согласи́лся на э́то предложе́ние. 5. … обраща́ется с до́черью. 6. … обрати́ться к нау́чному руководи́телю.

20 1. … на скри́пке …, … на виолонче́ли. 2. … на саксофо́не, на фле́йте и на трубе́. 3. … на балала́йке … 4. … в ша́хматы … 5. … в футбо́л и в хокке́й. 6. … в те́ннис. 7. … на роя́ле. 8. … на скри́пке … 9. … в волейбо́л … 10. … в баскетбо́л …

21 1. По оконча́нии (по́сле оконча́ния) экза́менов … 2. По рассмотре́нии ва́шего заявле́ния … 3. По прие́зде … 4. По достиже́нии совершенноле́тия … 5. По прибы́тии на космодро́м … 6. По изготовле́нии …

22 1. По прибы́тии … 3. По вы́ходе … 5. По оконча́нии …

23 1. По́сле оконча́ния о́пытов … 2. По оконча́нии сро́ка … 3. … по истече́нии сро́ка … 4. По́сле собра́ния … 5. По прие́зде (по́сле прие́зда) … 6. По прибы́тии … 7. … по достиже́нии восемна́дцати лет. 8. По́сле выздоровле́ния (по выздоровле́нии) …

24 1. На. 2. В. 3. На. 4. На. 5. В. 6. На. 7. В. 8. На. 9. На. 10. В. 11. В.

25 1. упрека́ет (упрекну́л) … в небре́жности. 2. написа́л … на неме́цком языке́. 3. жени́лся (же́нится) на шко́льной подру́ге. 4. уча́ствовать в пара́де. 5. сомнева́ться в успе́хе. 6. нужда́ется (нужда́лся) в консульта́ции. 7. отража́ется (отрази́лось) на рабо́те.

26 1. … говорит на русском языке. 2. Мы сомневались в знаниях … 3. Завод нуждается в рабочих … 4. … очень помогли в уборке … 5. Сестра сомневалась в правильности ответа.

27 1. … на собаках. 2. … на скором поезде, на котором … 3. … на бомбардировщике, на котором … 4. … на моторной лодке. На этой лодке … 5. … на «Москвиче».

28 1. При Петре Первом в России был построен флот. 2. Я не хотел говорить тебе об этом при посторонних. 3. При электрическом свете его лицо казалось очень бледным. 4. При входе в институт есть телефон-автомат. 5. Я всегда держу студенческий билет при себе (мой студенческий билет всегда при мне). 6. Моя зачётная книжка при мне. 7. Пётр учится в университете на химическом факультете. 8. На уроке мы читали рассказ Льва Толстого. 9. На следующей неделе я ухожу в отпуск: хочу побывать на Кавказе и в Крыму. 10. Петербург был основан в начале 18-го века. 11. В конце лета мы вернулись в Москву. 12. На (этих) днях я поеду на Дальний Восток. 13.На Дальнем Востоке геологи открыли новое месторождение нефти. 14. Неделю я проведу в горах. В эти дни я хорошо отдохну. 15. В середине года я был в командировке. 16. Родители заботились о моём здоровье. 17. Они договорились о совместной работе. 18. Мы беспокоились о товарищах, которые ушли в тайгу. 19. По возвращении (после возвращения) из деревни мы часто вспоминали о своём отдыхе. 20. В начале августа я прочёл несколько рассказов на немецком языке. 21. Он обратился к товарищам с просьбой о помощи. 22. При переводе статьи на русский язык Курт встретил много незнакомых слов. 23. Во дворе дети играли в футбол. 24. Мой друг хорошо играет на скрипке. 25. От волнения (в волнении) он ходил по комнате и думал об этом известии. 26. Мы упрекнули Мишу в равнодушии. 27. Моя подруга вышла замуж за лётчика, а её брат женился на работнице с нашего завода. 28. Книга нуждалась в небольшом комментарии. 29. Новый студент произнёс речь на немецком языке. 30. Я с удовольствием вспоминаю об этой встрече. 31. Я был уверен в победе нашей команды.

Wiederholungsübungen

2 1. … по вечерней Москве … 2. … в экспедиции. 3. На семинаре по истории … 4. … в семинаре профессора Шубина. 5. … через лес. 6. … на родине … 7. На черноморских курортах … 8. На стоянке такси … 9. … на аэродроме … 10. На шестом континенте, в Антарктиде … 11. На домостроительном комбинате … 12. … на телеграф? 13. … на танцах. 14. … в командировку. 15. … в Крыму … в Украине, … на север, в Карелию.

3 1. В Сибири. В Москву. На работе. В Москве. На поезде. На заводе. На работу. В новом районе Москвы. В магазин. В подъезд, … на третий этаж. Из-за всех дверей. На улицу. В окнах, … на морозе. По всем улицам вокруг …, в соседний переулок. В Сибири. На домостроительном комбинате, в механическом цеху (цехе), … в Украине. В Москву. В спальне. На улице. В моём городе.

4 1. Первого сентября у миллионов детей и молодёжи в России начинается учебный год. 2. В консерватории учатся молодые музыканты из разных стран мира. 3. Он изучал русский язык па летних курсах. 4. В институте я спросил у секретаря, когда состоится наш семинар. 5. На каком факультете учится Ханс? 6. Студенты идут в школу на практику. 7. Мы идём в кино на вечерний сеанс. 8. На приёме присутствовал сам посол. 9. Мы поехали иа стадион на такси. 10. На перекрёстке меня остановил знакомый. 11. В этой области много болот. 12. На территории выставки нельзя курить. 13. В Антарктиде работают несколько научных коллективов. 14. Из-за леса показались первые солнечные лучи. 15. Масло прошло через бумагу. 16. По всему дому распространилась весть о приезде Виктора. 17. Автобус ехал (шёл) мимо новых жилых кварталов, вдоль набережной и, наконец, повернул к вокзалу. 18. На перроне стояли провожавшие меня друзья. 19. Из-под снега появилась первая трава. 20. Положи вилки и ножи на стол, поставь тарелки в шкаф и повесь полотенце в ванную!

6 1. три года. 2. за полчаса. 3. за два часа. 4. за последние пять месяцев. 5. за неделю. 6. в два дня (за два дня). 7. сутки.

7 1. После лекции. 2. Через месяц. 3. После тренировки. 4. Через час. 5. После часа напряжённого труда.

8 1. Через неделю геологи … 2. После нескольких минут молчания он … 3. Через несколько лет мы … 4. После нескольких лет настойчивых поисков …

9 1. В следующем месяце, на следующей неделе, в этом году. 2. В прошлом веке. 3. В век пара, в 19-м веке. 4. В год смерти А. С. Пушкина, в 1837-м году. 5. В ближайшие дни. 6. В школьные годы. 7. В шторм. 8. В сильную грозу. 9. В первый момент. 10. Девятого мая, в День Победы.

10 1. По окончании Великой Отечественной войны … 2. С наступлением весны … 3. По возвращении на родину … 4. По окончании университета … 5. С рассветом … (с наступлением рассвета …)

11 1. на пятнадцатой минуте. 2. на втором году жизни. 3. в первую неделю второго семестра. 4. на втором часу занятий. 5. на двадцать седьмом году жизни.

12 1. На шестом году жизни. 2. На последней минуте второго тайма. 3. Он узнал меня в первый момент, хотя … 4. На пятидесятом году жизни. 5. В последнюю неделю первого семестра

14 1. На. 2. За (в). 3. На. 4. За. 5. В (за). 6. За (в). 7. На. 8. За. 9. На. 10. На. 11. На.

15 1. Перед едой. 2. Перед самым отъездом. 3. До завтрака. 4. Перед сном. 5. До 1917 (тысяча девятьсот семнадцатого) года. 6. До сумерек.

16 1. Московское метро открывается (начинает работу) в 5.30 часов утра и закрывается (заканчивает работу) в час ночи. 2. Перерыв начинается в половине второго. 3. В январе 1905 года русские рабочие боролись на баррикадах против царизма. 4. Учёный работал пять лет (в течение пяти лет) над этой темой. 5. Пятилетний план был выполнен в (за) три года. 6. Каждый день оп проходил 15 километров. 7. На следующей неделе начинаются спортивные соревнования. 8. Встреча ветеранов Великой Отечественной войны состоится в День Победы. 9. В век освоения космоса человек впервые полетит на другие планеты. 10. Русские художники-передвижники творили (работали) в 19-м веке. 11. Лев Толстой умер на восемьдесят третьем году жизни. 12. На днях (недавно) было опубликовано сообщение о запуске новой орбитальной станции. 13. В своё время самым высоким зданием города была колокольня Ивана Великого в Московском Кремле: около восьмидесяти одного метра высоты. 14. В памятную весну (памятной весной) 1945-го года в Европу пришёл мир. 15. В ночь с 25-го на 26-е октября 1917-го года восставшие штурмовали Зимний дворец. 16. На рассвете (с рассветом) флот вошёл в гавань. 17. В начале шестидесятых годов 19-го века в России образовался творческий союз композиторов «Могучая кучка». 18. В конце 13-го века Москва стала столицей княжества. 19. В густой туман аэропорт не принимает самолёты. 20. Первый театр в России возник при Петре Первом. 21. Врач часами оставался у больного. 22. По окончании (после окончания) университета он поступил в аспирантуру. 23. Пассажиров регистрируют за час до вылета самолёта. 24. Я встретил Томаса в фойе перед началом концерта. 25. До начала концерта нужно было провести последнюю репетицию. 26. У тебя есть билеты на вечер?

18 1. За шумом. Из-за шума. 2. Из-за удалённости. За удалённостью. 3. Из-за занятости. За занятостью. 4. За неимением (из-за отсутствия) (за отсутствием). За отсутствием (из-за отсутствия).

19 1. Из-за плохой погоды. 2. Благодаря добросовестному труду рабочих и служащих. 3. От шума. 4. От волнения. 5. Из упрямства. 6. По рассеянности. 7. За неимением (из-за неимения) дополнительного транспорта. 8. По болезни.

20 1. Больного удалось спасти благодаря упорству и настойчивости врачей. 2. Ночью не удалось уснуть из-за телефонных звонков. 3. Мать рано поседела от (из-за) тяжёлых переживаний. 4. Он умер после ранения от заражения крови. 5. Инна многого ещё не понимала по молодости и неопытности. 6. Благодаря интересной беседе (за интересной беседой) мы не заметили … 7. Герхард идёт на большую жертву из любви к сестре.

21 1. Из-за потери твоего адреса … 2. От усталости … 3. По близорукости (из-за близорукости) … 4. За неимением свежих статистических данных … 5. … благодаря хорошему знанию местности. 6. От растерянности … 7. Из принципа …

22 1. от старости. 2. по привычке. 3. по уважительной причине. 4. из вежливости. 5. от любопытства. 6. из-за (от) засухи. 7. из-за болезни тренера. 8. по болезни. 9. от жары.

23 1. Он не пришёл на собрание по уважительной причине. 2. Из-за дождя загородная прогулка не состоялась. 3. Он не просил нас о помощи из гордости. 4. От волнения он долго не мог начать свою речь. 5. Студент взял по ошибке чужую тетрадь. 6. Из скромности он не хочет говорить о своей работе. 7. Из-за метели самолёт не вылетел вовремя. 8. Он потерял друга из-за своей гордости. 9. Благодаря упорству он выиграл этот трудный поединок (победил в этом трудном состязании). 10. За недостатком (из-за недостатка) времени он редко ходит в театр. 11. Из-за снежных заносов поезд опаздывает на час. 12. Из-за шума (за шумом) мы не слышали звонка у двери.

25 1. Для работы над диссертацией. 2. На подготовку к докладу. 3. Для удобства. 4. На учёт. 5. Для серьёзного разговора. 6. На чашку чаю. 7. Для проверки знаний студентов. 8. На проверку.

26 1. На примерку платья. 2. В ремонт. 3. На ремонт. 4. На обследование. 5. На разгрузку. 6. В переплавку. 7. На всякий случай.

27 1. … за врачом. 2. … за грибами. 3. … за молоком. 4. … за билетами … 5. … за внуком.

28 1. … под техникум. 2. … в стирку. 3. Для стирки рубашек … 4. … на стирку рубашек. 5. … за фруктами. 6. … на рецензию. 7. Для рецензии … 8. На рецензию … 9. Для приёма гостей … 10. … на праздничный обед. 11. Петра отвезла телевизор (в мастерскую) в ремонт. 12. На ремонт телевизора … 13. … за новыми тракторами. 14. … на ремонт.

29 1. В нашей стране запускают искусственные спутники Земли для исследования космического пространства. 2. Космические полёты проводятся в целях (для) дальнейшего совершенствования космической техники и расширения сведений о космическом пространстве. 3. На жилищное строительство государство израсходовало свыше тридцати миллиардов рублей. 4. Делегация российских учёных прибыла с дружественным визитом в Берлин. 5. В память о нашей совместной работе была выпущена (отлита) памятная медаль. 6. Гостей пригласили на торжественное открытие выставки. 7. Договор о дружбе и сотрудничестве передан на ратификацию в Госдуму Российской Федерации. 8. Комбинат бытового обслуживания гостиницы принимает вещи в стирку, глажку (утюжку), ремонт (починку) и чистку. 9. Руководитель делегации пришёл за программой работы. 10. Это здание было определено (отведено) под библиотеку.

Zum Gebrauch der Verbalformen

§1

2 1. Обы́чно спортсме́н пра́вильно выполня́л э́то тру́дное упражне́ние. 2. Лабора́нт постепе́нно включа́л все прибо́ры в сеть. 3. Изо дня в день он хорошо́ выполня́л рабо́ту. 4. По воскресе́ньям Курт надева́л но́вый костю́м. 5. Она́ всегда́ гото́вилась к ва́жному для неё разгово́ру. 6. Ка́ждую мину́ту по́езд метро́ подхо́дит к перро́ну.

§2

1 Чита́л. Чита́л. Чита́л. Прочита́л. Прочита́л. Чита́л. Чита́л.

2 1. Ты встреча́л мать? 2. Ты встре́тил мать? 3. Ты купи́л но́вый но́мер журна́ла? 4. Ты ел?

3 1. Я писа́л статью́. 2. Я писа́л статью́. 3. Да, я написа́л статью́. 4. Я писа́л статью́. 5. Я писа́л статью́. 6. Да, я написа́л статью́. 7. Я писа́л статью́.

4 1. Я де́лал перево́д статьи́. 2. Да, я сде́лал перево́д статьи́. 3. Я де́лал перево́д статьи́. 4. Я де́лал перево́д статьи́. 5. Да, я сде́лал перево́д статьи́. 6. Я де́лал перево́д статьи́. 7. Я де́лал перево́д статьи́. 8. Я уже́ сде́лал (перево́д статьи́).

5 1. А ты сове́товался с дру́гом? 2. А вы спра́шивали у дека́на? 3. А ты звони́л ей? 4. А ты взял зо́нтик? 5. А ты узнава́л в спра́вочном бюро́?

6 1. Кто распеча́тывал письмо́? 2. Кто прослу́шивал за́пись? 3. Кто де́лал диапози́тивы? 4. Кто писа́л запи́ску? 5. Кто шил костю́м?

7 1. Я осма́тривал Третьяко́вскую галере́ю. 2. Передава́ли хоро́ший фильм. 3. Она́ подари́ла мне её на па́мять. 4. Мне да́ли в профсою́зном комите́те (профко́ме).

8 1. Я де́лал. 2. Я приноси́л. 3. Я приглаша́л. 4. Я посыла́л. 5. Его́ представля́ли вам.

9 a) 1. Я брал её (чита́л). 2. Да, я её прочита́л. 3. Да, я её уже́ прочита́л. 4. Да, я её чита́л (нет, я её не чита́л).

b) 1. Я её реша́л. 2. Да, но я реши́л её (я не реша́л её). 3. Да, я реши́л зада́чу (нет, я не реши́л зада́чу).

10 1. Я встреча́л дру́га. 2. Ты встре́тил своего́ дру́га? 3. Ты купи́ла фру́кты? 4. Ты покупа́ла хлеб в но́вом магази́не? 5. Ты узна́л о прибы́тии по́езда?

13 1. верну́л. 2. ушёл. 3. вы́ключил его́. 4. унесли́. 5. взял сё.

14 1. открыва́л. 2. встал. 3. пришёл. 4. понра́вился. 5. нра́вились.

15 1. Я брал его́ у мое́й сестры́. 2. Я отда́л его́ в ремо́нт. 3. Я отдава́л её сестре́. 4. Я оста́вил его́ до́ма. 5. Я вы́нес цветы́ на балко́н. 6. Она́ наде́ла плащ. 7. Мы оста́вили ме́бель в ко́мнате. (Мы закры́ли ме́бель бума́гой.)

16 1. Кто взял мою́ ру́чку? 2. Кто запира́л дверь? 3. Кто принёс (взял с собо́й) слова́рь? 4. Я уже́ пока́зывал вам её фотогра́фию. 5. Кто включи́л свет? 6. Кто брал биле́ты в кино́?

17 Когда́ мы обе́дали, к на́шему столу́ … Когда́ мы пообе́дали, то пошли́ … Когда́ я писа́л контро́льную рабо́ту, то вспо́мнил, что … Когда́ я написа́л контро́льную рабо́ту, то пошёл … Когда́ Хе́льга проезжа́ла ми́мо теа́тра, она́ уви́дела … Когда́ она́ прое́хала театр, то вы́шла из тролле́йбуса. Когда́ мы говори́ли, он не мог … Когда́ он сказа́л мне всё, он почу́вствовал … Когда́ А́нна возвраща́лась домо́й, она отпра́вила … Когда́ А́нна возврати́лась домо́й, она́ нашла́…

18 1. Когда́ Кла́ус уезжа́л, друзья́ собра́лись … — Я получи́л запи́ску Кла́уса, когда́ он уе́хал. 2. Она́ позвони́ла нам, когда́ мы уходи́ли … — Она́ позвони́ла нам, когда́ мы уже́ ушли́. 3. Когда́ он ложи́лся спать, он ещё раз … — Когда́ он лёг спать, то вспо́мнил, что … 4. Она́ заста́ла меня́ до́ма, когда́ я уходи́л. — Она́ зашла́ к нам, когда́ я уже ушёл.

19 1. … а моя́ подру́га выходи́ла на две остано́вки ра́ньше. 2. Самолёт вылета́л че́рез полчаса́ … 3. Ди́тмар уезжа́л на ро́дину … 4. … потому́ что за́втра сдава́л экза́мен. 5. … вступа́л в брак. 6. Кани́кулы конча́лись …

20 1. Да, она понра́вилась мне. 2. Она́ мне понра́вилась. 3. Он мне понра́вился. 4. Он мне понра́вился. 5. Она́ мне понра́вилась. 6. Нет, ра́ньше он мне нра́вился. 7. Мне нра́вилась профе́ссия … 8. Они́ мне понра́вились.

21 1. …, кто разли́л. Я не разлива́л. 2. …, кто разби́л. Я не разбива́л. 3. …, кто оста́вил. Я не оставля́л. 4. …, кто дал. Я не дава́л. 5. …, кто вы́черкнул. Я не вычёркивал. 6. …, кто предложи́л. Я не предлага́л. 7. …, кто купи́л. Я не покупа́л.

22 1. Ты рассказа́л об э́том мое́й подру́ге? 2. Ты рассказа́л ей об э́том? 3. Ты оста́вил запи́ску? 4. Ты оста́вил ключи́? 5. Ты взял кни́гу со стола́? 6. Ты принёс журна́л? 7. Ты принёс э́тот журна́л?

23 1. прочита́л. 2. реша́л. 3. вы́полнил. 4. постро́ят.

24 1. Узна́л. Узнава́л. 2. Встава́ла. Вста́ла. 3. Сдава́ли. Сда́ли. 4. Учи́л. Вы́учил. 5. Гото́вился. Подгото́вился. 6. Занима́лся. Заня́лся. 7. Встава́л, включа́л, сади́лся. 8. Писа́л. Написа́л. 9. Говори́л. Сказа́л. 10. Чита́л, дочита́л.

25 1. добрала́сь за … 2. уложи́ла за … 3. собрала́ за … 4. прочита́л за … 5. законспекти́ровал за … 6. написа́ла за …

26 Появи́лась, понра́вилась. Заме́тили, понра́вилась. Проявля́л, ста́вил, занима́л, приноси́л, рассма́тривать. Остава́лась. Красне́ла, здоро́вался, се́ла. Нача́ла обду́мывать. Случи́лось. Сказа́ла. Спроси́л. Успе́ла отве́тить, взял. Обрати́лся, скажи́те, получи́те. Рассмея́лась. Поспеши́л. Попроси́л посла́ть, оплати́л. Уви́дели, прошла́. Сказа́л. Доста́вила, оби́делась. Помча́лся. Вы́полнили. Оплати́л, говори́л. Волнова́ться, отве́тила. Проси́ли. Отпра́вили.

31 1. Когда́ бу́дешь выходи́ть и́з дому, не забу́дь … 2. Когда́ бу́дешь чита́ть незнако́мый текст, обрати́ … 3. Когда́ бу́дете выполня́ть зада́ние, бу́дьте … 4. Когда́ бу́дешь уезжа́ть, оста́вь … 5. Когда́ бу́дешь обе́дать, прими́ …

32 1. придёт. 2. приду́. 3. пойдёт. 4. прилети́т.

37 1. Не на́до спра́шивать … 2. Не на́до покупа́тв … 3. Не на́до звони́ть … 4. Не на́до зака́зывать … 5. Не на́до фотографи́ровать … 6. Не на́до посыла́ть …

38 1. А заче́м покупа́ть …? 2. А заче́м приглаша́ть …? 3. А заче́м зака́зывать …? 4. А заче́м де́лать …? 5. А заче́м запи́сывать …? 6. А заче́м брать …?

40 1. черти́ть. 2. расска́зывать. 3. собира́ть, разводи́ть. 4. спо́рить. 5. объясня́ть. 6. уви́деть. 7. написа́ть. 8. явля́ться.

42 1. Запе́л, … забе́гал. 2. Забега́ла. 3. Заходи́л. 4. Заходи́те. 5. Зашепта́лись. 6. Засмея́лись …, задви́гались. 7. Зашепта́л. 8. Заблесте́ла …, загреме́л. 9. Зашло́. 10. Запла́кал.

43 1. покрасне́л. 2. пожелте́ла. 3. побе́гали, … побежа́ли. 4. почу́вствовал …, пошёл. 5. почита́л …, послу́шал. 6. похуде́ла. 7. поду́мать. 8. помолча́л. 9. поспа́ть. 10. пое́здил.

45 1. звони́ть. 2. приглаша́ть. 3. брать. 4. перепи́сывать.

46 a) 1. мне на́до уходи́ть. 2. мне на́до уйти́. 3. мне на́до уйти́ (уходи́ть). 4. мне на́до уйти́. 5. мне на́до уходи́ть.

b) 1. мо́жно (ну́жно) выноси́ть ве́щи. 2. ну́жно вы́нести ве́щи. 3. мо́жно (ну́жно) выноси́ть ве́щи? 4. мо́жно выноси́ть ве́щи.

47 1. Не на́до брать … 2. Не на́до перепи́сывать … 3. Не на́до сообща́ть … 4. Не на́до включа́ть … 5. Не на́до расска́зывать … 6. Не на́до звони́ть …

49 1. вме́шиваться. 2. зажига́ть. 3. перейти́. 4. дотро́нуться. 5. дотра́гиваться. 6. е́хать. 7. пока́зывать.

50 1. её нельзя́ перейти́. 2. до него́ нельзя́ дотро́нуться. 3. туда́ нельзя́ входи́ть. 4. туда́ нельзя́ войти́. 5. его́ нельзя́ откры́ть. 6. в него́ нельзя́ войти́. 7. нельзя́ включа́ть свет. 8. нельзя́ показа́ть фильм.

51 a) 1. не зва́ть. 2. не смотре́ть. 3. не по́льзоваться. 4. не брать. 5. не чита́ть. 6. не встава́ть.

b) 1. не встреча́ться. 2. не сообща́ть. 3. не уезжа́ть. 4. не расска́зывать.

52 1. вре́дно принима́ть. 2. неинтере́сно обсужда́ть. 3. неприя́тно сообща́ть.

53 1. Мо́жно закры́ть окно́? 2. Мо́жно вы́йти? 3. Мо́жно включи́ть.свет? 4. Мо́жно от вас позвони́ть? 5. Мо́жно взять ру́чку?

55 1. Откро́й. Открыва́й(те). 2. Отвеча́й(те). Отве́ть. 3. Реша́й(те). Реши́(те). 4. Повтори́(те). Повторя́йте.

56 1. Не оста́вь включённым … (вы́ключи телеви́зор). 2. Выключа́й свет! 3. Ложи́сь ра́но спать! 4. Включи́ ра́дио! 5. Убери́ снача́ла в ко́мнате! 6. Повтори́те!

58 1. Ты не переда́шь …? 2. Ты не принесёшь …? 3. Ты не пока́жешь …? 4. Ты не назовёшь …? 5. Ты не приведёшь …? 6. Вы не разреши́те …? 7. Ты не помо́жешь …? 8. Ты не дашь …? 9. Ты не сообщи́шь …?

59 1. Смотри́(те), не уходи́(те) …! 2. … не оста́вь …! 3. … не расскажи́ …! 4. Смотри́(те), не скажи́(те) …! 5. Смотри́(те), не вспомина́й(те) …! 6. Смотри́(те), не забу́дь(те) …!

60 1. Собира́йся скоре́е! 2. Смотри́, не упади́! 3. Скажи́те, пожа́луйста, кото́рый час. 4. Снима́йте пальто́, проходи́те (в ко́мнату)!

61 Умира́л. Потеря́л. Входи́ть. Разгова́ривать. Хоте́л ви́деть. Стоя́л. Почу́вствовал …, сказа́л. Вы́йди и попроси́! Прости́л(отпусти́л) Наде́ла …, побежа́ла (вы́бежала). Ждала́. Появи́лся. Передала́. Сказа́л. Снял …, сел. Говори́те, … помо́чь. Рабо́тал. Понра́вилась. Де́лал. Заболе́ла, … укра́л … прода́л. Вспомина́ть …, не брать. Спроси́л. Сказа́л …, положи́л … . Сде́лали. Скажи́те. Улыбну́лся …, произнёс … . Уви́деть. Встава́ть …, сказа́л …, сел. На́чал игра́ть. Вошла́ …, на́чал цвести́. Откро́й …, попроси́л. Открыва́ть. Не простуди́тесь! Предупреди́л. Вспо́мнила …, забы́ла запере́ть, вы́шла. Переста́л игра́ть, подошёл …, сказа́л. Удало́сь уви́деть. Умере́ть. Отве́тил.

62 1. Я не могу́ приходи́ть по вто́рникам. 2. Я не смогла́ прийти́ к обе́ду. 3. Вы мо́жете не приходи́ть на дополни́тельное заня́тие. 4. Он не смог прие́хать ве́чером. (Он мог не прие́хать в Москву́). 5. Оле́г не мог не прийти́. 6. Он не мо́жет не ви́деть (не приходи́ть к ней). 7. Он не мо́жет не прие́хать. 8. Он не мог не посла́ть телегра́мму. 9. Я не смог написа́ть статью́: у меня́ не́ было вре́мени. 10. (Вы) мо́жете не приходи́ть на собра́ние.

63 1. Я заме́тил, что мой друг чём-то недово́лен. 2. Я ча́сто замеча́л, что он чём-то недово́лен. 3. Но́чью я открыва́л окно́, поэ́тому в ко́мнате прохла́дно. 4. Я дава́л мое́й подру́ге уче́бник, но она́ верну́ла его́ мне. 5. Вы́ставка мне о́чень понра́вилась. 6. В мо́лодости мне нра́вилось э́то стихотворе́ние. 7. И́горь заболе́л анги́ной. 8. Он боле́л две неде́ли. 9. Я до́лжен был вы́йти из за́ла и позвони́ть домо́й. 10. Вре́дно чита́ть лёжа. 11. Шкаф нельзя́ откры́ть: он за́перт на ключ. 12. Мой друг уговори́л меня́ не остава́ться здесь. 13. Мой друг уговори́л меня́ оста́ться здесь. 14. Ханс реши́л его́ ни о чём не спра́шивать. 15. Меня́ проси́ли никого́ не впуска́ть в зал до звонка́. 16. Мне неприя́тно вспомина́ть об э́том. 17. Ложи́сь ра́но спать, не жди нас. 18. Не ду́май бо́льше об э́том. 19. Сообщи́ мне, пожа́луйста, усло́вия ко́нкурса! 20. Я бу́ду ждать тебя́ ро́вно в семь, смотри́, не опозда́й (опа́здывай). 21. Мо́жно вы́йти? 22. Пора́ встава́ть.

§3.I

3 1. Да, я иду́ с вокза́ла. Нет, я иду́ из университе́та. 2. Да, я иду́ из посо́льства. Нет, я иду́ из библиоте́ки. 3. Да, я иду́ с конце́рта. Нет, я иду́ из теа́тра. 4. Да, я иду́ с заво́да. Нет, я иду́ с по́чты. 5. Да, я иду́ с уро́ка. Нет, я иду́ из столо́вой. 6. Да, я иду́ с собра́ния. Нет, я иду́ с консульта́ции.

4 1. Я люблю́ ходи́ть пешко́м. 2. Да, мне но́сят корреспонде́нцию на́ дом. 3. Да, я хожу́ в нститу́т ка́ждый день. 4. Он уже́ хо́дит. 5. Да, я вожу́ его́ в сад.

6 a) 1. плывём. 2. ведёт. 3. ведёт. 4. плывёт. 5. идёт. 6. е́ду. 7. е́дет.

b) 1. хо́дит. 2. е́зжу. 3. пла́вают. 4. пла́вает. 5. во́зит. 6. во́дит. 7. везу́т.

8 1. бе́гают; бежи́шь. 2. ходи́ть; идёт. 3. пла́вает; плывёт. 4. броди́ть; бреду́т. 5. тащи́ть; таска́ть. 6. е́здить; е́хать.

9 1. … хо́дит на конце́рты. 2. … е́здят (хо́дят) на пра́ктику. 3. … е́здит в командиро́вки. 4. … хо́дит на все ле́кции. 5. … хо́дим в о́перу.

10 1. во́зит. 2. несёт. 3. вози́л с собо́й. 4. … везу́. 5. Везу́. 6. везёт. 7. везёт. 8. везёт. 9. везёт. 10. везёт. 11. несёт. 12. несёт. 13. везёт. 14. ведёт. 15. во́дит. 16. во́зят. 17. везли́. 18. ведёт.

12 1. е́здить. 2. ходи́ть. 3. вози́ть. 4. бежа́ть. 5. лета́ть. 6. плыть.

§ 3. II

2 1. лете́л. 2. плы́ли. 3. пла́вал. 4. ходи́ла. 5. е́здил. 6. вёз.

3 1. … е́здили на Кавка́з. 2. … ходи́ли в Большо́й теа́тр. 3. … ходи́ли на заво́д. 4. … е́здил в Екатеринбу́рг. 5. … ходи́л к нам в го́сти. 6. … ходи́ли на докла́д … 7. … е́здил на ро́дину (лета́л на ро́дину).

5 когда́ шёл в магази́н, когда́ шёл из апте́ки, когда́ шёл в теа́тр, когда́ шёл к мое́й подру́ге, когда́ ходи́л в зоопа́рк, когда́ ходи́л в кино́

6 1. Ходи́л в карти́нную галере́ю. 2. Е́здил в бассе́йн. 3. Ходи́л в лингафо́нный кабине́т. 4. Води́ла (вози́ла) дете́й в теа́тр. 5. Ходи́л (е́здил) за пода́рком сы́ну. 6. Носи́ла ве́щи́ в чи́стку (сти́рку).

7 1. … когда́ е́здил в Петербу́рг. 2. … когда́ е́хал в университе́т. 3. … когда́ е́здил в командиро́вку в Берли́н. 4. … когда́ е́хал (шёл) в библиоте́ку. 5. Когда́ я е́здил в Ки́ев … 6. … когда́ лете́ла во Владивосто́к. 7. … когда́ шёл в теа́тр.

9 1. А я ходи́л на э́то собра́ние. 2. А я ходи́ла на э́ту вы́ставку. 3. А я е́здила в э́том году́ за́ город. 4. А я е́здила в Москву́.

10 1. Она́ е́хала домо́й. 2. Она́ везла́ бага́ж … 3. … води́л меня́ по Ки́еву. 4. Он нёс све́жую газе́ту. 5. Я всегда́ вожу́ его́ …

11 a) Иде́шь. Иду́. Ходи́л. Шёл. Е́здила. Хо́дит. Хо́дишь. Хожу́. Хожу́ (иду́). Идёшь. Иду́. Ходи́л. b) Идёт. Идёт (хо́дит). Идёт. Идёт. Хо́дит. Хо́дит. Идёт.

13 1. е́здил. 2. е́хал. 3. шёл (е́хал). 4. ходи́л (шёл). 5. е́хал. 6. е́здил.

14 1. пла́вали. 2. плыл. 3. ла́зил. 4. броди́ли. 5. носи́л. 6. несли́.

15 1. … хо́дят в Музе́й изобрази́тельных иску́сств. 2. … хо́дит в по́ле. 3. … но́сит по́чту … 4. … хо́дит на конце́рты в э́тот зал … 5. … хожу́ на все ле́кции и семина́ры. 6. … во́зит мя́со … 7. … несёт мел … 8. … во́зит гру́зы … 9. … ведёт шко́льников. 10. … бежи́т впереди́ … 11. … е́здит в го́род … 12. … бежи́т в де́тский сад.

16 1. Иди́. Ходи́. 2. Носи́те. Неси́те. 3. Плыви́те. Пла́вайте. 4. Вези́те. Вози́те. 5. Беги́те. Бе́гайте.

§ 3.III

3 1. прилете́ть с Восто́ка, уйти́ со сце́ны, ввезти́ из-за грани́цы, прие́хать из-за го́рода, войти́ на не́сколько мину́т в кабине́т, вы́нести в коридо́р из ко́мнаты, вы́везти с вокза́ла, вы́бежать со стадио́на, вы́йти с фа́брики, вы́везти из Украи́ны, вы́йти (уйти́) с ле́кции, войти́ к дире́ктору, прилете́ть из командиро́вки, съе́хать с горы́.

4 1. выходи́ть (идти́). 2. идти́. 3. выходи́ть (идти́). 4. идти́.

5 1. На сце́ну вы́шел … 2. … и вы́шли на шоссе́. 3. Вы вы́йдете к Большо́му теа́тру … 4. … то вы́едете к Арха́нгельскому. 5. … вы́шла к бе́регу реки́.

6 1. входи́ть. 2. вво́зят из-за грани́цы. 3. вошёл. 4. привезли́. 5. вошёл. 6. пришёл (вошёл). 7. пришёл (вошёл). 8. пришёл, придёт. 9. придёт. 10. войти́. 11. вошёл, вне́сли. 12. вы́шла. 13. вы́йти. 14. вынести́.

7 1. … подошёл к ка́ссе. 2. … вы́шел из аудито́рии. 3. … ушла́ от меня́. 4. … ушёл с заво́да. 5. … вво́зит… из-за грани́цы. 6. … разъе́хались в ра́зные города́ (по ра́зным города́м) … 7. … отошёл от пи́сьменного стола́. 8. … привёз кни́ги из библиоте́ки.

8 1. Да, он увёз кни́гу. 2. Да, Ири́на ходи́ла (е́здила) … 3. Да, я уе́ду из Москвы́ … 4. Да, … прие́дет … из командиро́вки. 5. Да, я приду́ к Ни́не

9 a) 1. приезжа́ю (уезжа́ю). 2. прихо́дит (приезжа́ет), ухо́дит. 3. уезжа́ем. 4. уезжа́ете, уезжа́ю. 5. приезжа́ешь (прохо́дишь). 6. уезжа́ют.

b)1. приезжа́л (приезжа́ет) … приезжа́л (приезжа́ет). 2. е́здили. 3. приходи́л. 4. уезжа́ет (приезжа́ет). 5. уезжа́ли. 6. уезжа́л …уезжа́л.

10 1. Её принёс … 2. Его́ привёл … (он пришёл …) 3. … приходи́ла (приезжа́ла) ко мне и привезла́ конспе́кты. 4. Его́ увёз (унёс) … 5. Его́ увезли́ … (Его́ привезли́: вот он.) 6. Нет, она́ унесла́ ключ с собо́й.

13 1. пое́ду … 2. пойду́ (пое́ду) … 3. пойду́ … 4. пойду́ … 5. пойду́ (пое́ду) … 6. полечу́ …

14 1. похо́дит. 2. пое́хали. 3. походи́ли. 4. повезу́т. 5. повёл. 6. полета́л.

15 1. … пойду́ (пое́ду) … 2. … я пойду́ … 3. Я принесу́ (привезу́) путеводи́тель … 4. Приду́ и приведу́ с собо́й Хе́льгу. 5. Принеси́те (привези́те), пожа́луйста, диапозити́вы! 6. Да, я приду́ на конце́рт.

16 1. пойти́ в теа́тр. 2. прийти́ на стадио́н. 3. пойти́ на вы́ставку. 4. пойти́ к ней. 5. прийти́ на като́к. 6. пойду́. 7. пойти́ …, пойду́ (приду́).

17 1. Приходи́те … 2. Пойди́те … 3. Поезжа́йте … 4. Приезжа́йте … 5. Приходи́те че́рез час …

18 1. прийти́. 2. пойти́. 3. прийти́. 4. пойти́. 5. прийти́.

21 1. Когда́ Ди́тмар уезжа́л, мы … 2. Когда́ Ди́тмар уе́хал, мы ча́сто … 3. … когда́ бу́дешь уходи́ть … 4. Когда́ Ната́ша ушла́, он … 5. Когда́ он приходи́л, все …

22 1. бу́ду ухо́дить (выезжа́ть, выходи́ть) … 2. уходи́л … 3. бу́дешь проходи́ть … 4. уезжа́ла (уходи́ла) … 5. бу́дешь ходи́ть (е́здить) …

23 1. Она́ ушла́ (ещё не пришла́). 2. Он прихо́дил (и уже́ ушёл). 3. Я принёс (не принёс) её. 4. Я е́здил в Волгогра́д на … 5. … унёс. 6. Да, мне её принесли́. 7. Мне её привезли́ (принесли́).

24 1. Да, я отве́з его́ … 2. Да, я увезла́ его́ … 3. Я отнесу́ их … 4. Я отвезла́ её … (Приезжа́л … и увёз её …) 5. Я отвезла́ его́ …

25 1. (Ну́жно бы́ло) отвезти́ бага́ж. 2. Отнести́ журна́л. 3. Отвезти́ дете́й. 4. Отнести́ заказно́е письмо́. 5. Отнести́ кни́ги. 6. Отвезти́, кни́гу в изда́тельство.

26 1. … зайдём к тебе́ … 2. ну́жно … зайти́ … 3. … и зае́хал на Ломоно́совский проспе́кт. 4. … в ко́мнату залете́ла … 5. Не заплыва́й далеко́. 6. … зашли́ на окра́ину …

27 1. … дое́хали до вокзала за … мину́т. 2. … дое́хали за 26 часо́в. 3. … долети́м за полтора́ часа́. 4. … дое́хали на такси́ (… дошли́ пешко́м). 5. … дойдём за … мину́т.

30 1. … подошёл ко мне. 2. пришёл. 3. пошёл. 4. дое́хать до аэропо́рта. 5. прийти́.

31 1. Я доведу́ вас до поликли́ники. 2. Я привезу́ её … 3. Я отвезу́ письмо́ … 4. Я отнесу́ и ва́ши кни́ги. 5. Я довезу́ тебя́ до це́нтра (отвезу́ тебя́ в центр).

32 1. … её перейти́ (че́рез неё перейти́). 2. … перелете́л че́рез се́тку. 3. … перенёс. 4. … перешли́ её (че́рез иеё). 5. … перево́зят … 6. … перее́хал.

33 a). 1. … перее́хал в (на) но́вую кварти́ру. 2. … уе́хал из на́шего го́рода. 3. … перенесли́ в кабине́т. 4. … отвезли́ на вокза́л. 5. … увезли́ (отвезли́) в больни́цу.

b) 1. … перее́хала на (в) другу́ю кварти́ру, в друго́й го́род. 2. … перенесли́ в подва́л. 3. … перее́хали в дере́вню, на восьмо́й эта́ж. 4. … отвёз на да́чу, к друзья́м. 5. … перешёл в друго́е спорти́вное о́бщество, перее́хал в друго́й го́род. 6. перешла́ в друго́й университе́т, перее́хала в южный го́род. 7. … перевезли́ к роди́телям.

34 1. вошли́. 2. проезжа́ли (проходи́ли). 3. проезжа́л ми́мо теа́тра 4. прое́хали. 5. проходи́ли коло́нны демонстра́нтов.

35 1. Я прое́хал свою́ остано́вку. 2. Я пролета́л над Байка́лом. 3. Когда́ прохожу́ ми́мо объявле́ния. 4. … проезжа́ла Брест. 5. … прошёл че́рез служе́бный вход. 6. Я её прошёл.

36 1. объе́хать. 2. обошёл. 3. обойти́. 4. обошёл. 5. объе́здила.

37 1. съе́хались (сошли́сь). 2. разошли́сь (разбежа́лись). 3. сбежа́лись. 4. съе́дутся. 5. разошли́сь. 6. сошли́сь. 7. съезжа́ются. 8. разво́зит. 9. разлете́лись.

38 1. съе́хались. 2. разошли́сь по дома́м. 3. съе́хались. 4. разво́зит … по пала́там. 5. разнести́ по ка́федрам. 6. съезжа́ются.

39 1. … на́до сходи́ть за бума́гой. 2. … хочу́ сходи́ть за реце́птом к врачу́ … 3. … схожу́ за хле́бом в бу́лочную. 4. … сходи́л на по́чту за посы́лкой. 5. … съе́здили в Та́ллинн.

40 1. Не ну́жно вылета́ть. 2. Не ну́жно переплыва́ть. 3. Не ну́жно заходи́ть. 4. Не ну́жно приезжа́ть. 5. Не ну́жно забега́ть ко мне. 6. Не ну́жно относи́ть.

Wiederholungsübungen

1 1. к Москве́. 2. из Та́ллинна в Петербу́рг. 3. до на́бережной. 4. в университе́т. 5. из университе́та. 6. в Москву́. 7. от бе́рега. 8. по свои́м ко́мнатам. 9. с горы́. 10. с заня́тий. 11. из ко́мнаты, на балко́н.

2 1. пое́хали (уе́хали). 2. уе́хал. 3. пое́хали. 4. вы́ехала (уе́хала, прие́хала). 5. побежа́л. 6. вы́ехал. 7. приезжа́ет. 8. отъе́хали 9. вы́нес. 10. принёс. 11. уе́дет (прие́дет, вы́едет, пое́дет). 12. уе́хал.

3 Вы́шли, дошли́, вошли́. Подошёл. Пришли́, подошёл. Дое́хали, пошли́. Разошли́сь. Вы́шли.

4 Ходи́ли. Принесу́, отнесу́. Отнеси́, принеси́. Отошёл, подошёл. Отошёл. Пошёл. Походи́л. Пришёл, принёс. Принести́. Подошла́ Унесла́. Отнесли́. Ходи́ли …, придём. Ходи́ть.

5 Пойти́. Ходи́ла, пое́хать. Придёт, прие́хал. Зае́хать. Принести́, вы́шел, пошёл. Вы́шел, подошёл, прие́хали. Приезжа́ют (прие́дут), пое́ду. Съе́хал, пое́хал. Ехал. Пое́хали. Подъе́хали. Принести́. Придёт. Зашёл. Подошли́, пошли́. Привезли́. Обошли́. Вы́шли, пойти́. Иди́те, пойду́. Пошли́. Подошли́. Принёс, принесли́. Ходи́ть. Прие́дете, пойдём. Разошли́сь, отвёз.

6 Уе́хала. Уе́хала. Отвезти́. Приходи́ть. Прие́хать. Прие́хать, войти́. Пое́хала, привезла́. Принесла́, унесла́ (перенесла́). Прие́хал. Подошёл, вошёл. Вы́шла. Повела́ (отвела́). Отвела́ (повела́). Шли, прие́хала. Уе́дет. Приезжа́ть. Уе́хал, увёз. Дое́хал, уезжа́ть. Прие́дет. Приезжа́ла. Прошла́. Е́здила.

7 1. Der Verwundete ertrug den Schmerz mit Mut. 2. Wir trugen das Gepäck aus dem Wagen. 3. Der Richter fällte ein gerechtes Urteil. 4. Er hat mir eine Kränkung zugefügt. 5. Der Wind hat große Schneehaufen hergeweht. 6. Der Botschafter eines befreundeten Landes stattete dem Regierungschef einen Besuch ab. 7. Er hat sich in Gesellschaft gut gehalten. 8. Er führte das Kind bei der Hand. 9. Dieser Anzug steht dir. 10. Viktor geht ins Theater. 11. Im Kino läuft heute ein neuer Film. 12. „Worum handelt es sich?“, fragte ich. 13. Es regnet oft im Herbst. 14. Die Zeit läuft.

9 1. Он не привы́к мно́го ходи́ть. 2. Парохо́д идёт в А́страхань. 3. Электропоезда́ хо́дят ка́ждые де́сять мину́т. 4. За́втра я лечу́ в Петербу́рг. 5. Я всегда́ лета́ю на ТУ-154. 6. Обы́чно я ношу́ свои́ кни́ги и тетра́ди в портфе́ле. 7. Я несу́ тебе́ интере́сную кни́гу. 8. Я встре́тил её, когда́ я е́хал в институ́т. 9. Мне бы́ло четы́ре го́да, когда́ я пе́рвый раз е́здил в Крым. 10. На э́тот раз я лете́л в Хаба́ровск. 11. Сего́дня брат пе́рвый раз ходи́л на заво́д. 12. Ма́льчик уме́ет хорошо́ пла́вать (хорошо́ пла́вает). 13. Самолёт прилете́л в Москву́. 14. Мы подъезжа́ли к до́му. 15. Наконе́ц мы дошли́ до до́ма. 16. Осторо́жно переходи́ (че́рез) у́лицу! 17. Зи́гфрид уе́хал учи́ться в Москву́. 18. По́езд отошёл от перро́на. 19. Я вышел и́з дому ро́вно в 8 часо́в. 20. Я прихожу́ на заня́тия за пятна́дцать мину́т до звонка́. 21. Попла́вай ещё немно́го и вылеза́й (выходи́) из воды́! 22. Плыви́ к бе́регу! 23. Самолёт полете́л (вы́летел) во Владивосто́к. 24. В на́шем кинотеа́тре сего́дня идёт фи́льм «Те́ма». 25. Речь идёт не о тебе́, а о Ле́не. 26. Весь день непреры́вно шёл дождь.

§4

1 1. Ко́нчили. Ко́нчился. 2. Откры́ла. Откры́лось. 3. На́чал. Начался́. 4. Верну́л. Верну́лся. 5. Продолжа́ла. Продолжа́лись. 6. Прекрати́л. Прекрати́лся. 7. Учи́л. Учи́лся.

2 1. поздоро́вался …, 2. прости́лась …, 3. перепи́сываются …, 4. начина́ется …, 5. начала́сь …, 6. прекрати́лся …, 7. кончились …, 8. продолжа́лся …, 9. возврати́ться …, 10. он улыба́лся …, 11. наде́ялись …, 12. боро́лся

4 Возвраща́лась. Торопи́лись, помы́ться. Покры́лось, начала́сь. Укры́лись. Продолжа́лась. Отпра́вили, разлила́сь. Показа́лся. Собра́ли, собрали́сь. Подняли́сь, встреча́ло.

5 1. Врач бо́рется за жизнь больно́го. 2. Мой рабо́чий день начина́ется в 9 часо́в. 3. Ученики́ поздоро́вались со свои́м учи́телем. 4. Челове́чество горди́тся геро́ями-космона́втами. 5. Все так зарази́тельно смея́лись, и я то́же рассмея́лся. 6. Я с удово́льствием вспомина́ю о свои́х учителя́х. 7. На́ши трудя́щиеся отдыха́ют в прекра́сных санато́риях. 8. Когда́ мы ле́том жи́ли в дере́вне, (то) ка́ждое у́тро купа́лись в реке́.

§5

2 a) 1. Урага́ном уничто́жило … 2. И́неем посеребри́ло … 3. Высо́кой волно́й опроки́нуло … 4. Доро́гу размы́ло дождём. 5. Со́лнцем нагре́ло песо́к.

b) 3. Град поби́л виногра́ник. 4. Землетрясе́ние разру́шило го́род. 5. Волна́ унесла́ ло́дку в мо́ре.

3 1. От реки́ ве́яло прохла́дой. 2. От де́душки па́хло табако́м. 3. Из кузне́чного це́ха тяну́ло га́рью.

4 1. В чита́льном за́ле бы́ло просто́рно и удо́бно. 2. На стадио́не бы́ло полно́ люде́й. 3. В лесу́ бы́ло сыро́ и стра́шно. 4. На ле́кции бы́ло интере́сно. 5. В переу́лке бы́ло ти́хо и безлю́дно. 6. На собра́нии бы́ло оживлённо. 7. В ию́ле бы́ло жа́рко.

5 1. темне́ло. 2. стемне́ло. 3. стемне́ло. 4. свеже́ет. 5. света́ет. 6. похолода́ло.

6 1. у него́. 2. его́. 3. у нас. 4. у меня́.

8 1. … я осо́бенно хорошо́ рабо́тал. 2. Что ты взду́мал идти́ … 3. Брат не ве́рит … 4. Он жил … 5. Я не ве́рю …

9 1. Ему́ сего́дня не рабо́тается. 2. После́днее вре́мя ей не спи́тся по ноча́м. 3. Па́влу не хо́чется ра́но встава́ть. 4. Ребёнку не хо́чется сиде́ть до́ма (не сиди́тся до́ма).

10 1. … па́хнет лу́ком. 2. … па́хнет бензи́ном. 3. … отту́да сквози́т. 4. … от реки́ тя́нет сы́ростью.

11 1. мне взгрустну́лось. 2. не чита́ется. 3. не лежи́тся. 4. Ви́ктору нездоро́вится.

12 1. больно́му. 2. у Ви́ктора. 3. альпини́стам. 4. у меня́. 5. ему́.

15 1. Мне не хоте́лось … 2. Мне хоте́лось … 3. Вчера́ Ве́ре вдруг взду́малось … 4. Почему́-то ему́ не хоте́лось …

17 1. Мне сто́ило большо́го труда́ найти́ доро́гу к реке́. 2. Спортсме́ну сто́ило большо́го труда́ доби́ться побе́ды. 3. Ей сто́ило большо́го труда́ туда́ дозвони́ться. 4. Им ничего́ не сто́ило вы́полнить зада́ние.

18 1. Сто́ит осмотре́ть … 2. Не сто́ит обраща́ться … 3. Сто́ит искупа́ться … 4. Не сто́ит бо́льше ждать их. 5. Мне ка́жется, сто́ит пообе́дать … 6. Сто́ило профе́ссору зако́нчить свою́ речь, как … 7. Сто́ило по́езду подойти́ к перро́ну, как … 8. Сто́ило ему́ улыбну́ться, как … .9. Сто́ило тебе́ прие́хать, как …

21 2. невозмо́жно. 3. невозмо́жно. 4.невозмо́жно 6. невозмо́жно.

22 1. мо́жно. 2. мо́жно. 3. мо́жно.

23 1.возмо́жно . 2. мо́жно . 3. мо́жно (нельзя́, невозмо́жно). 4. мо́жно (нельзя́, невозмо́жно). 5.мо́жет. 6.мо́жно (нельзя́). 7. невозмо́жно. 8. невозмо́жно (нельзя́).

24 1. Нам придётся … 2. Тебе́ не сле́дует … 3. Ему́ предстои́т … 4. … сле́дует …

25 1. Мне не ну́жно покупа́ть себе́ но́вый костю́м. 2. Серге́ю не ну́жно бы́ло писа́ть письмо́ дру́гу. 3. Ле́не не на́до бы́ло оставля́ть своего́ а́дреса. 4. И́горю не на́до бу́дет е́хать в командиро́вку. 5. Тебе́ не ну́жно идти́ в библиоте́ку. 6. Вам не ну́жно бу́дет проверя́ть э́ту рабо́ту. 7. Не на́до расска́зывать ей об э́том. 8. Тебе́ не ну́жно бы́ло выпи́сывать э́тот журна́л.

27 1 . … мне не вы́полнить э́того зада́ния. 2. Ему́ не прочита́ть э́той статьи́ … 3. Ю́ре не догна́ть Андре́я. 4.А́нне не подня́ть э́тот чемода́н.

31 1. Не ходи́ть бы … 2. Не брать бы … 3. Не звони́ть бы … 4. Не сове́товать бы … 5. Не е́здить бы …

33 1. Ско́ро стемне́ет. 2. Закро́й дверь: сквози́т! 3. Че́рез не́сколько дней похолода́ет. 4. Ло́дку разби́ло си́льной волно́й. 5. По́сле дождя́ па́хнет траво́й. 6. В апре́ле потепле́ло. 7. От воды́ пове́яло свежестью. 8. Когда́ я просну́лся, уже́ рассвело́. 9. Меня́ тяну́ло домо́й. 10. Его́ зноби́ло. 11. У меня́ потемне́ло в глаза́х. 12. Как вам живётся? 13. Мне сего́дня не до развлече́ний. 14. На се́рдце у меня́ бы́ло трево́жно. 15. Мне хоте́лось с ва́ми поговори́ть. 16. Тебе́ не сле́довало об э́том расска́зывать. 17. Вам сто́ит посмотре́ть э́тот фильм. 18. Не сто́ит с ним спо́рить. 19. Сто́ило ему́ нача́ть говори́ть, как все зати́хли. 20. Ему́ не перевести́ э́той статьи́. 21. Ей не сыгра́ть э́той ро́ли. 22. Не купи́ть ли мне э́тот слова́рь? 23. Мо́жет быть, мне не ходи́ть с тобо́й? 24. Тебе́ ли не вести́ э́тот кружо́к! 25. Мо́жет быть, мне поговори́ть с ним? 26. Смотри́, не простуди́сь! 27. То́лько бы нам не опозда́ть!

§6

2 Спать — спя́щий, спа́вший; ви́деть — ви́дящий, ви́девший, ви́димый; есть — е́вший; встать — вста́вший; изуча́ть — изуча́ющий, изуча́вший, изуча́емый; изучи́ть — изучи́вший, изу́ченный; писа́ть — пи́шущий, писа́вший; слу́шать — слу́шающий, слу́шавший, слу́шаемый; ходи́ть — ходя́щий, ходи́вший; е́хать — е́дущий, е́хавший; учи́ться — уча́щийся, учи́вшийся; стать — ста́вший; прибы́ть— прибы́вший; люби́ть — лю́бящий, люби́вший, люби́мый; найти́ — наше́дший, на́йденный; сказа́ть — сказа́вший, ска́занный; говори́ть — говоря́щий, говори́вший; отдыха́ть — отдыха́ющий, отдыха́вший; лечь — лёгший; купи́ть — купи́вший, ку́пленный.

3 a) 1. Прибы́вшие. 2. Находя́щемуся. 3. Созда́вший. 4. Выступа́ющим (выступа́вшим). 5. Рабо́тающие.

b) 1. Взя́тые. 2. Вы́ученное. 3. Выпуска́емая. 4. Вы́пущенная. 5. Испо́льзуемая.

5 1. посети́вшие Росси́ю. 2. укра́шенные фла́гами и иллюмина́цией. 3. отли́чно успева́ющие по всем предме́там. 4. находя́щемся у Москвы́-реки́. 5. чита́емые в планета́рии. 6. постро́енная на Енисе́е. 7. доста́вившего гру́зы поля́рникам. 8. выступа́вший по ра́дио.

6 1. прибы́вшими из Петербу́рга. 2. веду́щим экспериме́нты. 3. написа́вший. 4. приня́тую резолю́цию. 5. вы́пущенную. 6. наше́дший в Росси́и свою́ втору́ю ро́дину.

7 1. … стреми́вшаяся к соверше́нству. 2. … отлича́вшееся контра́стами … . 3. … принадлежа́вшего к молоды́м ру́сским интеллектуа́лам, выступа́вшим … и люби́вшим … . 4. … нося́щего … . 5. … привле́кший внима́ние … . 6. … написа́вший … . 7. повлия́вших на её … ли́рику, характеризу́ющуюся фанта́зией … . 8. … воше́дшая … . 9. … отлича́ющиеся … . 10. … жи́вшему … и учи́вшемуся

… . 11. … люби́вшая Роди́ну … . 12. … ра́но поседе́вшая и ненави́дящая … . 13. … отлича́ющиеся … . 14. ви́дящей … . 15. … о́чень страда́вшая … . 16. … не принадлежа́вшая … 17. уе́хавшие … . 18. … находя́щийся … . 19. … люби́вшие её … . 20. … не ви́девшая вы́хода … .

8 1. проведена́, введено́. 2. со́зданы. 3. покры́та. 4. подде́ржано.

10 1. располо́жен. 2. (был) осно́ван. 3. постро́ены. 4. окружённых. 5. была́ све́ргнута. 6. воздви́гнутые.

§7

1 a) 1. Пять море́й соединя́ются кана́лом и́мени Москвы́. 2. Прекра́сные ста́нции метро́ создава́лись строи́телями да́же в вое́нные го́ды. 3. Литерату́ра на языка́х наро́дов Росси́и выпуска́ется росси́йскими изда́тельствами. 4. Го́ры оку́тываются тума́ном.

b) 1. Но́вый бале́т росси́йского компози́тора поста́влен Больши́м теа́тром. 2. Интере́сное путеше́ствие по Алта́ю бу́дет совершено́ ле́том на́шими тури́стами. 3. В э́том году́ мно́го молоды́х специали́стов бы́ло вы́пущено на́шими вы́сшими уче́бными заведе́ниями. 4. Па́мятник Петру́ Пе́рвому был откры́т в Москве́.

2 1. На́ши учёные запусти́ли пе́рвый иску́сственный спу́тник Земли́. 2. Росси́йские заво́ды выпуска́ют мо́щные тра́кторы. 3. Студе́нты на́шего институ́та избра́ли Ви́ктора делега́том на профсою́зную конфере́нцию. 4. Волна́ переверну́ла барка́с.

§8

2 1. приближа́ясь (прибли́зившись). 2. ко́нчив. 3. отмеча́я. 4. укрепля́я. 5. подпере́в.

3 1. прищу́рив глаза́. 2. опусти́в го́лову. 3. широко́ откры́в глаза́. 4. изогну́в дли́нные ше́и.

6 1. Умы́вшись, он сел к столу́. 2. Сдав все экза́мены, они́ уе́хали на Байка́л. 3. Тури́сты е́хали по Москве́, осма́тривая но́вые зда́ния. 4. Дав после́дний гудо́к, теплохо́д отошёл от при́стани. 5. Прибежа́в на вокза́л, я уви́дел уходя́щий по́езд. 6. Студе́нты сидя́т на уро́ке, внима́тельно слу́шая преподава́теля.

8 1. Возвраща́ясь с рабо́ты …. . 2. Придя́ домо́й, … . 3. Уви́дев мать,… . 4. Вспо́мнив об э́том,… . 5. Чита́я э́ту кни́гу,… . 6. Возвраща́ясь со стадио́на,… 7. Услы́шав об э́том,… . 8. Подойдя́ к ста́нции,… . 9. Проходя́ ми́мо шко́лы,… . 10. Поза́втракав,… . 11. Чита́я нау́чную статью́,… . 12. Жела́я воспи́тывать други́х,… . 13. Обеща́в что́-нибудь,… . 14. Бу́дучи в э́том музе́е,… .

9 1. Входя́ в дом… . 2. Сдава́я экза́мен,… . 3. Составля́я рефера́т,… . 4. Изуча́я языкозна́ние,… . 5. Посеща́я музе́й,… . 6. Посети́в музе́й,… . 7. Созда́в это произведе́ние,… . 8. Обе́дая,… . 9. Перее́хав в друго́й го́род,… . 10. Осма́тривая карти́нную галере́ю,… .

10 1. Опублико́вана. 2. Опублико́ванной. 3. Дости́гнуты. 4. Придя́ … . 5. Бу́дучи … . 6. Найдя́ … . 7. Возни́кшую … . 8. Жела́я … .

11 1. … ста́вшей изве́стной … . 2. … зака́нчивавших Акаде́мию … . На те́му, предло́женную им … . 3. … поки́нув зал … . 4. … вы́разивший проте́ст … . 5. Бу́дучи далеко́ от жи́зни … . 6. … бу́рно развива́вшемся … . 7. … отража́ющего жизнь … . 8. … демократи́чески настро́енные … . 9. … ста́вившее свое́й це́лью …, подчинённого интере́сам … . 10. Стремя́сь … . 11. Приезжа́я …, … бу́дучи о́чень крити́чески настро́ены. 12. … вы́росшие … и зна́вшие … . 13. со́зданный и́ми … . 14. … не признава́вшие … и обвиня́вшие … пока́зывая … .

12 1. Он пришёл в ука́занное вре́мя. 2. По́езд, прибы́вший не́сколько мину́т наза́д, бу́дет стоя́ть на ста́нции 15 мину́т. 3. Весе́нний сев, давно́ нача́вшийся на ю́ге страны́, идёт тепе́рь по́лным хо́дом. 4. Прочи́танная кни́га произвела́ на меня́ глубо́кое впечатле́ние. 5. Мно́го молоды́х специали́стов, око́нчивших ву́зы, уе́хали в Алта́йский край. 6. Э́тот фильм рассказа́л нам о сокро́вищах Дре́зденской карти́нной галере́и, восхища́ющих весь мир. 7. Самолёт, пилоти́руемый о́пытным лётчиком, то́лько что приземли́лся. 8. Конце́рт, устро́енный в на́шем клу́бе, всем понра́вился. 9. Письмо́, отпра́вленное вчера́ Са́шей, сего́дня бу́дет доста́влено адреса́ту. 10. Кни́га напи́сана изве́стным учёным. 11. В воскресе́нье вы́ставка была́ откры́та це́лый день. 12. Наш дом был постро́ен за два ме́сяца. 13. Э́та но́вая пье́са ста́вится Худо́жественным теа́тром. 14. В це́нтре Москвы́ устано́влен па́мятник Ка́рлу Ма́рксу. 15. Поля́ покры́ты сне́гом. 16. Возвраща́ясь из теа́тра, Ди́ма встре́тил своего́ дру́га. 17. Встре́тив меня́, О́льга рассказа́ла о свое́й семье́. 18. Бу́дучи студе́нтом, он провёл в Москве́ 5 лет. 19. Он уе́хал, не оста́вив запи́ски. 20. Расска́зывая нам о свои́х путеше́ствиях, отец так увлека́лся, что забыва́л обо всём.

Zum Gebrauch der Pronomen

§1

3 1. Я дал вам почита́ть свои́ журна́лы. 2. Пётр встре́тил на аэродро́ме свою́ мать. 3. Я нашёл э́то письмо́ в свое́й кни́ге. 4. Я отда́л О́льге свой биле́т. 5. Я по́льзуюсь свои́ми конспе́ктами. 6. Я рабо́таю над свои́м докла́дом. 7. Я е́здил в воскресе́нье за́ город на своём мотоци́кле.

4 In den Sätzen 3, 4 und 5 lässt sich keine Umstellung vornehmen.

5 1. Свои́. Их. Их. 2. Его́. Своём. 3. Свой. Его́. Свои́м. Его́. 4. Свои́м. Её. Её. 5. Свои́х. Их. 6. Свои́х. Его́. 7. Свои́. Их. 8. Свою́. Его́. Свое́й. 9. Свое́й. Его́. Свое́й. 10. Свой. Его́.

6 1. Его́ (её,их) . 2. Свою́. 3. Свой. Его́. 4. Свою́. 5. Его́ (её,их). 6. Свое́й. 7. Свои́м.

7 1. Свою́ рабо́ту. 2. Свои́ ве́щи. 3. Своё обеща́ние. 4. Свой а́дрес.

8 1. Wir werden uns schon verstehen/vertragen. 2. Kein Fremder, ein nahestehender Mensch. 3. Eigene Last ist nicht schwer. 4. Jeder Vogel lobt sein Nest. 5. Sein Ziel erreichen, etwas durchsetzen, auf seinem Willen bestehen, beharren. 6. Hier sind wir unter uns, gibt es keine Fremden. 7. Die Dinge beim rechten Namen nennen. 8. Auf seine Art. 9. Eine Art …, im gewissen Sinne. 10. Auf seinem Standpunkt beharren. 11. Ein fremdes Auge ist nicht so teuer wie das eigene. 12. Alles zu seiner/passender Zeit. 13. Schreien, als ob man am Spieße stäke. 14. Nicht bei Sinnen, übergeschnappt sein.

§2

3 1. себя́. 2. себя́. 3. себя́. 4. себе́. 5. собо́й. 6. себя́. 7. себе́. 8. собо́й. 9. собо́й. 10. себя́.

4 1. себе́ (им). 2. себя́.(него́). 3. себе́. 4. себе́ (мне). 5. собо́й (им). 6. себя́ (него́). 7. себе́ (нём).

5 1. себе́. 2. собо́й. 3. ей. 4. собо́й. 5. её. 6. себя́ (его́, её). 7. собо́й. 8. себе́.

9 1. Vor Freude fühlte er seine Beine nicht, fühlte er sich beschwingt. 2. Mir ist heute nicht sehr wohl. 3. Selbstverständlich taten die Eltern für ihn alles, was sie nur konnten. 4. — Wie geht es dir? — Soso lala, mäßig. 5. — Wie sieht sie aus? — Irina ist sehr schön. 6. — Haben sie Ihre Karte mit? — Nein, ich habe sie nicht mitgenommen.

10 1. Я пло́хо по́мню своего́ отца́. 2. Его́ кни́га получи́ла высо́кую оце́нку чита́телей. 3. Я о́чень люблю́ своего́ бра́та. 4. Я всегда́ интересу́юсь его́ дела́ми. 5. Э́рих познако́мился с его́ роди́телями. 6. Он встре́тил свои́х това́рищей по шко́ле. 7. Я до́лжен сего́дня зако́нчить свою́ рабо́ту. 8. Ря́дом с его́ до́мом нахо́дится продово́льственный магази́н. 9. Оте́ц привёл своего́ сы́на в де́тский сад. Его́ сы́ну четы́ре го́да. 10. Карл весь ве́чер прорабо́тал над свое́й статьёй. Его́ статья́ бу́дет напеча́тана в журна́ле «Здоро́вье». 11 . Я себя́ чу́вствую вполне́ (соверше́нно) здоро́вым. 12. Расскажи́те мне, пожа́луйста, что́-нибудь о свое́й стране́ и о себе́! 13. Он взял меня́ с собо́й в теа́тр. 14. Они́ бы́стро договори́лись ме́жду собо́й. 15. Я взял на себя́ отве́тственность за жизнь больно́го. 16. Ра́неный пришёл в себя́. 17. Мне сего́дня не по себе́. 18. Я сего́дня недово́лен собо́й. 19. Де́вочка положи́ла портфе́ль о́коло (во́зле) себя́. 20. Удо (всегда́) но́сит свои́ докуме́нты при себе́.

§3

2 a) 1. никого́. 2. ни к кому́. 3. ниче́м. 4. никако́й кни́ги. 5. ни с кем. 6. ни о ком.

b) 1. не от кого́. 2. не́ с кем. 3. не́ о чем. 4. не́ у кого.

3 1. При перево́де э́той статьи́ я не встре́тился ни с каки́ми тру́дностями. 2. Вчера́ я ничего́ не купи́л в магази́не. 3. Я ни с ке́м не познако́мился на ве́чере. 4. Я никому́ не посыла́л письма́. 5. Мне не́кому ос-та́вить ключ. 6. У меня́ вчера́ никто́ не́ был. 7. Я не нужда́юсь ни в како́й по́мощи. 8. Мне не́ к кому бы́ло пойти́ во вре́мя кани́кул. 9. Ната́ша не говори́ла ни о чьём бра́те.

4 1. никаки́м. 2. ничьего́ (никако́го). 3. ни на каки́е. 4. ни с чьи́ми (каки́ми). 5. никаки́м. 6. ни на чьи́.

5 a) 1. Никто́ не занима́лся э́тим вопро́сом. 2. Мы ни о ко́м не расспра́шивали го́стя. 3. Он не дру́жит ни с ке́м. 4. Че́рез не́сколько мину́т никого́ не́ было во дворе́. 5. Он никому́ не рассказа́л о свое́й оши́бке. 6. Он никого́ не поблагодари́л за пода́рки.

b) 1. Он не показа́л свой прое́кт никому́ из студе́нтов. 2. Никто́ из шко́льников не уча́ствует в экску́рсии. 3. Я не обсужда́л э́тот план ни с ке́м из друзе́й. 4. Он не обрати́лся за по́мощью ни к кому́ из знако́мых. 5. Ива́н не сове́товался о здоро́вье ма́тери ни с ке́м из враче́й.

6 1. Мне не́ о чем бы́ло спо́рить. 2. Мне не́ с кем бу́дет говори́ть. 3. Не́кому идти́ со мно́й в кино́. 4. Ей не́ о ком забо́титься. 5. Ему́ не́чего чита́ть и не́чем занима́ться. 6. Ей не́чему ра́доваться. 7. Ей не́кому писа́ть.

7 1. Не́кому бы́ло отда́ть посы́лку. 2. Нам не́чем здесь заинте-ресова́ться. 3. Мне не́кому бы́ло дать э́то зада́ние. 4. Ему́ не́чем горди́ться. 5. Ей не́ на кого обижа́ться. 6. Ему́ не́чему бы́ло удивля́ться.

8 1. ни с ке́м. 2. не́чего. 3. никако́го, ничьи́х. 4. никаки́х. 5. не́чему. 6. не́кого (не́ у кого). 7. ни о чём (ни о ко́м). 8. никако́го. 9. не́кого. 10. не́чего.

9 1. Никого́, нигде́, никуда́. 2. Ни от кого́ (ниотку́да), не́кому. 3. Никто́, не́ от кого. 4. Никаки́х 5. Никому́ ничего́. 6. Нигде́, ни от кого́. 7 Ни с ке́м (нигде́, никогда́).

§4

1 1. Все ра́ды то.му́, что наступи́ли … 2. Он рассказа́л нам о том, как мно́го он … 3. Друзья́ Ви́ктора бы́ли дово́льны тем, что он … 4. Ахи́м написа́л друзья́м о том, что он откры́л … 5. Де́ло в том, что он …

2 1. така́я. 2. тот. 3. тако́е. 4. те. 5. таки́м. 6. тот. 7. таки́е.

3 1. Таку́ю же … . 2. Той же … . 3. Том же … . 4. Тако́м же … . 5. Тот же … . 6. Ту (таку́ю) же … . 7. Тот (тако́й) же … . 8. Таку́ю же … . 9.Той (тако́й) же … . 10. Тем (таки́м) же … . 11. Таку́ю же … . 12. Тако́й же … . Тот же … .

4 1. Он живёт в том до́ме, где (он) ра́ньше жил. 2. Ири́на постоя́нно повторя́ет одно́ и то же. 3. Он дал мне таку́ю ру́чку, кото́рой невозмо́жно бы́ло писа́ть, а я взял ту, кото́рая лежа́ла на столе́. 4. Покажи́те, пожа́луйста, мне тако́й альбо́м, в кото́ром я мог бы размести́ть э́ти фотогра́фии. 5. О́ля спо́рила с Ни́ной, но ни та, ни друга́я не могла́ доказа́ть, что она́ права́ (не могла́ доказа́ть свою́ правоту́). 6. Маши́на подъе́хала с той стороны́, отку́да мы сё не ожида́ли. 7. Э́то не тот Зи́гфрид, с кото́рым ты учи́лся?

§5

2 1. ке́м-нибудь (ко́е с кем). 2. кого́-нибудь (ко́е-кого́). 3. каку́ю-нибудь. 4. како́й-то. 5. не́кто. 6. что́-нибудь. 7. что́-то (ко́е-что́). 8. че́й-то (како́й-то). 9. каки́м-то. 10. че́м-нибудь (ко́е-че́м). 11. каки́м-нибудь. 12. не́что.

5 1. не́которых. 2. не́которое. 3. не́которые. 4. ко́е-какие (не́которые). 5. ко́е-каки́е (не́которые). 6. ко́е-какие (не́которые). 7. каки́м-то. 8. каки́м-нибудь.

6 1. ко́е-что́. 2. ко́е-кто́. 3. ко́е-ка́к. 4. ко́е-каки́х. 5. ко́е-куда́. 6. ко́е-ка́к. 7. ко́е-что́.

7 1. Мне не́чем ей помо́чь. 2. Никто́ из студе́нтов не мог реши́ть э́ту зада́чу. 3. Никого́ не́ было побли́зости. 4. Мне никто́ не помога́л в э́той рабо́те. 5. Никаки́е тру́дности в рабо́те не мо́гут останови́ть нас. 6. Ему́ не́ с кем пойти́ на като́к. 7. Ей не́чему бы́ло удивля́ться. 8. Мне здесь не́чего де́лать. 9. Нам не́ о чем спо́рить. 10. Уже́ давно́ я ни у кого́ из них не́ был. 11. Не нужны́ ему́ ничьи́ сове́ты. 12. Его́ не́кем замени́ть. 13. Вы обеща́ли мне дать каку́ю-то кни́гу. 14. Мой брат рассказа́л мне ко́е-что́ (не́что) интере́сное. 15. Она́ случа́йно взяла́ чью́-то тетра́дь. 16. Расскажи́те мне, пожа́луйста, о како́м-нибудь ру́сском компози́торе. 17. Я нашёл на своём пи́сьменном столе́ како́е-то письмо́. 18. Если бы мне кто́-нибудь помо́г, я бы уже́ давно́ зако́нчил рабо́ту. 19. Сего́дня ко мне ко́е-кто́ (кто-то) придёт. 20. Не́которые студе́нты на́шей гру́ппы интересу́ются ша́хматами. 21. Мне нужны́ не́которые (ко́е-каки́е) кни́ги по исто́рии. 22. Че́рез не́которое вре́мя я пое́ду на ро́дину. 23. За после́днее вре́мя я ви́дел не́сколько неме́цких фи́льмов.

Einige Fragen der Satzlehre

§1

1 1. к аналити́ческому мышле́нию. 2. в нау́чном отноше́нии. 3. на мать. 4. по компози́ции. 5. по содержа́нию. 6. на по́двиг. 7. к семина́ру. 8. анги́ной. 9. на бра́та. 10. к на́шим про́сьбам. 11. по нату́ре.

3 1. Карти́ны ру́сского худо́жника-пейзажиста Л. Куи́нджи характе́рны необы́чным освеще́нием. 2. Анги́на опа́сна осложне́ниями на се́рдце. 3. Третьяко́вская галере́я изве́стна во всём ми́ре выдаю́щимися произведе́ниями ру́сского национа́льного иску́сства. 4. Он сего́дня сча́стлив результа́тами свое́й рабо́ты, превзоше́дшими все ожида́ния. 5. Оруже́йная пала́та — храни́лище ценне́йших произведе́ний прикладно́го иску́сства, великоле́пных по своему́ разнообра́зию.

4 1. Ясная Поля́на изве́стна тем, что там роди́лся и жил вели́кий ру́сский писа́тель Лев Толсто́й. 2. Карти́на сове́тского худо́жника А. Лактио́нова «Письмо́ с фро́нта» замеча́тельна тем, что она́ полна́ оптими́зма. 3. Кни́га интере́сна тем, что в ней со́браны малоизве́стные истори́ческие фа́кты. 4. Ревмати́зм опа́сен тем, что поража́ет се́рдце.

8 1. молчали́вый; молчали́в. 2. бо́лен; больна́я. 3. слаб; сла́бый. 4. весёлая; весела́.

9 1. Как ни интере́сна была́ диску́ссия, я … 2. Как ни грустна́ была́ те́ма на́шего разгово́ра, его́ … 3. Как ни бога́т был в магази́не вы́бор га́лстуков, я … 4. Как ни велика́ была́ у него́ кварти́ра, гостя́м … 5. Как ни краси́во пла́тье, мне …

10 1. Зада́ча сли́шком трудна́, что́бы студе́нты реши́ли её на экза́мене. 2. Он сли́шком рассе́ян, что́бы вести́ маши́ну. 3. Больно́й сли́шком беспо́мощен, что́бы оста́вить его́ одного́ в кварти́ре. 4. Она́ сли́шком умна́, что́бы не поня́ть всего́. 5. Оле́г сли́шком хорошо́ воспи́тан, что́бы не предупреди́ть нас об отъе́зде.

11 1. интере́сно. 2. увлека́тельно. 3. прохла́дно. 4. хо́лодно.

13 1. Никола́й Остро́вский был спосо́бен на по́двиг. 2. Он спосо́бен к самоана́лизу. 3. Костю́м ему́ сли́шком у́зок. 4. Подру́га серди́та на меня́. 5. Но́вый архитекту́рный анса́мбль интере́сен по компози́ции. 6. Мы бы́ли близки́ к це́ли. 7. Он ещё сли́шком слаб, что́бы лете́ть самолётом. 8. Как ни прия́тно с ва́ми, но я до́лжен идти́. 9. Его́ речь была́ це́нна тем, что она́ содержа́ла но́вые фа́кты. 10. Э́тот шаг опа́сен свои́ми после́дствиями. 11. Ве́чер был прохла́дным. — Ве́чером бы́ло прохла́дно. — Сего́дня прохла́дный ве́чер. 12. Э́то ме́сто свобо́дно? — Э́то свобо́дное ме́сто? — Здесь свобо́дно? 13. Когда́ была́ ещё жива́ ба́бушка, мы ча́сто быва́ли у неё в дере́вне.

§2

1 1. В. 2. За. 3. За. 4. На. 5. На. 6. За.

3 1. в не́скольких ме́трах от нас. 2. в трёх киломе́трах от ста́нции. 3. за со́рок киломе́тров от Москвы́. 4. на пятна́дцать киломе́тров вокру́г. 5. в получа́се езды́.

4 1. Железобето́нная ба́шня Моско́вского телевизио́нного це́нтра высото́й в 535 ме́тров со́здана … 2. В Ти́хом океа́не обнару́жена впа́дина глубино́й в 11 ты́сяч ме́тров. 3. Караку́мский кана́л длино́й свы́ше 1000 киломе́тров на́чали стро́ить … 4. На реке́ Ангаре́ в Сиби́ри создаётся энергети́ческий каска́д из четырёх гидроста́нций о́бщей мо́щностью в 13580 ты́сяч килова́тт. 5. Студе́нт защити́л дипло́мную рабо́ту объёмом в 100 страни́ц.

6 1. Мы жи́ли в гости́нице, в но́мере на двои́х. 2. Семья́ получи́ла удо́бную кварти́ру на четырёх челове́к. 3. Из-за густо́го тума́на ничего́ не́ было ви́дно в трёх шага́х. 4. Мы е́дем купа́ться на о́зеро, кото́рое нахо́дится в пяти́ киломе́трах от да́чи. 5. Соба́ка отбежа́ла от хозя́ина на два ме́тра. 6. За киломе́тр от до́ма мы уви́дели я́ркий свет. 7. За́пах га́ри (пожа́ра) распространи́лся на де́сять киломе́тров: горе́л лес. 8. На́ше общежи́тие нахо́дится в пяти́ мину́тах ходьбы́ от гла́вного зда́ния университе́та.

§3

1 1. Ich schlief nicht, sondern schlummerte. 2. In den Ferien fuhr mein Freund nach Moskau, während sich sein Bruder nach Rostow begab. 3. Er half mir nicht, sondern störte nur. 4. Abends las Viktor vor, und wir hörten ihm aufmerksam zu.

2 1. И; а. 2. А; и. 3. А; и. 4. И.

4 a) 1. Мы зашли́ за Гу́ставом, а он уже́ ушёл. 2. Прошло́ не́сколько лет, и он сно́ва прие́хал в Москву́. 3. Ко́нрад лю́бит матема́тику, а Ральф увлека́ется хи́мией. 4. Прозвене́л звоно́к, и студе́нты вошли́ в аудито́рию. 5. Бы́ло по́здно, а отца́ ещё не́ было до́ма. 6. Он сове́тует мне бро́сить кури́ть, а сам выку́ривает по па́чке сигаре́т в день. /// b) 1. А. 2. И. 3. А. 4. И.

5 1. Все пришли́ во́время, а он опозда́л. 2. Э́то был небольшо́й городи́шко, а тепе́рь его́ с трудо́м мо́жно узна́ть. 3. Все гео́логи улетя́т сего́дня на вертолёте, а нача́льник экспеди́ции заде́ржится здесь ещё на́ два дня.

8 a) 1. И; но; а. 2. Но; и; а. /// b) 1. Но. 2. А. 3. Но. 4. А. 5. А. 6. И. 7. Но. 8. И.

10 1. Брат изуча́ет исто́рию родно́го кра́я, а я рабо́таю … 2. В Сиби́ри со́здана но́вая энергети́ческая ба́за, и са́мые отдалённые райо́ны … 3. Среди́ населе́ния Яку́тии до 1917 го́да бы́ло 99 проце́нтов негра́мотных, а тепе́рь име́ются … 4. Мой друг хоте́л пойти́ сего́дня на конце́рт, но неожи́данно заболе́ла его́ дочь, и он … 5. Наступи́л ве́чер, но он не принёс …

§4

2 1. та́кже. 2. та́кже. 3. та́кже. 4. то́же. 5. то́же.

3 1. Он до́брый, у́мный, но безво́льный челове́к. 2. Все зна́ли, что не Ви́ктор, а его́ брат винова́т в э́том. 3. Он не спит, а лежи́т и чита́ет. 4. Ве́чером бы́ло хо́лодно, и мне пришло́сь наде́ть пальто́. 5. У Еле́ны неси́льный, но прия́тный го́лос. 6. Когда́ я пое́хал на вокза́л встреча́ть бра́та, А́нна то́же пое́хала со мной. 7. Пу́шкин, Ле́рмонтов, Тю́тчев, а та́кже други́е ру́сские поэ́ты воспева́ли приро́ду. 8. Турге́нев писа́л не то́лько рома́ны, по́вести и расска́зы, но та́кже и стихи́. 9. Ты идёшь домо́й? Я то́же. 10. Мы наде́емся, что ты то́же пойдёшь с на́ми.

§5

2 1. кото́рый явля́ется … 2. кото́рый оказа́лся … 3. кото́рый был … 4. кото́рая явля́ется … 5. кото́рый рабо́тал …

4 1. Сейча́с в Москве́ свы́ше 600 ты́сяч студе́нтов, кото́рые у́чатся в 76 ву́зах столи́цы. 2. Зри́тельный зал Госуда́рственного Кремлёвского Дворца́ , в кото́ром мо́жно слу́шать выступле́ния ора́торов в перево́де на 29 языко́в, вмеща́ет 6 ты́сяч челове́к. 3. … сове́ты кото́рого всегда́ … 4. … бли́же кото́рой … 5. … лицо́ кото́рого … 6. Во́лны мо́ря, на кото́рых беле́ла пе́на, ти́хо плеска́лись. 7. … ни́зкие боло́тистые берега́ кото́рой заросли́ … 8. Дом, в кото́ром жил лесни́чий со свое́й семьёй, стоя́л. 9. … кото́рый живёт … 10. … кото́рые бы́ли покры́ты сне́гом.

5 1. в кото́рой. 2. в кото́рой. 3. в кото́рой. 4. в кото́ром. 5. на кото́ром. 6. на кото́ром. 7. на кото́рых.

7 1. Бале́т «Бахчисара́йский фонта́н», му́зыку кото́рого написа́л компози́тор Бори́с Аса́фьев, идёт с больши́м успе́хом. Герои́ней бале́та явля́ется по́льская де́вушка Мари́я, кото́рая была́ похи́щена тата́рским ха́ном. Траги́ческая судьба́ Мари́и, кото́рую убива́ет из ре́вности жена́ ха́на, в це́нтре бале́та. Мари́я, все мы́сли и чу́вства кото́рой свя́заны с тоско́й по до́му, погиба́ет. Хан, кото́рый не мо́жет забы́ть Мари́ю, воздвига́ет в па́мять о не́й фонта́н слёз. Э́тот фонта́н, с кото́рым свя́зано мно́го леге́нд, мо́жно и сейча́с ви́деть в Крыму́.

§6

1 1. Der Arzt verlangt, dass der Kranke eine strenge Diät hält. 2. Der Direktor verfügte, dass die Arbeiten zeitweilig unterbrochen werden. 3. Wir kämpfen dafür, dass die Menschen der Erde glücklich auf Erden leben. 4. Der Lehrer sorgte dafür, dass die Lernenden solide und gründliche Kenntnisse erhielten. 5. Es ist notwendig, dass du uns hilfst. 6. Im Rundfunk meldete man, dass die Fischer des Fernen Ostens ihren Plan vorfristig erfüllt haben. 7. Der Chirurg sagte, dass die Operation erfolgreich verlaufen war. 8. Kurt sagte, du möchtest abends bei ihm vorbeikommen. 9. Denken Sie daran, dass die Wissenschaft vom Menschen sein ganzes Leben verlangt. (И. Pawlow) 10. Er hat uns geschrieben, dass er bereits wohlauf ist. 11. Mir scheint, dass du müde bist.

3 1. … что́бы ора́торы приде́рживались регла́мента. 2. … что́бы я купи́л газе́ту. 3. … что́бы челове́к был хорошо́ физи́чески закалён. 4. … что́бы секрета́рь заказа́л ему́ биле́т на самолёт. 5. … на том, что́бы сро́чно опери́ровать больно́го.

6 1. что. 2. что́бы. 3. что́бы. 4. что́бы. 5. что. 6. что́бы.

8 1 . Я о́чень боя́лся, как бы не опозда́ть на по́езд. 2. Он писа́л о́чень ме́дленно, опаса́ясь, как бы не наде́лать оши́бок. 3. Больно́й лежа́л неподви́жно, боя́сь, как бы (что́бы) не повтори́лся при́ступ.

9 1 . … как бы на́ше отноше́ние к ней не измени́лось. 2. … что́бы (как бы) о́пытная устано́вка не прекрати́ла рабо́ту. 3. … что́бы (как бы) пожа́р не переки́нулся на хле́бные посе́вы.

§7

2 1. Я спроси́л, отпра́вил ли он … 2. Я беспоко́юсь, встре́тят ли её … 3. Я узна́л, успе́шно ли Га́ля сдала́ … 4. Я сомнева́юсь, хо́чет ли Ни́на провести́ … 5. Я колеблю́сь, сто́ит ли проче́сть (чита́ть) … 6. Я не по́мню, есть ли у неё …

3 1. … что́бы все пришли́ во́время на вокза́л. 2. … что́бы я переда́л их гла́вному техно́логу. 3. … все ли инструме́нты удало́сь перевезти́ в ла́герь. 4. … не хоти́м ли мы пообе́дать с ни́ми. 5. … что́бы я прие́хал ле́том к нему́ на Байка́л. 6. … интере́сная ли была́ ле́кция в планета́рии.

§8

1 a) 1. придёт …, … расска́жет … 2. откры́л …, … залете́ли … 3. донёсся …, … зако́нчился …

b) 1. засыпа́л, станови́лось … 2. приходи́л …, станови́лось … 3. … расска́зывал … задава́ли … 4. доноси́лся … закрыва́ла …

a) 1 . Wenn Igor zu uns kommt, erzählt er interessante Dinge / wird er interessante Dinge erzählen. 2. Wenn/Als ich die Fenster aufmachte, flogen trockene Eichenblätter ins Zimmer herein. (K. Paustovski) 3. Wenn/Als das Rattern des letzten Zuges von der Eisenbahn herkam, war sein Arbeitstag zu Ende.

b) 1. Als der Kranke eingeschlafen war, war es draußen schon hell. Wenn der Kranke einschlief, war es draußen schon hell. 2. Als/Wenn mein Freund zu uns kam, wurde es (jedes Mal) lustig. 3. Als/Wenn Aljoscha uns über sein Leben auf der Insel erzählt hatte, stellten wir ihm viele Fragen. 4. Als/Wenn von der Straße her Lärm kam, machte die Krankenschwester das Fenster zu.

2 1. разли́лся. 2. сел, погрузи́лся. 3. уезжа́л. 4. поплы́ли. 5. улета́л.

4 1. Когда́ наступи́ли холода́ … 2. Когда́ начали́сь кани́кулы … 3. Когда́ он око́нчил институ́т … 4. … когда́ до отхо́да по́езда оста́лось де́сять мину́т.

6 a) 1. ко́нчу. 2. передава́ли. 3. вы́здоровел. 4. вы́ключил. 5. смотре́ли.

b) 1. осма́тривали, зака́зывал (заказа́л). 2. уложи́л (укла́дывал), собира́лись (собрали́сь). 3. выставля́ли, восстанови́ли. 4. писа́ли, проверя́л (прове́рил). 5. повтори́л, запо́мнил. 6. проси́ла, согласи́лись.

7 1. Мы провели́ весь день в Третьяко́вской галере́е, пока́ её не закры́ли. 2. Мы стоя́ли на перро́не, пока́ не отошёл по́езд, увози́вший Зи́гфрида на ро́дину. 3. Он повторя́л о́пыт сно́ва и сно́ва, пока́ не ко́нчился рабо́чий день. 4. Мы ча́сто быва́ли в дере́вне, пока́ мать не перее́хала в го́род.

8 1. Пе́тра до́лго возража́ла, пока́ наконе́ц не поняла́ … 2. Вы́йти на у́лицу нельзя́ бы́ло, пока́ не ко́нчилась … 3. Я зашёл в буфе́т вы́пить воды́, пока́ не на́чался спекта́кль. 4. Э́тот вопро́с невозмо́жно реши́ть, пока́ не прие́дет дека́н. 5. Пока́ дека́н не прие́хал, мы подгото́вим … 6. Аспира́нт изуча́л э́ту пробле́му со всех сторо́н, пока́ наконе́ц не обобщи́л …

§ 9

2 a) 1. Е́сли тела́ охлажда́ются, (то) они́ уменьша́ются … 2. Е́сли бы она́ хоте́ла, она́ могла́ бы помо́чь нам. 3. Е́сли вы внима́тельно рассмо́трите пове́рхность мета́лла, вы уви́дите … 4. Е́сли я перее́ду на но́вую кварти́ру, то (я) сообщу́ тебе́.

b) 1. Е́сли я встре́чусь с сестро́й, то (я) смогу́ … 2. Е́сли лабора́нт полу́чит необходи́мые указа́ния, то смо́жет … 3. Е́сли вы не усво́или предыду́щего, никогда́ не бери́тесь за после́дующее. (И. Па́влов)

3 a) 1. Е́сли вы заде́ржитесь, нам … 2. Е́сли ты вернёшься ра́но, мы … 3. Е́сли ты подведёшь нас, мы … 4. Е́сли ты не смо́жешь реши́ть зада́чу …

b) 1. Е́сли бы вы задержа́лись, нам пришло́сь бы уе́хать. 2. Е́сли бы ты верну́лся ра́но, мы пошли́ бы в кино́. 3. Е́сли бы ты подвёл нас, мы бы бо́льше не пове́рили тебе́. 4. Е́сли бы ты не смог реши́ть зада́чу, ты позвони́л бы мне.

4 1. Е́сли у меня́ бу́дет свобо́дное вре́мя, я приду́ … 2. Я пошёл бы в теа́тр, е́сли бы у меня́ был биле́т. 3. Я куплю́ пласти́нку, е́сли найду́ её в магази́не. 4. Я купи́л бы пласти́нку, е́сли бы нашёл её в магази́нах. 5. Мы бы поката́лись на ло́дке, е́сли бы не пошёл дождь.

5 1. Е́сли бы. 2. Е́сли. 3. Е́сли бы. 4. Е́сли. 5. Е́сли бы. 6. Е́сли бы. 7. Е́сли бы. 8. Е́сли бы. 9. Е́сли бы. 10. Е́сли.

6 1. Не найди́ я э́той тетра́ди … 2. Не будь он таки́м самоуве́ренным … 3. Скажи́ ты мне об э́том ра́ньше … 4. Не будь здесь так хо́лодно …

8 Die Umstellung lässt sich in den Sätzen 1, 2 und 5 vornehmen.

10 1. Я ду́маю, что тебя́ ждёт интере́сная рабо́та. 2. Мы наста́ивали на том, что́бы Вади́м отказа́лся от э́той пое́здки. 3. Я сомнева́юсь в том, что (что́бы) он купи́л э́ту кни́гу. 4. Ханс боя́лся, как бы по́езд не опозда́л. 5. Моя́ зада́ча состои́т в том, что́бы рассказа́ть вам об э́той прекра́сной стране́. 6. Он о́чень мно́гое сде́лал, что́бы вы́полнить твою́ про́сьбу. 7. Он доби́лся, что мы его́ взя́ли с собо́й. 8. Я спроси́ла почтальо́на, нет ли мне пи́сем. 9. Алёша не зна́ет, бу́дет ли он сего́дня ве́чером до́ма или нет. 10. Я не по́мню сейча́с, ви́дел ли я ра́ньше э́того челове́ка. 11. Когда́ А́нна быва́ет у меня́, мы с ней поём люби́мые с де́тства пе́сни. 12. Я хочу́ знать, когда́ мы с тобо́й пойдём в теа́тр. 13. Когда́ он дописа́л письмо́, все уже́ усну́ли. 14. Он рабо́тал, пока́ бы́ло светло́. 15. В ко́мнате бы́ло ду́шно, пока́ не откры́ли окно́. 16. Пока́ мать гото́вит обе́д, де́ти игра́ют в саду́. 17. Когда́ (е́сли) ты прие́дешь к нам, я покажу́ тебе́ наш замеча́тельный го́род. 18. Я приду́ домо́й, когда́ бу́дет уже́ темно́. 19. Когда́ (е́сли) мы уви́димся, я расскажу́ тебе́ об э́том. 20. Будь у меня́ вре́мя (е́сли бы у меня́ бы́ло вре́мя), я бы пошёл с тобо́й в теа́тр. 21. Я бы не зако́нчил рабо́ту в срок, е́сли бы ты не помо́г мне (не помоги́ ты мне). 22. Е́сли бы ты меня́ не задержа́л (не задержи́ ты меня́), я уже́ давно́ был бы до́ма.

Russisch intensiv

Grundstufe
In Kommission für das Landesspracheninstitut in der Ruhr-Universität Bochum.
5., überarbeitete Auflage 2012.
Ca. 330 Seiten und eine mp3-CD.
978-3-87548-600-1. Kartoniert.

Zielgruppe: Erwachsene Lernende, die in kurzer Zeit fundierte, praxisbezogene Grundkenntnisse der russischen Sprache für den Alltag in Russland und für Gespräche mit russischsprachigen Partnern erlangen wollen.

Lernziele: Niveaustufe A1 des Europäischen Referenzrahmens, in der mündlichen Kommunikation zum Teil auch A2.

Konzeption: Nach einer systematischen Einführung in das kyrillische Alphabet finden alle Fertigkeiten - Sprechen, Hören, Lesen und Schreiben - konsequente Berücksichtigung, wobei die mündliche Kommunikation im Vordergrund steht.

In Dialogen, die sich auf das russische Alltagsleben beziehen, werden Wortschatz und Strukturen eingeführt, die in darauffolgenden Texten vertieft, an zahlreichen Beispielen veranschaulicht und durch Übungen gefestigt werden. Der konsequente Einsatz handlungsorientierter Rollenspiele und kontinuierliches Hörverständnistraining bereiten in besonderem Maße auf den sprachlichen Alltag in Russland vor.

Irina V. Odintsova / Bettina Herrmann / Elena L. Barkhudarova

Russische Zahlwörter

Ein Übungsbuch mit Kommentaren
Russisch als Fremdsprache – Materialien zum Russischunterricht, Band 9.
2009. 176 Seiten.
978-3-87548-519-6.
Kartoniert.

Zielgruppe: Russischlernende an Universitäten, Gymnasien und Einrichtungen der Erwachsenenbildung; Dozenten und Lehrer; Übersetzer.

Konzeption: Das Lehrmaterial behandelt in je einem Kapitel die vier Klassen der Zahlwörter (Kardinalzahlen, Kollektivzahlen, Ordinalzahlen, Bruchzahlen) und bietet eine umfassende und systematische Darstellung der russischen Numeralia. Jedes Kapitel enthält einleitende Kommentare zu den sprachlichen Regeln, zahlreiche Einsetz-, Transformations- und Übersetzungsübungen sowie unterhaltsame und interessante Texte über die Zahlwörter etc. So kann die praktische Anwendung der Numeralia in unterschiedlichen kommunikativen Situationen geübt und mithilfe des beigefügten Übungsschlüssels kontrolliert werden.

русский язык

buske.de

BUSKE